NOSSIK · ALBERT SCHWEITZER

LEIPZIG

Humanisten der Tat

Hervorragende Ärzte im Dienste des Menschen

Herausgegeben von Wolfgang Genschorek und Albrecht Gläser

ALBERT SCHWEITZER

Ein Leben für die Menschlichkeit

VON BORIS MICHAILOWITSCH NOSSIK

Mit 44 Abbildungen

1991

S. HIRZEL VERLAG LEIPZIG

B. G. TEUBNER VERLAGSGESELLSCHAFT KG

Übersetzung aus dem Russischen

Übersetzt und fachlich bearbeitet von
MR Prof. Dr. med. habil. Lothar Pickenhain, Leipzig

Mit Lizenz des Verlages „Molodaja Gwardija“, Moskau

Nossik, Boris Michajlovič:
Albert Schweitzer: e. Leben für d. Menschlichkeit / von
Boris Michailowitsch Nossik. [Übers. u. fachl. bearb. von
Lothar Pickenhain]. – 11. Aufl.
– Leipzig : Hirzel : BSB Teubner, 1991. –
339 S. : 44 Abb.
(Humanisten der Tat)
NE: Pickenhain, Lothar [Bearb.]

ISBN 3-322-00819-3

Humanisten der Tat
ISSN 0233–1012

11. Auflage
VLN 294-375/71/91 · LSV 2008
Lektor: Dr. Hans Dietrich
Gesamtgestaltung: Egon Hunger, Leipzig
Printed in Germany
Gesamtherstellung: Grafische Werke Zwickau III/29/1
Bestell-Nr. 666 658 8

Inhaltsverzeichnis

Herkunft und frühe Kindheit

„Ich bin eine Fichte der Vogesen."

Vergeblich wird man diesen Satz bei deutschen und französischen Dichtern suchen. Dies sagte Albert Schweitzer einmal über sich selbst, und in diesem Ausspruch, der in seiner bildhaften Ausdrucksweise an eine Gedichtzeile erinnert, vereint sich das für Schweitzer so charakteristische Goethesche Gefühl von der Natur mit einer empfindsamen Anhänglichkeit an diesen malerischen Winkel des alten Europa, eine Anhänglichkeit, die er auch dann noch empfand, als er sich seiner neuen, afrikanischen Heimat widmete.

Schweitzer wurde am 14. Januar 1875 in der kleinen Gemeinde Kaysersberg, die mitten in den Vogesen, im Oberelsaß, liegt, geboren. Er war Elsässer. Wie die Enzyklopädien berichten, sind die Elsässer ein kleiner Volksstamm, die Hauptbevölkerung der leidgeprüften französischen Provinz Elsaß. Als Schweitzer das Licht der Welt erblickte, war das Elsaß deutsch (die Preußen hatten es während des französisch-deutschen Krieges erobert), und sein halbes Leben lang besaß Schweitzer einen deutschen Paß, weshalb er während des ersten Weltkrieges in ein französisches Internierungslager gebracht wurde. Zu Lebzeiten Schweitzers wechselte das Elsaß zweimal den Besitzer, und heute ist es erneut eine Provinz Frankreichs. Wie die Enzyklopädien weiter zu berichten wissen, sind mehr als anderthalb Millionen Menschen des Elsaß zweisprachig. Die Familie Schweitzers machte davon keine Ausnahme. Albert Schweitzer selbst sprach französisch und einen elsässischen deutschen Dialekt; er schrieb französisch und deutsch und betete deutsch. Sein Buch über Bach schrieb er in der ersten Fassung französisch, seine übrigen Bücher zumeist deutsch. Französisch unterhielt er sich mit zahlreichen Freunden, Patienten und mit der afrikanischen Verwaltung. Trotzdem betrachtete er Deutsch als seine Muttersprache, und er blieb bei seiner Meinung, daß der Mensch „nicht zwei Sprachen als Muttersprache besitzen" könne.

In der französischen Provinz Elsaß bestanden zwei Kulturkreise nebeneinander – der französische und der deutsche. Der Sohn des Elsaß Albert Schweitzer studierte in Straßburg, Paris und Berlin, war ein Verehrer von Goethe, Kant und Bach, der französischen Orgelspiel- und Orgelbauschule sowie der französischen und deutschen Aufklärer. Der Sohn des Elsaß kümmerte sich um die Nöte der ganzen Menschheit, und mehr als einmal sagte er: „Meine Wurzeln liegen in der Erde der Vogesen. Doch ich beschäftige mich in erster Linie damit, was ich als Mensch für die Menschheit tun kann."

Das Elsaß war einige Jahre vor Schweitzers Geburt von Preußen erobert worden. Jean-Paul Sartre erinnert sich an den Haß im damaligen Elsaß gegenüber den Preußen und an die patriotischen und sogar nationalistischen Gefühle, die in zahlreichen elsässischen Familien herrschten. In das Haus, in dem Albert Schweitzer geboren wurde, scheinen diese Leidenschaften nicht eingedrungen zu sein. Im Gegenteil spricht Albert Schweitzer, als er das Elsaß seiner Kindheit und das väterliche Haus beschreibt, immer wieder von der großen Toleranz in nationalen und religiösen Fragen.

Wir haben nicht ohne Grund Jean-Paul Sartre erwähnt. Er stammt ebenfalls aus dem Elsaß und ist sogar ein recht naher Verwandter Schweitzers. In seinem Buch „Die Wörter" zeichnete Sartre den Stammbaum der Familie Schweitzer. Albert Schweitzer, der nach seinem eigenen Eingeständnis „in der Genealogie nicht stark" war, konnte niemals auseinanderhalten, in welchem verwandtschaftlichen Verhältnis Sartre zu ihm stand – ob er sein Cousin oder sein Neffe war. Die westlichen Biographen Schweitzers vermeiden es weitgehend, den Spötter Sartre zu zitieren. Doch wozu? Hören wir die erstaunlichen Zeilen aus Sartres Buch „Die Wörter":

„Um das Jahr 1850 ließ sich im Elsaß ein Lehrer mit allzu großer Kinderschar dazu herab, Krämer zu werden. Dieser Abtrünnige wollte eine Kompensierung: Da er selbst darauf verzichtete, die Köpfe zu erhellen, sollte einer der Söhne die Seelen lenken; die Familie sollte einen Pastor erhalten, und zwar Charles. Charles machte Ausflüchte und lief statt dessen einer Zirkusreiterin nach. Man drehte sein Bild gegen die Wand und verbot die Erwähnung seines Namens. Wer kam nun an die Reihe? Auguste beeilte sich, dem väterlichen Opfer nachzueifern; er wurde Geschäftsmann und stand sich gut dabei. Blieb nur noch Ludwig, der keine ausgeprägten Neigungen besaß: Der Vater nahm sich den ruhigen Jungen vor und machte ihn im Handumdrehen zum Pfarrer. Ludwig trieb später den Gehorsam so weit, daß er seinerseits einen Pastor erzeugte, Albert Schweitzer, dessen Laufbahn bekannt ist."

So sieht das von der scharfen, boshaften Feder Sartres gezeichnete Konterfei der Familie Schweitzer aus. Es ist sicher nicht sehr wirklichkeitsgetreu und ohne Zweifel ironisch und ins Groteske verzerrt. Charles aber, der seine Kunstreiterin aus dem Auge verloren hatte, wurde Französischlehrer und Großvater des Schriftstellers und pflegte, wie sein Enkel versichert, immer wieder zu sagen: „Ludwig ist von uns allen der frömmste, Auguste der reichste, ich bin der intelligenteste!"

Sartre beschreibt so nebenbei den „Lärm, die Leidenschaften und die Verzückungen", das ganze rauhe Dasein der Familie Schweitzer, ihre irdischen und geistigen Genüsse. „Die Schweitzers waren Naturalisten und Puritaner – diese Mischung von Eigenschaften kommt häufiger vor, als man meint – und liebten als solche die eindeutigen Wörter, die erkennen ließen, daß man zwar als guter Christ den Körper gering achte, aber doch mit seinen natürlichen Funktionen höchst einverstanden sei ..."

Ihnen wird sicher am Ende des Sartreschen Stammbaums der kurze, aber inhaltsreiche Satz aufgefallen sein: „Albert Schweitzer, dessen Laufbahn bekannt ist." In der Tat waren zu dem Zeitpunkt, in dem „Die Wörter" geschrieben wurden, in Europa schon Dutzende von Biographien Albert Schweitzers erschienen.

Biographen fühlen sich oft als Detektive; sie versuchen den Anschein zu erwecken, als wüßten sie mehr, als sie tatsächlich wissen. Doch im Falle von Albert Schweitzer beklagt sich die Mehrzahl der Biographen darüber, der echte Schweitzer ließe sich nicht erfassen, selbst in seinen autobiographischen Büchern würde er sich nicht voll zu erkennen geben. Das ist wahr. Zurückhaltung war Schweitzer angeboren und wurde für ihn später zu einer prinzipiellen Frage. Er glaubte nicht daran, daß ein Mensch einen anderen wirklich kenne, und wenn er viele Jahre täglich mit ihm zusammenlebt. „Wir wandeln miteinander in einem Halbdunkel, in dem keiner die Züge des anderen genau erkennen kann."

Ja, noch mehr. Albert Schweitzer war der Meinung, daß überhaupt alle Versuche unzulässig seien, einem fremden Menschen ins Herz zu sehen: „Sich kennen will nicht heißen, alles voneinander zu wissen, sondern Liebe und Vertrauen zueinander haben und einer an den andern glauben. Ein Mensch soll nicht in das Wesen des andern eindringen wollen." Und er meinte, daß sich auch keiner zwingen solle, mehr von seinem inneren Leben preiszugeben, als seiner Natur gemäß ist.

„Das einzige, worauf es ankommt, ist, daß wir darum ringen, daß Licht in uns sei", schreibt Albert Schweitzer, „... wo Licht in Menschen ist, scheint es aus ihnen heraus. Dann kennen wir uns, im Dunkeln nebeneinander hergehend, ohne daß einer das Gesicht des anderen abzutasten und in sein Herz hineinzulangen braucht."

Aus dieser Auffassung erklärt sich ohne weiteres, warum Schweitzer die Ansprüche der Psychoanalytiker ablehnte. Das Paradoxe liegt darin, daß wir gerade das Erscheinen eines der interessantesten Bücher von Schweitzer – „Aus meiner Kindheit und Jugendzeit" – der Psychoanalyse verdanken.

Das kam folgendermaßen. Im Frühsommer 1932, kurz vor seiner zweiten Ausreise nach Afrika, hatte Albert Schweitzer auf der Fahrt von der Westschweiz nach der Ostschweiz zwei Stunden Aufenthalt in Zürich und kehrte bei seinem Freund Dr. O. Pfister, einem bekannten Züricher Psychoanalytiker, ein. Der Freund, schreibt Schweitzer, „tränkte mich und gab mir Gelegenheit, den müden Leib auszustrecken". Zugleich aber forderte Dr. Pfister ihn auf, ihm einige Begebenheiten aus seiner Kindheit, „wie sie gerade in den Sinn kämen", zu erzählen. Pfister sagte, daß er sie für irgendeine Jugendzeitschrift benötigte.

Bald darauf erhielt Schweitzer dann aus Zürich die stenografische Niederschrift seiner zweistündigen Erzählung zugesandt. Er bat Dr. Pfister, das Material nicht ohne ein Nachwort von ihm zu veröffentlichen. Kurz vor seiner Abfahrt nach Afrika, „an einem Sonntagnachmittage, als Regen und Schnee durcheinandergingen", schrieb Schweitzer dann das Schlußwort nieder, aus dem wir soeben reichlich zitiert haben. Übrigens ändern weder die zurückhaltende Einstellung Schweitzers gegenüber der Psychoanalyse noch sein ehrliches Eingeständnis der eigenen Zurückhaltung und sogar Verschlossenheit etwas an der Tatsache, daß das Büchlein „Aus meiner Kindheit und Jugendzeit" die offenherzigste Autobiographie Schweitzers ist. Auf sie werden wir noch öfter zurückgreifen, wenn wir über die Jugendzeit des Doktor Schweitzer aus dem Elsaß berichten, der in der ganzen Welt als der Grand Docteur aus Gabun bekannt geworden ist.

Als Albert Schweitzer erzählt, daß er am 14. Januar 1875 in Kaysersberg geboren wurde, weist er mit Stolz darauf hin, daß er erstens in einem Städtchen geboren ist, in dem der berühmte mittelalterliche Prediger Geiler von Kaysersberg (1445–1510) lebte, und daß zweitens seine Geburt in ein Jahr fällt, in dem eine ausgezeichnete Weinernte eingebracht wurde. Diese beiden Details scheinen für Schweitzer wesentlich zu sein. Vielleicht rühren hierher seine Neigungen zum Predigen und sein Bestreben, die Weingärten des Herrn im direkten und im übertragenen Sinne zu bestellen. Wenn sich Albert Schweitzer im fünften Jahrzehnt seines Lebens an dieses ländliche Detail erinnerte, als er noch über keine größeren Spitalplantagen verfügte, so werden ihm sicher diese Erinnerungen an die Kindheit im siebzigsten, achtzigsten, ja sogar im neunzigsten Lebensjahr wiedergekommen sein, als die Obstplantagen im fernen Afrika zu einer seiner Hauptbeschäftigungen geworden waren.

Der Vater Albert Schweitzers, Ludwig Schweitzer, war ein armer, aber angesehener Pfarrer. Der boshafte Satz von Sartre über den väterlichen „Traum von der Revanche“ und über den „Sohnesgehorsam“ von Ludwig erklärt nur wenig: Die Schweitzers waren von Generation zu Generation Geistliche, Lehrer und Organisten gewesen – viele Generationen von Schriftkundigen, Musikern und Gottesdienern. Auch die Vorfahren der mütterlichen Seite trugen das Ihre zur Fortsetzung der Familientradition bei. Die Mutter von Albert, Adele Schweitzer, geborene Schillinger, war die Tochter des Pfarrers von Mühlbach im Münstertal.

Der Pfarrer Schillinger war im Münsterland eine sehr bekannte Persönlichkeit. In den Dörfern gingen zahlreiche linkisch-galante, naive Anekdoten über diesen seltsamen, von allen verehrten und recht herrischen Mann um, und noch ein halbes Jahrhundert später wurden diese Anekdoten vom Pfarrer Schillinger, wie sein Enkel berichtet, bei den Hochzeits- und Taufessen im Tal erzählt, und sie wurden belacht, wie es die Sitte erfordert. Zu diesen Geschichten gehörte auch die von einer großen Feuersbrunst im Dorfe, bei der das evangelische Pfarrhaus bedroht schien und der katholische Pfarrer, der mit ihm im nachbarlichen Pfarrhaus in brüderlicher Eintracht zusammenlebte, vorschlug, die Sachen vorübergehend im katholischen Pfarrhaus unterzubringen. „Auf diese Weise geriet die Krinoline meiner Großmutter ins Schlafzimmer des unverehelichten katholischen Vikars.“

Diese altväterliche Anekdote spiegelt ein nicht unwichtiges Detail der Lebensweise in dieser friedlichen Ebene wider: Katholiken und Protestanten hegten keine feindschaftlichen Gefühle gegeneinander, und die Pfarrer beider Religionsgemeinschaften lebten ebenso friedlich miteinander wie ihre Gemeinden und zeichneten sich durch Duldsamkeit und Weitherzigkeit aus. Was den Pfarrer Schillinger betrifft, so war er überhaupt ein Eiferer für die Aufklärung gewesen und hatte noch ganz den Geist des 18. Jahrhunderts an sich. Nach dem Gottesdienst warteten die Leute vor der Kirche auf ihn, um seine begeisterten Erzählungen über die neuesten Entdeckungen des Menschengeistes oder seine Anschauungen über die neuesten politischen Ereignisse zu hören. War etwas Außergewöhnliches am Himmel zu sehen, so widmete er dem Himmel seine Abendstunden bis spät in die Nacht hinein. Er stellte vor seinem Hause das Fernrohr auf und ließ jedermann, der auf Erkenntnis erpicht war, hindurchschauen.

Der Pfarrer Schillinger besaß noch eine zweite Leidenschaft, die Orgeln. Wenn er in irgendeine Stadt kam, so suchte er vor allem die Kirche auf, um ihre Orgel kennenzulernen. Pfarrer Schillinger war ein hervorragender Organist und unter den Bewohnern des Münsterlandes durch seine Improvisationskunst bekannt. Als Albert Schweitzer einmal – schon in hohem Alter – der Regisseurin Erica Anderson den Rat gab, sich mit den Aufnahmen nicht zu übereilen, erinnerte er sich plötzlich an seinen Großvater Schillinger: „Mein Großvater pflegte, wenn er die Herstellung einer Orgel beobachtete, zu sagen: ‚Solange die Menschen sich entschließen, ohne Hast zu arbeiten, wie es ihnen Spaß macht, werden sie hervorragende Orgeln bauen. Wenn sie jedoch anfangen, sie zu fabrizieren und dabei Kräfte und Zeit zu sparen, dann wird das Niveau dieser herrlichen Schöpfungen absinken‘, mein Großvater hatte recht ...“

Albert Schweitzer hat seinen Großvater Schillinger nicht mehr persönlich gekannt. Er erfuhr von ihm durch die Erzählungen seiner Mutter. Liebevoll schrieb er, als er schon älter war, wieviel von dem berühmten Mühlbacher Pfarrer ihm ins Blut übergegangen war.

Unter den legendären Vorfahren und Verwandten Albert Schweitzers ragt noch die Figur von Onkel Albert hervor, einem Halbbruder der Mutter, die ihm zu Ehren ihrem Sohn den Namen Albert gegeben hatte. Der Onkel war Pfarrer an der Kirche St. Nicolai in Straßburg gewesen. Er war ein Mensch von großer Güte und empfindsamem Gewissen. Als während des preußisch-französischen Krieges nach der Belagerung von Straßburg die Milch eine Zeitlang sehr knapp war, brachte er seine Milch jeden Morgen einer alten, armen Frau, die dies mehrere Jahre später Schweitzers Mutter erzählte. Nach der Schlacht von Weißenburg im Jahre 1870 war er auf Bitten der Straßburger Ärzte nach Paris geschickt worden, um Medikamente zu holen. Hier schickte man ihn von einem Büro zum anderen. Als er sich endlich mit einem kleinen Teil des Verlangten auf den Rückweg machen konnte, stellte er fest, daß die Festung Straßburg bereits vollständig eingeschlossen war. Der die deutsche Belagerungsarmee kommandierende General ließ die Medikamente nach Straßburg gelangen, behielt aber den Pfarrer als Gefangenen zurück. Damals wurde Onkel Albert von dem Gedanken gequält, seine Gemeinde könne meinen, er habe sie in den schweren Zeiten freiwillig im Stich gelassen. Er lebte nur noch wenige Jahre nach diesem Ereignis und brach im Sommer des Jahres 1872 im Kreise seiner Freunde tot zusammen.

Der Gedanke, die Existenz eines Menschen, der seiner Mutter so lieb gewesen war, fortzusetzen, beschäftigte den kleinen Albert sehr.

Aus Kaysersberg, wo die Mehrzahl der Bevölkerung katholisch war und der protestantische Pfarrer und Lehrer fast nichts zu tun hatte, übersiedelte die Familie Schweitzer in das Münstertal, wo Adele Schillinger ihre Kinder- und Jugendjahre verbracht hatte. Pfarrer Ludwig Schweitzer erhielt eine Pfarrei in der kleinen Gemeinde Günsbach.

Natürlich gab es in der elsässischen Gemeinde eine Steinbrücke, Steinhäuser und eine Kirche mit einer Orgel. Trotzdem ist es eine kleine Gemeinde; hier wohnen Bauern, die ihre Felder bestellen und ihre Rinder weiden. Hier kennt einer den anderen, und in die Dorfschule gingen ein Dutzend halbhungrige Schlingel unterschiedlichen Alters.

Bei der Einführungszeremonie des neuen Pfarrers wurde der Sprößling des Hauses den Pfarrersfrauen aus den Nachbargemeinden vorgezeigt. Doch das Kindchen war sehr mager und hatte ein gelbes Gesichtchen, so daß die höflichen Gäste sich kaum ein aufrichtiges Kompliment abringen konnten. Die arme Mutter konnte sich nicht mehr beherrschen, flüchtete mit dem kleinen Albert in das Schlafzimmer und weinte heiße Tränen über ihm.

Der kleine Albert sah schwächlich und krankhaft aus. Einmal meinte die arme Mutter gar, ihr kleiner Sohn habe aufgehört zu atmen, und sie war kaum wieder zu beruhigen. Hätte zu dieser Zeit jemand Adele Schweitzer gesagt, dieses schwächliche Kind würde heranwachsen, wohlgebaut wie eine Vogesenfichte und kräftig wie eine Bergeiche, sie hätte dies wohl für einen unangebrachten Scherz gehalten. Doch es vergingen nur wenige Jahre, und der Knabe wuchs kräftig heran. Er selbst schreibt dies der guten Luft des Münsterlandes und der fetten Milch von der Kuh des Nachbarn Leopold zu.

Im Hause des Pfarrers Schweitzer lebten zu dieser Zeit schon zwei Jungen und drei Mädchen. Es war ein glückliches und geräuschvolles Haus.

Natürlich ist es für einen Biographen gar nicht so ganz einfach, sich in den frühen Kindheitseindrücken seines Helden zurechtzufinden. Auch Schweitzer hat in seinen Lebenserinnerungen „Aus meiner Kindheit und Jugendzeit" alles miteinander vermengt: eigene spätere Empfindungen und Erzählungen der Mutter, Familienüberlieferungen, Erinnerungsbruchstücke und traditionelle Sympathien.

Trotz allem aber können wir feststellen: es war ein glückliches Elternhaus, soweit überhaupt Glück in dieser besten, aber unvollkommensten aller Welten erreichbar ist. Der Vater war streng, aber er mißbrauchte diese Strenge niemals. Die Mutter war liebevoll und zärtlich.

Zu der Zeit, als die Familie des Pfarrers Ludwig Schweitzer in das eng von anderen Steingebäuden umgebene Pfarrhaus übersiedelte, war dieses ehrwürdige Gebäude bereits hundert Jahre alt. Es war recht feucht, was bedauerlicherweise häufige Erkrankungen des Pfarrers zur Folge hatte. Doch für die Kinder war Günsbach ein Paradies: neben dem Dorf ein grüner Berg und ein klares Flüßchen, im Wald viele Tiere und Vögel und im Dorf Hunde, Katzen, Hühner, Pferde und Esel.

Auf der Dorfstraße lärmende Spiele mit den Jungen des Dorfes. Die Landstraße aber führte in unbekannte Fernen – nach Hirschbach, nach Weyer im Tal, nach Mühlbach, wo die Mutter geboren war, nach Mülhausen, wo die Tante Sophie wohnte, nach Colmar, wo das Denkmal des Admirals Bruat stand, nach Straßburg, wo einmal der Onkel Albert gedient hatte, nach Paris, wo Onkel Auguste und Tante Mathilde wohnten, und noch weiter – nach Afrika, wo schwarze Menschen lebten, wo der Urwald war mit wilden Elefanten. Wer konnte damals ahnen, daß der Pfarrerssohn Albert einmal diesen Weg gehen würde – von Günsbach nach Gabun, daß er so viele Bewohner des Tals nach sich zieht zum Dienste am Menschen ...

Die Landstraße war in der Kindheit immer interessant. Da fahren irgendwelche seltsamen Männer hoch auf einem Rad vorbei, erwachsene Männer in kurzen Hosen – die ersten Radfahrer. Eine Horde von Kindern jagt hinter ihnen her. Albert natürlich auch. Dort werden Kälber vorbeigetrieben, und der Sakristan Jägle läuft wie immer hinter seinem Lieblingskalb her. Morgen aber wird der Vater sie vielleicht alle für einen ganzen Tag in die Berge mitnehmen ...

Der Vater entscheidet alles. Er entscheidet, wie viele Jungen ins Haus kommen, spielen und lärmen, und die Mutter muß sie bewirten. Es sind ebenfalls Pfarrerskinder und sicher von reichen Eltern. Der Vater nimmt Albert mit in die Kirche zum Abendgottesdienst. Heute ist der erste Sonntag im Monat, und der Vater wird wie gewöhnlich über die Missionare sprechen. Dort aber, in einem abgetrennten Teil der Kirche, befindet sich ein fremdartiger katholischer Altar, den Albert so liebt. Auf ihm thronen die goldene Jungfrau Maria und der goldene Joseph, und über sie fließt das Licht durch die hohen Fenster; durch die Chorfenster hindurch aber schaut man auf Bäume, Dächer, Wolken und Himmel hinaus, auf einen unendlichen blauen Himmel ...

Dieser katholische Chor in der Günsbacher Kirche hat in den Träumen des Knaben einen großen Platz eingenommen. Mit dieser Kirche war auch eine der frühesten Kindheitserinnerungen verbunden, der Geschmack von Zwirnhandschuhen im Mund. Ich weiß nicht, wie sich das vom Standpunkt der Psychoanalyse des Züricher Dr. O. Pfister aus erklären läßt, aber Schweitzer selbst hat dafür eine sehr einfache Erklärung. Es kam vor, daß der kleine Albert während des Gottesdienstes gähnte oder zu laut mitsang; dann legte ihm die junge Magd, die ihn begleitete, ihre Zwirnhandschuhe auf den Mund. Später machten der Ernst und die Konzentration der Andächtigen auf ihn einen tiefen Eindruck.

Wie man sieht, wuchs der kleine Albert in einer religiösen Umwelt auf. Die Abendandachten des Vaters mit ihrer Offenherzigkeit und Einfachheit, mit ihrer Trauer über den verflossenen Feiertag und mit ihrem vorbehaltlosen, einfachen Glauben blieben

Albert zweifellos während des ganzen Lebens in Erinnerung und halfen ihm bei seinem oft schwierigen Suchen. Als aus dem Leben des kleinen Albert der wilde Teufel verschwunden und im Leben des erwachsenen Schweitzer der Glaube an die unbefleckte Empfängnis, an Wunder, Sühne und an die Auferstehung von den Toten erloschen waren, blieb dennoch der einfache Glaube der Vorfahren, der von den gelehrten Philosophen in die Lehre vom Gottesreich in uns selbst umgestaltet wurde.

Hierbei spielte natürlich das Vorbild des Vaters eine hervorragende Rolle, für den die Theologie, wie einer der Biographen glaubhaft versichert, mehr bedeutete als Sonne, Donner und Blitz. Ein anderer Biograph Schweitzers stellt den Vater an die erste Stelle seiner Ideale: „Vater – Jesus – Bach – Goethe."

Sartre schrieb über sich, daß die offizielle Doktrin ihm die Lust verdarb, seinen eigenen Glauben zu suchen, daß er ein überzeugter Materialist war und zum „Unglauben" gelangte. Auch Schweitzer befriedigte die offizielle Doktrin nicht. Seine Biographen stellen schon in seinen Kindheitserinnerungen diese Schweitzerische Neigung zu unerbittlichem rationalistischem Suchen und seinen Wunsch fest, überall dort, wo es möglich ist, realistische Erklärungen zu finden. Sie weisen aber zugleich auch auf die Tendenz hin, vor dem „Abgrund des Unerkannten und Unerkennbaren zurückzuweichen, ohne Furcht, es als unergründlich anzuerkennen".

Einmal in einem regnerischen Sommer erzählte der Vater dem kleinen Albert die biblische Geschichte von der Sintflut. Da überfiel ihn sein Sohn mit der Bemerkung: „Wohl hat es jetzt auch bei uns schon an die vierzig Tage und vierzig Nächte geregnet, und das Wasser kommt nicht einmal an die Häuser, geschweige denn bis hinauf über die Berge."

Als Albert acht Jahre war, gab ihm auf seine Bitten der Vater ein Neues Testament, in dem er eifrig las. Hier beschäftigte den kleinen Leser besonders die Geschichte von den Weisen aus dem Morgenland, die dem jungen Jesus teure Geschenke brachten.

„Was haben die Eltern Jesu mit dem Gold und den Kostbarkeiten gemacht, die sie von diesen Männern bekamen? fragte ich mich. Wie konnten sie nachher wieder arm sein? Ganz unbegreiflich war mir auch, daß die Weisen aus dem Morgenland sich später um das Jesuskind gar nicht mehr bekümmerten. Auch daß von den Hirten zu Bethlehem nicht erzählt wird, sie seien nachher Jünger Jesu geworden, gab mir schweren Anstoß."

Die Bekanntschaft mit den biblischen Geschichten und Gleichnissen war für Albert auch der erste Anstoß zum Lesen. Übrigens war das erst später der Fall. Erst einmal erlebte der kleine Albert die ersten Kinderfreuden, die erste Kindertrauer, die ersten Kindesängste und die ersten Eindrücke der Umwelt. Diese Umwelt war das Münsterland mit seinen heimatlichen Wäldern und Bewohnern.

Der Junge fürchtete sich vor den makabren Späßen des Sakristans Jägle, der gleichzeitig auch Totengräber war. Wenn er am Sonntagmorgen ins Pfarrhaus kam, befühlte er die Stirn des kleinen Albert und sagte: „Die Hörner wachsen." Albert hatte nämlich an der Stirn zwei ziemlich starke Höcker, und seit er in der Bibel Moses mit Hörnern abgebildet gesehen hatte, gab ihm dies arg zu denken. Als der Sakristan von diesen Sorgen erfahren hatte, kam er mit unerschütterlicher Hartnäckigkeit immer wieder auf den Zustand der Hörner zu sprechen. Der kleine Albert wäre ihm am liebsten davongelaufen; aber er mußte ihm folgen, wie das Kaninchen der Schlange, und er ließ ihn jedesmal mit der Hand seine Stirn fühlen und vernahm die Nachricht, daß „sie immer noch wachsen". Erst ein Jahr später befreite sein Vater ihn von diesen Befürchtungen, als er ihm autoritativ erklärte, daß Moses der einzige Mensch mit Hörnern gewesen sei.

Doch der Sakristan dachte sich einen neuen Spaß aus: „Jetzt sind wir preußisch", sagte er, „und bei den Preußen muß jeder Soldat sein. Und die Soldaten tragen Kleider aus Eisen. In ein paar Jahren mußt du dir dann die Kleider beim Schmied drüben an der Straße anmessen lassen."

Jedesmal, wenn nun der arme Albert beim Schmied vorbeiging, wartete er ängstlich darauf, ob ein Soldat käme, sich ein Kleid anmessen zu lassen. Erst später, als er in einem Buch das Bild eines Kürassiers sah, erklärte ihm seine Mutter, daß er ein gewöhnlicher Soldat werden würde und daß die Soldaten Kleider aus Tuch tragen.

Der alte Soldat Jägle wollte den kleinen Jungen dazu erziehen, Spaß zu verstehen, an dem es im Münsterland von jeher nie gefehlt hatte. Doch seine Lektionen waren wahrscheinlich verfrüht; Albert war noch zu klein. Im Erwachsenenalter hätte er wohl keinem Elsässer in der Kunst des unerschütterlichen elsässischen Humors nachgestanden.

An den Sonderling Jägle hat sich Schweitzer zeitlebens erinnert, und er erzählte seinen Freunden oft, wie in der heißen Zeit der Heumahd ein Mann zu ihm auf die Wiese gelaufen kam und ihm anzeigte, sein Vater sei gestorben und er müsse ihm jetzt das Grab bestellen.

„Da könnte jetzt jeder kommen", sagte daraufhin der Totengräber Jägle, „und sagen, sein Vater sei gestorben."

Viele der frühen, besonders bedeutsamen Erinnerungen Schweitzers hängen mit Tieren zusammen. Ihre Kenntnis läßt uns die bewegenden Motive der späteren Handlungen Schweitzers, das Wesen seiner reifen Philosophie und die späteren Jahre seines Lebens besser verstehen.

So erzählt Schweitzer aus frühester Kindheit ein Erlebnis mit einem Hund. Der Hund des Vaters namens Phylax konnte keine Menschen in Uniform leiden. Einmal hatte er einen Gendarmen überfallen, und nun mußte Albert ihn jedesmal in Zaum halten, wenn der Briefträger kam. Mit einer Gerte mußte er ihn in einen Winkel des Hofes treiben und durfte ihn solange nicht herauslassen, bis der Briefträger gegangen war. Er kam sich dabei wie ein echter Tierbändiger vor. Wenn Phylax bellte und die Zähne fletschte, mußte Albert ihn mit der Gerte schlagen wie ein mächtiger, stolzer Herr. Aber das stolze Gefühl hielt nicht an. Der Frieden wurde wiederhergestellt; der kleine Albert saß da, hielt den Hund umschlungen und hing seinen Gedanken nach. Er dachte, er hätte ihn vom Briefträger auch abhalten können, wenn er ihn beim Halsband gefaßt und gestreichelt hätte.

Oder ein anderes Beispiel. In den Ferien durfte der kleine Albert beim Nachbar Fuhrmann sein. Sein Brauner war schon alt und engbrüstig. Trotzdem ließ sich Albert in seiner Fuhrmannsleidenschaft immer wieder hinreißen, ihn mit der Peitsche zum Traben anzutreiben. Wenn sie aber dann zu Hause das Pferd ausschirrten, dann sah Albert, wie die Flanken des Tieres arbeiteten, wie aus den müden alten Augen Tränen hervorquollen, und er empfand Mitleid ...

Er vermochte dies schon in seinen Kinderjahren zu fühlen. Bei einigen kommt es erst später, bei einigen niemals. Es ist genau das, was ein norwegischer Forscher, als er die Kindheitserinnerungen Schweitzers kommentierte, als „die rein menschliche Regung, Mitleid zu haben und sich mit einem anderen Wesen zu identifizieren", bezeichnete.

Schon in den frühesten Kindheitsjahren war Albert durch die

Unmenge von Leid bedrückt, das er rings um sich sah. Eben deshalb hat er – nach eigenem Eingeständnis – unbefangene, jugendliche Lebensfreude eigentlich nie gekannt. Besonders aber litt er als Kind darunter, daß die armen Tiere soviel Schmerz und Not auszustehen hatten.

Zweimal ging er mit anderen Kindern mit der Angel fischen. Doch er konnte nicht mit ansehen, wie der Wurm auf die Angel gespießt und das Maul der Fische durch den Angelhaken zerrissen wurde.

Natürlich war seine Kindheit glücklich, sogar „außerordentlich glücklich"; doch wie wir gesehen haben, war dieses Glück schon damals nicht ungetrübt.

Einen tiefen Eindruck hinterließ bei ihm ein Frühlingsausflug in den Rebberg. Albert war damals sieben oder acht Jahre alt. Sein Nachbar Heinrich Bräsch, der etwas älter war, besaß eine Schleuder aus Gummischnüren, mit der man kleine Steine schleudern kann. An einem Sonntagmorgen schlug ihm Heinrich vor, in den Rebberg zu gehen und Vögel zu schießen. Dieser Vorschlag war Albert schrecklich, aber er wagte nicht zu widersprechen. Sie gingen auf den Berg und kamen zu einem noch kahlen Baum, auf dem die Vögel, ohne sich zu fürchten, lieblich in den Morgen hinaussangen. Die beiden Jungen schlichen sich geduckt wie Indianer heran. Schließlich legte Heinrich einen Kiesel in seine Schleuder und gab das Kommando zu schießen. Albert spannte unter furchtbaren Gewissensbissen ebenfalls seine Schleuder. Doch im selben Augenblick begannen die Kirchenglocken zu läuten. Für ihn war das die Stimme des Himmels. Er scheuchte die Vögel auf und lief nach Hause.

Er dachte darüber nach, was geschehen war, und stellte fest, daß ihn die Furcht vor der Meinung des Begleiters fast zu einer sinnlosen Grausamkeit getrieben hätte. „Von jenem Tage an", so erinnert sich Schweitzer, „habe ich gewagt, mich von der Menschenfurcht zu befreien. Wo meine innerste Überzeugung mit im Spiele war, gab ich jetzt auf die Meinung anderer weniger als vorher. Die Scheu vor dem Ausgelachtwerden durch die Kameraden suchte ich zu verlernen."

„Die Art, wie das Gebot, daß wir nicht töten und quälen sollen, an mir arbeitete, ist das große Erlebnis meiner Kindheit und Jugend. Neben ihm verblassen alle anderen."

Wenn wir einmal von diesen dem äußeren Beobachter kaum

sichtbaren Erlebnissen absehen, verlief die Kindheit des kleinen Albert ungestört in den üblichen Bahnen. Er war kein Wunderkind; er war ganz einfach ein großer, kräftiger Dorfjunge, ein Pfarrerssohn. Er war frei und ungezwungen wie die anderen Kinder. Ihm standen der Garten, die Straße und der Rebberg zur Verfügung. Er verspürte gar kein Verlangen, in die Schule zu gehen und seine Freiheit aufzugeben. Er verspürte nicht die übliche Erregung des Schulanfängers, als sein Vater ihm an einem schönen Oktobertag zum ersten Male die Schiefertafel unter den Arm gab und ihn zur Dorfschule führte. In Erwartung dieses Ereignisses weinte er einen ganzen Tag lang. Er hat sich – nach eigenem Eingeständnis – auch später nie von dem schönen Schein blenden lassen, in dem sich das Neue, noch Unbekannte darbot. „Immer bin ich ohne Illusionen in das Unbekannte hineingestiegen."

Das Studierzimmer des Vaters war für den kleinen Albert der unheimlichste Ort. Der Büchergeruch, der darin herrschte, nahm ihm den Atem, und daß der Vater immer am Tisch saß, studierte und schrieb, dünkte ihm furchtbar unnatürlich. Nur wenn er unbedingt mußte, ging Albert in das Studierzimmer des Vaters. Deshalb dachte er mit Schrecken an Weihnachten, an die traditionellen Weihnachtsgeschenke und daran, daß zwischen Weihnachten und Neujahr die Dankbriefe für diese Geschenke geschrieben werden mußten.

Gleich in der ersten Schulzeit mußte Albert mit einem der schwersten Erlebnisse, die die Schule des Lebens für uns bereithält, fertig werden: Ein Freund verriet ihn. Die Wundc, die ihm dadurch gedankenlos zugefügt wurde, heilte lange Zeit nicht ab.

Mit seinen Freunden aus der Dorfschule verband den kleinen Albert auch noch ein anderes, vielleicht noch tiefer reichendes Erlebnis.

Man muß sagen, daß der kinderreiche Pfarrer Schweitzer arm war. Die Kinder bekamen das nicht zu spüren, und erst später erkannte Albert, warum die Augen seiner Mutter so oft von Tränen gerötet waren. Die Familie war groß, das Gehalt klein, der Vater häufig krank, und Adele Schweitzer wußte häufig weder ein noch aus. Als Albert erwachsen war, hat ihm seine Mutter erzählt, wie schwierig ihre wirtschaftliche Lage in jenen Jahren gewesen war. Sie konnte für das Essen nur Pflanzenbutter verwenden, worunter der Magen des kränklichen Pfarrers Schweitzer heftig zu leiden hatte.

Trotzdem entstand bei Albert im Umgang mit den Dorfjungen der Eindruck, er stamme aus einem reichen Hause. Ja, er litt sogar unter diesem Gedanken. Das Ganze begann mit einer Rauferei. Albert begann niemals als erster zu raufen, doch er liebte es, im Wettstreit mit anderen Dorfjungen seine Kräfte zu messen. Einmal, als er unerwartet auf dem Schulweg Georg Nitschelm, der größer war und als stärker galt, niedergerungen hatte, rief dieser aus: „Ja, wenn ich alle Woche zweimal Fleischsuppe zu essen bekäme wie du, da wäre ich auch stark wie du!“

Der Sieger wankte als Besiegter nach Hause. Georg hatte mit aller Deutlichkeit ausgesprochen, was Albert schon bei anderen Gelegenheiten zu fühlen bekommen hatte: Die Dorfjungen zählten ihn nicht zu den Ihrigen. Er war für sie das Pfarrerssöhnle, das Herrenbüble, und der Gedanke daran quälte ihn schrecklich.

Von diesem Tage an wurde ihm die Fleischsuppe zum Ekel. Dann begann er seine Kleidung zu betrachten. Für den Winter hatte er einen Mantel bekommen, der aus einem alten Mantel des Vaters gemacht war.

Schon bei der Anprobe spürte Albert, daß er dieses prächtige Kleidungsstück nicht werde tragen können.

„Potztausend, Albert“, sagte der alte Dorfschneider, „jetzt bist du bald ein Monsieur!“

Der Junge konnte sich nur mit Mühe die Tränen verbeißen. Seine Freunde, die Dorfjungen, liefen ohne jeden Mantel herum, nicht einmal einen solchen umgearbeiteten Mantel trug irgendeiner von ihnen. Als Albert den neuen Mantel zum ersten Male anziehen sollte – es war ein Sonntagmorgen, und die Mutter wollte mit ihm zur Kirche gehen –, weigerte er sich. Es gab einen üblen Auftritt. Der sonst friedliche Pfarrer Schweitzer verabreichte ihm eine Ohrfeige. Doch es half nichts. Er ging ohne Mantel in die Kirche. Jeden Sonntag wiederholte sich jetzt dieselbe Geschichte. Aber Albert blieb standhaft. Er trug nur Fausthandschuhe und Holzschuhe wie die anderen Dorfjungen. Jede Vorbereitung zu einem Besuch wurde jetzt zu einer Tragödie, in deren Verlauf er Ohrfeigen hinnehmen und sich in den Keller einsperren lassen mußte. Alles nur, weil er sich nicht „standesgemäß“ kleiden wollte. Albert verhielt sich wie ein Held; doch keiner der Dorfjungen erfuhr etwas davon. Zu Hause hatte nur die Schwester Luise, die ein Jahr älter war, für ihn Verständnis und war rührend zu ihm.

Albert hatte sicher ein besseres Verhältnis zu seinen Schulkameraden als sie zu ihm. Später erzählte er immer wieder, wie froh er war, in der Dorfschule begonnen zu haben. Dabei konnte er feststellen, daß diese Kinder, die in geflickten Hosen und Holzschuhen umherliefen, mindestens so viel im Kopf hatten wie er oder andere Kinder der „Gebildeten". Vier Jahrzehnte später schrieb er:

„Noch heute, wenn ich meinen ehemaligen Schulkameraden im Dorf oder auf dem Feld begegne, ist mir alsbald gegenwärtig, in was ich nicht an sie heranreichte ... Noch heute sind sie für mich das, worin sie mir damals überlegen waren."

Übrigens gab es einen Unterrichtsgegenstand, in dem er in der ärmlichen Dorfschule nicht zu den letzten zählte – dies war die angeborene Leidenschaft aller Schweitzers und Schillingers für die Musik. Der Pfarrer Ludwig Schweitzer war kein großer Musikkenner, aber er liebte es, auf dem alten Tafelklavier, das er vom Großvater Schillinger geerbt hatte, zu improvisieren. Schon mit fünf Jahren brachte er seinem Sohn auf diesem Tafelklavier das Spielen bei – nicht nach Noten, sondern nach dem Gehör. So spielte er natürlich auch selbsterfundene Harmonien. Bald schon spielte der Junge mit einer Hand die Melodien von Liedern und Choralgesängen und improvisierte mit der anderen Hand eine selbsterfundene Begleitung.

Mit fünf Jahren ging Albert in die Schule. In der Gesangsstunde wunderte sich Albert, daß die Lehrerin den Choral fortgesetzt Note für Note ohne Begleitung spielte. Er empfand dies nicht als schön und fragte schließlich die Lehrerin, warum sie ihn nicht richtig mit Begleitung spiele. In seinem Eifer setzte er sich an das Harmonium und spielte ihn ihr schlecht und recht mehrstimmig aus dem Kopfe vor. Die Lehrerin blickte ihn verwundert an und war seit dem Augenblick freundlicher zu ihm als früher, aber auch etwas merkwürdig. Selber aber tippte sie den Choral auch weiterhin immer nur mit einem Finger, und Albert wurde damals klar, daß sie überhaupt nicht Klavier spielen konnte. Da er aber ein so absonderlicher Junge war, empfand er diese Entdeckung nicht als einen Triumph, sondern sie erweckte in ihm das Gefühl der Scham. Sie hatte sicher angenommen, er habe ihr etwas vormachen wollen, was sie nicht konnte; aber er war gar nicht auf den Gedanken gekommen, daß man anders spielen könne ...

Seine Taufpatin Mademoiselle Julie aus Colmar gab ihm Klavierstunden. Sie beklagte bis ins Alter hinein, seine Finger seien so steif gewesen, obwohl er schon als kleiner Junge auf ihrem Flügel recht tüchtig spielte und seine Finger dabei mit großer Geschicklichkeit alles zustande brachten, was gefordert wurde. Es ist anzunehmen, daß sie auch keine allzu begabte Lehrerin war.

Die vier Jahre Dorfschule vergingen glücklich und wie im Fluge. Im letzten Jahr ging Albert bereits zu Fräulein Goguel und in der „oberen Klasse" zu Vater Iltis. Vater Iltis war ein guter Lehrer, und Albert hat von ihm vieles im Spiele erlernt, ohne Zwang und anstrengendes Üben. Die Hauptsache aber war – Vater Iltis nahm ihn mit zum Orgelspiel. Alberts Beine waren noch nicht lang genug, um die Pedaltasten zu erreichen, da konnte er bereits die Günsbacher Kirche mit dem Brausen der Orgel füllen wie mit dem Grollen des Donners oder dem Chor übermenschlicher Posaunenklänge. Albert war ein Schweitzer, und für die Schweitzers war die Orgel ein vertrautes Instrument.

Als Albert neun Jahre alt war, begann er die Realschule in Münster, drei Kilometer von Günsbach entfernt, zu besuchen. Es war eine Schule vom „neuen Typ", d. h., man mußte in ihr nicht griechisch lernen. Albert besuchte diese Schule nicht lange, aber es ist interessant, daß ihm von allen Erlebnissen dieser Zeit am lebhaftesten die Erinnerung an den Schulweg, an die drei Kilometer hin und drei Kilometer zurück, immer zu Fuß, im Gedächtnis geblieben ist. Meist legte er diesen Weg allein zurück. Schon in dieser Zeit zeichnete sich sehr klar eine der größten Leidenschaften seines Lebens, die Liebe zur Natur, ab. Der Weg nach Münster führte am Berg entlang, und er war nie langweilig. Niemals konnte er sich an dem Grün des Schloßwaldes sattsehen, er tummelte sich leidenschaftlich gern in den Ruinen des alten Schwarzenburger Schlosses im Schatten des Waldes. Er wurde es nicht überdrüssig, das Welken der Blätter im Schloßwald zu beobachten, wenn die Eichen rötlich wurden, der Ahorn ein blutrotes Gewand anlegte und nur die Kiefern an den Hängen noch grünten. Er freute sich am Funkeln des frischen Winters und am Erwachen der Natur im Frühling. Ebenso konnte er ein halbes Jahrhundert später nicht genug die grünen Ufer des Ogowe, die exotische afrikanische Natur betrachten, die sich vor dem Fenster seines Arbeitszimmers ausbreitete.

Er fühlte sich so mit der Natur des Münstertales verbunden, daß er die Nachricht, er käme nach den Ferien nach Mülhausen aufs Gymnasium, als eine Unglücksbotschaft empfand. Er sollte nun auf seine einsamen Wanderungen von der Schule nach Hause verzichten. Er lief fort, versteckte sich vor den Erwachsenen und weinte stundenlang heimlich vor sich hin. Übrigens ereignete sich dies später, im Jahre 1885, als er bereits zehn war.

Von den Lehrern der Realschule beeindruckte ihn am meisten Pfarrer Schäffer, der Religionsunterricht erteilte. Er war ein hervorragender Redner, und Schweitzer erinnerte sich sein ganzes Leben, wie Pfarrer Schäffer in der Klasse die biblische Geschichte über Joseph erzählte.

An der Stelle dieser rührenden Geschichte, an der Joseph sich seinen Brüdern zu erkennen gab, begann der Pfarrer, von der eigenen Erzählung gerührt, auf seinem Pult zu weinen. Und wenig später schluchzte dann die ganze Klasse.

Übrigens war Albert trotz seiner Empfindsamkeit leicht zum Lachen zu bringen, was die Schulkameraden weidlich ausnutzten. Wenn sie ihn zum Lachen gebracht hatten, begannen sie sofort zu rufen: „Schweitzer lacht!" So tauchte immer wieder im Klassenbuch die Eintragung auf: „Schweitzer hat in der Stunde gelacht."

Dieses unkontrollierbare Lachen bedeutete jedoch keineswegs, daß der kleine Albert einen heiteren Charakter besaß. Vielmehr war er eher schweigsam und verschlossen, sehr zurückhaltend und sogar schüchtern. Das verschlossene Wesen hatte er – wie schon gesagt – von der Mutter geerbt, der es nicht gegeben war, die Gefühle, die sie empfand, in Worten auszudrücken. Schweitzer erzählte später, daß er mit seiner Mutter niemals über ihre Gefühle sprach, und er hätte wohl überhaupt die Stunden zählen können, in denen er sich mit seiner Mutter ausgesprochen hatte.

Von der Mutter hatte Albert auch eine tiefe Leidenschaftlichkeit geerbt, die sie ihrerseits wieder von ihrem Vater hatte. Zuzeiten ging sie sogar in Jähzorn über. Schon in früher Kindheit kam diese Leidenschaftlichkeit beim Spiel zum Ausdruck. Albert begeisterte sich, geriet in eine schreckliche Erregung und wurde zornig, wenn die anderen nicht mit gleicher Hingebung spielten wie er. Einmal schlug er sogar seine Schwester Adele, weil sie im Spiel eine zu lässige Gegnerin war. Dieses Ereignis veranlaßte das ungewöhnliche Kind zum Nachdenken. Von dieser Zeit an begann er nach und nach alles Spielen aufzugeben, und dies nur deshalb, weil er in seiner Spielleidenschaft die Kontrolle über sich selbst verlieren könnte. Niemals in seinem Leben hat er Karten angerührt. Als er dann erwachsen war, hat er sich – nach eigenen Worten – mit

Scham an viele Ausbrüche seines stürmischen Charakters in seiner Kindheit und Jugend erinnert.

Die Kindheit Alberts verlief dank seiner kräftigen körperlichen und geistigen Natur trotz aller oben beschriebenen Erlebnisse glücklich. Interessant ist, daß das Gefühl von Gesundheit und Glück die Empfindlichkeit Schweitzers keineswegs abstumpfte, sondern sie im Gegenteil noch vertiefte, was letzten Endes zu einem so erregenden Leben führte.

Gymnasialzeit in Mülhausen

Zehn Jahre war Albert, als er von seinem Heimattal und seiner Kindheit in Günsbach Abschied nahm.

Die Eltern entschlossen sich, Albert nach Mülhausen ins Gymnasium zu schicken. Dort stand für den Pfarrerssohn ein unentgeltlicher Platz zur Verfügung. Doch die Entscheidung, Albert nach Mülhausen zu schicken, wurde letzten Endes nicht dadurch beeinflußt. Kinderlose Verwandte der Familie Schweitzer, die in Mülhausen lebten, erboten sich, ihn für die ganze Gymnasialzeit unentgeltlich zu sich zu nehmen. Anders hätte der kinderreiche Pfarrer, dessen wirtschaftliche Lage zu dieser Zeit immer noch nicht viel besser war, nicht die Mittel dafür aufbringen können. Übrigens vermochte Albert – wie so viele – die Wohltaten, die ihm Onkel Louis und Tante Sophie antaten, erst viel später zu ermessen. Anfangs empfand er nur die Strenge der Zucht, in die er kam.

Onkel Louis war sein ganzes Leben lang Schuldirektor gewesen, er hatte sein ganzes Leben lang Kinder erzogen, aber er war selbst kinderlos und hatte bisher zu Hause kein Kind um sich gehabt. Das erschien Albert sehr bedauerlich. Der Onkel war konsequent und pedantisch. Tante Sophie stand ihrem Mann in nichts nach. Im Hause verlief alles bis ins kleinste geregelt. Auch in Günsbach hielt man auf Sparsamkeit, Wohlerzogenheit, Ordnung, Frömmigkeit und Arbeitsliebe. Und doch war das Günsbacher Haus des Vaters, verglichen mit dem strengen Haus des Onkels, eine wahre Freistatt. Im Hause des Onkels war alles streng nach Stunden eingeteilt. Ordnung, vernünftiges Rechnen und Gehorsam waren obligatorisch, und es wäre keiner auf den Gedanken gekommen, sie zu stören. Man müßte wohl die Handschrift von Dickens besitzen, wollte man die gezierte Ordnung des Mülhausener Hauses schildern.

Obwohl vieles in dem zehnjährigen Jungen schon festgelegt war, als er nach Mülhausen kam, obwohl er sich bemühte, viele seiner Kindheitsüberzeugungen zu verteidigen, sei es nur aus Widerspruchsgeist oder auch im Bewußtsein, dabei recht zu haben, konnte das Haus in Mülhausen doch nicht ohne Einfluß auf ihn bleiben, und zwar einen Einfluß, den ich als günstig bezeichnen möchte. Hier lernte er am Schreibtisch zu arbeiten, hier eignete er sich Eigenschaften wie Einfachheit und Sparsamkeit an.

In den ersten Jahren seiner Gymnasialzeit blieb die materielle Lage der Familie immer noch schwierig. Albert setzte seinen Stolz darein, in Mülhausen so wenig wie möglich zu verbrauchen. Er wollte dem Elternhaus, wo immer noch vier Kinder zurückblieben, möglichst wenig wegnehmen. Als einmal im Herbst die Mutter meinte, der Winteranzug sei zu klein geworden und er brauche einen neuen, bestritt er dies. Da er ihn aber wirklich nicht mehr tragen konnte, mußte er im Winter in seinem gelben Sommeranzug herumlaufen. Die Tante unterstützte Albert; sie war der Meinung, Entbehrungen und Abhärtung würden dem Jungen nicht schaden. Was ihn selbst betraf, so war es nicht die Kälte, die ihm zusetzte; doch er konnte es nur schwer ertragen, daß viele Schulkameraden in ihm einen Hungerleider sahen, der sich nichts leisten konnte. Er vermochte all diese Spötteleien nur in dem Bewußtsein zu ertragen, seiner Mutter damit Sorgen abzunehmen. In dieser Situation lassen sich alle drei gut verstehen. Doch recht hatte vermutlich die Tante Sophie. Übrigens enthält auch noch der spätere Bericht Schweitzers über diesen Vorfall einen Anhauch kindlicher Beschämung.

Ein guter Schüler war Albert auch in dieser Zeit nicht. Es kam sogar so weit, daß der Vater einmal zum Schuldirektor geladen wurde. Da Albert eine Freistelle hatte, die für einen Sohn unbegüterter Pfarrer bestimmt war, seine Leistungen aber so schlecht waren, deutete der Direktor dem Vater an, daß es vielleicht am besten wäre, wenn er ihn vom Gymnasium nähme. Die arme Mutter lief während der ganzen Weihnachtszeit mit verweinten Augen umher, als Albert ein sehr schlechtes Weihnachtszeugnis mit nach Hause gebracht hatte. Der Junge selbst nahm dies nicht oder fast gar nicht wahr. Er war zu dieser Zeit aufs äußerste zerstreut und verträumt. Er wunderte sich allerdings, daß der Vater ihn nicht schalt. Doch der Pfarrer war zu gut und zu traurig zum Schelten.

Noch zerstreuter war Albert beim Unterricht. Keinem seiner Lehrer gelang es, sein Interesse zu wecken. Besonders langweilig waren ihm die Literaturstunden. Er erwartete die erste Stunde mit Ungeduld. In dieser Stunde begann der Lehrer eines seiner Lieblingsgedichte zu rezitieren, das er so oft auf dem Wege von Münster nach Günsbach vor sich hingesprochen hatte: „Fichte, grüne Fichte ...“ Doch das, was der Lehrer über dieses Gedicht zu sagen hatte, schien Albert unsinnig und dumm. Der Lehrer versuchte, die Schönheit zu erklären, doch von jenem Gefühl, das den Jungen früher stets beim Hören der ersten Worte dieses herrlichen Kunstwerks ergriffen hatte, blieb nichts übrig. In Albert begann sogar die Befürchtung wachzuwerden, daß es niemals wieder zurückkehren werde, und er wehrte sich entrüstet gegen die „Zerlegungsversuche“ des Lehrers. Er hörte einfach auf, in der Unterrichtsstunde zuzuhören. „Ich hatte das Gefühl, die Fensterläden gegen den Straßenlärm geschlossen zu haben.“ Fünfzig Jahre später schreibt er noch entrüstet über diesen Unterricht: „An einem Gedicht, so meine ich auch heute noch, ist nichts zu erklären. Man muß es erleben.“

Die Unaufmerksamkeit des Mülhausener Gymnasiasten gab zu den allergrößten Befürchtungen Anlaß. Da rettete ihn das Erscheinen eines neuen Klassenlehrers namens Dr. Wehmann. Dr. Wehmann war ein guter Pädagoge. Er beherrschte nicht nur seinen Unterrichtsgegenstand, sondern er bereitete auch jede Stunde sorgfältig vor. Er wußte genau, wieviel er in der Stunde durchnehmen wollte, und wurde immer gerade damit fertig. Er gab die Hefte immer pünktlich wieder zurück und zeigte in allem eine hohe Selbstdisziplin. Es ist einfach erstaunlich, welchen tiefen Eindruck diese Tugenden auf den jungen Gymnasiasten machten. Später schrieb Schweitzer, daß Dr. Wehmann für ihn zu einem Vorbild der Pflichterfüllung wurde. Zu alledem war Dr. Wehmann ein gebildeter und talentierter Lehrer. Der Schüler wachte auf. Er begann seinem Lehrer nachzueifern. Er begann gut zu lernen. Als er Ostern nach Hause kam, erwartete die Mutter nach der Enttäuschung zu Weihnachten nichts Gutes. Doch in seinem Zeugnis standen entgegen aller Erwartungen gute Noten.

In Mülhausen langweilte er sich in seiner Freizeit sehr. Er sehnte sich nach den Wäldern, nach dem Münstertal und nach den geheimnisvollen Ruinen des Schlosses.

Sein Tag war – wie alles im Hause des Onkels – streng eingeteilt. Gymnasium, Mittagessen, nach dem Mittagessen Musikstunde. Dann wieder Gymnasium. Wenn er mit den Schularbeiten früher fertig war, wieder ans Klavier. Wenn die Tante ihn zum Klavier treiben mußte, pflegte sie zu sagen: „Du weißt nicht, wozu dir die

Musik einst im Leben gut sein wird.“ Gymnasium. Schularbeiten. Musik. Schularbeiten. Gymnasium ...

In der Autobiographie “Aus meinem Leben und Denken“, die er über vierzig Jahre später geschrieben hat, formuliert Schweitzer seine spätere Einstellung zu dieser Periode seines Lebens mit der nüchternen Klarheit des Erwachsenen: „Die strenge Zucht, in die ich bei diesem Großonkel und seiner Frau – sie waren kinderlos – kam, hat mir sehr wohlgetan.“

Allmählich kommt der bis dahin erfolglose Gymnasiast Schweitzer ins richtige Geleise. Er gewöhnt sich an die Erfüllung der täglichen Aufgaben, er eignet sich Beharrlichkeit an. Ja, noch mehr: Er gewinnt Geschmack an der Überwindung von Schwierigkeiten. Es gefällt ihm sogar, wenn ihm irgend etwas nicht von Anfang an gelingt, wenn er alle Kraft und Ausdauer anwenden muß.

Außerdem ergriff ihn eine grenzenlose Lesewut. Der Sonntag war im Hause des Onkels der Erholung gewidmet. Nach dem Nachmittagspaziergang durfte Albert bis zehn Uhr abends lesen. Hätte es ihm Tante Sophie erlaubt, so hätte er wohl die ganze Nacht hindurch gelesen. Wenn ihm ein Buch gefiel, konnte er es nicht aus der Hand legen, bevor er es zu Ende gelesen hatte. Zuerst mußte er es bis zu Ende überfliegen. Gefiel es ihm, dann begann er, es gleich zwei oder drei Mal hintereinander zu lesen. In seinem Büchlein „Aus meiner Kindheit und Jugendzeit“ verteidigt der nahezu fünfzigjährige Schweitzer die Art seines Lesens. Anderer Meinung war natürlich Tante Sophie. Für sie war dieses „Verschlingen der Bücher“ einfach ein Greuel.

Sie versuchte, die Art, in der Albert las, zu beeinflussen, bald mit Güte, bald mit Autorität, bald mit Sarkasmus. Doch es half nichts. Albert war davon überzeugt, daß man auch beim „Verschlingen“ der Bücher auf ihren Stil achten kann, und wenn er beim hastigen Lesen der Versuchung erlag, viele Sätze und gar ganze Beschreibungen zu überspringen, so führte er dies auf den schlechten Stil des Autors zurück. Und umgekehrt. Übrigens hütete er sich, der Tante seine Weisheit vorzutragen, da es ja von ihr abhing, ob er eine Viertelstunde mehr oder eine Viertelstunde weniger lesen durfte.

Unabhängig von seinen Fortschritten im Gymnasium begann sich Albert in diesen Jahren rasch weiter zu entwickeln. Die Bücher, neue Kenntnisse, neue Eindrücke und vor allem das Nachdenken über all das Gelesene, Gesehene und Gehörte trugen dazu wesentlich bei. Im Hause seines Onkels lebte ein Fräulein Anna Schäffer, ebenfalls Pfarrerstochter und Lehrerin der höheren Töchterschule, ein sehr kluges und gütiges Wesen. Nach den eigenen Worten Schweitzers hat sie mehr zu seiner Erziehung beigetragen, als sie ahnte.

Häufig war er auch im Hause seines Schulkameraden Eduard Ostier.

Die Mutter Eduards, Frau Ostier, war eine kluge, taktvolle Frau. Ein außerordentlich gelehrter und belesener Mann war der Pfarrer Matthieu, der Vater eines anderen Klassenkameraden, in dessen Haus sich Albert häufig aufhielt. Obwohl Tante Sophie es nicht gern sah, daß der Junge nutzlos „draußen herumlief", erlaubte sie ihm, in diesen beiden Häusern zu verkehren. Später erlaubte sie ihm dann auch, an den schulfreien Mittwoch- und Samstagnachmittagen allein spazierenzugehen. Er ging dann auf die Höhen, die Mülhausen im Süden umrahmen, und schaute sehnsüchtig nach den Bergen in der Gegend des Münstertales aus. Während dieser Spaziergänge traf Albert häufig einen Greis, der energisch die Straße entlangschritt. Der Mann trug seinen Hut in der Hand, und sein weißes Haar flatterte im Winde. Albert kannte ihn von der Kanzel her. Es war Adolf Stöber, der elsässische Dichter, der als Pfarrer in Mülhausen wirkte. Er behandelte Albert mit der Zeit als Bekannten und ging oft mit ihm ein Stückchen gemeinsam.

Albert war sehr stolz darauf, mit einem leibhaftigen Dichter zusammen zu sein.

Den stärksten und tiefsten Eindruck auf dem Gymnasium empfing Albert Schweitzer von dem späteren Direktor Wilhelm Deekke. Er war ein hervorragender Schulmann, Kenner altgriechischer Inschriften und archäologischer Funde. Er war gebürtiger Lübekker, seine Art war etwas steif, doch die Gymnasiasten gewöhnten sich bald daran und brachten ihm große Hochachtung entgegen. Die Gestalt des neuen Direktors war von einem Geheimnis umgeben. Man sagte, das Gymnasium zu Mülhausen sei für ihn eigentlich eine Art Verbannung. Er habe sich durch freimütige Äußerungen das Mißfallen des kaiserlichen Statthalters von Elsaß-Lothringen zugezogen. Ein besonderes Ansehen gab ihm die Tatsache, daß er mit dem Dichter Geibel und dem Historiker Mommsen befreundet war. Die Unterrichtsstunden des Direktors in Latein und Griechisch waren sehr interessant.

Latein machte Albert von Anfang an im Gymnasium viel zu schaffen. In Münster nahm er Privatstunden in Latein, doch beim Eintritt in die fünfte Klasse des klassischen Gymnasiums erwies er sich als schlecht vorbereitet. Schließlich hatte er unter dem Einfluß von Dr. Wehmann bereits seine Klassenkameraden eingeholt, und nun erschien noch Wilhelm Deecke, dessen Lektionen von eigenen Ideen durchdrungen waren. Bis ins höchste Alter sind Schweitzer die Stunden, in denen er mit der Klasse Plato las, unvergeßlich geblieben. Herr Deecke wollte seinen Schülern nicht nur Wissen beibringen, sondern sie auch als Menschen erziehen. Er war ein universell gebildeter Philologe und ein Humanist.

Im Epilog zu dem Büchlein „Aus meiner Kindheit und Jugendzeit" hat Schweitzer geschrieben, es bewege ihn die Tatsache, daß so viele Menschen ihm seinerzeit so viel gegeben hätten oder so viel bedeuteten. Die Dankbarkeit war für ihn immer eine der wertvollsten Tugenden. Dabei waren unter den Menschen, die ihm etwas gaben, viele, die nichts davon wußten, ja, die er nicht einmal persönlich kannte und von denen er vielleicht nur gelesen hatte oder erzählen hörte. Solche Menschen hatten oft einen entscheidenden Einfluß auf ihn, traten in sein Leben ein und wurden zu einer Kraft, die lange Zeit Einfluß auf ihn behielt.

Zu den Lehrern, die in Schweitzer „die Flamme entzündet" haben und denen gegenüber er besondere Dankbarkeit empfand, gehörte auch der Organist der Stephanskirche in Mülhausen, der Musiklehrer Eugen Münch. Trotz seiner frühzeitigen musikalischen Fortschritte war der Gymnasiast Schweitzer anfangs für Münch ein schwieriger Schüler. Der junge Organist und Musiklehrer, der eben erst von der Berliner Hochschule für Musik gekommen war, pflegte über seinen Schüler erregt zu sagen: „Albert Schweitzer ist meine Qual!" Das Unglück Alberts bestand darin, daß er zu improvisieren liebte. In den Stunden, in denen ihn Tante Sophie an das Klavier verbannte, übte er nicht die langweiligen Übungsstücke, sondern er improvisierte oder spielte vom Blatt. Außerdem scheute er sich, vor seinem Lehrer mit Empfindung zu spielen. Er brachte es nicht über sich, in Gegenwart anderer das preiszugeben, was er in einem schönen Musikstück erlebte. In dieser Hinsicht verstand ihn von allen am ehesten seine Mutter. Wie sich einmal sein Taufpate ausdrückte, wirkten seine Hände in jenen Augenblicken „hölzern".

Als er wieder einmal eine Mozart-Sonate in dieser Weise heruntergeleiert hatte, schlug sein Lehrer einen Band von Mendelssohn-Bartholdy auf und sagte mißmutig:

„Eigentlich bist du nicht wert, daß man dir schöne Musik zu spielen gibt. So wirst du mir auch dieses Lied ohne Worte versudeln. Wenn einer halt kein Gefühl hat, kann ich ihm auch keines geben."

„Oho", dachte da Albert, „dir will ich doch zeigen, daß ich Gefühl habe."

Er übte die ganze Woche eifrig an dem Stück, das er schon früher oft vom Blatt gespielt hatte. Er machte das, wozu ihn bisher niemand – auch nicht Tante Sophie – hatte veranlassen können: er probierte die besten Fingersätze aus und schrieb sie auf. Und in der nächsten Unterrichtsstunde spielte er das Lied ohne Worte so, wie er's im Herzen spürte.

Eugen Münch hörte schweigend zu. Dann schlug er ihm nur fest auf die Schultern und setzte sich neben ihn. Er spielte seinem Schüler ein weiteres herrliches Lied ohne Worte vor. Danach gab er ihm eine Sonate von Beethoven auf, und nach einigen Stunden befand er ihn für würdig, mit Bach anzufangen. Bald nach der Entdeckung von Bach geschah ein zweites großes Ereignis. Der Lehrer eröffnete Albert, nach der Konfirmation dürfe er an der großen schönen Orgel in der Stephanskirche Orgelunterricht nehmen.

Die Orgel war – wie wir schon hörten – die angeborene große Leidenschaft der Schweitzers und Schillingers. Albert hatte schon einmal mit neun Jahren als Ersatzmann von Vater Iltis während des Gottesdienstes auf der Orgel der Günsbacher Kirche spielen dürfen. Doch die Schweitzers mochten Bach nicht. Außerdem ließ sich die Orgel in der Günsbacher Kirche nicht mit der großartigen Walckerschen Orgel in der Stephanskirche vergleichen, die drei Klaviaturen und 62 Register besaß. Albert konnte nunmehr bei einem großen Orgelmeister lernen, und er betrachtete dies als ein großes Glück, ein wahrhaftiges Geschenk des Schicksals.

Albert Schweitzer erinnerte sich sein ganzes Leben lang an das einfache dreistöckige Steinhaus neben der Stephanskirche, in dem in der zweiten Etage Eugen Münch, sein unvergeßlicher Lehrer, wohnte. Münch lebte nicht lange. Er starb, als Albert an der Universität studierte. Im gleichen Jahr erschien das erste der zahlreichen Bücher Schweitzers, ein kleines, französisch verfaßtes Büchlein, in dem das Bild Eugen Münchs festgehalten war. Schweitzer bezeugte seinem Lehrer auch in späterer Zeit hohe Anerkennung.

Zu jener Zeit hörte Albert zum ersten Male im Theater eine Wagner-Oper. Er war erschüttert und ließ von dieser Zeit an in Mülhausen keine einzige Wagner-Oper aus. Er wurde fürs ganze Leben ein glühender Anhänger „dieses Genius der deutschen Musik".

So erhielten die beschwerlichen und langweiligen Musikstunden allmählich für Albert ihren Sinn und setzten ihm weniger zu. Überhaupt gewöhnte er sich immer mehr an das strenge Reglement im Hause des Onkels, und er erkämpfte sich nach und nach kleine Zugeständnisse und Rechte. So war es zum Beispiel mit dem Zeitunglesen.

Alberts Mutter war eine leidenschaftliche Zeitungsleserin. Es verdroß sie sehr, daß an den Feiertagen keine Zeitungen gedruckt wurden. Auch Albert hatte zu Hause mit Eifer Zeitungen gelesen, aber Tante Sophie betrachtete seine Gewohnheit, sich auf alle neuen Zeitungen zu stürzen, als einen Ausdruck seiner unangenehmen Neigung, alles Lesbare zu verschlingen. Wenn sie mit dem Tischdecken begann, erhielt Albert die Erlaubnis, die Schularbeiten für fünfzehn Minuten zu unterbrechen. In diesen fünfzehn Minuten las er die „Straßburger Post", das „Mülhausener Tageblatt" und die „Neue Mülhausener Zeitung". Die Tante behauptete, er lese doch nur die Feuilletonromane und Mordtaten, und wollte ihm das Zeitunglesen ganz verbieten. Ihr Neffe stritt dies jedoch ab und beteuerte, daß er sich besonders für die neuesten politischen Nachrichten, also für die zeitgenössische Geschichte interessierte (und für Geschichte hatte er immer eine besondere Schwäche). Der Konflikt spitzte sich zu, und der Onkel selbst übernahm es, ihn zu entscheiden.

„Das wollen wir gleich sehen", sagte er beim Abendessen, „ob der Bub wirklich Politik liest."

Nun begann er seinen Neffen zu examinieren, welche Fürsten auf den Balkanthronen säßen und wie ihre Ministerpräsidenten hießen. Als Albert die ersten Fragen zufriedenstellend beantworten konnte, ließ er ihn die Zusammensetzung der drei letzten französischen Kabinette aufzählen. Zum Schluß wollte er sogar den Inhalt der letzten Reichstagsrede Eugen Richters wissen. Albert bestand dieses Examen bei gebratenen Kartoffeln und Salat glänzend. Er erhielt die Erlaubnis, die Zeitungen zu lesen, und er benützte dies natürlich dazu, sich von Zeit zu Zeit auch an den Feuilletonromanen zu erlaben. Von da an begann der Onkel ihn schon fast als Erwachsenen zu behandeln und sich mit ihm beim Essen ausführlich über Politik zu unterhalten.

Vom vierzehnten bis etwa zum sechzehnten Jahr machte der junge Schweitzer eine üble Phase durch. Der Pubertäts- und Reifungsprozeß verläuft bei jedem Menschen anders. Albert, der bis dahin so zurückhaltend und verschlossen gewesen war, wurde plötzlich unausstehlich und streitsüchtig. Jedem Menschen, der ihm in den Weg geriet, wollte er jetzt seine Anschauungen erklären, um dabei die Irrtümer der Gewohnheitsmeinungen aufzudekken und das Richtige zur Geltung zu bringen. Für die üblichen Tischgespräche pflegte das eine zu schwierige Kost zu sein. Außerdem wollten sich die Erwachsenen nicht gern in ihrer mittäglichen Ruhe stören lassen. Albert zwang sie, über Dinge zu streiten, die sie längst für gelöst hielten, – und noch dazu mit einem kleinen Jungen zu streiten! Wie viele Tischgespräche in Mülhausen und in Günsbach brachte Albert auf diese Weise in ein böses Fahrwasser! Von seiner bisherigen Verschlossenheit und Zurückhaltung war nichts mehr übriggeblieben, als sei der Teufel in ihn gefahren. Tante Sophie war aufs äußerste empört und schalt Albert oft wegen seiner Ungezogenheit. Am meisten aber litt darunter der Vater. Wenn er mit Albert irgendwohin auf Besuch ging, dann nahm er ihm vorher das Versprechen ab, „ihm den Tag ja nicht durch dummes Benehmen bei Gesprächen zu verderben“. Übrigens verstand es der Vater auch hier, nachsichtig zu sein. Überhaupt waren die Beziehungen zwischen Kindern und Eltern im Pfarrhaus, wie Schweitzer später schrieb, „ideal, dank dem großen Verständnis, das die Eltern uns in allen Dingen, selbst in unseren Torheiten, entgegenbrachten. Sie erzogen uns zur Freiheit. Niemals, seitdem ich das leidige Diskutieren aufgegeben hatte, war in unserem Hause etwas von der Spannung zwischen dem Vater und dem erwachsenen Sohn, die das Glück so mancher Familie stört. Der Vater war mir der liebste Freund.“

Was aber diese ganz „unglückliche Gewohnheit zu streiten“ betrifft, so war dies nach Meinung von Albert Schweitzer keineswegs eine vorübergehende Marotte oder eine Folge der Reifung. Vielmehr war in dem Jungen „der Aufklärungsgeist des Großvaters Schillinger erwacht“. Das Suchen seines Enkels barg, so unangenehm und aufdringlich es den Erwachsenen auch scheinen mochte, keinerlei egoistische Motive. Es entsprang dem „leidenschaftlichen Bedürfnis, zu denken und mit anderen Menschen nach dem Wahren und Zweckmäßigen zu suchen". Albert war zu der Überzeugung gekommen, daß „der Fortschritt der Menschheit nur dadurch möglich wird, daß das Vernunftgemäße an die Stelle der Meinungen und der Gedankenlosigkeit tritt". Dies veranlaßte ihn zu den kindlich stürmischen und sicher auch nicht immer ganz passenden Streitgesprächen.

In seinem Buch „Aus meiner Kindheit und Jugendzeit" schreibt Schweitzer, indem er einen Vergleich verwendet, der unmittelbar dem elsässischen Leben entnommen ist, daß der Gärungsprozeß natürlich unangenehm war, aber der Wein klärte sich schließlich doch. Indem er seine rebellischen Jugendjahre verteidigt, schreibt er, er habe schon in jenen Jahren gefühlt, daß er sich selbst aufgeben würde, wenn er von seinem Enthusiasmus für das im Denken erkannte Wahre und Zweckmäßige abließe. Später hat ihm seine angeborene Verschlossenheit geholfen, das gebotene Verhalten des wohlerzogenen Menschen beizubehalten. Er bemühte sich, auch sinnlose, nichtssagende Gespräche auszuhalten, wie sie in der modernen Gesellschaft so weit verbreitet sind, einfach um die anderen Menschen nicht zu reizen und nicht zu beleidigen. Doch auch später bäumte er sich innerlich dagegen auf und „litt darunter, daß wir Menschen so viele Zeit des Zusammenseins unnütz miteinander zubringen, statt uns in ernster Weise über ernste Dinge zu besprechen und uns einander als strebende, leidende, hoffende und glaubende Menschen zu erkennen zu geben".

Wenn er sich den Regeln der Wohlerzogenheit unterwarf, fragte er sich oftmals, wieweit man wohl dabei gehen könne, ohne Schaden an der Wahrhaftigkeit zu nehmen.

In dieser seelischen Verfassung Schweitzers nahte die Konfirmationszeit, der die protestantische Kirche große Bedeutung beimißt. Sie hat nach den Überzeugungen der protestantischen Lehre in einem Alter zu erfolgen, in dem der Jugendliche bereits in vollem Umfange bewußt zu denken vermag.

Pfarrer Wennagel sollte Albert auf die Konfirmation vorbereiten. Natürlich wäre er mit vielen Auffassungen, die Albert damals vertrat, nicht einverstanden gewesen. Dazu gehörte vor allem die leidenschaftliche Überzeugung des Enkels des Aufklärers Schillinger, daß alles auf der Welt, darunter auch die Prinzipien des Christentums, mit der Waffe des Geistes überprüft werden müsse. Pfarrer Wennagel war der Meinung, daß vor dem Glauben alles

Nachdenken verstummen müsse. Der junge Albert dagegen glaubte an die Stimme des Verstandes: „Das Denken, sagte ich mir, ist uns gegeben, daß wir darin alle, auch die erhabensten Gedanken der Religion begreifen. Diese Gewißheit erfüllte mich mit Freude."

Nach der Konfirmation begann Eugen Münch, wie versprochen, Albert Orgelunterricht in der Stephanskirche zu geben. Mit sechzehn Jahren saß der Schüler zum ersten Male in einem Konzert vor der Orgel. Sein Lehrer vertraute ihm die Orgelbegleitung des Brahmsschen Requiems an, das er mit dem Chor der Kirche aufführte. Albert erkannte damals zum ersten Male die Wonne, die Orgel in den Klang von Orchester und Chor hineinfluten zu lassen.

In diese Zeit fallen auch einige Veränderungen in der Familie Schweitzer. Sie siedelte aus dem alten in ein neues, wärmeres und trockenes Haus über, das auf einen sonnigen Garten hinausging. Die Mutter erbte in dieser Zeit von einer entfernten kinderlosen Verwandten ein kleines Vermögen. Die Gesundheit des Vaters besserte sich.

So herrschte wieder Sonnenschein über dem Vaterhaus.

Alberts Leistungen im Gymnasium waren jetzt nicht schlecht. In den Sprachen und in Mathematik zeigte er keine besonderen Fähigkeiten, sondern nur so viel, wie gerade seinem Fleiß entsprach. Wirkliche Begabung hatte er eigentlich nur für Geschichte. Er las viel und konzentrierte sich im Laufe der Zeit besonders auf geschichtliche Werke. In den höheren Klassen behandelte ihn sein Geschichtslehrer Professor Kaufmann mehr als Freund denn als Schüler.

Neben der Geschichte hatte Albert besonderes Interesse für Physik und Chemie. Er hatte den Eindruck, daß man ihnen auf dem Gymnasium auf dem Gebiet der Naturwissenschaften zu wenig Kenntnisse vermittelte. Außerdem stellte er wiederholt fest, daß die Lehrbücher nicht den neuesten Stand der Wissenschaft wiedergaben. Beide Beobachtungen waren zweifellos richtig.

Die Physik- und Chemiestunden riefen bei Albert widersprüchliche Empfindungen hervor. Es schien ihm, daß die Schule verschweigt, wie wenig wir von dem, was in der Natur vor sich geht, wirklich wissen. Die Schulbücher konnten ihn nicht befriedigen und reizten ihn durch ihre auf Auswendiglernen zugeschnittenen, glatten Formulierungen. Es schien ihm lächerlich, wenn er sah, wie die Schulbücher den Anspruch erhoben, für den Regen, den Schnee, die Entstehung der Wolken, den Wind und den Golfstrom eine erschöpfende Erklärung geben zu können. Besonders bewegte ihn die Bildung des Regentropfens, der Schneeflocke und des Hagelkorns. Es schmerzte ihn, „daß man das absolut Geheimnisvolle der Natur nicht anerkannte und zuversichtlich von Erklärung sprach, wo man es in Wirklichkeit nur zu tiefer eindringenden Beschreibungen gebracht hatte, die das Geheimnisvolle nur noch geheimnisvoller machten". Dies erinnerte ihn an die Versuche, die Wunder der Poesie mit groben Mitteln zu zerlegen, wodurch man sie weniger poetisch und weniger kompliziert macht und sie zugleich der Poesie wie auch des Wunders beraubt.

„Schon damals wurde mir klar, daß uns das, was wir als Kraft und als ‚Leben' bezeichnen, seinem eigentlichen Wesen nach immer unerklärlich bleibt."

Der Gedanke der „Reife" bedrückte Schweitzer. Sie klang für ihn wie eine musikalische „Dissonanz", die solche Wörter wie Verarmung, Verkümmerung und Abstumpfung begleiten. Mit diesem Beiwort belegt man gewöhnlich einen Menschen, der ausschließlich nach den Gesetzen der Vernunft und Logik lebt. Einer erwirbt sie sich nach dem Vorbild anderer, indem er Stück um Stück die Gedanken und Überzeugungen preisgibt, die ihm in seiner Jugend teuer waren. Er glaubte einmal an den Sieg der Wahrheit; jetzt nicht mehr. Er glaubte an die Menschen; jetzt nicht mehr. Er eiferte nach Gerechtigkeit; jetzt nicht mehr. Er glaubte an die Macht der Güte und der Friedfertigkeit; jetzt nicht mehr. Er konnte sich begeistern; jetzt nicht mehr. Um besser durch die Fährnisse und Stürme des Lebens zu steuern, hat er sein Boot erleichtert; er warf Güter ab, die er für entbehrlich hielt. Aber es waren der Mundvorrat und der Wasservorrat, deren er sich entledigte. Nun segelt er leichter dahin, aber als verschmachtender Mensch.

Albert hörte in seiner Jugend die Unterhaltungen von Erwachsenen mit an, die meinten, der jugendliche Idealismus schwinde unvermeidlich dahin. Schweitzer entschloß sich jedoch damals, sich diesem tragischen Vernünftigwerden nicht zu unterwerfen. Diesen Entschluß – in heißen Jugendjahren gefaßt – versuchte er, während seines ganzen Lebens zu verwirklichen. Er träumte von einer anderen Art der Reife, von einer Reife, die uns „immer schlichter, immer wahrhaftiger, immer lauterer, immer friedfertiger, immer sanftmütiger, immer gütiger, immer mitleidiger" macht. Er selbst durchlief einen Prozeß, in dem „das weiche Eisen des Jugendidealismus zum Stahl des unverlierbaren Lebensidealismus“ gehärtet wurde.

„Das Wissen vom Leben“, schrieb Schweitzer, „das wir Erwachsene den Jugendlichen mitzuteilen haben, lautet also nicht: ‚Die Wirklichkeit wird schon unter euren Idealen aufräumen‘, sondern: ‚Wachset in eure Ideale hinein, daß das Leben sie euch nicht nehmen kann‘.“

Studium in Straßburg

Albert wurde achtzehn. Er schloß das Gymnasium ab und sollte auf die Universität gehen. Als er sich anschickte, das strenge Haus des Onkels zu verlassen, träumte er aber nicht einfach vom ungebundenen Leben des Studenten. Die Zukunft als Student erregte ihn durch die Möglichkeit, sich bis über beide Ohren in die erwählten Wissenschaften, und zwar gleich in mehrere, hineinzustürzen. Er hegte kühne, phantastische Pläne: Er wollte alles auf einmal studieren – Theologie, Philosophie und Musik. Er wußte, daß dafür sehr viel Zeit nötig war, doch er wollte – wenn es erforderlich war – die Nächte dafür opfern. Er hatte eine eiserne Gesundheit, warum sollte er es nicht sofort probieren.

Kühne Pläne bewegten ihn, und er wollte sie verwirklichen. Doch fürs erste mußte er mit dem Gymnasium fertig werden. Das erste Hindernis waren dabei die Abschlußexamina.

Er bestand das Abgangsexamen befriedigend, doch insgesamt nicht so gut, wie es seine Lehrer erwartet hatten. Die Ursache hierfür war ganz ungewöhnlich; es waren die schwarzen Hosen, die er an diesem Tage trug ... Von einem alten Verwandten seiner Mutter hatte Albert einen schwarzen Gehrock geerbt. In diesem feierlichen Kleidungsstück konnte er sehr gut zum Examen gehen, doch er hatte keine dazu passenden schwarzen Hosen. Um Geld zu sparen, bat er seinen Onkel, das Examen in seinen Hosen bestehen zu dürfen. Der Onkel war allerdings viel kleiner als Albert und natürlich viel beleibter als der langaufgeschossene achtzehnjährige Bursche. Doch Albert dachte, daß es das eine Mal doch gehen würde. Da er die Hosen seines Onkels vorher niemals anprobiert hatte, stellte er erst kurz, bevor er zum Examen gehen mußte, mit Entsetzen fest, daß ihm die Hosen oben zu weit waren und unten eben bis zu den Waden reichten. Er versuchte die Situation dadurch zu retten, daß er die Hosenträger mit Schnüren verlängerte. Trotzdem gähnte unten noch ein weißer Raum zwischen dem Hosenrand und den Schuhen, und oben reichten sie nicht bis zur Weste und ließen auch hier einen sehr unangenehmen Zwischenraum frei. „Wie sie mir auf der Rückseite saßen, beschreibe ich nicht“, bringt Schweitzer in seinen Erinnerungen zum Ausdruck.

Sein Erscheinen beim Examen rief unter den Examensgenossen ausgelassene Heiterkeit hervor. Sie drehten und wendeten ihn nach allen Seiten und hatten ihren Spaß mit ihm. Darüber vergaßen sie ihre Angst vor dem Examen und gingen lachend in das Examenszimmer. Die Mitglieder der Prüfungskommission hatten beim Anblick von Albert Schweitzer ebenfalls ihren Spaß, doch der strenge Oberschulrat aus Straßburg – er hieß Albrecht –, der bei der Prüfung den Vorsitz führte, fand daran überhaupt nichts Lächerliches. Er hielt die Heiterkeit für höchst unziemlich und unpassend und übernahm es, den Schuldigen an diesem Vorkommnis, diesen Hanswurst Schweitzer, höchstpersönlich in allen Fächern zu prüfen, mit Ausnahme der Mathematik, von der er anerkanntermaßen keinerlei Ahnung hatte. Und obwohl der Direktor des Gymnasiums Wilhelm Deecke Albert mit freundlichen Blikken ermutigte, ging ihm doch an diesem Tage vieles schief. Der Oberschulrat mußte immer wieder gestreng mit dem Kopfe schütteln, und als er hörte, daß die Prüflinge – unter ihnen auch Schweitzer – nicht einmal wußten, in welcher Weise die homerischen Helden ihr Schiffslager anlegten, tadelte er ihre Unwissenheit als einen unverzeihlichen Mangel an Allgemeinbildung. (Albert machte sich darüber allerdings eigene Gedanken. Er hielt es für einen viel größeren Bildungsmangel, daß sie vom Gymnasium gingen, ohne etwas von Astronomie und Geologie zu wissen.)

Das letzte Prüfungsfach war Geschichte, das spezielle Fach des Herrn Oberschulrats, das gleichzeitig das Lieblingsfach des Prüflings war. So kam es, daß sich zwei gleichgestimmte Seelen begegneten; freundschaftlich unterhielten sie sich über die Unterschiede zwischen den Kolonisationsunternehmen der Griechen und der Römer. So kam es, daß das sonst recht mittelmäßige Reifezeugnis von Albert von einem speziellen Lob über seine Kenntnisse in Geschichte geziert wurde.

So endete schließlich alles in Wohlgefallen. Dem jungen Schweitzer stand der Weg zur Universität offen.

Ende Oktober wurde er Student an der Universität Straßburg. Doch vorher noch widerfuhr ihm in diesem an glücklichen Ereignissen reichen Herbst ein anderes Glück – die Bekanntschaft mit Charles Marie Widor in Paris.

Dies war ein Geschenk von Onkel Auguste, demselben älteren Bruder seines Vaters, von dem Sartre mitteilt, daß er in Paris „ein Geschäftsmann wurde und sich gut dabei stand". Onkel Auguste lud seinen Neffen nach Paris ein, und seine Frau, Tante Mathilde, verabredete das Vorspiel bei dem berühmten Organisten Charles Marie Widor. Es war bekannt, daß der Meister selbst nur selten Unterricht gab, mit Ausnahme der Schüler seiner Orgelklasse im Konservatorium. Doch er war bereit, sich den jungen Mann anzuhören und ihn mit seinem Rat zu unterstützen.

So kam der achtzehnjährige Albert, wohlgebaut, schön und voller jugendlichem Enthusiasmus, nach Paris.

Hier bewegte den zielstrebigen Jüngling in erster Linie die Begegnung mit Widor.

Der große Meister der Orgelmusik war selbst gebürtiger Elsässer aus Colmar.

„Was wollen Sie spielen?" fragte Widor und hörte fast verärgert die Antwort des jungen Mannes: „Bach, selbstverständlich!"

Albert spielte so gut („Mein Mülhauser Lehrer hatte mich so gut vorgebildet", schreibt er bescheiden), daß der begeisterte Widor ihn als Schüler annahm.

Albert eilte nun zur ersten Stunde zu Widor. Es war ein sonniger Oktobertag. Paris war heiter – wie auf den Bildern Pissarros –, und die Straßen waren voll froher Menschen. Im Stadtzentrum geriet Albert plötzlich in eine Menschenmenge, und es war ihm unmöglich hindurchzukommen ...

... Albert kam zur ersten Stunde zu spät, aber der große Meister zeigte sich dem Landsmann aus dem Kreis Colmar gegenüber wohlwollend, diesem Dorfschüler gegenüber, der so hartnäckig und strebsam, so voll Ehrfurcht vor der Kunst war.

„Widor leitete mich an, meine Technik zu vertiefen", erzählte Schweitzer später, „und vollendete Plastik des Spiels zu erstreben. Zugleich ging mir bei ihm die Bedeutung des Architektonischen in der Musik auf."

Das war für Albert eine glückliche Zeit, eine Zeit der Entdekkungen, eine Zeit, in der er die goldenen Früchte der Kultur erntete, eine Zeit, in der er mit vollen Händen schöpfte. Eine Zeit für sich selbst ...

Im Herbst 1893 begann er sein Studium an der Universität Straßburg. Ein lakonischer Satz in seiner autobiographischen Schrift sagt nur: „Schnell vergingen die Straßburger Studentenjahre." Hinter diesem Satz verbirgt sich ein glückliches Jahrfünft, in dem er in dem freudigen Bewußtsein leben konnte, auf nichts verzichten zu müssen: weder auf die Theologie noch auf die Philosophie, weder auf die Musik noch auf die Musiktheorie, weder auf die Begleitung von Freunden und Gleichgesinnten noch auf Spaziergänge in die Berge, auf freundschaftliche Unterhaltungen und Streitgespräche, echte Diskussionen ohne überflüssige Formalitäten und nichtige Lappalien.

Im ersten halben Jahr verdrängte die Theologie fast alles übrige. Heinrich Julius Holtzmann begeisterte ihn durch sein Kolleg über die Synoptiker, das heißt über die drei ersten Evangelien des Neuen Testaments (Matthäus, Lukas und Markus). Schließlich hatte Albert nunmehr die Möglichkeit, die ihm von Kindheit an bekannten Bücher mit der Waffe der historischen Wissenschaft zu prüfen, jene Bücher, an die man nach Meinung von Pfarrer Wennagel und anderen Pädagogen nicht mit dem Skalpell des Denkens, sondern mit schlichtem Glauben und Ehrfurcht herangehen sollte.

Wie die meisten Mitglieder des Lehrkörpers in der damaligen Straßburger Universität war Holtzmann ein junger, hervorragend begabter Professor. Überhaupt kam Albert mit der Universität gut zurecht. Die Straßburger Universität wurde im 16. Jahrhundert gegründet und wahrte ihre altehrwürdigen Traditionen. Sie war erst vor kurzem nach Beendigung des deutsch-französischen Krieges weitgehend erneuert worden. Deutschland schickte seine besten jungen Kräfte in die Universität der Hauptstadt des Elsaß. Es kamen damals viele Professoren aus Berlin an diese Universität. Unter ihnen war der angesehene Berliner Historiker Harry Breßlau, der zu jener Zeit Rektor der Straßburger Universität war.

In Straßburg gab es keine hemmenden veralteten Traditionen. Die alte Universität hatte einen jugendlichen Geist und ließ ihren Studenten ein Maximum an Freiheit. Im Unterschied zu den meisten alten Universitäten Europas klammerte man sich hier nicht an die Routine obligatorischer Vorschriften, an eine endlose Kette von Zwischenprüfungen und Examina, und man versuchte nicht, die weltanschaulichen Auffassungen zu überprüfen und Schulmeinungen zu entwickeln. „Durch keine Traditionen gehemmt", erinnerte sich später Schweitzer, „suchten Lehrer und Studierende miteinander das Ideal einer neuzeitlichen Hochschule zu verwirklichen. Bejahrte Professoren gab es fast keine in dem Lehrkörper. Ein frischer, jugendlicher Zug ging durch das Ganze."

Albert Schweitzer war kein glänzender Schüler und auch kein glänzender Student. Überhaupt will das Wort „glänzend“ nicht recht zu ihm passen. (Nicht zufällig war sein Ideal im Gymnasium Dr. Wehmann, der ihn lehrte, Pflichtbewußtsein und intensive Arbeit hoch zu achten.) Dafür überraschte er seine Lehrer durch sein tiefes Eindringen in den jeweiligen Gegenstand und durch die Wißbegierde seines Denkens, das nach selbständigen Schlußfolgerungen strebte. Später begann er, Freude an der Überwindung von Schwierigkeiten zu finden. Die lateinische Sprache fiel ihm schwer, doch er wurde mit dieser Schwierigkeit fertig. Im Gymnasium hatte er Latein und Griechisch, doch nur die Anfänge des Hebräischen gelernt. An der Universität reichten diese Hebräischkenntnisse nicht aus. Er mußte die Sprache der galiläischen Hirten, die Sprache Jesu und der Evangelisten gründlich erlernen. Angestachelt durch den Widerstand der Sprache, beschäftigte er sich eifrig mit dem Althebräischen und verdarb sich damit fast sein ganzes erstes Semester. Mitte Februar 1894 legte er das Hebraikum – das Vorexamen in Hebräisch – ab, und obwohl die Vorbereitung auf das Examen so viel Zeit kostete, hörte er doch gleichzeitig Vorlesungen bei Wilhelm Windelband und Theobald Ziegler über Geschichte der Philosophie und nahm bei Jacobsthal an Übungen zur Musiktheorie teil.

Im Frühjahr, im April, wurde die Drohung des Sakristans Jägle aus Günsbach wahr: Albert wurde für ein Jahr zum Militärdienst eingezogen. Doch es wurde nicht so schlimm, wie er befürchtet hatte. Er wurde nicht – wie Jägle gesagt hatte – in ein Eisenhemd geschmiedet, und er wurde auch nicht verspottet, ja er wurde nicht einmal zum Nachdenken über die „Größe der deutschen Bewaffnung“ veranlaßt.

Nach den Aufzeichnungen Schweitzers zu urteilen, kann er sich aus der Zeit des Kriegsdienstes nur an den Hauptmann Krull, an die Kommentare von Holtzmann und an das Dörfchen Guggenheim in der Gegend von Hochfelden im Unterelsaß erinnern. Was kann das bedeuten? Erschienen ihm die Anforderungen eines preußischen Feldwebels nach der strengen Disziplin bei Tante Sophie nur noch als ein sehr geringer Eingriff in sein persönliches Leben? Oder waren die Belastungen all dieser Übungen in der frischen Luft für den gesunden, im Dorf aufgewachsenen Burschen nur eine Kleinigkeit? Die Fähigkeit Schweitzers, sich abzusondern, sich abzuschließen, sich in sich selbst zu versenken, erinnerte fast an die eines buddhistischen Mönchs. Immer und überall war er dazu in der Lage, von der Gymnasialzeit an bis zu seinem Arbeitszimmer und seiner Apotheke im afrikanischen Krankenhaus.

Den ganzen Sommer über las er die Kommentare von Professor Holtzmann; er opferte jede freie Minute, die „Rauchpausen", ja sogar seinen Schlaf. Anfangs war er in Straßburg stationiert, und der gute Hauptmann Krull ermöglichte es ihm fast jeden Tag, um 11 Uhr in der Universität zu sein und die Vorlesungen von Windelband zu hören. Im Herbst gingen sie ins Manöver in die Gegend von Hochfelden in den Unterelsaß, und der Soldat Schweitzer, dieser nachdenkliche, gesunde und kräftige Bursche aus der Gruppe von Hauptmann Krull, packte in seinen Tornister außer den Fußlappen, der Seife und dem anderen Kram auch das Neue Testament in altgriechischer Sprache. Nach dem Abschluß des Manövers stand ihm eine Prüfung bevor. Von den drei Prüfungen, die er als Bewerber um ein Stipendium zu absolvieren hatte, war er, da er gerade seinen Militärdienst ableistete, von zweien befreit. Es blieb nur ein Prüfungsfach, und er wählte die Synoptiker. Er wollte bei dem von ihm so verehrten Professor Holtzmann nicht in Unehre in diesem Fach bestehen und entschloß sich deshalb, den altgriechischen Text der drei Evangelien noch einmal sorgfältig durchzuarbeiten, nachdem er bereits im Sommer Holtzmanns Kommentare dazu studiert hatte. Er wollte überprüfen, was er aus den Kommentaren oder den Vorlesungen Holtzmanns behalten hatte. Er war fest davon überzeugt, sich sehr gut an die Vorlesungen und Kommentare zu erinnern, aber ... Dem wißbegierigen Studenten des ersten Semesters kamen immer mehr Zweifel.

Die im 10. Kapitel des Matthäus-Evangeliums dargelegten Ereignisse beunruhigten ihn. Darin wird erzählt, wie Jesus die zwölf Jünger in die Städte Israels mit der Botschaft über das bevorstehende Ende der Welt aussendet. Er kündigt ihnen an, daß sie alsbald große Verfolgung erleiden werden. Er verkündet ihnen, daß sie ihn in dieser Welt nicht wiedersehen werden, was doch nur heißen kann, daß das überirdische messianische Reich bald anbrechen werde. Aufmerksam studierte Schweitzer die Evangelien, und er kam immer mehr zu der Überzeugung, daß Jesus dieses Ende in allernächster Zukunft erwartet hatte. Das ist auch gar nicht erstaunlich; denn eschatologische, d. h. das Ende der Welt vorhersagende Prophezeiungen waren zu jener Zeit unter den Judäern weit verbreitet. Diese realistische Auffassung verhalf Schweitzer auch zum Verständnis vieler anderer dunkler Stellen in den Evangelien. Doch alle diese Hypothesen standen in völligem Gegensatz zu den Theorien Holtzmanns und zu den Anschauungen der liberalen Theologie, in deren Schoß Schweitzer selbst aufgewachsen war. Die liberale Theologie schuf das Bild des ethischen Aufklärers Jesus, das den Idealen ihrer Zeit nahekam. Dieser Modell-Jesus kündigte überhaupt kein überirdisches Reich Gottes an. Er rief vielmehr zur moralischen Vervollkommnung, zur Schaffung des Reichs Gottes auf der Erde, im Herzen der Menschen auf. Bei seinem Suchen nach der Wahrheit geriet der junge Schweitzer zu diesem ihm von der Kindheit her vertrauten Bild Jesu in Widerspruch, und er scheute sich nicht vor dem qualvollen Bruch mit den gewohnten Auffassungen. Er führte in die Theologie die Prinzipien echten wissenschaftlichen Vorgehens ein, die bekanntlich darin bestehen, eine existierende Theorie bis zum Letzten zu verteidigen, sie aber dann zu verwerfen, wenn sie sich als falsch herausstellt.

Doch dieser Widerspruch zur herrschenden Doktrin der liberalen Theologie war nicht die einzige Schwierigkeit, der sich die neue Hypothese gegenübersah. Denn das von Jesus verkündete Ende der Welt trat nicht ein; die Jünger kehrten unversehrt zu ihm zurück. Dies bedeutet aber, daß der Hauptinhalt der Prophezeiung Jesu falsch war. Wieso das? Professor Holtzmann erklärte, es handle sich nicht um eine historische Rede Jesu, sondern um eine später vorgenommene Zusammenstellung von „Sprüchen Jesu". Doch warum, so argumentiert Schweitzer, sollten die Gläubigen ihrem Jesus eine Prophezeiung in den Mund gelegt haben, die sich nachher nicht erfüllte? Auch diese Erklärung erschien Schweitzer recht unwahrscheinlich und wenig überzeugend.

Natürlich kommen für uns diese häretischen Hypothesen über den in den Irrtümern seiner Zeit befangenen Jesus nicht so unerwartet, und sie erscheinen uns nicht so erstaunlich wie dem in den Idealen einer protestantischen oder irgendeiner anderen Theologie erzogenen Leser.

Uns setzt vielmehr etwas anderes in Erstaunen: die Tatsache, daß Schweitzer keinerlei Angst davor empfindet, den heiligen Text genau so wie jeden anderen historischen Text zu analysieren. Erstaunlich ist auch, daß Schweitzer dieses Hauptthema seiner theologischen Untersuchungen bereits so frühzeitig findet. Einer der Biographen Schweitzers, Werner Picht, erzählt, wie „der neunzehnjährige Rekrut ... den goldenen Schlüssel zur eschatologischen Interpretation findet", und er sagt, daß dies sicher „ein ganz seltenes Beispiel einer so frühen Festlegung des Themas und der Hauptthese einer lebenslangen wissenschaftlichen Arbeit in der ganzen Geschichte der humanistischen Wissenschaften" ist.

Schon bei diesem frühzeitigen Suchen kann man feststellen, daß wir es hier zwar mit einem Christen (und selbst das haben später viele Theologen in Abrede gestellt!), aber doch mit einem sehr seltsamen Christen zu tun haben. Hören wir, was er im Zusammenhang mit dieser so frühzeitig entwickelten Konzeption über das Christentum zu sagen hat:

„Unser Christentum beruht auf der Illusion, daß die eschatologischen Erwartungen nicht eingetroffen sind. Den klaren Angaben der beiden ältesten Evangelien folgend, setze ich der unhaltbaren bisherigen Erklärung des Lebens Jesu diejenige entgegen, die ihn in seinem Denken, Reden und Handeln durch die Erwartung des baldigen Weltendes und des dann anbrechenden übernatürlichen messianischen Reiches bestimmt sein läßt. Sie wird als die ‚eschatologische' bezeichnet, weil man unter Eschatologie (eschatos bedeutet auf griechisch ‚der letzte') hergebrachterweise die jüdisch-christliche Lehre von den Ereignissen beim Weltende versteht."

So faßte er sein Thema auf, und er war fest entschlossen, es mit Eifer weiter zu bearbeiten.

Die Prüfung bei Professor Holtzmann verlief recht gut, wenn sich auch der Student nicht so ganz wohl dabei fühlte. Er wußte alles, was gefragt wurde, und er hätte es für vermessen gehalten, schon jetzt aufgrund seiner ersten Entdeckungen Zweifel an der von allen Theologen geteilten Auffassung des Professors zu äußern. So war er ganz froh, daß sich zu derartigen Äußerungen gar kein Anlaß ergab. Der gutmütige Professor Holtzmann war bei der Prüfung des durch den Militärdienst vom Arbeiten abgehaltenen Studenten noch nachsichtiger, als er es ohnedies schon war. Er führte mit Albert ein Kolloquium von 20 Minuten durch und verlangte von ihm nur eine vergleichende summarische Auskunft über den Inhalt der drei ersten Evangelien. Damit war das Stipendium gesichert.

Bis zum nächsten Examen war es noch weit, und Albert konnte sich ohne Druck und unmittelbare Verpflichtungen wieder der Theologie, Philosophie und Musiktheorie widmen.

Er wohnte während dieser ganzen Zeit – wenn wir einmal von

der Zcit des Militärdienstes und der Manöver absehen – in dem Theologischen Studienstift zu St. Thomas, dem sogenannten Collegium Wilhelmitanum.

Albert fuhr recht oft nach Hause. Pfarrer Ludwig Schweitzer war von dem ungestümen Arbeitseifer seines Sohnes überrascht. In der Kindheit war dies nicht vorherzusehen gewesen. In der Kindheit hatte Albert selbst sich gewundert, daß sein Vater so viel Zeit hinter dem Schreibtisch verbrachte, und er hatte ihn argwöhnisch über seinen Büchern im Arbeitszimmer sitzen sehen. Was hatte ihn so verändert? Die Begeisterung für die selbstgewählten Gegenstände seines Studiums? Die mit der Zeit entstandene größere Reife? Oder die strenge Zucht bei Tante Sophie? Wahrscheinlich all dies zusammen.

Dann war da die Musik. Immer wieder beschäftigte er sich mit Musik – Piano, Musiktheorie, Orgel, Orgelbegleitung, Bach, Wagner. Der alte Professor Jacobsthal, ein Schüler Bellermanns, erkannte nur die vorbeethovensche Musik als Kunst an. Dafür setzte er aber alles daran, seinen eifrigen Schüler den reinen Kontrapunkt zu lehren.

Organist an der Kirche St. Wilhelm in Straßburg war Ernst Münch, der Bruder von Alberts Mülhausener Orgellehrer. Er veranstaltete in Straßburg eine Reihe von Bachkonzerten und dirigierte sie selbst. An diesen Konzerten nahm der Chor der Kirche St. Wilhelm teil, und an der Orgel saß gewöhnlich Eugen Münch, der geliebte Lehrer von Albert.

Gegen Ende des Jahrhunderts kam in Deutschland wie auch in anderen Ländern Europas der Bachkult auf, und die Kirche St. Wilhelm in Straßburg war eine der bedeutendsten Pflegestätten dieses Kults. Ernst Münch, der neue Lehrer Alberts, war ein ausgezeichneter Kenner der Werke des Thomaskantors. Am Ende des vergangenen Jahrhunderts war noch fast überall eine modernisierte Interpretation der Bachschen Kantaten und Passionen üblich. Ernst Münch, sein kleiner Chor und auch das ausgezeichnete Straßburger Orchester bemühten sich demgegenüber um wirklich stilvolle Aufführungen des echten Bach. Viele Abende haben Ernst Münch und der junge Schweitzer miteinander über den Partituren der Kantaten und Passionen gesessen und über die richtige Art der Ausführung diskutiert.

Bei den Proben der Bach-Konzerte saß der Student Schweitzer an der Orgel, und die Stimme der herrlichen alten Orgel verschmolz mit den Stimmen der Sänger und der anderen Orchesterinstrumente. An den Tagen der Aufführung kam dann gewöhnlich sein Lehrer Eugen Münch und nahm Alberts Platz ein. Doch Albert wußte, daß er auch selbst seinen Mann stehen würde, und Ernst Münch wußte dies auch. So kam es bald dazu, daß immer dann, wenn der Lehrer nicht kommen konnte, sein Schüler spielte. Schon mit neunzehn Jahren spielte Schweitzer seinen geliebten Bach mit einem der besten europäischen Orchester in einer Stadt, die die Wiege des Bachkults war, wo man die Orgel kannte und liebte. So wurden in der Musik wie in der Wissenschaft schon sehr früh und in sehr glücklicher Weise die Weichen seines ganzen weiteren Lebens gestellt, und sehr früh begann er, höchste künstlerische und wissenschaftliche Meisterschaft zu entwickeln.

Noch eine weitere Leidenschaft blieb bei ihm von seiner Kindheit an erhalten, die Begeisterung für Richard Wagner. Den ersten Eindruck, den die Aufführung der Wagner-Oper „Tannhäuser" auf ihn als Gymnasiasten von sechzehn Jahren gemacht hatte, hat er niemals vergessen. In Straßburg hatte er dann Gelegenheit, alle Wagner-Opern (mit Ausnahme von „Parsifal") mehrmals zu hören. „Parsifal" durfte zu jener Zeit nur in Bayreuth aufgeführt werden. Im Jahre 1896 wurde zum ersten Male nach zwanzigjähriger Unterbrechung die „Tetralogie" in Bayreuth wiederaufgeführt. Pariser Freunde schenkten ihm die Eintrittskarten, doch um die Kosten der Reise bestreiten zu können, mußte er sich mit einer Mahlzeit am Tage begnügen. Aber die Kunst verlangt nun einmal Opfer. Das Orchester in Bayreuth dirigierte – wie früher bei Wagner – Hans Richter, und die Partie des Loge, der bei Schweitzer einen besonders nachhaltigen Eindruck hinterließ, spielte Heinrich Vogl, ein hervorragender Sänger und Schauspieler. Wie verzaubert blickte der Straßburger Student auf den roten Mantel, den Vogl über die Schulter geworfen hatte, auf seine aufrechte Gestalt, die der „ruhelosen Gewalt des Verderbens", dem die ahnungslosen Götter entgegengingen, widerstand. Die einzigen Bewegungen, die Vogl ausführte, bestanden darin, daß er den roten Mantel bald auf die eine, bald auf die andere Schulter warf, mit ruhigem, stolzem Blick auf das, was um ihn herum vor sich ging. Doch die Gewalt des Verderbens nahte ...

Die Gewalt des Verderbens nahte. Sie nahte sich Deutschland und ganz Europa, unerbittlich von innen her die unwandelbaren Fundamente der Jahrhunderte untergrabend und das Wertvollste im Menschen zerstörend. Und auch der junge Student, der sich in die Theologie, Musik und Philosophie gestürzt hatte, mußte dies spüren. Wiederholt sprach er darüber mit seinen Freunden. Wie soll man der „ruhelosen Gewalt des Verderbens“ widerstehen? Wie soll man für die Wahrheit und für das Gute eintreten?

Er und seine Freunde besaßen etwas, was sie bisher vor der Angst bewahrt hatte, ihr philosophisches Suchen, die Welt der Musik, ihre Freundschaft, die malerische Umgebung Straßburgs, die grünen Hügel und Wälder. Doch manchmal, in Stunden der Besinnung, spürten sie den Schritt der „ruhelosen Gewalt“.

Arbeit an der Dissertation

Albert war einundzwanzig Jahre alt und vollkommen glücklich. Er war gesund, strebsam, lebte in einer angenehmen häuslichen Umgebung, hatte liebevolle Eltern und Schwestern. Er war bei Freunden und Verwandten beliebt, und er hatte hervorragende Lehrer und Erzieher, die ihm ebenfalls herzlich zugetan waren. Alles, was er in Angriff nahm, gelang ihm. Er spürte kein Verlangen nach unerfüllbaren Gütern, weder nach einem Königreich noch nach einem halben Königreich, ja nicht einmal nach einem Pferd.

An einem warmen Frühlingstag fuhr Albert mit seinen Freunden auf Rädern vor die Stadt. Welch herrliche Erfindung war doch das Fahrrad! Eine der wenigen Erfindungen des Jahrhunderts, die den modernen Menschen nicht vom Umgang mit der Natur abhält.

Schon als Gymnasiast hatte sich Albert von Geld, das er sich durch Nachhilfestunden in Mathematik verdient hatte, ein gebrauchtes Fahrrad gekauft. Es galt zwar damals noch als unziemlich, daß Pfarrerssöhne Rad fuhren, aber Pastor Schweitzer setzte sich zum Glück über diese Vorurteile hinweg. Als Albert 1893 als Student der Theologie mit seinem Fahrrad in das Thomasstift einzog, bemerkte der gestrenge Stiftsdirektor Erichson, daß er das nur gestatten könne, weil Professor Reuß tot sei. Denn der bekannte Theologe Eduard Reuß hatte es keinem jungen Gottesjünger gestattet, auf zwei Rädern dahinzujagen. Doch Professor Reuß war nicht mehr am Leben, und so konnte er in Gottes Namen losradeln. Und Albert nutzte dies weidlich aus!

Gerade zu dieser Zeit, als sich ihm neue weite Horizonte in der Musik, in der Theologie und in anderen Wissenschaften erschlossen, faßte er einen entscheidenden Entschluß. Dabei ließ er sich von dem „Recht des Menschen auf Glück" leiten.

In seiner Schrift „Aus meiner Kindheit und Jugendzeit" erzählt Schweitzer, wie er einmal zu Pfingsten zu Hause, in Günsbach, vom Vogelgezwitscher vor seinem Fenster erwachte. Er erwachte mit einem lähmenden Gefühl des Glücks. Ihn beschäftigte der Gedanke, daß ihm so viel gegeben sei und daß die Welt so viel von ihm fordere. Der Gedanke an den Egoismus dieses Glücks betrübte ihn. Er dachte, wenn er dieses herrliche Leben für sich allein beanspruche, dann müsse es ihm eines Tages verlorengehen. Nur wenn er es für andere opfere, könne er es immer wieder selbst erwerben. So sagt eine uralte Weisheit. An jenem Morgen legte er einen Schwur für die Zukunft ab: Später hat er den Kern seiner damaligen Überlegungen folgendermaßen formuliert:

„Der Gedanke, daß ich eine so einzigartig glückliche Jugend erleben durfte, beschäftigte mich fort und fort. Er erdrückte mich geradezu. Immer deutlicher trat die Frage vor mich, ob ich dieses Glück denn als etwas Selbstverständliches hinnehmen dürfe.

So wurde die Frage nach dem Recht auf Glück das zweite große Erlebnis für mich. Als solches trat sie neben das andere, das mich schon von meiner Kindheit her begleitete, das Ergriffensein von dem Weh, das um uns herum in der Welt herrscht. Diese beiden Erlebnisse schoben sich langsam ineinander. Damit entschied sich meine Auffassung des Lebens und das Schicksal meines Lebens.

Immer klarer wurde mir, daß ich nicht das innerliche Recht habe, meine glückliche Jugend, meine Gesundheit und meine Arbeitskraft als etwas Selbstverständliches hinzunehmen."

In Albert wuchs aus den „Tiefen des Glücks heraus" das Gefühl, daß sein Leben nicht nur ihm allein gehört. Er spürte bereits, daß „der Mensch zum Menschen gehört", daß „der Mensch ein Recht auf den Menschen hat":

„Wer von eigenem Leid verschont ist, hat sich berufen zu fühlen zu helfen, das Leid der anderen zu lindern. Alle müssen wir an der Last von Weh, die auf der Welt liegt, mittragen.

Dunkel und verworren arbeitete der Gedanke an mir. Manchmal ließ er mich auf einige Zeit los, daß ich ganz erleichtert aufatmete und meinte, wieder vollständig Herr meines Lebens zu werden. Eine kleine Wolke war am Horizont aufgestiegen. Ich konnte zeitweise von ihr wegblicken. Aber sie wuchs langsam und unaufhaltsam. Zuletzt bedeckte sie den ganzen Himmel.

Die Entscheidung fiel, als ich einundzwanzig Jahre alt war. Damals, als Student in den Pfingstferien, beschloß ich, bis zum dreißigsten Jahre dem Predigeramt, der Wissenschaft und der Musik zu leben. Dann, wenn ich in Wissenschaft und Kunst geleistet hätte, was ich darin vorhatte, wollte ich einen Weg des unmittelbaren Dienens als Mensch betreten. Welches dieser Weg sein sollte, gedachte ich in der Zwischenzeit aus den Umständen zu erfahren."

Wenn wir vorauseilen, so können wir feststellen, daß die Umstände, die zu diesem Weg führten, eher innerer als äußerer Natur waren. Sicher wäre wohl für jeden anderen Menschen außer Albert Schweitzer die in früher Jugend gefaßte Entscheidung wohl kaum bis ins reife Alter hinein verpflichtend gewesen. Doch bei Schweitzer war ein Hauptmerkmal seiner Reife die Bewahrung des jugendlichen Enthusiasmus.

So lautete sein Entschluß; und zu seiner Erfüllung blieben ihm noch ganze neun Jahre. Auf jedem der von ihm geliebten Gebiete schritt er beharrlich und ruhig voran, und er erweiterte und vertiefte seine Kenntnisse und Fertigkeiten. Auf dem Gebiet der Philosophie interessierte er sich immer mehr für die Aufklärer des 18. Jahrhunderts. Immer stärker bewegten ihn Fragen der Ethik und Moral, und immer mehr begeisterte er sich für Kant. Goethe war ihm wie früher ein Idol, eine mächtige, großartige, aber ihm sehr nahestehende Persönlichkeit. In der Musik setzte er hartnäkkig seine theoretischen Studien fort, beschäftigte er sich mit dem Kontrapunkt, nahm er an Konzerten teil. Er erlitt einen seiner ersten Verluste: Sein Lehrer Eugen Münch starb. Aus diesem traurigen Anlaß schrieb und veröffentlichte Schweitzer seine erste Arbeit, die erste von vielen. Sie war mit Liebe und Dankbarkeit geschrieben, dem Andenken seines Lehrers gewidmet und erhielt den Titel „Eugène Munch".

Anfang Mai 1898 legte Schweitzer sein Staatsexamen in Theologie ab.

Professor Holtzmann war mit Albert zufrieden, mit seinen Kenntnissen und seinem Suchen. Die Straßburger Professoren nahmen an dem selbständigen Denken der Studenten keinen Anstoß, selbst wenn diese Ansichten ihren eigenen widersprachen. Auf Grund seines Examens erhielt Albert durch Holtzmanns Empfehlung das Gollsche Stipendium. Es betrug 1200 Mark im Jahr und wurde jedesmal für sechs Jahre vergeben.

Nachdem Schweitzer sein Theologieexamen bestanden hatte, stürzte er sich auf die Philosophie. Er wohnte jetzt nicht mehr im Kollegium, sondern in einem gewöhnlichen Wohnhaus, Fischmarkt Nr. 36. Übrigens war dieses Haus für jeden Straßburger und schon gar für Albert Schweitzer mit einer interessanten historischen Erinnerung verbunden. Im gleichen Haus Nr. 36 wohnte ehemals in einem kleinen Zimmer Johann Wolfgang Goethe, als er an der Straßburger Universität studierte. Goethe war damals ebenso alt wie jetzt Schweitzer.

Unentwegt sucht er in diesen mit Arbeit angefüllten Jahren nach einem Bereich, in dem er sich den Menschen nützlich machen könnte. Einfach als ein Mensch, der sich selbst hingibt, seine Zeit, seine Hände, sein Herz.

Der Pfarrer der Thomaskirche baute eine Unterkunft für Landstreicher und entlassene Sträflinge. Albert entschloß sich, ihm bei der Aufbringung der Mittel behilflich zu sein. Das war ein schweres Stück Arbeit. Er mußte auf dem Fahrrad bekannte und unbekannte Menschen aufsuchen und die besten Stunden des Tages darauf verwenden. Albert fiel es schwer, jemanden um etwas zu bitten, und er erbat niemals etwas für sich selbst, sondern nur für andere.

Es gab jedoch noch unangenehmere Aufgaben. Unter den Menschen, die um Hilfe baten, befanden sich ganz verschiedene Leute, und bevor er helfen konnte, mußte der Pfarrer die tatsächlichen Lebensumstände des Bittstellers aufklären. Albert übernahm die schwierige Aufgabe der Überprüfung.

Er fuhr oft auf seinem Fahrrad hinaus vor die Stadt. Er war im wahrsten Sinne verliebt in die Natur, nicht weniger stark als in die Musik, die Bücher und die klugen Wissenschaften. Liebte er damals auch eine Frau? Leider wissen wir darüber nichts, da er niemals über die intimen Seiten seines Lebens geschrieben hat (er war wie seine Mutter sehr zurückhaltend) und weil selbst die neugierigsten Biographen kein Wort darüber geschrieben haben. An die Natur des Elsaß denkt er oftmals zurück. Allerdings findet man in seinen Büchern keine Schilderungen der herrlichen Ebenen und Hügel, und in seinem Buch „Aus meiner Kindheit und Jugendzeit" hat er hierfür auch eine Erklärung gegeben. Als Schweitzer davon spricht, wie ihn die Natur angeregt habe und wie er bald zum Pinsel und bald zur Feder griff, um seine Eindrücke wiederzugeben, gesteht er zugleich, er habe sich nicht fähig erwiesen zu künstlerischem Schaffen (ausgenommen natürlich seine Klavier- und Orgelimprovisationen, seine Musik).

In seiner pantheistischen, frohen, doch mit einer leichten Beimischung von Trauer gefärbten Einstellung zur Natur stimmte er mit Goethe überein.

„Die ganze Natur", schrieb Goethe, „ist eine Melodie, voller tiefer Harmonie. Ich bin fröhlich, und ich bin glücklich. Doch meine

Freude ist nur eine stürmische Sehnsucht nach etwas, das ich nicht besitze, nach etwas, das ich nicht kenne."

Auch Schweitzer fühlte diese Sehnsucht nach etwas Unfaßbarem und Unerreichbarem. Dieses selbst in jener Zeit nur selten getrübten Glücks vorhandene Gefühl des für ihn Unerreichbaren führte zu dem Bestreben, seine Existenz als ethische Persönlichkeit durch Taten unter Beweis zu stellen, die dem materiellen und geistigen Fortschritt der Gesellschaft und einzelner Menschen gewidmet waren. Dies war jene dunkle Wolke, von der er schrieb.

Die Ruhe seines Glücks wurde in diesen Jahren durch den Gedanken an die Situation des modernen Menschen, an die paradoxen Erscheinungen, die man als „Fortschritt" bezeichnete, verdunkelt.

Er begann, das seltsame disharmonische Geräusch seines Jahrhunderts, seine Dissonanzen, zu begreifen. Während seiner Spaziergänge in die Berge oder im nächtlichen Schweigen des alten Hauses am Fischmarkt dachte er oft darüber nach.

Alle sprechen vom Fortschritt, von seinen erstaunlichen Errungenschaften in dieser ungewöhnlich langen Friedensperiode. Der Westen jubelt, berauscht sich an seinem Fortschritt, kann sich an ihm nicht sattsehen. Doch wie groß ist eigentlich dieser Fortschritt der Kultur, ja was hat man unter Kultur zu verstehen, unter dem, was im Deutschen als „Kultur" und im Englischen als „Zivilisation" bezeichnet wird?

Für den jungen Philosophen stand außer jedem Zweifel, daß man unter Kultur die Herrschaft des Verstandes erstens über die Kräfte der Natur und zweitens über die Neigungen und Vorurteile des Menschen verstehen muß. Das zweite ist unserem Blick verborgen, doch gerade in ihm zeigt sich der echte Fortschritt. Da die Fortschritte in der Beherrschung der Natur letzten Endes sowohl dem Fortschritt als auch der Barbarei dienen können, können sie für den Menschen nützlich, aber auch schädlich sein, können sie den Menschen in einen Existenzkampf stürzen, der noch schrecklicher ist als der Kampf mit der Natur. So kann sich der Fortschritt auf dem ersten Gebiet ohne den auf dem zweiten sogar als gefährlicher erweisen als das Fehlen jedes Fortschritts überhaupt. Natürlich beruhen beide Formen des Fortschritts auf der geistigen Tätigkeit des Menschen, und doch muß man den ersteren offenbar als den materiellen und den zweiten als den geistigen Fortschritt bezeichnen. Was bedeutet dieser geistige Fortschritt? Er bedeutet, daß der Wille und die Handlungen des Individuums und der Masse durch das Wohl der Gesellschaft und der Individuen bestimmt werden, das heißt, daß die Handlungen ethischen Charakter tragen.

Doch nichts ist in dieser Welt von ethischem Fortschritt oder vom Siegeszug des Humanismus zu spüren. Im Gegenteil. Überall kann man eine Enthumanisierung des modernen Menschen beobachten. Unmenschliche, jedem Humanismus hohnsprechende Gedanken werden ständig in der Presse und von jeder Tribüne herab ausgesprochen, und sie werden mit großsprecherischen Prinzipien begründet. Man spricht vom Krieg mit der gleichen Leichtfertigkeit wie von einem Schachspiel, und man spricht vom Menschen wie von einem Rohmaterial der Politik.

Wo ist die Philosophie, die die ethischen Gesetze verkündet hat? Wo sind der Kampf der Ideen und der Geist der Diskussionen, für die Schweitzer sein geliebtes 18. Jahrhundert als Vorbild dient? Die Menschen vermögen nicht mehr individuell zu denken, sie fürchten die allgemeine Meinung mehr als Dummheit und Gedankenlosigkeit. Im 18. Jahrhundert mußte jede Idee ihre Existenzberechtigung jedem einzelnen Menschen gegenüber beweisen, sie mußte vor dem Richterstuhl der Vernunft bestehen. (So etwa mag Schweitzer gedacht haben.)

An dieser Stelle wollen wir Schweitzer mit seinen Gedanken allein lassen und nur noch bemerken, daß alle diese Beobachtungen des jungen Philosophen nicht einfach „schmerzvolle Betrachtungen" seiner empfindsamen Seele waren. Dieser durchaus reale Vorgang der Enthumanisierung des Menschen war schon ein halbes Jahrhundert zuvor von Marx und Engels bemerkt worden. Sie schrieben, daß „diese Konsolidierung unseres eigenen Produkts zu irgendeiner materiellen Gewalt, die uns beherrscht, die unserer Kontrolle entgleitet, die unseren Erwartungen zuwiderläuft und die unsere Berechnungen zunichte macht, einer der Hauptmomente der gegenwärtigen historischen Entwicklung ist" (K. Marx und F. Engels: Werke, Bd. 3, S. 32, russ.). Ja, mehr noch. Marx stellte die „moralische Degradierung" und den intellektuellen Verfall des Menschen im Zeitalter des Kapitalismus, die Relativität des angeblichen Fortschritts fest: „Die Siege der Technik wurden gleichsam um den Preis der moralischen Degradierung erkauft. Es scheint so, als ob der Mensch, je mehr die Menschheit sich die Natur unterwirft, zum Sklaven anderer Menschen oder zum Sklaven seiner eigenen Niedertracht wird ... All unsere Entdeckungen und unser ganzer Fortschritt führen gleichsam dazu, die materiellen Kräfte mit intellektuellem Leben zu versehen und das seiner intellektuellen Seite beraubte menschliche Leben zu einer einfachen materiellen Kraft zu erniedrigen." (a. a. O., Bd. 12, S. 4)

... Ja, wahrhaftig, ein seltsames, pathologisches Jahrhundert ist im Anzug. Die Menschen aber, die nichts spürten und nichts sahen, schrien im Überschwang: „Fortschritt! Fortschritt!" Übrigens nicht alle Menschen. Zur gleichen Zeit erhob sich am anderen Ende Europas ein geistiger Riese, ein siebzigjähriger genialer russischer Schriftsteller, dessen Bücher der junge Philosoph aus dem Elsaß gierig verschlang. Dieser Schriftsteller hatte eine eigene, ganz verächtliche Meinung über den materiellen Fortschritt in der modernen Welt: „Diese Begeisterung über uns selbst wiederholen wir so oft, und wir alle vermögen uns doch so wenig über uns selbst zu freuen, daß wir ernsthaft davon überzeugt sind, Wissenschaft und Kunst hätten zu keiner Zeit solche Fortschritte gemacht wie heute." Doch er machte darauf aufmerksam, daß die allerklügsten Erfindungen der Technik „direkt auf den Schaden des Volkes" gerichtet sind – Kanonen, Torpedos, Gefängnisse ... In dem Jahr, als Albert Schweitzer nach Paris fuhr, schrieb Tolstoi, daß das schändliche Karthago der Unmoral schließlich zerstört werden muß („Carthaginem esse delendam ..."). Die Welt ist in eine Sackgasse geraten, da sich die Gesellschaft mit jeglicher Zerstörung der Moral abgefunden hat. Schweitzer glaubte an die Kraft moralischer Gesetze. Deshalb vertiefte er sich zu dieser Zeit intensiv in das Studium der Philosophie und Ethik.

Professor Theobald Ziegler stand ihm zu dieser Zeit besonders nahe. In Tübingen erzogen, war Ziegler Spezialist auf dem Gebiet der Ethik und Religionsphilosophie. Ziegler und der in der Philosophie der Stoiker besonders bewanderte Windelband ergänzten einander in hervorragender Weise, und Albert Schweitzer spürte, wie er immer tiefer in die Fülle philosophischen Denkens, in die ihm nahestehenden Ideen eindrang – von Vorlesung zu Vorlesung, von Monat zu Monat, von einer schlaflosen Nacht zur anderen. Dies war ein Jahr seines Lebens, in dem die Philosophie den Vorrang hatte vor der Theologie und vor der Musik. Professor Ziegler riet Albert, eine Doktordissertation über ein philosophisches Thema in Angriff zu nehmen.

Am Ende dieses „philosophischen" Jahres hatten der Student und der Professor wieder einmal bis lange in die Nacht hinein in der Universität diskutiert. Als sie gemeinsam die Freitreppe des alten Universitätsgebäudes hinuntergingen, schlug ihnen ein kühler herbstlicher Regen entgegen. Der Professor spannte seinen großen, altmodischen Regenschirm auf, und sie standen dort noch lange und setzten das begonnene Gespräch fort.

„Warum, Herr Kollege, nehmen Sie nicht die Religionsphilosophie Kants als Dissertationsthema?" fragte der Professor, und mit Befriedigung stellte er fest, daß er ins Schwarze getroffen hatte. Er kannte diesen Studenten doch recht gut.

Durch das Gollsche Stipendium hatte Albert Schweitzer eine ausreichende finanzielle Grundlage. Ende Oktober reiste er nach Paris, um an der Sorbonne Philosophie zu hören und sich bei Widor im Orgelspiel weiterzubilden.

Paris war für den jungen Schweitzer voller Versuchungen. Wenn die Versuchungen auch groß waren, hingen sie jedoch in keiner Weise mit den traditionellen Lockmitteln zusammen, die Menschen aus aller Welt in dieses moderne Babylon zogen. Von den letzteren könnte der arme Student wahrscheinlich nur das Restaurant Foyort in der Nähe des Jardin de Luxembourg nennen, wo er sich mehrere Male gründlich sattessen konnte. Er ging dorthin mit Widor nach einer schlaflosen Nacht (die er übrigens nicht mit einem lebensfrohen Mädchen aus den Folies Bergères, sondern mit dem verblichenen alten Immanuel Kant verbracht hatte). Wenn der gütige Widor während des Unterrichts wieder einmal bemerkte, daß sein Schüler, um seine bescheidenen Mittel zu sparen, kein Frühstück zu sich genommen hatte, schleppte der berühmte Organist Albert Schweitzer nach dem Unterricht unverzüglich ins Restaurant Foyort. Daß sein Schüler zudem in der Nacht kaum die Augen geschlossen hatte, war für Widor schwieriger festzustellen; denn der junge Schweitzer hatte sich schon daran gewöhnt, nur ganz wenig zu schlafen.

Außer den Bachschen Orgelstudien bei Widor nahm Albert Schweitzer auch noch Klavierunterricht bei Isidore Philipp, der bald darauf als Lehrer ans Pariser Konservatorium kam. Er war ein guter Pädagoge, hielt sich aber ganz an die traditionellen Unterrichtsmethoden. Doch dies war für den unersättlichen Studenten zu wenig. Ohne Wissen von Monsieur Philipp nahm er zusätzlich Unterricht bei der ehemals berühmten Pianistin und früheren

Freundin Franz Liszts, Marie Jaëll-Trautmann, einer gebürtigen Elsässerin. Als talentierte Pianistin und gute Musikpädagogin hatte sie kurze Zeit als ein Stern erster Größe geglänzt, sich aber dann zurückgezogen. Sie lebte ihren Studien über den Klavieranschlag, den sie in Zusammenarbeit mit dem Physiologen Féré physiologisch zu ergründen suchte. Der an jeder Art wissenschaftlicher Experimente interessierte, lernbegierige Schweitzer erklärte sich einverstanden, Madame Jaëll-Trautmann als „Versuchstier“ zu dienen.

Später, als in Frankreich der erste Band von Marie Jaëlls Werk „Der Anschlag“ erschien, war Schweitzer als Übersetzer an der deutschen Ausgabe beteiligt. Er ließ übrigens seinen Namen als Übersetzer nicht nennen, vielleicht deshalb, weil er der umfassenden Kunsttheorie, die von seiner Lehrerin ausgearbeitet worden war, zu der er bis zu ihrem Tode im Jahre 1925 freundschaftliche Beziehungen unterhielt, keinen vollen Glauben schenkte. Die Unterrichtsstunden bei Madame Marie waren nach eigenen Angaben Schweitzers für ihn außerordentlich fruchtbringend. Zugleich bewahrten die Unterrichtsstunden bei Monsieur Philipp den arbeitswütigen jungen Elsässer vor den Einseitigkeiten der Methode seiner Landsmännin.

Außer den zeitlichen Problemen, die sich aus dem gleichzeitigen Unterricht bei drei Musikpädagogen ergaben, bestanden auch noch Schwierigkeiten rein diplomatischer Art. Madame Jaëll und Monsieur Philipp hielten nicht viel voneinander, so daß Albert seine Beziehungen jeweils vor dem anderen geheimhalten mußte. So mußte er sich nach dem morgendlichen Unterricht bei Madame Marie Jaëll oft beeilen, um rechtzeitig am Nachmittag zum Unterricht bei Monsieur Philipp zu sein. Auch kostete es ihn nicht geringe Mühe, jedem der beiden Lehrer gerade den Nutzen derjenigen Methode zu demonstrieren, die von ihm angewandt wurde. Morgens spielte er bei Marie Jaëll à la Jaëll und am Nachmittag spielte er bei Monsieur Philipp à la Philipp.

In diesem arbeitsreichen halben Jahr seines Pariser Lebens war Albert Schweitzer auch des öfteren eingeladen. So war er häufig bei Mathilde Schweitzer zu Gast, der Frau des älteren Bruders seines Vaters, Onkel Auguste. Manchmal ging Albert abends auch zu Onkel Charles, einem Lehrer der modernen Sprachen, bei dem er Leute der Universität und des Unterrichtswesens traf, Linguisten, Professoren, Universitätsdozenten. Diese Gespräche haben bei

Schweitzer ihre Spuren hinterlassen. Seit diesem Winter legte er auf Fragen der Sprache größeren Wert.

Seine Hauptbeschäftigung war in diesem halben Jahr seines Pariser Aufenthalts die Arbeit an der Dissertation über Immanuel Kant. Eine große Enttäuschung waren für ihn jedoch die Sorbonne und die Nationalbibliothek. Verglichen mit der großzügigen Straßburger Universität war die Sorbonne altertümlich und kasernenmäßig. Entweder hielten die Professoren Vorlesungen, die sich auf die Examensprogramme bezogen, oder sie lasen über ganz spezielle Gebiete. Vier- oder fünfstündige zusammenhängende Vorlesungen, wie er sie von Straßburg gewohnt war, gab es hier nicht. Außerdem bestanden viele altmodische Beschränkungen.

Jeder, der in öffentlichen Bibliotheken gearbeitet hat, weiß, wie sehr man sich an seine eigene, vielleicht gar nicht so sehr bequeme Bibliothek gewöhnt. Die Unbequemlichkeiten einer fremden Bibliothek wirken störend. Schweitzer hat sich so darüber erregt, daß er selbst dreißig Jahre später noch leidenschaftlich gegen die Regeln der Pariser Nationalbibliothek zu Felde gezogen ist.

Er entschloß sich schließlich, die „Literatur zum Thema" überhaupt nicht zu benutzen und sich statt dessen noch einmal in die Kantschen Originaltexte zu vergraben. So saß er und studierte in seinem kleinen Zimmerchen in der Rue Sorbonne. Schon bald entdeckte er einige interessante Abweichungen im Sprachgebrauch des frühen und des späten Kant, und es gelang ihm, eine eigene kleine Entdeckung zu machen, die die Entwicklungsgeschichte der Kantschen Ideen, seine Aussagen zur Ethik, betrifft.

Insgesamt stellte Schweitzer bei Kant „einen seltsamen Mangel an Ideen fest, der mit tiefgehenden Gedanken einhergeht. Kolossale neue Wahrheiten tauchen hier auf. Der absolute Charakter der ethischen Schuld wurde erfaßt, doch ihr Inhalt wurde nicht untersucht." Unter Hinweis auf dieses Suchen nach der absoluten Ethik bei Kant hat Schweitzer mehr als einmal geschrieben, daß die Kantsche Philosophie in ihren Zielen großartig und ewig ist.

Die Dissertation, die Schweitzer in Paris schrieb, war ein solider Band von 325 Seiten. Wenn man diese Arbeit zu den zahlreichen recht interessanten und fruchtbaren Begegnungen, zu dem fleißigen Unterricht bei Widor, Marie Jaëll-Trautmann und Philipp hinzurechnet, dann muß man wohl feststellen, daß Schweitzer das halbe Jahr in Paris gut genutzt hat.

Schweitzer schrieb, daß Paris in diesem Winter „durch den

Dreyfusprozeß zerrissen“ war. Mit Bitterkeit beobachtete er den Triumph eines neuen Mittelalters. Die Intelligenzler streiten sich über die Regierung, über die Kabinette und über Staatsinteressen und bemerken nicht, daß sich in ihren Köpfen schon das Mittelalter festgesetzt hat. Man verzichtete auf alle Versuche der Selbstvervollkommnung. „Was wunders, daß mittelalterliche Vorurteile so leicht Macht über die Menschen gewinnen, die jeden Versuch, selbständig zu denken, aufgegeben haben?“ rief Schweitzer aus. Hier aber, in diesen Gasthäusern der Intelligenz, hört man nichts als profane Gespräche; die Menschen scheinen bei ihren Gesprächen bewußt jedes Denken zu vermeiden ...

Tief verwirrt verließ Schweitzer Paris. Er fuhr nach Günsbach, ins stille Münstertal, wo die Menschen – wie es schien – noch nicht vom geistigen Zerfall in den Großstädten angekränkelt waren.

Es brauste die Orgel von Vater Iltis. Pfarrer Ludwig Schweitzer hielt seine nachmittägliche Predigt – über Ehrlichkeit, Mitleid, Güte und Recht.

Albert Schweitzer schloß sein Manuskript über Kant ab. Mitte März 1899 kehrte er nach Straßburg zurück und trug Professor Theobald Ziegler die fertige Arbeit vor. Alles verlief prächtig. Ziegler äußerte sich sehr zufrieden; er hatte sich in diesem Studenten nicht getäuscht. Er war sehr klug und zielstrebig, und welche Beobachtungsgabe er besaß!

„Ende Juli wird die Verteidigung sein“, sagte Ziegler. „Bereiten Sie sich nunmehr auf das Examen vor.“

Albert entschloß sich, nach Berlin zu fahren, Vorlesungen über Philosophie zu hören und in den Bibliotheken zu arbeiten.

Wider die religiöse Orthodoxie

In Berlin gefiel es ihm. Ihm gefiel die Stadt, eine noch beinahe provinzielle, noch nicht von Hektik erfüllte Stadt. Ihm gefielen die Vorlesungen der Philosophen an der Berliner Universität. Ihm gefielen die Ruhe und das Fehlen aufregender, waghalsiger politischer Diskussionen in der Berliner Gesellschaft sowie der viel seltenere Austausch leerer höflicher Phrasen. Hier herrschte noch ein Provinzialgeist, und man scheute sich in den Berliner Gaststätten nicht, den Stier an den Hörnern zu packen und über wesentliche Dinge zu diskutieren – über die Grundfragen des Lebens und des Todes, über Fragen der Philosophie und Theologie und über Fragen des Berufs.

Dank der vom Großvater Schillinger ererbten unwiderstehlichen Neigung, am Fortschritt der Wissenschaft mitzuwirken, wurde der junge Elsässer erneut zum „Versuchstier". Wie in Paris, so nahm er auch hier an musikalischen Experimenten teil. Karl Stumpf führte damals physiologische Studien über die Tonempfindung durch. Schweitzer nahm regelmäßig an den von ihm und seinen Assistenten veranstalteten Untersuchungen teil. Die interessanten Experimente ließen ihn nicht selten sogar die Philosophie vergessen.

Natürlich widmete er sich auch weiterhin dem Orgelspiel. Widor gab ihm ein Empfehlungsschreiben für Professor Heinrich Reimann, den Organisten der Kaiser-Wilhelm-Gedächtnis-Kirche, mit. Dieser erlaubte ihm nicht nur, regelmäßig auf seiner Orgel zu spielen, sondern er bestellte ihn auch zu seinem Vertreter, als er auf Urlaub ging. Die Berliner Organisten und die Berliner Orgeln enttäuschten Albert etwas. Die Organisten legten mehr Wert auf äußerliche Virtuosität als auf die wahre Plastik des Spiels, die Widor anstrebte. Und der Klang der neuen Berliner Orgeln dünkte Albert dröhnend und trocken, verglichen mit dem der Instrumente Cavaillé-Colls in St. Sulpice und Notre-Dame.

Später machte ihn Professor Reimann mit zahlreichen sehr interessanten Musikern und Künstlern bekannt. Überhaupt erwies sich die Berliner Gesellschaft als leicht zugänglich. Sie war nicht wie die Pariser durch strenge Schranken aller Art geteilt. Denn obwohl er in Berlin keinen einflußreichen Onkel und keine liebenswürdigen Tanten besaß, fand er hier leichter Zugang in die Häuser verschiedener Familien.

Freunde machten ihn mit dem bekannten Theologen Harnack bekannt, dessen „Dogmengeschichte“ ihn schon in Straßburg begeistert hatte. Doch vor lauter Schüchternheit war der vierundzwanzigjährige Student nicht in der Lage, ihm richtig zu antworten, wenn er das Wort an ihn richtete. Später hat ihm jedoch Professor Harnack manche inhaltsreiche Postkarte geschrieben, nach Straßburg, nach Günsbach und auch nach Lambarene. Ein wahrer Schatz war für Albert Schweitzer in Berlin das Haus der Witwe des bekannten Hellenisten Ernst Curtius. Schweitzer hatte in Colmar die Bekanntschaft von Friedrich Curtius, dem Stiefsohn der Professorenwitwe, gemacht und wurde im Berliner Haus der Familie Curtius mit großer Freundlichkeit und Wärme aufgenommen. Es war ein interessantes Haus, in dem sich die damalige geistige „Elite“ Berlins, die Führer des geistigen Lebens des damaligen Berlins versammelten. Hier waren originelle Ideen nicht verpönt, und man brauchte sich nicht zu fürchten, über das zu sprechen, was einen interessierte. Als Herman Grimm dort die Meinung Albert Schweitzers vernahm, daß die Darstellung des vierten Evangeliums mit der der drei ersten nicht vereinbar sei, versuchte er den jungen Elsässer mit einer leidenschaftlichen gewandten Rede von seiner „Ketzerei“ zu bekehren. Schweitzer beharrte jedoch auf seiner Meinung und trug die seit langem gut durchdachten Beweise vor. Doch es war schwer, der Gelehrtheit und dem wissenschaftlichen Eifer seines Opponenten entgegenzutreten. Einmal stritt man in einer Ecke am Kaffeetisch über die Zivilisation, und in einer Pause platzte einer der Anwesenden, der dem Gespräch zugehört hatte, leidenschaftlich und mit einem Anflug von Spott heraus:

„Was reden Sie nur vom Fortschritt des Denkens! All das haben wir fertig übernommen und nicht um einen Schritt vorangebracht. Schmarotzer sind wir. Wir käuen nur wieder, was andere uns hinterlassen haben. Mit einem Wort, wir sind ja doch alle nur Epigonen.“ Und er wiederholte, wobei ihm die Freude an seiner treffenden klaren Formulierung anzusehen war: „Wir sind nur Epigonen.“

Albert Schweitzer ging zu Fuß durch die leeren Berliner Straßen nach Hause. Er mußte frische Luft schöpfen, bevor er sich an die Nachtarbeit setzte. Der Tag reichte in keiner Weise aus. Es wäre schade gewesen, etwas auszulassen – die Vorlesungen Harnacks, die Experimente Stumpfs, die Übungen in der Kaiser-Wilhelm-Gedächtnis-Kirche oder die Abende bei der Familie Curtius. Doch heute mußte er noch das Buch über die chinesischen Philosophen zu Ende lesen.

Er ging dahin und dachte über Grimms Worte nach, die ihn bewegten, da er schon oft ähnliches gedacht hatte. Wir sind nur Epigonen? Aber ja. Was haben wir schon geschaffen? Das 18. Jahrhundert war das „goldene Jahrhundert" der Philosophie, das Jahrhundert der Vernunft und des Optimismus. Zwar hatten sich die Philosophen damals nicht tiefgehend genug mit den Problemen der Ethik auseinandergesetzt, und sie vermochten keine überzeugende Synthese von Glauben und Ethik zu geben, so daß die Kritiker des 19. Jahrhunderts in dieser Hinsicht häufig im Recht waren. Doch indem sie Details kritisierten, überlegte Schweitzer, rissen sie das ganze Gebäude nieder.

Dieser Gedanke wühlte ihn auf. Er wird ein Buch über den Verfall der Zivilisation schreiben. Man könnte es betiteln: „Wir Epigonen".

Nach Hause gekommen, schrieb er die an diesem Abend entstandenen Gedanken nieder. Er schrieb, daß die Organisationen ständig wachsen und mit ihnen der geistige Niedergang des Menschen zunimmt. Daß das Individuum immer mehr fertige Anschauungen übernimmt, ohne sie in Zweifel zu ziehen, ohne sich über sie Gedanken zu machen ...

Schweitzer machte sich Gedanken über sein künftiges Buch: „Wir Epigonen" – das wird sein erster Teil sein; er soll davon handeln, wie wir zu Schmarotzern geworden sind, wir wir die Moral zugrunde gerichtet haben und wie es zum Verfall der Kultur gekommen ist. Danach wird ein Abschnitt über Ethik und wahrscheinlich einer über Religion folgen. Er wird dabei auch nicht vor der Feststellung zurückschrecken, daß die Kirche ihre moralische Macht verliert.

Aus Berlin kehrte er voller neuer Ideen und Pläne zurück. In Straßburg erwartete ihn das mündliche Examen. Ziegler und Windelband, denen seine Dissertation so gefallen hatte, waren über seine mündlichen Antworten etwas enttäuscht. Jetzt wirkte sich die Begeisterung für die musikalischen Experimente Stumpfs aus; er hatte nicht alles lesen können, was notwendig gewesen wäre. Hinzu kam sein Prinzip, vor allem die Originalliteratur sorgfältig zu studieren. So hatte er das Studium der Lehrbücher allzu sehr vernachlässigt, und er kannte nicht alle Gesichtspunkte, alle Kritiken, und die Kritiker der Kritiken und die Kritiker der Kritiker der Kritiken ...

Jedenfalls wurde das Examen bestanden, und es gab in der Welt einen Doktor der Philosophie mehr. Die Gerechtigkeit erfordert es festzustellen, daß es ein begabter junger Doktor war, ein vielversprechender Doktor, wie man so sagt: ein künftiger Gelehrter. Auf ihn setzte man große Hoffnungen, und er erfüllte sie, Schritt um Schritt.

Ein bekannter Verlag der Universitätsstadt Tübingen gab auf Empfehlung von Professor Holtzmann das umfangreiche, 325 Seiten umfassende Erstlingswerk des bisher niemandem bekannten jungen Verfassers heraus „Die Religionsphilosophie Kants von der Kritik der reinen Vernunft bis zur Religion innerhalb der Grenzen der bloßen Vernunft“.

Nach dem Examen stand der junge Doktor vor der Entscheidung, was er weiterhin tun sollte. Ziegler legte ihm nahe, sich an der Philosophischen Fakultät als Privatdozent zu habilitieren. Doch Ziegler deutete seinem Lieblingsschüler an, daß man es nicht gern sehen würde, wenn er als Privatdozent der Philosophie sich gleichzeitig als Prediger betätigte. Schweitzer aber empfand es als ein inneres Bedürfnis, allsonntäglich zu gesammelten Menschen von den letzten Fragen des Daseins reden zu dürfen. Der Geist vieler Geschlechter von Lehrern und Predigern führte ihn unwiderstehlich auf die Kanzel. So lehnte er das verlockende Angebot seines Lehrers ab, mit 24 Jahren Privatdozent für Philosophie zu werden.

Die Studentenjahre waren vorüber. Nach den üblichen Regeln hatte er sein gewohntes Zimmer im Collegium Wilhelmitanum (Thomasstift) aufgeben müssen. Er hatte sich in all den Jahren so an die Bäume vor dem Fenster, an das von einer hohen Mauer umgebene Gärtchen gewöhnt. Deshalb war er sehr froh zu erfahren, daß man ihm gestattete, als zahlender Gast wieder unter den Alumnen zu leben.

Die zweite theologische Prüfung bestand Albert mit knapper Not. Er war so mit seiner Dissertation für das Lizentiatenexamen beschäftigt gewesen, daß er es unterlassen hatte, seine Kenntnisse in den verschiedenen Fächern der Theologie auf dieses Examen hin genügend aufzufrischen. Diese Prüfung wurde im allgemeinen von älteren Pfarrern abgenommen, und einen von ihnen, Pfarrer Will, hatte Albert durch seine Kenntnisse über die Dogmengeschichte ganz gefangengenommen. Deshalb griff Pfarrer Will ein, als Albert in Schwierigkeiten geriet, weil er über die Dichter von Kirchenliedern und ihr Leben nicht genügend Bescheid wußte, und verhinderte, daß man ihn durchfallen ließ. Doch die Situation war tatsächlich schwierig. Besonders kritisch wurde die Lage, als man Albert Schweitzer nach dem Verfasser eines beliebten Kirchenliedes fragte. Er hatte den Namen des Autors vergessen, und um die Situation zu retten, griff der junge Doktor der Philosophie zu einer Ausflucht, wie sie von Studenten häufig verwendet wird.

„Hm, dieses Kirchenlied“, sagte er geringschätzig, „es erscheint mir nicht bedeutend genug, um mir zu merken, von wem es ist.“

Die Mitglieder der Prüfungskommission blickten sich an, und einer von ihnen wurde ernsthaft böse. Es war Professor Friedrich Spitta, und er hatte allen Grund, unzufrieden zu sein: Der Verfasser dieses Kirchenliedes war sein Vater, der bekannte Dichter Spitta.

Doch auch hier kam ihm Pfarrer Will zu Hilfe. Er setzte sich den anderen Mitgliedern der Prüfungskommission gegenüber energisch dafür ein, den begabten jungen Mann nicht durchfallen zu lassen. Die Prüfung ging dann auch glücklich aus.

Nach bestandener Prüfung wurde Albert Schweitzer Vikar an der Kirche St. Nicolai. Der junge Vikar übernahm vor allem die allsonntäglichen Kindergottesdienste und den Religionsunterricht. Außerdem entlastete er die beiden betagten Pfarrer von den Nachmittagsgottesdiensten. Vor einem großen Kreis befiel ihn eine gewisse Befangenheit; doch an den Nachmittagsgottesdiensten nahm nur ein kleiner Kreis von Andächtigen teil.

Große Freude bereitete ihm die Arbeit mit Kindern. Der Konfirmandenunterricht dauerte zwei Jahre, und der junge Kurator gab sich alle Mühe, diese Stunden zu einer ungetrübten Erholung des Geistes und des Herzens werden zu lassen. Wie sein Vorbild Goethe liebte auch er Kinder. Als Ziel seiner Unterweisung nahm er sich vor, ihnen für das ganze Leben einfachste ethische Wahrheiten und Normen mitzugeben. Er bemühte sich darum um so mehr, je weniger er an die damalige bürgerliche Schule glaubte.

Der allgemeine Verfall der Zivilisation kam nach Meinung Schweitzers vor allem in einem Verfall der Schule zum Ausdruck. Der Lehrer wurde immer mehr zu einem engen Spezialisten. Er verfügte nicht mehr über die erforderliche Breite des Wissens, um seinen Kindern einen weiten geistigen Horizont zu vermitteln und ihnen die Zusammenhänge zwischen den Wissenschaften nahezubringen. Die Freiheit des Unterrichtens wurde dem Schullehrer immer mehr beschnitten, und er mußte sich immer mehr an ein strenges Programm halten. Was aber noch wichtiger war: Die Ideale der Menschlichkeit und der Güte waren in den Schulprogrammen und den Schullehrbüchern weitgehend verdrängt, und mit der Aufgabe der Erziehung der Persönlichkeit schien man sich überhaupt nicht mehr zu beschäftigen.

Schweitzer sammelte Material für einen Aufsatz „Die Philosophie und die allgemeine Bildung im neunzehnten Jahrhundert". In ihm sprach er bereits einige Gedanken aus, die er später in seinem großen Philosophiebuch weitergeführt hat. Er legte seine Gedanken über die Autonomie der Wissenschaften in unserem Jahrhundert, über die Vereinzelung des Denkens und über den Mangel an allgemeiner philosophischer Bildung dar. Schweitzer betonte in diesem Aufsatz immer und immer wieder die unbedingte Notwendigkeit, eine Weltanschauung zu schaffen, und er hob dabei die große Rolle der Philosophie hervor.

Er betrachtete sorgenvoll die Entwicklung einiger Geisteswissenschaften. Seine geliebte Geschichte bot ein deprimierendes Bild. Seine Zeitgenossen in Deutschland und in anderen Ländern des Westens sprachen zu jener Zeit immer häufiger über die Fortschritte der historischen Wissenschaften, über das sogenannte „Geschichtsgefühl". Doch dieses Geschichtsgefühl „war nichts anderes als in die Vergangenheit gewandtes praktisches Denken der Gegenwart".

Der bescheidene Vikar der St. Nicolai-Kirche wies auf den Zusammenhang zwischen den Mißerfolgen des theologischen und philosophischen Denkens hin, indem er offen erklärte, daß „eine gute Bildung ohne Philosophie unmöglich ist". Im Rahmen seines neuen Amtes bemühte sich der junge Vikar, so viel Bildungsmängel wie möglich bei seinen Zöglingen auszugleichen, wobei ihm zum Bewußtsein kam, wieviel Schulmeisterblut er von seinen Vorfahren her in sich trug.

Er lehrte seine Gemeindemitglieder Toleranz, wobei er argumentierte, wenn irgendeine Notwendigkeit bestünde, daß alle Menschen gleich denken und gleich handeln, dann wäre dies sicher in den Evangelien gesagt worden.

Kaum einem der Kirchgänger ist wohl damals zum Bewußtsein gekommen, was für einen ungewöhnlichen Christen sie in ihrem Vikar erhalten hatten. Viel haben die Theologen später darüber gestritten, ob Albert Schweitzer überhaupt ein Christ sei. Besonders heftig entbrannte dieser Streit in den zwanziger Jahren und danach in den skandinavischen Ländern. Die Meinungen gingen auseinander. Die einen meinten, er sei ein Atheist; andere hielten dafür, er sei einfach kein Christ; wieder andere sagten, er sei ein sehr seltsamer Christ, und andere wieder sahen in ihm einen rechtgläubigen Christen.

Nach Meinung von Forschern aller Richtungen kann man sich wohl kaum etwas weniger Dogmatisches vorstellen als den Glauben und die Schriften dieses Philosophen, der das Dogma von der unbefleckten Empfängnis, vom Sohn Gottes und vom Gottesmenschen, von der Erlösung, von der Auferstehung und der Himmelfahrt verwirft, der so vieles an den Büchern in Zweifel gezogen hat, die bis dahin als unantastbares Wort Gottes angesehen wurden.

Wenn Albert Schweitzer genügend erspart hatte, pilgerte er nach Bayreuth, um Wagner zu hören. Schon in Straßburg hatte er die Witwe des Komponisten, Frau Cosima Wagner, kennengelernt. Sie interessierte sich für die Ansicht des jungen Organisten, daß Bachs Musik deskriptiv sei. In Schweitzer reiften schon damals theoretische Vorstellungen, die erst einige Zeit später das Licht der Welt erblicken und so viel Aufregung verursachen sollten.

Die imposante alte Dame bat den jungen Organisten, seine Gedanken vorzutragen, und er legte ihr seine Gedanken an der schönen Orgel der Straßburger Neuen Kirche am Beispiel einiger Choralvorspiele Bachs dar. Sie erzählte ihm viel aus ihrem Leben. Albert Schweitzer war ganz von ihr gefangengenommen, und so wurden sie Freunde.

Die beiden betagten Pfarrer ließen sich in der Regel während der Ferien durch Albert Schweitzer vertreten, aber sie waren auch gern bereit, ihn zu vertreten. So konnte er während der Frühjahrs- und Herbstferien Straßburg verlassen. Im Frühjahr reiste er gewöhnlich nach Paris. Er war dort Gast bei Onkel Auguste und konnte seine Studien bei Widor fortsetzen. In diesen Jahren lernte er in Paris Henri Lichtenberger kennen, einen feinsinnigen französischen Kenner der deutschen Literatur. In der Pariser „Société des Langues étrangères" hielt Schweitzer in diesen Jahren eine Reihe von Vorlesungen über deutsche Literatur und Philosophie.

Schweitzer, der bereits Material für sein Buch über den Verfall der westlichen Kultur sammelte, verfolgte aufmerksam die Ereignisse im Paris jener Jahre. Einmal an einem sonnigen Frühlingsmorgen hatte er auf der engen Straße Saint Jacques eine ungewöhnliche Begegnung. Er hatte sich bei einer Verabredung verspätet und mußte entgegen seinen sonstigen Gewohnheiten eine Equipage nehmen. An einer Straßenkreuzung kam es zu einer Stauung, so daß er recht lange stehen mußte. Da sah er in einer offenen, neben der seinen stehenden Equipage einen Herrn mit einem Zylinder, dessen Aussehen den jungen Elsässer in Erstaunen versetzte.

Zuerst empfand er irgendeine Disharmonie, und es wurde ihm klar, daß sie von dem erstaunlichen Mißverhältnis zwischen dem hohen eleganten Zylinder und dem ganz und gar uneleganten Kopf herrührte, auf dem sich dieser Zylinder so seltsam ausnahm. Dann erblickte Albert das Gesicht – und er konnte sich nicht mehr von ihm losreißen: Dieses Gesicht war von dem beängstigenden Ausdruck völliger Geistlosigkeit beherrscht, oder besser – von dem Ausdruck einer Antigeistigkeit. Dies war der Ausdruck eines unzivilisierten, unkultivierten Menschen, eines unbesonnenen, tollkühnen Willens. „Noch niemals hatte ich etwas derartiges bei einem menschlichen Wesen gesehen", schrieb Schweitzer später. An diesem Morgen gelang es ihm schließlich, sich zu erinnern, wer dieser Mensch war, der in der Equipage neben ihm saß, umgeben von den unschuldigen Strahlen der Sonne und erleuchtet von menschlichem Ruhm. Es war einer der damals Mächtigen der Welt und Idol der französischen Spießer – es war der „Tiger" Clemenceau. Als Schweitzer später erfuhr, daß sich Cézanne nach drei Sitzungen weigerte, ein Porträt Clemenceaus zu malen, und erklärte, daß er „das nicht malen kann", verstand er sehr wohl, was Cézanne damit gemeint hatte.

Die sich mit den ungewöhnlichen Fortschritten der Zivilisation brüstende Menge der Bürger übertrug gerade solchen Menschen und ihren Parteien alle Vollmachten für die Lösung der Fragen der Moral, für die Beurteilung der Situation, für ihr Denken und ihre

Handlungen und damit für das Schicksal der ganzen Welt.

Während Schweitzer im Frühjahr nach Paris fuhr, verbrachte er seine Herbstferien in Günsbach. Den größten Teil dieser Zeit konnte man ihn dort am Schreibtisch finden. „So verlief mein Leben in jenen für mein Schaffen entscheidenden Jahren in der einfachsten Weise“, schrieb Schweitzer später. „Ich arbeitete viel, in ununterbrochener Konzentration, aber ohne Hast.“

Was war das für eine Arbeit? Einer der Forscher, der die von Schweitzer bis zu seinem dreiundzwanzigsten Lebensjahr geschriebenen und gedruckten Arbeiten durchgesehen hat, will ausgerechnet haben, daß ihr Umfang etwa 2000 Seiten beträgt. In erster Linie handelte es sich um eine große Anzahl theologischer Forschungen, mit denen sich Schweitzer wohl noch ein halbes Jahrhundert abgemüht hat. Er beschäftigte sich mit Problemen des Abendmahls, und er ging von den Problemen, die im Zusammenhang mit dem Leben Jesu standen, zu Fragen des frühen Christentums über. Den ersten Teil dieser Arbeit brachte Schweitzer bereits im Jahre 1900 zum Abschluß.

Sie erschien als kleines Büchlein mit dem langen Namen „Das Abendmahlsproblem auf Grund der wissenschaftlichen Forschung des 19. Jahrhunderts und der historischen Berichte“ im darauffolgenden Jahre bei J. C. B. Mohr in Tübingen. Im gleichen Jahre gab dieser Verlag noch ein anderes Buch Schweitzers heraus: „Das Messianitäts- und Leidensgeheimnis. Eine Skizze des Lebens Jesu“.

Wie Spezialisten meinen, führt Schweitzer in diesen Büchern viele allgemein anerkannte theologische Theorien ad absurdum, wobei er mit außerordentlicher Akribie und Überzeugungskraft zu Werke geht. Der Grundgedanke ist hier der gleiche, wie er sich schon in den frühesten Arbeiten Schweitzers abzeichnete und wie er ihn später weiterentwickelt hat. Im Unterschied zur zeitgenössischen liberalen Theologie versucht Schweitzer nicht, Jesus zu modernisieren und seine Ideale und Anschauungen an die Anschauungen des modernen Menschen anzupassen. Im Gegenteil. Er versucht, seinen „historischen Jesus“ aus den Umständen und den Weltanschauungen seiner eigenen Zeit in Judäa heraus verständlich zu machen.

Die zweite theologische Arbeit Schweitzers gab Professor Holtzmann die Möglichkeit, seinen Schüler für eine Anstellung als

Privatdozent für Theologie in Straßburg zu empfehlen. Vorher hatte er jedoch noch in Straßburg eine recht hohe Stelle bekleidet. Der Leiter des theologischen Studienstifts (Collegium Wilhelmitanum), Erichson, war verstorben, und Schweitzer wurde gebeten, vorübergehend die Leitung zu übernehmen. Zu all seinen Belastungen wurde ihm damit auch noch die Sorge für die jungen Theologen übertragen, die neben ihm im Studienstift wohnten. Nunmehr kamen sie zu jeder unpassenden Zeit zu ihm zur Konsultation, und er mußte sie dazu anhalten, möglichst oft zu kommen.

Schweitzer wollte noch einer anderen Gruppe verlassener und leidender Menschen seine Hilfe zuteil werden lassen. Er bot seine Dienste einem offiziellen Büro an, das sich mit der Erziehung von Waisen und Kindern mittelloser Eltern beschäftigte. Er bot dem Büro jede Art von Hilfe an, seinen Kopf, seine Hände und sogar einige leerstehende Räumlichkeiten im Collegium Wilhelmitanum. Doch dieses Angebot wurde nicht angenommen. „Die Statuten der Organisation sehen dies nicht vor ...", lautete die Antwort.

Schweitzer war darüber noch nicht einmal so sehr überrascht. Er war Philosoph, und er hatte bereits mit einigen Gesetzmäßigkeiten der kapitalistischen Gesellschaftsordnung Bekanntschaft machen können. Die Leidenschaft für Organisationen, von der die bürgerliche Gesellschaft beherrscht war, hatte schon längst zur Opferung jedes Geistigen geführt. Schweitzer kannte auch genau den Ablauf dieser Verarmung: Zu Anfang setzt die Organisation die bereits vorhandenen Reserven an menschlicher Energie um, doch dann wird sie jeder Originalität und jedem lebendigen Gedanken zum Verderben. Und je mehr sie sich ausbreitet, um so stärker unterdrückt sie jede schöpferische und geistige Tätigkeit. Schweitzer sah, wie die „zivilisierten" Staaten des Westens ökonomisch wie geistig unter der Überzentralisierung litten.

Trotzdem unternahm er noch einmal einen Versuch, Menschen im Rahmen einer Organisation aktiv zu helfen. Als das Waisenobdach in Straßburg abbrannte, machte er dem Waisenbüro den Vorschlag, einen Teil der Kinder im Collegium unterzubringen. Warum? Alles geht seinen bürokratischen Gang. Und wie? Wann? Das ist nicht so wichtig. Wichtig ist vor allem einmal, daß alle bürokratischen Spielregeln erfüllt werden. Er mußte sich noch einmal davon überzeugen, daß sich, sobald gute Taten einmal in die Hände der Bürokraten gefallen sind, nur schwer herausfinden läßt, was für den Bürokraten einen echten Nutzen darstellt. Schweitzer wurde eines klar: Sobald seine Stunde geschlagen hat, wird er vor dem mächtigen Verwaltungsapparat wie vor der Pest davonlaufen, wo die Menschen kalt und herzlos sind wie Rechenmaschinen oder Holzbretter.

In der Zeit, in der Schweitzer das theologische Seminar leitete, mußte er einmal in einem Gespräch mit Studenten erstaunt feststellen, daß diese nichts von der Geschichte der Leben-Jesu-Forschung wußten. Schweitzer erzählte dies Professor Holtzmann. Er gestand ihm, daß er in seinen Mußestunden schon angefangen hatte, eine derartige Untersuchung durchzuführen, und wollte gern die Meinung von Professor Holtzmann darüber hören. Dieser unterstützte wie immer seinen Schüler, und Schweitzer machte sich mit Eifer an die neue umfangreiche Arbeit.

Ende September erhielt das Stift wieder einen ständigen Leiter, und Schweitzer, der nunmehr in die Stadt übersiedelte, widmete sich seinen Verpflichtungen in der Kirche St. Nicolai und arbeitete an seinen neuen Untersuchungen. Im Winter empfahl Holtzmann seinen Schüler für eine Privatdozentur an der Theologischen Fakultät zu Straßburg. Seine Ernennung verlief jedoch nicht ganz glatt. Zwei Fakultätsmitglieder waren mit seiner Art, geschichtliche Forschung zu treiben, nicht einverstanden und fürchteten, er könne mit seinen Ansichten die Studenten verwirren. Vermutlich war das, was er zu dieser Zeit geschrieben hatte, selbst für die liberalen Theologen der Straßburger Universität zu undogmatisch. Der Einfluß Holtzmanns war jedoch groß genug, um die Kandidatur Schweitzers durchzusetzen. Am 1. März 1902 hielt Albert Schweitzer seine Antrittsvorlesung vor den Studenten der Theologischen Fakultät.

Neben seiner Arbeit an den Vorlesungen und an dem neuen Buch über Philosophie, neben seinen Musikstudien und den Frühlingsfahrten nach Paris bestand jetzt seine Hauptarbeit darin, das Buch über die Geschichte der Leben-Jesu-Forschung zu schreiben. Für Schweitzer war Jesus eine reale Person. Was er wollte, war, den tatsächlichen „historischen“ Jesus von der mystischen, legendären Jesusfigur abzutrennen.

Er hatte Glück: Aus dem Nachlaß von Eduard Reuß und einigen anderen Straßburger Theologen besaß die Straßburger Universitätsbibliothek die Leben-Jesu-Literatur nahezu vollständig und dazu noch fast alle polemischen Schriften, die gegen die Leben-Jesu-Arbeiten von Strauß und Renan erschienen waren. Wohl kaum irgendwo auf der Welt wären die Voraussetzungen für eine Studie über die Geschichte der Leben-Jesu-Forschung so günstig gewesen wie hier.

Schweitzer entschloß sich, seine zusammenfassende Untersuchung mit dem Buch des Hamburger Professors Reimarus, der von 1694 bis 1768 gelebt hatte, „Vom Zwecke Jesu und seiner Jünger" zu beginnen und es mit dem Buch von William Wrede, der erst kürzlich verstorben war, über „Das Messiasgeheimnis in den Evangelien" zu beschließen. Zwischen diesen beiden Polen bewegte sich die Leben-Jesu-Forschung.

Das ganze Jahr 1902 und fast das ganze Jahr 1903 war Schweitzer mit diesen Untersuchungen, die sich auf zwei Jahrhunderte erstreckten, beschäftigt. Die neuartige, wahrhaft monumentale Untersuchung schloß mit der Darlegung der eigenen Theorie Schweitzers ab, der den realen Jesus in die Welt der späthebräischen Eschatologie einordnete, in eine Weltanschauung, die ein rasches Ende der Welt voraussagte, und in eine Atmosphäre der unmittelbaren Erwartung dieses Endes. Bei einer derartigen Behandlung der Ansichten und Irrtümer des „historischen Jesus" blieb nach der Meinung vieler Forscher kein Platz mehr dafür, von einer „Unfehlbarkeit" oder „Allwissenheit" Jesu zu sprechen. Nicht ohne Grund hat ein Theologe in jüngster Zeit über die Konzeptionen Schweitzers geschrieben: „Wenn all das wirklich so ist (und Schweitzer bringt dafür überzeugende Beweise), dann bedeutet dies das Ende für jede einfache Nachfolge der ‚Lehre Jesu'."

Jesus dachte nach Schweitzer in den Begriffen seiner Zeit, und es hat keinen Sinn, seine Gedanken in unsere Ausdrucksmittel zu übersetzen. Was war damals wichtig? Wichtig war der Wille, wichtig waren „die ethische Lebensfähigkeit und Stärke", wesentlich waren „der Enthusiasmus und Heroismus, die von dem Willen und Glauben ausgingen, die auf die Idee des Reiches Gottes gerichtet waren ...".

Warum waren, nach der Meinung Schweitzers, für die Menschen am Ende des vergangenen Jahrhunderts der „Wille" und der „Enthusiasmus", dieses ethische Streben nach dem „Reich Gottes" so wichtig? Diese Frage beantwortet er in seinem Buch damit, daß „nichts in unserer Kultur – die Religion eingeschlossen – in ausreichendem Maße ethische Ideale und Energien zu geben vermag". „Die Kultur hat das große Ziel der moralischen Vervollkommnung der Menschheit verloren, sie hat sich mit einer Mauer nationalistischer und sektiererischer Ideale umgeben, statt die ganze Welt in ihr Blickfeld einzubeziehen. Ihre Erhabenheit und ihre Güte nehmen das Recht für sich in Anspruch, sich selbst zu genügen; deshalb müssen sie sich in den Dienst jener ethischen Vervollkommnung stellen, die man nach der Lehre Jesu als Reich Gottes bezeichnen kann."

Hier müssen wir noch einmal daran erinnern, daß der Jesus Schweitzers den Irrglauben seiner Zeitgenossen teilte und eine Katastrophe und im Gefolge dieser Katastrophe den Anbruch eines übernatürlichen Reiches Gottes erwartete. Als das Reich Gottes nicht anbrach, wurde Jesus von Angst, Zweifel und Versuchung erfaßt, und er ergab sich in sein schreckliches Schicksal, um die Ankunft des Reiches Gottes, die Entstehung der neuen, erneuerten Menschheit und der Epoche des Friedens auf Erden zu beschleunigen, um nach Möglichkeit seine Jünger und die anderen Menschen vor schrecklichen Prüfungen und Leiden zu bewahren. Das heißt, Schweitzers „historischer Jesus" nahm nicht an, wie die im 19. und 20. Jahrhundert lebenden liberalen protestantischen Theologen meinten, daß die Ankunft des Reiches Gottes einfach der Triumph der ethischen Ideale ist, den man auch auf dem Wege der Vervollkommnung erreichen kann. Jesus verfügte nach Schweitzer nicht über einen vor keinerlei Prüfungen zurückschreckenden Willen zur Erreichung dieses Gottesreiches, dieses Ideals, sondern er besaß einen „ethischen Willen", einen mächtigen Enthusiasmus der Selbstaufopferung. Der Triumph des ethischen Menschen auf der Erde, das Ende allen menschlichen Elends und aller Zwistigkeiten, der Anbruch der Epoche des Friedens waren für den Jesus Schweitzers das Ziel seines selbstaufopfernden ethischen Handelns, und dieses Streben nach einem großen Ziel ist für Schweitzer in seinem eigenen „Leben Jesu" gleichsam das Wesentlichste:

„Das Einzige, was wesentlich ist, besteht darin, daß die Vorstellung vom Reich Gottes für unsere Weltanschauung die gleiche Bedeutung hat, wie es sie für ihn hatte, und daß wir genau wie er die Kraft dieser Vorstellung spüren."

Diese Idee hat Schweitzer später in zahlreichen Arbeiten weiterentwickelt. Der Leser wird beim Lesen dieser Zeilen unwillkürlich an die Ansichten Tolstois erinnert, über die Iwan Bunin geschrieben hat:

„Wenn sich Tolstoi vor Christus verbeugte, so sah er in ihm keinen Gott. Mehr als einmal habe ich von ihm selbst gehört, wenn er Christus für einen Gott hielte, so würde er für ihn all seinen Zauber verlieren. Es ist die übliche Ansicht der Ungläubigen. Tolstoi war ein moderner, positiv eingestellter Mensch. Er war zu klug, um nicht zu verstehen, daß unsere Vernunft Grenzen hat. Aber da er die Begrenztheit der Vernunft anerkannte, nahm er auch nicht an, sie könne die absolute Wahrheit durch Glauben und Offenbarungen erkennen. Er liebte es, die Wörter Religion, Gott, Unsterblichkeit zu verwenden ... Aber Gott war für ihn eine unbegreifliche elementare Kraft; Unsterblichkeit des Geistes war für ihn einfach die Anerkennung der Tatsache, daß unsere geistige Kraft von irgendwoher erschienen ist und uns folglich auch wieder irgendwohin verläßt; und Glaube ..., das ist nicht so sehr das Wissen um die Wahrheit als vielmehr die Hingabe an sie. All dies ist weit entfernt von der Lehre der Kirche, und deshalb ist Tolstoi seiner Weltanschauung nach ein echter Positivist, ein Sohn unseres Jahrhunderts. Doch das Bemerkenswerte an ihm ist: Er sagt nicht – wie es die Positivisten tun –, daß die Predigt Christi der Natur des Menschen widerspricht ... bei seiner weltlichen Weltanschauung lehrte er, ein göttliches Leben zu führen ... Schon in seiner Jugend sagte er: Der Mensch muß sich seiner Persönlichkeit nicht als etwas bewußt sein, das zu der Welt in Gegensatz steht, sondern als ein kleines Teilchen der riesigen, ewig lebendigen Welt ... Damit das Leben einen Sinn hat, darf sein Ziel nicht über die Grenzen des dem menschlichen Geist Faßbaren hinausgehen ...“

Etwas mehr als fünfzig Jahre später faßte ein angesehener Theologe (S. Ballard) die Ergebnisse der theologischen Arbeiten Schweitzers folgendermaßen zusammen:

„In der ganzen Theologie versteht man es, die Schlußfolgerungen Schweitzers zu umgehen ... Die liberale Theologie, die gleiche, die Schweitzer aus seinen Jugendjahren gut kannte, verlor mit dem Erscheinen seines Buches über das ‚Leben Jesu‘ ihre intellektuelle Respektabilität ... Seine Arbeit führte Schweitzer zur vollständigen Leugnung der christlichen Orthodoxie. Er bewahrte nur noch ein Echo der Predigten seines Vaters, der die ethischen Forderungen der Religion hervorgehoben hatte. Jede Idee eines persönlichen Gottes wurde für ihn ganz undenkbar ...“ Obwohl die

Popularität Schweitzers in Theologenkreisen ständig zunahm, erlangte der junge Theologe und Philosoph doch ganz unerwartet auf einem ganz anderen Gebiet allgemeine Beachtung, auf dem Gebiet der Ästhetik, der Musikwissenschaft, und namentlich auf dem Gebiet der Bachkunde. Doch das ist schon wieder eine ganz andere Geschichte.

Wege zu Johann Sebastian Bach

Jedes Frühjahr und manchmal auch im Herbst tauchte der junge Elsässer mit seinen zerzausten Haaren und seinem kleinen schwarzen Schnurrbart wir früher in Paris auf. Er lebte bei Onkel Auguste und nahm Unterricht bei Widor. Ihre Freundschaft kühlte sich nicht ab, wie sich auch ihre Leidenschaft für Bach und für die Orgel nicht abkühlte. Einmal klagte Widor seinem Schüler, daß es auf französisch nur rein erzählende, aber keine in Bachs Kunst einführende Werke gäbe. Zwischen Lehrer und Schüler entspann sich ein Gespräch, an das sich der Lehrer folgendermaßen erinnerte:

„Eines Tages – es war anno 1899 – als wir gerade bei den Choralvorspielen standen – gestand ich ihm, daß mir in diesen Kompositionen manches rätselhaft sei. ‚So klar und einfach', äußerte ich zu ihm, ‚die musikalische Logik des Meisters in den Präludien und Fugen ist, so dunkel erscheint sie, sobald er eine Choralmelodie behandelt. Warum diese zuweilen fast übermäßig schroffen Antithesen von Gefühlen? Warum verwendet er zu einer Choralmelodie kontrapunktische Motive, die zu der ‚Stimmung' der Weise oft in keiner Beziehung stehen? ... Woher all dies Unbegreifliche in dem Entwurf und der Durchführung dieser Phantasien? Je mehr ich sie studiere, desto weniger verstehe ich sie.' ...

‚Natürlich', erwiderte der Schüler, ‚muß Ihnen in den Chorälen vieles dunkel bleiben, da sie sich nur aus den zugehörigen Texten erklären.'

Ich schlug die Stücke, die mir am meisten Kopfzerbrechen gemacht hatten, vor ihm auf; er übertrug mir die Dichtungen aus dem Gedächtnis ins Französische. Die Rätsel lösten sich. Während der folgenden Nachmittage gingen wir sämtliche Choralvorspiele durch. Indem Schweitzer – er war der Schüler – mir eines nach dem andern erklärte, lernte ich einen Bach kennen, von dessen Vorhandensein ich vorher nur eine dunkle Ahnung gehabt hatte."

Das ist eine erstaunliche Szene. Zwei Bachkenner machen bei

dem von ihnen seit langem verehrten Komponisten neue Entdekkungen. Schüler und Lehrer gingen Abend für Abend alle Choralvorspiele Bachs durch. Der vierundzwanzigjährige Doktor der Philosophie übersetzte aus dem Gedächtnis die Verse der Bachschen Choräle ...

So wie erst vor kurzem der junge Theologe den „goldenen Schlüssel“ zu einer eigenen Interpretation der Eschatologie gefunden, so wie hier in Paris der junge Philosoph ganz wesentliche Gesetzmäßigkeiten der Arbeiten Kants aufgespürt hatte, so findet jetzt der junge Organist und berühmte Bachkenner den „goldenen Schlüssel“ zu einigen Problemen der Bachkunde. Bei all dem scheinen viele Zufälle eine Rolle zu spielen; der Teufel scheint bei diesem jungen Schweitzer die Hand im Spiel zu haben. Auch er spricht bescheiden von glücklichen Zufällen und von seinem „außerordentlich großen Glück“. Doch niemals hat er irgend etwas leicht genommen; auf alles mußte er große Mühe verwenden.

Später erinnerte Widor ihn mehrmals an sein Versprechen, einen Aufsatz über das Wesen der Bachschen Kunst für die Schüler des Pariser Konservatoriums zu schreiben. Doch Schweitzer war zu jener Zeit ganz mit seinen wissenschaftlichen Untersuchungen beschäftigt.

Er versprach Widor, sich in den Herbstferien 1902 ganz Bach zu widmen. Diese Aufgabe lockte ihn. Vor anderthalb Jahrzehnten hatte Eugen Münch ihn erstmalig mit diesem Komponisten bekannt gemacht, dessen Namen sein verstorbener Lehrer mit viel Ehrfurcht aussprach. Später hatte Albert Schweitzer viele Jahre lang unter Leitung von Widor und Ernst Münch Bach studiert, und er hatte seine Werke auf berühmten Orgeln in Straßburg, Paris und Berlin aufgeführt. Er leitete den Bachchor in der Kirche zu St. Wilhelm in Straßburg, und er war später Organist und einer der Gründer der Bachgesellschaft in Paris. Er hatte viel über Bach zu sagen, der schon seit seiner Gymnasialzeit festen Eingang in sein Leben gefunden hatte, und zwar nicht nur als genialer Komponist, sondern auch als geistiger Erzieher, als ein Mensch, der ihm in geistiger Hinsicht außerordentlich nahestand.

Über Bach schreiben! Allein schon daran zu denken, versetzte den jungen Schweitzer in eine ungewöhnliche Erregung.

Die Herbstferien Schweitzers vergingen in angestrengter Arbeit. Er spürte bereits den „Widerstand des Materials“ und die Freude an seiner Überwindung. Doch er kam über die Vorarbeiten zur Abhandlung nicht hinaus. Natürlich hätte das, was er über Bach wußte, auch damals schon zu mehr als einem Aufsatz gereicht. Doch er griff erneut zu den Werken Bachs, und vor dem Berg des angesammelten Materials wurde ihm klar, daß sich der Aufsatz für die Pariser Studenten zu einem Buch über Bach auswachsen würde. Ungewöhnliche Bescheidenheit paarte sich bei ihm stets mit ungewöhnlicher Kühnheit. Er, der hervorragende Bachkenner, erklärte Widor verlegen, daß er ja eigentlich kein Musikwissenschaftler sei. Aber nachdem er sich einmal an die Arbeit gesetzt hatte, ließ sie ihn nicht mehr los: „Mutvoll ergab ich mich in mein Schicksal."

In den Jahren 1903 und 1904 verwandte er alle seine freie Zeit auf Bach. Freie Zeit – das waren die Wochenenden, die Frühjahrs- und Herbstferien sowie die Nächte, hauptsächlich die Nächte. Er begnügte sich mit vier und sogar mit drei Stunden Schlaf.

Wenn er die Nächte nicht zur Verfügung gehabt hätte, wäre er übel dran gewesen. Er hatte erneut junge Seminaristen am Halse, da ihm im Oktober 1903 die ständige Leitung des Thomasstifts übertragen worden war. Er bewohnte jetzt eine schöne Amtswohnung an dem sonnigen Thomasstaden und erhielt ein jährliches Gehalt von 2000 Mark. Doch was vermochte dies an seinem Leben zu verändern? Er behielt sein früheres Studentenzimmer mit den Fenstern auf den Hof, um dort zu arbeiten. Praktisch verbrachte er dort seine ganze Zeit. Er hatte keinerlei Zeit für kostspielige Vergnügungen, und er verspürte auch keinerlei Verlangen danach. Doch sein Fahrrad brauchte weder Hafer noch Benzin. Wie früher fuhr er mit seinem Fahrrad aufs Land, und häufig nicht allein. Sie radelten in ganzen Rudeln los – junge Straßburger Intellektuelle: Philosophen, Musiker, Historiker, Theologen. Abends setzten sie sich manchmal in irgendeinem Hause zusammen, um zu diskutieren, zu streiten und zu lachen. Von seinem Vater hatte er eine Begabung geerbt: er verstand es, irgendwelche alten Geschichten humorvoll zu erzählen. Übrigens hatte er in seinem Repertoire auch Geschichten aus dem Pariser und Berliner Leben, Geschichten über Bach und über Wagner ...

Meist führten sie recht sachliche Gespräche – über einen Arbeitsgegenstand, über die Geschichte, über die Wissenschaft, über die Gegenwart. Und über den Sinn des Lebens. Über die Schwere des menschlichen Loses, die Leiden völlig unschuldiger, unterdrückter Menschen mitansehen zu müssen, die durch das Propagandageschrei von Blütezeit, Fortschritt und Zivilisation betrogen wurden ...

Von seiner Kanzel in der altehrwürdigen St. Nicolaikirche konnte er sich nicht trennen. Er meinte, dort eine wichtige Aufgabe zu haben: einen wenn auch noch so kleinen Beitrag zur geistigen Entwicklung des Menschen zu leisten, einen wenn auch noch so schwachen Versuch zu unternehmen, den ethischen Verfall der bürgerlichen Kultur aufzuhalten. Einmal während seiner Abendpredigten, bei denen gewöhnlich nur wenige Gläubige anwesend waren, bemerkte er eine ihm bekannte Person. Es war Helene Breßlau, ein sehr kluges, gebildetes und hübsches Mädchen, das zu seinem Gesellschaftskreis gehörte. Er hatte schon immer den Eindruck gehabt, daß sie ihn verstand. Sie blickte ihn so eigenartig an, wenn er sprach ... Doch warum wird wohl ein junges Mädchen in diesem Alter auf ihn schauen? Er ist ein schöner Mann. Er hat auch später, bis ins hohe Alter, seine gute Haltung behalten, während die Zeit Helene gegenüber nicht so gnädig gewesen ist. Auf frühen Fotografien sieht man, daß auch sie in ihrer Jugend eine Schönheit war: groß, gut gebaut, mit weichem, feinem Profil und gedankenvollen Augen. Er tanzte einmal mit ihr irgendeinen frohen Walzer, den er später völlig wieder vergessen hatte. Doch plötzlich, vierzig Jahre später, in einem fremden Lande, in Amerika, erinnerte er sich wieder an ihn, an ihren ersten Walzer.

Er fragte sie, als sie sich am Abend verabschiedeten, welche Meinung sie über seine Predigt hatte. Sie wurde verlegen, doch dann sagte sie, sie habe auch oft so gedacht, wie er es eben gesagt habe: „Wir wollen glauben und fürchten uns vor dem Unglauben." Jetzt war an ihm die Reihe, verlegen zu sein. Er sagte etwas nachdrücklicher, daß ihn mehr die Mängel seiner Predigt interessierten. Sie hatte etwas von einer Lehrerin, einer Gouvernante an sich, und sie verfügte über einen guten Stil. Sie war unschlüssig und sagte, was sie soeben über seinen Stil gedacht hatte. Er klang für sie etwas fremdartig, nein, sehr angenehm, aber fremdartig. Seine Syntax war die rein elsässische Syntax des deutschen Satzes mit starkem französischem Einschlag, genau wie in der bäuerlichen Sprache des Elsaß. Er sagt, was er denkt. Er ist jetzt überhaupt etwas über seinen Stil besorgt. Er muß viel schreiben. Wenn aber jetzt seine geschriebene Sprache ebenso klingt, ist das etwa unzulässig? Sie stimmt ihm zu, daß dies manchmal seltsam aussehen kann. Sie schlägt ihm vor, sein Manuskript durchzusehen. Er hat schon daran gedacht, doch er konnte sich nicht entschließen, sie darum zu bitten.

Von nun an begann er, sich öfters mit Helene zu treffen. Sie stellten viele Gemeinsamkeiten fest. Sie liebte Kinder und träumte davon, Lehrerin zu werden; einige Zeit studierte sie sogar in einem Lehrerseminar. Sie war von der Musik begeistert und nahm Unterricht am Straßburger Konservatorium. Ihr Vater, der Straßburger Historiker Harry Breßlau, war eine Zeitlang Rektor der Universität. Er nahm Helene mit nach Italien, wo sie sich mit der Malerei beschäftigte, soweit sie nicht von morgens bis abends in den Archiven stöberte, um Material über das deutsche Mittelalter zu suchen. In den neunziger Jahren beschäftigten Helene in zunehmendem Maße soziale Probleme, die Probleme der leidenden Menschheit und der erbarmungslosen, unmenschlichen Welt. In ihrem Straßburger Zirkel, wo sie mit Albert Schweitzer bekannt wurde, sprach man viel von den Möglichkeiten, der Menschheit und dem Menschen zu helfen. Hier fand man Idealisten aller Schattierungen, und sogar der neue junge, progressive Straßburger Bürgermeister Schwander gehörte zu diesem Kreis. Im Jahre 1902 reiste Helene als Gouvernante nach England. Die Industriestädte Englands mit ihren Elendsvierteln waren für sie Anlaß, sich noch eingehender mit Fragen der Sozialhilfe zu beschäftigen. Nach ihrer Rückkehr arbeitete sie im Waisenheim; später überredete sie Schwander, in Straßburg ein Heim für alleinstehende Mütter zu bauen. Sie sammelte regelmäßig Geldspenden für die Waisen und hatte dabei keinen geringen Erfolg. Die Kunst war in ihrem Leben nunmehr auf den zweiten Platz gerückt: In dieser schrecklichen Welt konnte der Mensch nicht nur sich selbst gehören, nicht nur für sich selbst leben, so als ob es keine anderen Menschen gäbe und mit ihnen nichts Schreckliches geschähe.

Es unterliegt wohl keinem Zweifel, daß von den vielen gemeinsamen Themen, die sie mit Albert verbanden, dieses geheime Thema sicher nicht an letzter Stelle stand.

Schweitzer hat über ihre Beziehungen fast nichts geschrieben, weder in seiner Autobiographie noch in seinen Briefen. Er hüllte sich in Schweigen, wenn die Sprache auf seine persönlichen Angelegenheiten gebracht wurde. Es gibt eine Fotografie aus jenen Jahren: Schweitzer sitzt an einem Tisch, und Helene lehnt neben ihm. Helene kam dem deutschen Ideal der Ehefrau nahe, die in selbstloser Weise ihrem Gatten ergeben ist.

Die Nachtarbeit über Bach begann unter einem guten Stern. Er hatte Glück mit den Noten. Die Bibliotheken hätten ihm nicht für seine Nachtarbeit alle Werke Bachs, die er benötigte, zur Verfügung stellen können. Da erfuhr er durch einen Straßburger Musikalienhändler, daß eine Pariser Dame, die seinerzeit auf die Gesamtausgabe der Werke Bachs subskribiert hatte, um das Unternehmen der Bachgesellschaft zu unterstützen, die zahlreichen großen, grauen Bände, die ihr soviel Platz in ihrer Bibliothek wegnähmen, loswerden wollte. Schweitzer wandte sich an ihre Adresse, die man ihm in Straßburg gegeben hatte, und die Dame freute sich so über seinen Enthusiasmus, daß sie ihm alle 46 Bände für den lächerlich geringen, fast nur symbolischen Preis von 200 Mark überließ.

Schweitzer nahm diesen seltenen Glücksumstand als ein gutes Vorzeichen für das Gelingen seines Werkes.

Er hatte schon mit Schreiben begonnen, machte sich aber doch von Zeit zu Zeit Gedanken über seine Kühnheit. Je mehr aber die Arbeit voranging, um so mehr schwanden diese Zweifel, und er arbeitete hartnäckig und unermüdlich. Ihn begeisterte die Musik, die er so oft gehört und so oft selbst gespielt hatte und die er selbst neu erlebte. Ihn begeisterte auch die Person des Thomaskantors, dieses kerngesunden Mannes, „auf dessen Lippen wir kaum ein selbstzufriedenes Lächeln sehen“ und der gleichzeitig „innerlich von der Welt gelöst“ war. Ihn begeisterte die Ernsthaftigkeit dieses Meisters des Orgel- und Klavierspiels, der sich keineswegs für einen genialen Komponisten hielt, sondern in allem Ernst der Musik zu dienen gedachte, die für ihn ebenfalls kein Selbstzweck war. „Die Kunst war für ihn Religion. Deshalb hatte sie nichts mit der Welt, und nichts mit dem Erfolg in der Welt gemein.“ Dort, wo die Musik nicht dem höheren Ruhme und der „Erleuchtung des Geistes“ dient, dort ist es nach Bach keine echte Musik.

„Die grauen Bände der alten Bachgesellschaft“, schrieb Schweitzer, „sprechen eine ergreifende Sprache. Sie erzählen von der Ewigkeit, von dem, was wahr und herrlich ist, weil es nicht um der Anerkennung willen geschaffen wurde, sondern weil es einfach geschaffen werden mußte. Die Kantaten und Passionen Bachs sind nicht nur Werke der Musik, sondern auch der Muße, im guten, tiefen Sinne – in dem Sinne, wie man früher dieses Wort verstanden hat: in jenen Stunden, in denen der Mensch für sich und nur für sich lebt.“

Der aufmerksame Leser findet in diesem neuen Buch des jungen Schweitzer ganz aufrichtige Darlegungen seiner Gedanken über das Leben, über den Geist, über die Berührung mit der Ewigkeit, über die Ethik, über die Kultur, über den Verfall der Kultur und die Voraussetzungen zu ihrem Wiederaufbau. Am Ende seines Buches, als Schweitzer die Worte von Mosewius über die Ausführung Bachscher Kantaten zitiert, in denen dieser fordert, daß „jeder einzelne Chorsänger ... in dauernder geistiger Tätigkeit beharren" müsse, ruft er aus: „Möge diese Erkenntnis durchdringen. Dann wird Bach mit dazu helfen, daß unsere Zeit zur geistigen Sammlung und zur Innerlichkeit komme, die ihr so not tut."

In seinem kurzen Einführungskapitel über „Die Wurzeln der Bachschen Kunst" führt Schweitzer aus, daß Bach zwei Passionen schreibt, welche textlich und formell von den typischen Schöpfungen jener Zeit ganz abhängig sind, die aber der Geist, der darin lebt, verklärt und aus der Vergänglichkeit zur Unvergänglichkeit erhoben hat.

„So ist Bach ein Ende", fährt Schweitzer fort. „Es geht nichts von ihm aus: alles führt nur auf ihn hin ... Dieses Genie war kein Einzelgeist, sondern ein Gesamtgeist. Jahrhunderte und Generationen haben an dem Werk gearbeitet, vor dessen Größe wir ehrfürchtig stille stehen."

Somit war das Buch Schweitzers über Bach nicht einfach ein musikwissenschaftliches Werk, sondern es war ein Werk, das Probleme der Philosophie und Ethik behandelte.

Das Buch Schweitzers erschien auf dem Gipfel der Welle einer neuen Bach-Renaissance. Das Verlangen nach einem neuen, vertieften Verständnis Bachs, nach einem Verstehen seiner Sprache lag in der Luft. Schweitzer aber verstand es, den richtigen Zugang zu öffnen. Es ist der gleiche Weg, über den er einst mit Widor gesprochen hatte: Das Studium der Musik der Kantaten und Choräle Bachs gemeinsam mit ihren Texten eröffnete die Möglichkeit, tiefer in die Geheimnisse der musikalischen Sprache Bachs einzudringen.

In harter, begeisterter Nachtarbeit entdeckte der junge Schweitzer die Welt eines neuen Bach, die Welt des Dichters und Malers in Musik. Die Vorgänger Schweitzers wiesen jeden Gedanken an einen derartigen darstellenden „musikalischen Materialismus" weit von sich. Im Kampf gegen Wagner beriefen sich die Verfechter der „reinen" Musik häufig auf ihren „unverfälschten" Ursprung, auf

Bach. Nunmehr trat Schweitzer als Verfechter Wagners mit seinen neuen Ansichten über Bach auf.

Das Buch enthält eine detaillierte Analyse der Bachschen Musik, eine musikmethodische und kunstwissenschaftliche Darlegung von fast 300 Vokal- und Instrumentalwerken des Leipziger Thomaskantors, eine subtile Analyse seiner „Symbole".

Nach Meinung Schweitzers ist die Bachsche Musik „dichterisch und malerisch, weil ihre Themen dichterischen und malerischen Vorstellungen entsprungen sind. Aus ihnen entfaltet sich dann das Tonstück in vollendeter Tonlinien-Architektur. Was seinem Wesen nach dichterische und bildende Musik ist, stellt sich als Klang gewordene Gotik dar."

Als Schweitzer auf das „Architekturgefühl" Bachs hinweist, schreibt er, daß „sehr oft das ganze Stück in seiner Entwicklung bereits im Thema gelegen ist; es geht mit einer gewissen ästhetisch-mathematischen Notwendigkeit aus ihm hervor".

Schweitzer analysierte begeistert die Werke Bachs, und der ursprünglich für die Studenten des Pariser Konservatoriums bestimmte Aufsatz weitete sich unter seinen Händen zu einem umfangreichen Buch aus, das eine Vielzahl allgemein-ästhetischer, musikwissenschaftlicher und bachkundlicher Fragen behandelte.

Das Buch war in französischer Sprache geschrieben und wurde in Frankreich sofort sehr wohlwollend aufgenommen. Romain Rolland schrieb über Schweitzers Buch, daß es „als eine Frucht harmonischer Verbindung deutschen und französischen Geistes das Studium Bachs und die Geschichte anderer Klassiker erneuert". Es stellt die glückliche Kombination zweier geistiger Kulturen dar, stellte später auch ein sowjetischer Musikwissenschaftler fest, der den Inhalt und Plan des Buches folgendermaßen analysierte: „... in der Anlage und Anordnung der Kapitel spürt man deutlich die dichterische Idee des Verfassers. Das deutsche Denken mit seiner Neigung zu Träumerei und Mystizismus ist hier in glücklicher Weise mit dem nüchternen französischen Rationalismus verwoben."

Als Schweitzer an diesem Buch arbeitete, kamen ihm stärker als jemals zuvor die Mühen der literarischen Arbeit zum Bewußtsein. Vor allem anderen war dies ein Buch über Ästhetik, ein Buch, in dem er versuchte, in Worten nicht nur den Ablauf seiner Gedanken, sondern auch die feinsten mit der Kunstwahrnehmung verbundenen Erlebnisse wiederzugeben, in dem er versuchte, dem

Leser in höchster Ausdruckskraft das nahezubringen, was ihm das Teuerste an der Kunst war – das Leben eines mächtigen Geistes, der in der Musik, ja nicht einfach in der Musik, sondern in der Orgelmusik Bachs zum Ausdruck gebrachte ethische Impuls.

Leser und Kritiker stimmten darin überein, daß Schweitzer sein Ziel erreicht hatte; es war ein hervorragendes Buch geworden. Schweitzer schrieb sein Buch in französischer Sprache für französische Leser und für Widor, der die deutsche Sprache nicht beherrschte. Darin lag für ihn eine gewisse Schwierigkeit. Bisher hatte er nur deutsch geschrieben und seine Vorlesungen und Predigten deutsch gehalten. Natürlich konnte er Französisch genauso frei sprechen wie Deutsch. Doch Sprechen ist eine Sache, Schreiben aber eine ganz andere. Deutsch empfand er als seine Muttersprache. Hören wir, was er selbst sagte, als er sich an die Arbeit an der französischen Fassung erinnerte:

„Französisch empfinde ich nicht als Muttersprache, obwohl ich mich von jeher für meine an meine Eltern gerichteten Briefe ausschließlich des Französischen bediente, weil dies so Brauch in der Familie war. Deutsch ist mir Muttersprache, weil der elsässische Dialekt, in dem ich sprachlich wurzle, deutsch ist.

Nach meiner Erfahrung erscheint es mir eine Selbsttäuschung, wenn jemand zwei Sprachen als Muttersprache zu besitzen glaubt. Mag er sie beide in gleicher Weise zu beherrschen vermeinen, so ist es doch immer so, daß er eigentlich nur in einer denkt und nur in dieser wirklich frei und schöpferisch verfährt."

Schweitzer aber mußte das Buch in einer zweiten Sprache schreiben. Häufig unterhielt er sich jetzt mit Helene und mit Kollegen über Probleme des Stils.

Als Schweitzer später von seinem zweisprachigen Bachschen Werk erzählte und versuchte, den Unterschied zwischen der französischen und der deutschen Sprache zu veranschaulichen, kam er natürlich nicht ohne Gleichnisse aus:

„Den Unterschied zwischen den beiden Sprachen empfinde ich in der Art, als ob ich mich in der französischen auf den wohlgepflegten Wegen eines schönen Parkes erginge, in der deutschen aber mich in einem herrlichen Wald herumtriebe. Aus den Dialekten, mit denen sie Fühlung behalten hat, fließt der deutschen Schriftsprache ständig neues Leben zu. Die französische hat diese Bodenständigkeit verloren. Sie wurzelt in ihrer Literatur. Dadurch ist sie im günstigen wie im ungünstigen Sinne des Wortes etwas Fertiges geworden, während die deutsche in demselben Sinne etwas Unfertiges bleibt. Die Vollkommenheit des Französischen besteht darin, einen Gedanken auf die klarste und kürzeste Weise ausdrücken zu können, die des Deutschen darin, ihn in seiner Vielgestaltigkeit hinzustellen."

Als schreibender und denkender Mensch konnte sich Schweitzer den Problemen der Sprache nicht entziehen. Schon in jenem Pariser Herbst, als er über die Philosophie Kants arbeitete, hatte er sich freudig mit ihnen auseinandergesetzt. Hätte er das gleiche Leben über das dreißigste Jahr hinaus weitergeführt, wer weiß, vielleicht hätte er uns dann noch ein wissenschaftliches Werk über die Sprachwissenschaft oder ein Buch über den Stil Goethes beschert.

Auf jeden Fall arbeitete er bei seinen Vorbereitungen zu dem Bachbuch hart an seinem Stil. Helene und seine Freunde kamen ihm dabei zu Hilfe. Hubert Gillot, der damals Lektor des Französischen an der Straßburger Universität war, gab ihm zahlreiche Hinweise zum Stil seines Manuskripts. Dabei wies er ihn besonders darauf hin, daß der französische Satz in viel stärkerem Maße das Bedürfnis nach Rhythmus in sich trägt als der deutsche. Schweitzer hatte ein gutes Ohr und eine flinke Feder; er verstand es bald, den Rhythmus zu beherrschen. Bei der Arbeit an der französischen Fassung seines Bachbuches hat sich – wie er später selbst feststellte – sein Stil entwickelt, und bei seinen deutschen Schriften hat er später dem Satzrhythmus ebenfalls verstärkte Aufmerksamkeit zugewandt und sich um klare und einfache Ausdrucksweise bemüht.

Im Herbst 1904 ging die Arbeit an dem Buch dem Ende entgegen, und Schweitzer konnte dies Widor, der ihn immerfort durch Briefe angetrieben hatte, nach Venedig mitteilen. Widor wollte ein Vorwort zu dem Buch schreiben, und Schweitzer bat ihn, mit der versprochenen Arbeit zu beginnen.

Widor stellte in seinem Vorwort dem Leser den neuen Autor vor und schrieb mit großer Wärme über seinen talentierten Schüler.

Diese Herbstmonate des Jahres 1904 waren glückliche Monate für Albert Schweitzer. Er beendete seine Monographie, und er hatte das zu Papier gebracht, was er sein ganzes Leben lang über Bach hatte sagen wollen.

Er führte in diesen Jahren ein erfülltes Leben. Er unterrichtete die Seminaristen und hielt Vorlesungen in der Universität. Bei Studenten und Kollegen war er beliebt, von seinen Freunden wurde er vergöttert. In Paris organisierte er mit Widor die Gründung einer Bachgesellschaft. Der Bachkult griff im aufgeklärten Europa immer mehr um sich, und der junge Schweitzer wurde auf der Welle dieser Begeisterung mit emporgetragen. Er war frei. Wie früher opferte er freigebig seine Nächte den Büchern und der Literaturarbeit, und am Tage fuhr er nicht selten in die Berge. Neben ihm stand aber jetzt fast immer Helene, jenes Mädchen, das alles so verstand, wie auch er es verstand und fühlte. Bisweilen fühlte sie es sogar deutlicher als er, und großzügig teilte sie mit ihm alle Erlebnisse und alles Wissen.

Er war in diesen Herbsttagen des Jahres 1904 glücklich, glücklich über seine Arbeit, glücklich über seine Freunde, glücklich über seine Lieben, umgeben von Freundschaft und Liebe, erfüllt vom Gefühl seiner Kraft. Und wie immer auf dem Gipfel des Glücks sah er noch klarer jene „Wolke, die den Himmel bedeckt“: Immer stärker wuchs in ihm das Gefühl seiner menschlichen Verpflichtung gegenüber den anderen Menschen, gegenüber der leidenden Menschheit.

An einem sonnigen Morgen im warmen elsässischen Herbst des Jahres 1904 kam er froh in sein Arbeitszimmer im Collegium Wilhelmitanum und fand auf seinem Schreibtisch eines der grünen Hefte, in denen die Pariser Missionsgesellschaft allmonatlich über ihre Tätigkeit berichtete. Schon früher, als sein Vater in den Gottesdiensten aus den Briefen des Missionars Casalis vorgelesen hatte, war Albert Schweitzer von den Erzählungen über die Tätigkeit jener Menschen ergriffen gewesen, die freiwillig in den Urwald des Schwarzen Kontinents gingen. Eine Mitarbeiterin der Missionsgesellschaft, Fräulein Scherdlin, kannte dieses Interesse des jungen Doktors und pflegte ihm jeweils die neueste Nummer dieser Hefte zuzuschicken.

Er lächelte, betrachtete den bekannten Umschlag und legte es beiseite. Seine Arbeit nahm ihn wieder gefangen. Er schrieb an den letzten Seiten über die Aufführung Bachscher Werke, darüber, daß man in ihnen Bach und nicht sich selbst suchen müsse, darüber, wie man den Menschen in Ehrfurcht den Bachschen Geist vermitteln solle, „als etwas Wertvolles nicht nur für ihr künstlerisches Empfinden, sondern auch für ihre Seele ...“. Er hatte sein eigenes Bild von dem Menschen, der mit Bach in Berührung kommt, sei es ein Musiker, ein Musikwissenschaftler, ein Ästhetiker oder einfach ein Musikliebhaber: „Nur der, der in die Gefühlswelt Bachs eindringt, der mit ihm lebt und denkt, wird einfach und bescheiden werden wie er ..."

Er reibt die Augen und blickt um sich. Sechsundvierzig graue Bände, herausgegeben von der Bachgesellschaft, stehen auf dem Bücherbord. Es ist noch gar nicht so lange her, als er dachte, er würde sie nicht alle bewältigen. Schlaflose Nächte und eine solide Gesundheit haben ihm dabei geholfen.

Sein Blick fällt auf das grüne Heft der Pariser Missionsgesellschaft. Er blättert in ihm herum und will es schon wieder beiseitelegen, erneut von Bach gefangengenommen. Da fällt sein Blick auf einen Artikel mit der Überschrift „Les besoins de la Mission du Congo" („Was der Kongomission not tut").

Der Verfasser, Leiter der Pariser Missionsgesellschaft, war ein Elsässer, und er beklagte, daß es der Mission an Leuten fehle, um ihr Werk in Gabun, der nördlichen Provinz der Kongokolonie, zu betreiben.

Eigentlich war der Artikel ein Nekrolog für einen Schweizer Handwerkermissionar, der am Ogowe gelebt hatte. Er hatte sich dort infiziert und war, nun achtundzwanzig Jahre alt, in Genf gestorben. Wer wollte sein Nachfolger sein? ...

Der Verfasser beendete seinen Aufsatz so, wie man gewöhnlich solche Aufsätze oder Predigten abschließt. Er gab der Hoffnung Ausdruck, daß einer von denen, die diesen Aufsatz lesen, sich entschließen könne, diesem Aufruf zu folgen und in äußerster Not zu helfen: „Die kleine Armee, die an den Ufern des Ogowe kämpft, braucht Kräfte, braucht Energie ... Möge dieser Aufruf den Weg in die Herzen derer finden, die diese Worte lesen ..."

Schweitzer legte das Heft weg. Etwas ging in seinem Innern vor, so wie damals an jenem Frühlingsmorgen zu Pfingsten im elterlichen Hause, als er seinen Entschluß faßte und plötzlich seine innere Ruhe fand. Auch jetzt war er ganz ruhig. Erneut faßte er seinen Entschluß. Er wird sich den Menschen hingeben. Hilfe ist nötig in Gabun, das heißt, er wird sich den Menschen hingeben, die in Gabun leben.

„Als ich mit dem Lesen fertig war, nahm ich ruhig meine Arbeit vor. Das Suchen hatte ein Ende."

Der entscheidende Entschluß

Wir sind an einem der wichtigsten, wenn nicht überhaupt dem wichtigsten Moment dieses Lebens und damit auch unserer Erzählung angelangt.

Albert Schweitzer entschloß sich, sein Leben von Grund auf zu verändern – Europa, eine der zivilisiertesten Gegenden der Erde, zu verlassen und in den Urwald zu gehen; seine Lehrtätigkeit, die Konzerte, die Predigten, die Philosophie und die literarische Arbeit aufzugeben und als Arzt im Urwald zu arbeiten. Er entschloß sich, alles so grundlegend zu verändern, daß sich unwillkürlich der Ausdruck aufdrängt: Er entschloß sich, alles zu verlassen. Genauso dachte er auch selbst: alles von mir werfen und in den Urwald gehen.

Dieser Entschluß ähnelte einer Flucht, und alle, die Albert Schweitzer kannten, seine Freunde und Verwandten, ja auch unbekannte Menschen, die später von ihm lasen oder hörten – Leser, Journalisten, Biographen, Philosophen, Theologen, Ästhetiker, Ethiker und Psychoanalytiker –, alle diese Menschen haben sich den Kopf darüber zerbrochen, was mit ihm wohl geschehen sei.

Schweitzer erinnert daran, daß alle möglichen Vermutungen geäußert wurden bis zu dem Verdacht auf ein trauriges Herzenserlebnis oder ein leidenschaftliches Streben nach Popularität.

Wahrscheinlich ist es auch für einen Menschen nicht so leicht zu verstehen, der im traditionellen „Vernunftsdenken" befangen ist. Schweitzer war nicht unglücklich verliebt; er war vielmehr sehr glücklich. Er war gesund, von kräftigem Wuchs und angenehmem Äußeren, und er konnte zwanzig Stunden am Tag arbeiten. Er hatte eine glückliche Familie in Günsbach, ein liebes und kluges Mädchen in Straßburg und zahllose gute Freunde – in Straßburg, Paris, Berlin, Colmar, Bayreuth ... Mit vierundzwanzig Jahren war er Doktor der Philosophie, mit dreißig Lizentiat der Theologie, Leiter eines Seminars, angesehener Organist und namhafter Musikwissenschaftler, bekannter Spezialist auf dem Gebiet des Orgelbaus sowie Verfasser zahlreicher interessanter Bücher über Fragen der Philosophie, der Theologie und der Musik.

Er war auf seinem Gebiet bereits recht berühmt – im Elsaß, in Paris, in Berlin und im Ausland. Alle Erklärungen in Richtung einer Popularitätssucht entfallen.

Bei Schweitzer handelte es sich auch nicht um eine Krise und einen Umschwung in der Weltanschauung. Im Gegenteil, das, wozu er sich entschloß, lag ganz auf der Linie seiner Anschauungen.

Nachdem Schweitzer den Entschluß gefaßt hatte, behielt er ihn zunächst für sich. Erst etwa ein Jahr später mußte er seine natürliche Zurückhaltung überwinden und seinen Angehörigen, Freunden und jedem, der es wissen wollte, erklären, warum er sich entschlossen hatte, so und nicht anders zu handeln. Er mußte sich selbst Rechenschaft geben und nach Erklärungen suchen, doch niemand gab sich damit zufrieden.

„Wieviel habe ich damals darunter gelitten, daß so viele Menschen sich das Recht nehmen wollten, alle Türen und Läden zu meinem Innern aufzureißen!" ruft er aus. „Eine wahre Wohltat waren mir die Menschen, die mir nicht mit der Faust ins Herz zu langen suchten, sondern mich für einen ein bißchen um seinen Verstand gekommenen ältlichen Jüngling ansahen und mich dementsprechend mit liebem Spott behandelten."

Dies begann im Jahre 1905 und hielt in den nächsten Jahren bis zu seiner Abreise an. Doch auch später noch – über ein halbes Jahrhundert – hat sich jeder, der Schweitzer kennenlernen wollte, gerade mit diesen Stunden der Entscheidung beschäftigt. Dabei wurden nicht selten reine religiöse Motive angeführt, bei deren Erwähnung man unwillkürlich an das Buch von Norman Cousins über Schweitzer erinnert wird. Cousins gibt ein Gespräch mit Schweitzer aus dem Jahre 1956 wieder:

„Er sagte, ihm läge gar nichts daran, daß irgend jemand annähme, er habe das getan, weil er die Stimme Gottes vernommen habe, oder irgend etwas ähnliches. ‚Der Entschluß, den ich gefaßt habe, war durch und durch rational und ergab sich aus meinem gesamten Leben.'

Viele Theologen sagten ihm, sie hörten ihr Wort direkt von Gott. Er stritt nicht mit ihnen. Das einzige, was er sagte, war, daß sie ein besseres Gehör hätten als er."

Natürlich sind das erste, was man berücksichtigen muß, wenn man die Entscheidung Schweitzers analysieren will, die Hauptgebote seiner Ethik, die er später in der „Kulturphilosophie" folgendermaßen formuliert hat:

„In den Augenblicken, in denen ich nur unbeschränkte Freude erfahren müßte, veranlaßt mich die Ehrfurcht vor dem Leben zum Nachdenken über das Unglück, das ich rings um mich sehe und ahne, und dies läßt meine Unruhe nicht verschwinden ... Diese unbequeme Doktrin hat mir die wahre Ethik eingeflüstert. Du bist glücklich, sagt sie, deshalb mußt du viel aufgeben. Alles, was du den anderen voraus hast – Gesundheit, natürliche Begabung, Leistungsfähigkeit, Erfolge, Familienglück –, darfst du nicht als etwas Selbstverständliches hinnehmen. Du mußt in höherem Maße dein Leben anderem Leben widmen."

Somit war gerade das, was die Handlungsweise Schweitzers in den Augen eines Menschen mit „gesundem Menschenverstand" unverständlich erscheinen lassen mußte, in Wirklichkeit seine einzige Erklärung: Gesundheit, Glück, Erfolge und Nachdenken über das „Recht auf Glück".

Für Schweitzer sind seine Handlungen das Ergebnis einer „unerbittlichen Logik"; sie werden ihm durch ein „intellektuelles Bedürfnis" diktiert.

Ihn bewegt ein mächtiges Gefühl des Mitleids, das er sehr deutlich in seinem Buch „Aus meiner Kindheit und Jugendzeit" beschrieben hat, wo er sagt, daß „wir uns berufen fühlen müssen zu helfen, das Leid der anderen zu lindern. Alle müssen wir an der Last von Weh, die auf der Welt liegt, mittragen."

Dieses Mitleid erzeugt bei ihm das Gefühl der Schuld vor der leidenden Welt, vor den Menschen, vor den allerschwächsten und den allerunglücklichsten. In bezug auf die afrikanischen Menschen war dieses Gefühl bei Schweitzer besonders stark ausgeprägt.

Somit haben wir ein starkes Gefühl für ethische Schuld, einen ethischen Willen, ein „hypertrophiertes Gewissen" und ein tiefes Mitleid. Das ist schon allerhand: doch es reicht in keiner Weise aus, die Handlungen Schweitzers (und gleichermaßen ihren Erfolg) zu verstehen. Denn es gibt in der Geschichte der Menschheit wesentlich mehr Beispiele für tiefstes Mitleid als ein solches Beispiel des Dienens, wie es Schweitzer vorgelebt hat. Mitleid beschränkt sich häufig auf passives Betrachten und Mitgefühl. Bisweilen lähmt es sogar den Willen. Ein Forscher bezeichnet das Mitleid Schweitzers als „theoretischen Pessimismus", der in Verbindung mit dem Bestreben zur Selbstaufopferung und dem

Wunsch, den Menschen zu dienen, das ergibt, was dieser Philosoph als „ethischen Optimismus" bezeichnet.

Schweitzers Mitleid ist aktiv. Überhaupt tritt er für aktives Handeln ein. An seinem Idol Goethe hebt er vor allem hervor, daß er „ein geistiger Mensch ist, der zugleich auch ein Mensch der Tat ist".

Ein solcher Mensch der Tat wollte auch Schweitzer sein. Er faßte den Entschluß, Arzt zu werden. Gerade diese Form des Dienstes stellte für ihn eine schwierige Aufgabe dar. Hatte sich doch seine bisherige Tätigkeit ganz im Bereich der Geisteswissenschaften abgespielt. Immerhin war er schon dreißig Jahre alt und mußte nun ganz von vorn anfangen, auf einem völlig neuen Gebiet, auf einem Gebiet der Naturwissenschaften. Um diesen Entschluß zu fassen, war ein sehr starker Impuls notwendig.

„Arzt wollte ich werden, um ohne irgendein Reden wirken zu können", schrieb Schweitzer später. „Jahrelang hatte ich mich in Worten ausgegeben ... Das neue Tun aber konnte ich mir nicht als ein Reden von der Religion der Liebe, sondern nur als ein reines Verwirklichen derselben vorstellen. Ärztliche Kenntnisse ermöglichten mir dieses Vorhaben in der besten und umfassendsten Weise, wohin auch immer der Weg des Dienens mich führen mochte. In Hinsicht auf den Plan mit Äquatorialafrika war ihr Erwerb noch in besonderer Weise angezeigt, weil in der Gegend, wohin ich zu gehen gedachte, ein Arzt, nach den Berichten der Missionare, das Notwendigste des Notwendigen war. Ständig klagten sie in dem Missionsblatt darüber, daß sie den Eingeborenen, die sie in körperlicher Not aufsuchten, nicht die erforderliche Hilfe bringen könnten. Um einmal der Arzt dieser Armen sein zu können, lohnte es sich, so urteilte ich, Student der Medizin zu werden."

Er entschloß sich, den Arztberuf zu wählen, bei dem nach der Meinung der Mediziner und nach seiner eigenen vollen Überzeugung „das wichtigste das Mitleid mit dem Patienten" ist, das heißt die Hilfe für den schmerzleidenden Menschen, die konkrete Tat der Güte, die Hilfe „von Mensch zu Mensch".

Da Schweitzer wußte, daß in Afrika Ärzte gebraucht werden, entschloß er sich, als Arzt nach Afrika zu gehen. Doch warum gerade nach Afrika? Ärzte sind doch auch hier in Europa nötig? Das ist nicht so leicht zu erklären, obwohl schon viele Erklärungsversuche unternommen wurden. Schweitzer, der wohl selbst das unklare Bedürfnis empfunden haben mag, sich über den Ursprung dieser Entscheidung eine Erklärung zu geben, spricht in seinem Buch „Aus meiner Kindheit und Jugendzeit" über den eindrucksvollen Kopf des leidenden Negers auf dem Denkmal des Bildhauers Bartholdi und über die Aufzeichnungen des Missionars Casalis. Er möchte selbst gern das unklare, aber unausweichliche Wechselspiel der Motive aufklären, das ihn gerade nach Afrika geführt hat. Gleichzeitig aber steht er ehrfurchtsvoll allen Geheimnissen gegenüber, und er versteht, daß dieser Augenblick der Entscheidung, diese „Sternstunde" seines Lebens, wie jedes anderen Lebens, durch eine Vielzahl uns selbst nicht ganz klarer Zusammenhänge verursacht wurde.

Viele Biographen Schweitzers schreiben von einer „Sühne". Zweifellos gibt es in den Handlungen Schweitzers auch ein Element der Sühne. Auch er selbst verwendete dieses Wort, allerdings nicht im religiösen Sinne (so wie er auch als Theologe keine Sühne anerkannte). „Was wir auch immer Gutes für die Bewohner der Kolonien tun werden", schrieb Schweitzer, „es werden niemals Wohltaten sein, sondern ein Bußgeld für jene schrecklichen Leiden, die wir, die Weißen, seit jenem Tage ihnen zugefügt haben, an denen unser erstes Schiff den Weg zu diesen Gestaden eingeschlagen hat."

Schweitzer betrachtet sein persönliches Wirken als „eine Sühne für die Gewalttaten, die die dem Namen nach christlichen Nationen draußen begehen."

Die Mission ist für ihn nicht in erster Linie Sache der Religion, sondern zuerst Aufgabe der Buße und Menschlichkeit.

Aus der Synthese der frühen Erinnerungen, der Sympathien und Antipathien, der Ideen und Bestrebungen und sogar der rationellen Berechnungen über die gesuchte Entscheidung ergab sich eine neue Lebensaufgabe, eine Aufgabe von phantastischen Ausmaßen, die übermenschliche Anstrengungen erforderte. Doch als hartnäckiger Rationalist, als Erbe eines rationalistischen Jahrhunderts, der in einem Lande lebt, das den Faden verloren hat, wiederholt er immer wieder, daß alles an seinem „gesunden Abenteuer" ganz vernünftig und rationell ist:

„Als einer, der vom Idealismus Nüchternheit verlangt, war ich mir bewußt, daß jedes Begehen eines ungebahnten Weges ein Wagnis ist, das nur unter besonderen Umständen Sinn und Aussicht auf Gelingen hat. In meinem Falle hielt ich das Wagnis für berechtigt, weil ich es mir lange und nach allen Seiten überlegt hatte und mir zutraute, Gesundheit, ruhige Nerven, Energie, praktischen Sinn, Zähigkeit, Besonnenheit, Bedürfnislosigkeit und was sonst noch zur Wanderung auf dem Wege der Idee notwendig sein konnte, zu besitzen und darüber hinaus noch mit der zum Ertragen eines etwaigen Mißlingens des Planes erforderlichen Gemütsart ausgerüstet zu sein."

Dies ist wahrhaftig eine erstaunliche Kombination, aus der er später eine ganze Theorie entwickelt – eine Kombination von ungewöhnlichem Mut und gesunder Berechnung, von begeistertem Idealismus und kluger Einsicht, eine Kombination von romantischem Hang zum Geheimnisvollen, von Glauben an den Zufall und nüchterner Überlegung, die alles Für und Wider abwägt.

Er spricht vom gesunden praktischen Denken. Das ist nicht dasselbe wie gesunder Menschenverstand an sich, nicht jener gesunde Menschenverstand, in dem Hegel die Summe der Vorurteile seiner Zeit sah.

Menschen, die nur über diesen gesunden Menschenverstand verfügten, erklärten ganz einfach, er sei verrückt. Karl Boegner aus Günsbach brachte schon ein solches Gerücht unter den Schulkameraden in Umlauf. Karl Boegner, der solange geringschätzig auf diesen „ewigen Studenten" und dann auf den Professor herabgeblickt hatte, der alles lernt und lernt, so daß niemand weiß, wieviel er eigentlich lernen will, während andere Leute sich bereits ein Heim, eine Familie und Kinder angeschafft haben. Karl Boegner, der vor kurzem plötzlich Hochachtung vor ihm empfand, als er erfuhr, daß er nicht nur ein Prediger ist, sondern auch ein Herr Privatdozent, Verfasser umfangreicher Bücher (für die man Geld bezahlt und über die man spricht), Leiter eines Seminars und ein Künstler mit gutem Ruf (der auch dafür Geld erhält). Dieser Karl erkennt nun, daß er sich in diesem Verrückten nicht getäuscht hat; hat er doch jetzt erklärt, daß er seine Amtswohnung im Seminar und sein Gehalt von zweieinhalbtausend Mark aufgibt, daß er alles aufgeben, Medizin studieren und als armer Arzt in den Urwald gehen will. Nein, umsonst verließ sich Schweitzer auf den gesunden Menschenverstand; vom Standpunkt des echten Menschen „mit gesundem Menschenverstand" aus lag darin nicht mehr Sinn als bei dem berühmten spanischen Herrn, der gegen Windmühlen kämpfte. Mag er gesund, kräftig, gebildet und so weiter sein, doch allein gegen die Windmühlen des Übels in der Welt anzurennen, das war eine Donquichotterie reinsten Wassers.

Ja, er wollte sich allein auf sie stürzen. Noch mehr, er bestand darauf. Er versuchte es bereits über Organisationen, doch es gelang ihm nicht; auch hielt er nicht viel davon, mit lebenden Menschen über einen Vermittler in Verbindung zu treten. Er wollte sich ganz und ohne Rückhalt den Menschen hingeben, er wollte ganz allein von der Schuld gegenüber den Menschen – wie er sie verstand – abhängig sein:

„Ich wünschte eine absolut persönliche und unabhängige Tätigkeit. Obwohl ich auch entschlossen war, meine Dienste irgendeiner Organisation zur Verfügung zu stellen, wenn sich dies im Augenblick als notwendig erweisen würde, gab ich dennoch niemals die Hoffnung auf, einen Tätigkeitsbereich zu finden, in dem ich mich den Menschen als ganz unabhängige Persönlichkeit widmen könnte."

Er dankte dem Schicksal mehr als einmal, daß es ihm schließlich gelang, diesen Wunsch zu verwirklichen, und immer wieder kam er in seinen Büchern und in seinen Gesprächen auf diesen Gedanken zurück.

In einem Gespräch mit einem Gast brachte er seinen Glauben an die individuelle Tat und an das ethische Wollen zum Ausdruck: „Wir schaudern, wenn wir die Folgen des Zeitgeistes sehen. Doch wenn sich in Europa ganze hunderttausend Menschen fänden, verstreut in alle Lebensbereiche – vom blaublütigen Prinzen bis zum Straßenkehrer –, die es wagen würden, Natürlichkeit in dem Sinne zu zeigen, wie Jesus sie gezeigt hat, dann würde es in wenigen Jahren überall zu einer Veränderung der öffentlichen Meinung kommen."

Das ist eigentlich der Aufruf zu einer Massendonquichotterie, der Aufruf zu einem Vorgehen, das im eigentlichen Sinne nur als individuelle Aktion eines einzelnen möglich ist. Dies ist auch die Ursache, warum Schweitzer ein solch einsamer Felsen über den stillen Gewässern der modernen Ethik des Westens geblieben ist.

So können wir, wenn wir von der „gesunden Berechnung" eines solchen Menschen wie Schweitzer lesen, diese „Berechnung" nicht richtig verstehen, wenn wir nicht die ganze erhabene Schweitzerische Philosophie des aktiven Mitleids berücksichtigen.

Das gleiche gilt auch für die „Klugheit" Schweitzers. Es ist nicht jene Klugheit, die uns die günstigsten Bedingungen für das Fortkommen in der Gesellschaft und für den Aufstieg auf der Leiter des Erfolgs zeigt, – kurz gesagt, es ist nicht die Klugheit im üblichen Sinne des Wortes. Seine „Klugheit“ ist eher der Klugheit Don Quichottes vergleichbar, der eine Wache auf der Straße auseinandertreibt.

Schweitzer sagte einmal: „Nur wenn wir alle weniger vernünftig im üblichen, ordinären Sinne werden, nur dann beginnt das ethische Gefühl in uns zu wirken und läßt uns die Lösung von Problemen finden, die uns bis dahin unlösbar erschienen.“

In der erstaunlichen Entscheidung Schweitzers, nach Afrika zu gehen, gibt es noch einige interessante und recht wesentliche Nuancen, die den Freunden Schweitzers und einigen aufmerksamen Erforschern seines Lebens nicht entgangen sind.

Einer seiner Biographen weist darauf hin, daß Schweitzer mitten aus dem Herzen der Zivilisation mit ihren der Geschichte verhafteten Menschen, selbst mit Tausenden von Fäden diesem mitteleuropäischen Fleckchen Erde verbunden, plötzlich wie durch ein Wunder in eine Welt gerät, die wesentlich mehr seinem Streben nach Urtümlichkeit und Unabhängigkeit im Denken entspricht. Ihm, der das Erhabene und Einfache so schätzt, steht diese Welt sehr nahe, ja sie ist ihm fast verwandt. Der Biograph sieht die Entscheidung Schweitzers nicht als exzentrisch, sondern als in hohem Maße symbolisch an:

„Wahrhaft symbolisch ist es, daß Schweitzer nicht in Europa blieb, wo es viel ungestilltes Leid gab, sondern den afrikanischen Urwald vorzog. Der Mangel an historischer Vergangenheit und die Urtümlichkeit Afrikas entsprachen seiner neuen intellektuellen Phase mehr als der mit Geschichte gesättigte Geist der raffinierten europäischen Atmosphäre.“

Albert Einstein, ein Freund Albert Schweitzers, sagte schon in der Mitte unseres Jahrhunderts, daß „das Krankenhaus in Lambarene zu einem beträchtlichen Maße das Ergebnis einer Flucht vor den moralisch erstarrten, geistlosen Traditionen der Zivilisation ist, eine Flucht vor dem Bösen, dem gegenüber der einzelne machtlos ist“.

Doch trotz aller Argumente, die für eine solche Schlußfolgerung sprechen, und obwohl Schweitzer stärker als irgendein anderer die Verfallssymptome der europäischen Zivilisation gespürt hat, dürfen wir doch daraus nicht ableiten, Schweitzer habe sich im zivilisierten Europa (auch wenn er sich von dieser Zivilisation getrennt hat) nicht zu Hause gefühlt. Im Gegenteil. Es fiel ihm sehr schwer, dies alles zu verlassen: die alten Orgeln der elsässischen und Pariser Kirchen, den Lehrstuhl an der Straßburger Universität, die jungen Seminaristen, die Gemeinde, in der schon sein Onkel Albert gepredigt hatte, die Pariser Freunde und sein Studierzimmer im Collegium Wilhelmitanum. Fünfundzwanzig Jahre später mied er den Vorlesungstrakt der Straßburger Universität, weil er ihn zu sehr an das erinnerte, wonach er sich ständig gesehnt hatte. Die Leidenschaften, die ihn sein ganzes Leben lang erfüllt hatten, waren zu stark, als daß er sich nicht nach dem Verlassenen hätte sehnen sollen. Dennoch hat er niemals von einem Opfer gesprochen. Vielmehr sagte er, ihm werde eine große Auszeichnung zuteil: den Dienst am Menschen in bestmöglicher Form zu verwirklichen. Den Weg zu diesem Dienen zu finden, ist für einen ethischen Menschen nicht nur ein Privileg, sondern auch eine Freude und endlich das Glück überhaupt.

Schließlich wird von einem Menschen, der diesen Weg beschreitet, Selbstverleugnung gefordert. Doch dafür tritt er nun in einen aktiven Kontakt mit der Welt, fühlt er jetzt seine Einheit mit ihr, dafür empfindet er die verschiedenen Lebenserscheinungen als sein eigen, kann dieses Leben fördern und empfängt das größte Glück, das je ein Mensch empfangen kann. „Das Leben wird dadurch für ihn in jeder Hinsicht schwieriger, als wenn er für sich allein leben würde; doch es wird gleichzeitig reicher, schöner und glücklicher."

Die Selbstverleugnung jedoch bleibt. Deshalb sagt Schweitzer, der Mensch, der sich in ein derartiges von hohen Idealen getragenes, riskantes Unternehmen, in ein solches „geistiges Abenteuer" einläßt, müsse stets daran denken, daß von ihm die Erfüllung einer Verpflichtung, Selbstaufopferung und Selbstverleugnung gefordert werden.

Das Jahr der Entscheidung – 1905 – verlief so, daß die Versuchung, auf die Selbstverleugnung zu verzichten, besonders groß war. Es war der Gipfel der Tätigkeit Schweitzers, der Höhepunkt seiner damaligen Erfolge.

Der Pariser Verlag Costallat brachte (gemeinsam mit dem Leipziger Verlag Breitkopf & Härtel) sein französisches Buch über Bach heraus („J. S. Bach, le musicien-poète", 455 Seiten). Er hatte dieses Buch für die französischen Leser geschrieben, die nur wenig mit dem Leben und Schaffen des Leipziger Thomaskantors vertraut waren. Das Buch wurde in Frankreich sehr wohlwollend aufgenommen. Man schrieb über das Buch. Romain Rolland lobte es.

Doch am meisten überraschte Schweitzer, daß sein Buch im Lande Bachs, in Deutschland, hohe Anerkennung fand. Schweitzer erhielt einen Brief aus Leipzig von dem Dirigenten Felix Mottl, den er schon seit langem verehrte. Der bekannte Dirigent schrieb ihm, Freunde hätten ihm das Buch in München als Reiselektüre in den Eisenbahnwagen gereicht, und er habe es während der Fahrt und im Hotel hintereinanderweg durchgelesen. Einen anerkennenden Brief schrieb ihm auch der Berliner Dirigent Siegfried Ochs, ebenfalls ein bekannter Bachinterpret. Die rumänische Königin Carmen Sylva schrieb ihm, er habe ihr ihren geliebten Bach noch lieber gemacht, und lud ihn ein, die Ferien bei ihr zu verleben, mit der einzigen Verpflichtung, ihr täglich zwei Stunden Orgel zu spielen. Schließlich erschien eine Nummer des „Kunstwart", in der sogar der berühmte von Lüpke eine Übersetzung des Buches ins Deutsche anregte. Im Herbst dieses Jahres schloß der Leipziger Verlag Breitkopf & Härtel mit Schweitzer einen Vertrag über eine deutsche Ausgabe des Buches ab.

Die Herausgabe der französischen Fassung des Bachbuches versetzte Albert in die Lage, eine Dankespflicht zu erfüllen: Er widmete das Buch seiner Tante Mathilde Schweitzer, der Frau des ältesten Bruders seines Vaters, die ihn in ihrem Pariser Haus vor zwölf Jahren erstmalig mit Widor zusammengeführt hatte.

Nachdem Schweitzer sein Buch über Bach beendet hatte, widmete er sich mit großem Eifer dem Abschluß seines Buches über den „historischen Jesus", das im Verlag J. C. B. Mohr in Tübingen erscheinen sollte. Außerdem schrieb Schweitzer an einem Buch über den Orgelbau und das Orgelspiel, eine logische Fortsetzung seiner Arbeiten über Bach. Schließlich hielt er auch weiterhin Vorlesungen an der Universität, widmete sich seinen Zöglingen im St. Thomasstift, hielt Predigten in der alten Kirche St. Nicolai, leitete den Bachchor in der Kirche St. Wilhelm und trat häufig mit Orgelkonzerten auf.

In diesem von Arbeit erfüllten Jahr 1905 spielte sich in ihm unabhängig von allen äußeren Umständen ein gewaltiges inneres Ringen ab: Er bereitete sich auf die neue Lebensetappe vor, die von ihm außerordentliche Anstrengungen, Selbstüberwindung und Entschlossenheit erforderte.

Seinen dreißigsten Geburtstag verbrachte Schweitzer wie der Mensch in jenem Gleichnis, der „einen Turm bauen will und überschlägt, ob er es habe ‚hinauszuführen'". Es war nicht leicht, all das vorauszuberechnen, was für seinen allegorischen Turm notwendig sein wird.

Er sagte niemandem etwas von seinem Vorhaben „außer einem treuen Kameraden“. Er sagt nicht, wer dieser „treue Kamerad“ gewesen ist, aber am ehesten wird es wohl Helene gewesen sein. Sie verstand seine Motive, und die Idee des Dienens hatte sie selbst schon seit langem ergriffen. Am ersten Tage des Jahres 1904 hatte sie mit einer Schwesternausbildung begonnen. Es ist anzunehmen, daß sein neuer Entschluß ihren Mädchenträumen einen schweren Schlag versetzte. Denn wenn sie (oder alle beide) eine Heirat planten, dann mußte sie jetzt für eine ungewiß lange Zeit verschoben werden. Übrigens gehörte auch sie zu den besessenen Menschen, und auch sie konnte warten. Später war ein großer Teil ihres Lebens von ständigem Warten getrübt.

Im Herbst stürzte er sich in den Strudel des Pariser Lebens. Er war dort bereits als Organist und Verfasser des berühmten Bachbuches bekannt.

In diesem Herbst gründete er gemeinsam mit Gustave Bret, Widor, Fauré, Dukas und d'Indy die Pariser Bachgesellschaft. Bei den Konzerten dieser Gesellschaft mußte Schweitzer stets den Orgelpart übernehmen. Damals wurde er mit Romain Rolland bekannt. Sie lernten einander als Musiker kennen. Rolland hatte damals noch nicht seinen „Johann Christof“ geschrieben, und Schweitzer hatte seinen Freunden noch nichts von dem beabsichtigten Wandel in seinem Leben erzählt. Sie begannen mit Gesprächen über die Musik und stellten in vielem eine übereinstimmende Einschätzung fest. Dann gingen sie zu politischen und philosophischen Fragen über und fanden auch hier eine weitgehende Übereinstimmung der Anschauungen.

Sie haben sicher auch über den allgemeinen Zustand der Welt gesprochen. Beide bemerkten die Symptome des geistigen Verfalls. Die Welt steuerte in den Abgrund von Verwahrlosung und Krieg. Rolland sah, daß „der Brand, der in den Wäldern Europas schwelt, anfängt aufzulodern“. Doch er glaubte noch an die Möglichkeit, den Krieg durch die Kräfte gesellschaftlicher Organisationen, durch Massenbewegungen zu verhindern. Schweitzer hatte damals überhaupt kein Vertrauen zu Organisationen.

Sein Skeptizismus wurde in jenem Herbst in Paris bestätigt. Er nahm Gespräche mit der Pariser Missionsgesellschaft auf, für die sein Vater schon seit langem eine besondere Sympathie gehegt hatte. Pfarrer Ludwig Schweitzer gefiel, daß Casalis und andere ihrer bedeutenden Missionare einfach und für jedermann verständlich geschrieben hatten. Der Günsbacher Pfarrer nahm deshalb an, in der Pariser Mission müsse ein liberalerer Geist herrschen als anderswo. Albert Schweitzer gab sich jedoch darüber keinen Illusionen hin. Obwohl die Missionsgesellschaft immer wieder erklärt hatte, daß die Afrikaner Hilfe brauchen, machte sie doch schwere Bedenken geltend, die Gemeinde könne aus dem Munde des Predigers irgend etwas vernehmen, was nicht auf das Jota mit dem Dogma übereinstimmt.

Schweitzer traf sich mit dem Missionsdirektor, demselben, der den Artikel mit dem Aufruf für die Hilfe in Gabun geschrieben hatte. Der gute Mann war sehr bewegt, daß sich jemand gemeldet hatte. Er hatte jedoch schon von irgendwelchen seltsamen Ansichten des jungen Theologen gehört. Doch Schweitzer versicherte ihm, daß er „nur als Arzt" kommen wolle und nichts sonst. Da fiel ihm ein Stein vom Herzen. Er versprach, die Bitte den Mitgliedern des Missionskomitees vorzutragen und Schweitzer anschließend Bescheid zu geben. Das Ergebnis war genau so, wie es der Missionsdirektor befürchtet hatte: Viele Kommissionsmitglieder hatten Bedenken gegen den Dienst eines Missionsarztes, „der nur die rechte christliche Liebe, nicht aber auch den rechten Glauben hätte". Doktor Schweitzer brachte wehmütig, aber doch mit beißender Ironie die Hoffnung zum Ausdruck, daß die Kommissionsmitglieder in den langen Jahren seines Studiums „Zeit hätten, um zur rechten christlichen Vernunft zu kommen". Doch er war im Innersten betroffen. Er hätte sich auch an den freier gesinnten Allgemeinen Evangelischen Missionsverein in der Schweiz wenden können. Doch er wollte die Sache durchstehen. Er wollte wissen, „ob eine Missionsgesellschaft angesichts des Evangeliums Jesu sich das Recht zutrauen dürfe, den leidenden Eingeborenen ihres Arbeitsgebietes den Arzt zu versagen, weil er in ihrem Sinn nicht rechtgläubig genug wäre". Ihm standen jetzt viele Jahre schwierigen Studiums bevor, und er wollte sich nicht weiter mit der Mission auseinandersetzen. Er hoffte, der Missionsrat werde in dieser Zeit zur Vernunft kommen.

Am 13. Oktober 1905, einem Freitag, ging Albert Schweitzer zu einem Briefkasten in der Avenue de la Grande Armée in Paris. Er glaubte nicht an Unglückstage und Unglückszahlen; er war gegen jeden Aberglauben. Er glaubte nicht an die Größe sich bekämpfender Armeen, die sich gerade zu dieser Zeit darauf vorbereiteten, sich auf den Feldern des ersten Weltkrieges mit Ruhm und mit Läusen zu bedecken. Der junge Doktor der Philosophie glaubte an die menschliche Güte, an die Moral der ethischen Persönlichkeit, an das persönliche Handeln und die Selbstüberwindung. Er wollte sich der Menschheit hingeben und ihr in ihren Leiden helfen: durch konkrete Güte, durch reale Hilfe – von Mensch zu Mensch.

Er warf mehrere Briefe in den Briefkasten. Einer war an den Rat des Theologischen Studienstifts zu St. Thomas gerichtet; er kündigte seine Stellung als Leiter des Stifts, da ihm infolge der Inanspruchnahme durch das bevorstehende Studium nicht mehr genügend Zeit dafür bleibe. Seinen Freunden teilte er mit, daß er mit Anfang des Wintersemesters Student der Medizin werde, um sich später als Arzt nach Äquatorialafrika zu begeben.

In den folgenden Monaten standen ihm viele Prüfungen bevor. Er hatte schwere Kämpfe mit seinen Verwandten und Bekannten zu bestehen, denen er geschrieben hatte. Es gab sehr verschiedene Meinungen, doch keiner unterstützte seinen Entschluß. Für diesen bescheidenen Menschen mit seiner natürlichen Zurückhaltung war dies eine schwere Prüfung. Am meisten wunderte er sich über das Verhalten seiner theologischen Freunde und der Menschen, die er für überzeugte Christen hielt. Sie machten ihm zum Vorwurf, daß er nicht das Vertrauen gezeigt habe, die Entscheidung zuvor mit ihnen zu beraten. Sie wollten den Ursachen seiner Entscheidung auf den Grund gehen, und wenn er ihnen erwiderte, daß sie doch in keiner Weise dem christlichen Gebot der Liebe widerspreche, machten sie ihm den Vorwurf, eingebildet zu sein.

Schweitzer schrieb in einem Brief an von Lüpke, in dem er ihn um sein Verständnis bat: „Wir sitzen hier, studieren Theologie und wetteifern um die besten Stellen, schreiben dicke gelehrte Bücher, um Professoren der Theologie zu werden ... So ist es. Ich soll mein Leben neuen kritischen Entdeckungen widmen, um ein berühmter Theologe zu werden und neue Pfarrer auszubilden, die wieder zu Hause sitzen werden, und ich werde dabei nicht das Recht haben, sie zu aktiver Arbeit anzuhalten? Ich kann das nicht."

Seine Verwandten und Freunde sagten ihm, er benehme sich wie ein Mensch, der das ihm anvertraute Pfund vergraben und mit einem falschen wuchern wolle. Solle doch jemand, der nicht soviel

Gaben und Kenntnisse in Wissenschaft und Kunst besitze, zu den Afrikanern gehen. Widor, der ihn wie einen Sohn liebte, schalt ihn einen General, der sich mit der Flinte in die Schützenlinie legen wolle („damals sprach man noch nicht vom Schützengraben“, meint Schweitzer ironisch). Wie immer in solchen Fällen bezog man sich auf die damalige Situation, auf „unsere Zeit“, auf den Fortschritt und erklärte, daß all diese Vorstellungen veraltet und überhaupt völlig naiv seien. Eine von modernem Geiste erfüllte Dame versuchte ihm nachzuweisen, daß er durch Vorträge für die Sache der den Eingeborenen zu bringenden ärztlichen Hilfe viel mehr tun könne als durch die beabsichtigte Tat. Er stellte sich wie immer auf den Standpunkt Goethes: „Im Anfang war die Tat“. Doch sie sagte, dieser Ausspruch Goethes gelte in der neuen Zeit nicht mehr, „in dieser sei die Propaganda die Mutter des Geschehens“. All diesen Menschen blieb das völlig unverständlich, was zu jener Zeit für Schweitzer so offensichtlich war und worüber schon zwei Jahrzehnte vorher Tolstoi mit solcher Leidenschaft geschrieben hatte. Du darfst nicht meinen, daß du deshalb, weil du Philosoph bist und ein interessantes Buch geschrieben hast, oder deshalb, weil du Musiker bist und dem einen oder anderen mit deiner Musik etwas gibst, oder deshalb, weil du ein guter Beamter oder ein kluger Politiker bist – daß du aus irgendeinem dieser Gründe dich für berechtigt halten kannst, unter Berufung auf die Arbeitsteilung oder auch auf Hegel, dich von dem harten Kampf ums Leben auszuschließen, den die Menschen auf der Erde führen. Nein und tausendmal nein! „Doch um die Menschen zu schützen und sie zu lehren, um ihr Leben angenehmer zu machen, müssen wir das Leben selbst erhalten, und deshalb ist Fernbleiben vom Kampf, mein Vertrauen auf die Arbeit anderer letzten Endes die Vernichtung fremden Lebens. Deshalb ist es unsinnig, dem Leben der Menschen zu dienen, indem man das Leben der Menschen vernichtet, und ich darf nicht sagen, daß ich den Menschen diene, wenn ich ihnen offensichtlich durch mein eigenes Leben schade.“

Orgelspezialist und Student der Medizin

Mit Beginn des Wintersemesters saß Albert Schweitzer wieder auf der Studienbank.

Natürlich war er ein recht ungewöhnlicher Student. Er war kein Neuling an der Universität; man kannte ihn, und er war allgemein beliebt. Als er sich bei Professor Fehling, dem damaligen Dekan der Medizinischen Fakultät, als Student anmeldete, hätte dieser ihn – wie Schweitzer später sagt – am liebsten dem Kollegen von der Psychiatrie überwiesen. Doch schließlich erhielt dieser Privatdozent der Theologie und Doktor der Philosophie die Erlaubnis, sein Medizinstudium aufzunehmen. An einem der letzten Tage des Oktober machte sich der dreißigjährige Student nach einer anstrengenden Nachtarbeit an seinen Büchern in dichtem Nebel zum ersten Kolleg in Anatomie auf.

Bis zum Frühjahr 1906 widmete er noch einen beträchtlichen Teil seiner Zeit der Fertigstellung seines Buches über den „historischen Jesus“. Das Amt als Stiftdirektor legte er erst im Frühjahr 1906 nieder; doch dies war das einzige, wovon er sich trennte. Er wollte nicht die Vorbereitungen zur deutschen Ausgabe seines Bachbuches einstellen, und er wollte auch nicht die begonnene Abhandlung über den Orgelbau unvollendet lassen. Gustave Bret veranlaßte ihn, an allen Konzerten der Bachgesellschaft in Paris teilzunehmen, und deshalb fuhr er den ganzen Winter über nach Paris. Für das Schlafen blieb ihm nur ganz wenig Zeit, noch weniger, als ihm bisher schon geblieben war.

Im Frühjahr 1906 mußte er seine große Amtswohnung im Hause des Thomasstifts räumen. Doch man stellte ihm vier Zimmerchen im Giebelgeschoß des gleichen Hauses zur Verfügung, so daß er weiterhin im Schatten der Thomaskirche leben konnte. Alles regelte sich in hervorragender Weise. An einem regnerischen Dienstag trugen die Studenten seine Habseligkeiten aus der einen Tür des Hauses an dem Thomasstaden hinaus und in die andere hinein. Friedrich Curtius, der Präsident der Lutherischen Kirche des

Elsaß, hatte ihm diese Zimmerchen zur Verfügung gestellt.

Die Familie Curtius wurde jetzt für Schweitzer zu einem zweiten Zuhause. Häufig spielte er der betagten Gräfin von Erlach Bach vor. Er hat sich später oft mit Dankbarkeit an diese Frau erinnert und versichert, daß sie ihm geholfen hat, manche Kanten seines Wesens abzuschleifen. Die hochbetagte Gräfin war nicht mehr in der Lage, das Haus zu verlassen, so daß das Spielen für sie eine Sache der Barmherzigkeit war. Sie vergalt es ihm mit ihrer Freundschaft, mit Lektionen über Alltagsweisheit und Erzählungen aus alten Zeiten.

Übrigens spielte er nicht selten auch vor den Jugendlichen und Kindern der Familie Curtius; er spielte Bach, Beethoven und Schubert. Er improvisierte Wiegenlieder für Jolantha, die Puppe der kleinen Gerda. Die Improvisationen gelangen ihm prächtig; leider hat er sie niemals zu Papier gebracht.

Im Frühjahr widmete er sich mit Eifer dem Studium. Zum ersten Male nach dem Abschluß des Gymnasiums beschäftigte er sich wieder mit den Naturwissenschaften. Dies war für ihn ein interessanter, wenn auch recht schroffer und schwieriger Übergang.

Zu den sogenannten vorklinischen Fächern gehörten Anatomie, Physiologie, Chemie, Physik, Zoologie und Botanik. Später mußte er dann Chirurgie, Gynäkologie, Psychiatrie, Bakteriologie, Pathologische Anatomie und Pharmakologie studieren.

An all diese Wissenschaften ging er natürlich nicht wie ein Student heran. Es ging ihm nicht nur darum, medizinische Kenntnisse anzuhäufen. Für ihn war es vielmehr ein geistiges Erlebnis, ein sittliches Experiment. In den sogenannten Geisteswissenschaften, mit denen er es bisher zu tun gehabt hatte, „gibt es keine Wahrheit, die sich von selbst als solche erweist", sondern nur Ansichten, die als Wahrheiten anerkannt werden. „Das Ergründen der Wahrheit auf dem Gebiet der Geschichte der Philosophie spielt sich in stets wiederholten, endlosen Zweikämpfen zwischen dem Wirklichkeitssinn der einen und der erfindungsreichen Einbildungskraft der anderen ab", schreibt Schweitzer in seiner Autobiographie. „Nie vermag das sachliche Argument einen definitiven Sieg über die geschickt vorgebrachte Meinung davonzutragen. Wie oft besteht das, was als Fortschritt gilt, darin, daß eine mit Virtuosität argumentierende Ansicht die wirkliche Einsicht für lange außer Gefecht setzt!"

„Fort und fort diesem Schauspiel zusehen zu müssen und es so vielfältig mit Menschen zu tun zu haben, denen der Sinn für das Wirkliche abhanden gekommen war, hatte ich als etwas Deprimierendes erlebt. Nun war ich plötzlich im anderen Lande. Ich gab mich mit Wahrheiten ab, die aus Wirklichkeiten bestanden, und befand mich unter Menschen, denen es selbstverständlich war, daß sie jede Behauptung durch Tatsachen zu erweisen hatten. Dies empfand ich als ein für meine geistige Entwicklung notwendiges Erlebnis."

Er war zufrieden, daß er sich endlich die Kenntnisse erwerben konnte, deren er bedurfte, um in der Philosophie den Boden der Wirklichkeit unter den Füßen zu haben.

Entgegen der Erwartung verleitete die Berührung mit der Welt der Tatsachen und der durch sie bestätigten Wahrheiten den Idealisten Schweitzer nicht zu einer Geringschätzung der Geisteswissenschaften. Im Gegenteil wurde ihm „noch stärker als vorher bewußt, in welchem Maße die Denk-Wahrheit neben der einfach festgestellten berechtigt und notwendig ist". Obwohl der durch den schöpferischen geistigen Akt erreichten Erkenntnis naturgemäß immer etwas Subjektives anhaftet, sieht Schweitzer in ihr auch weiterhin eine Erscheinung höherer Art:

„Das Wissen, das sich aus der Registrierung der einzelnen Manifestationen des Seins ergibt, bleibt insoweit immer unvollständig und unbefriedigend, als es uns auf die große Frage, was wir in dem Universum sind und in ihm wollen, die letzte Antwort nicht zu geben vermag. Zurechtfinden können wir uns in dem uns umgebenden Sein nur, wenn wir das universelle Leben, das in ihm will und waltet, irgendwie in unserem individuellen Leben erleben. Das Wesen des lebendigen Seins außer mir kann ich nur aus dem lebendigen Sein, das in mir ist, begreifen. Zu dieser gedanklichen Erkenntnis des universellen Seins und des Verhältnisses des individuellen menschlichen Seins zu ihm suchen die Geisteswissenschaften zu gelangen. Wahrheit enthalten ihre Ergebnisse in dem Maße, als der sich in dieser Richtung schöpferisch betätigende Geist Wirklichkeitssinn besitzt und durch das Tatsachenwissen um das Sein zum Denken über das Sein hindurchgegangen ist."

Dies waren Überlegungen, zu denen ihn die Beschäftigung mit der Chemie, Physik, Botanik, Zoologie und Physiologie veranlaßte. Als die ersten Examina heranrückten, mußte er feststellen, daß er sich zu sehr mit der „reinen Wissenschaft" beschäftigt und das eigentliche Examensprogramm vernachlässigt hatte. Erst einige

Wochen vor den Examina in Anatomie, Physiologie und den Naturwissenschaften (dem sogenannten Physikum) ließ er sich auf Zureden von Mitstudenten in einen „Paukverband“ aufnehmen und wurde so mit den Fragen bekannt, die die Professoren, den von den Studenten geführten Listen zufolge, zu stellen pflegten, wie auch mit den Antworten, die sie zu hören wünschten. Das Examen bestand er besser, als er erwartet hatte. Doch in diesen Examenstagen durchlebte er die schwerste Müdigkeitskrise seines ganzen Lebens. Das ist auch nicht erstaunlich, wenn man bedenkt, daß er fast keine seiner früheren Betätigungen aufgegeben hatte und das Studium an der Medizinischen Fakultät schon immer als besonders schwierig angesehen wurde. Hinzu kam, wie er selbst in seiner Autobiographie bemerkt, daß das Gedächtnis eines Mannes von über dreißig Jahren nicht mehr so leistungsfähig ist wie das eines zwanzigjährigen Studenten.

In diesen schweren Studienjahren schloß er sein Werk über die „Deutsche und französische Orgelbaukunst und Orgelkunst“ ab. Immer häufiger fuhr er zu Konzerten nach Paris. Lluis Millet, der hervorragende Dirigent des Orfeó Català, lud ihn ein, den Orgelpart in seinen Bachkonzerten in Barcelona zu übernehmen. Auf diese Weise kam Schweitzer zum erstenmal nach Spanien.

Die Konzerttätigkeit nahm immer mehr zu, und Schweitzer wollte und konnte nicht auf sie verzichten; erhielt er doch im Thomasstift kein Gehalt mehr. Es gab auch noch andere, nicht weniger schwerwiegende Gründe: Er war damals davon überzeugt, daß dies die letzten Jahre seines Wirkens in Europa waren.

Als Schweitzer sich an die deutsche Ausgabe des Bachbuches machte, wurde er sehr bald gewahr, daß es sich nicht einfach um eine Übersetzung ins Deutsche handelte. Er mußte ständig auf die Originalquellen zurückgreifen, die nicht in französischer, sondern in deutscher Sprache vorlagen. Bei der Arbeit an den Originalquellen kamen ihm neue Gedanken, und er machte neue Beobachtungen. Schließlich waren seit der Niederschrift des französischen Bachbuches schon wieder zwei Jahre intensiver Konzerttätigkeit vergangen. In dieser Zeit hatten sich in seiner eigenen Einstellung große Veränderungen vollzogen. Schon bald wurde Schweitzer klar, daß ein ganz neues Buch im Entstehen begriffen war, vollständiger und interessanter als das französische Bachbuch. Er durchlebte Jahre äußerster Übermüdung, und das Buch stellte Ansprüche an seine Zeit; dies war eine große Gefahr, doch er wollte und konnte nicht zurückweichen. Das Buch beherrschte ihn. Er schrieb erneut über Bach, und dies war sein neuer Bach, auf einer neuen Stufe des Wissens und Nachdenkens.

Zwei Jahre dauerte die Arbeit an diesem Buch, mit großen Unterbrechungen, die für das Medizinstudium, für die Vorlesungen und für Konzerttourneen notwendig waren. Das Buch wuchs und wuchs, und als dann Breitkopf & Härtel die deutsche Ausgabe im Jahre 1908 herausbrachte, waren aus den 455 Seiten 844 geworden.

Im Jahre 1906 erschien bei J. C. B. Mohr in Tübingen das Buch Schweitzers über die Geschichte der Leben-Jesu-Forschung „Von Reimarus zu Wrede". In den Jahren bis zu seiner Abreise arbeitete Schweitzer an der Vorbereitung einer zweiten Auflage.

Trotz all dieser Belastungen widmete er sich mit großem Ernst dem Medizinstudium. Er wußte genau, wenn er sich erst einmal im afrikanischen Urwald befindet, dann wird ihm kein Madelung zur Seite stehen, wenn er eine schwierige Operation ausführen muß, kein Fehling, wenn er bei einer schwierigen Geburt Beistand leisten muß, kein Rosenfeld, der ihm bei der Diagnose einer Geisteskrankheit helfen könnte, kein Levy mit seinen bakteriologischen Laboruntersuchungen und kein Arnold Kahn, der ihm bei der Wahl der für den betreffenden Fall geeignetsten Arzneimittel raten könnte.

Die Vorlesungen und das Praktikum in Pharmakologie von Arnold Kahn besuchte Schweitzer mit besonderem Interesse. Er sah schon die Reihe der schwarzhäutigen Patienten vor sich, ihre leidvollen Augen – und die Tausende von Arzneimittelnamen, unter denen er das eine, richtige Mittel auszuwählen hatte. Übrigens interessierte er sich für den theoretischen Unterricht des alten Schmiedeberg genauso wie für die praktischen Übungen in Pharmakologie.

Im Frühjahr 1908 hatte Schweitzer die praktische Prüfung in Gynäkologie abzulegen. Der Privatdozent für Theologie leitete eine Geburt. Die Wehen hielten die ganze Nacht durch an, und gegen Morgen traten aus irgendwelchen Ursachen Komplikationen ein. Um elf Uhr mußte Schweitzer in der Kirche zu St. Nicolai sein und eine alte Freundin von ihm und Helene, die Tochter von Professor Knapp, trauen. Das Brautpaar sowie die begleitenden Freunde waren schon zur Stelle und begannen unruhig zu werden, als schließlich der Wagen mit dem jungen Pfarrer im weißen Arztkittel an der Kirche erschien. Schweitzer wechselte in größter Eile seinen Kittel gegen das Gewand des Gottesdieners, und die Zeremonie begann.

Im Jahre 1908 erschien schließlich die erweiterte deutsche Ausgabe des Bachbuches, der ein langes Leben und die Übersetzung in viele Weltsprachen beschieden war. Durch das Erscheinen dieses Buches besserte sich die finanzielle Lage Schweitzers ganz beträchtlich, und die Hoffnungen, die schwierige Aufgabe zu erfüllen, die er sich gestellt hatte, wurden wesentlich gestärkt.

Im Jahre 1909 verbrachte Helene ihre Ferien in Rußland. Nach den Ferien entschloß sie sich, zur Teilnahme an einem Schwesternlehrgang nach Frankfurt zu reisen. Zu dieser Zeit praktizierte in der Universitätsklinik die Medizinschwester Frau Morel, Frau des Missionars Morel aus Lambarene. Schweitzer wollte, daß Helene von allen Schwierigkeiten der Arbeit am Ogowefluß erfuhr, und lud Frau Morel zu sich ein. Frau Morel mußte so viele Fragen beantworten, daß sie schließlich ohnmächtig wurde. Als Frau Morel zu sich gekommen war, gab Schweitzer ihr seine Verlobung mit Helene bekannt. Im Grunde genommen war dies eine Bestätigung dafür, daß ihr Entschluß keinerlei Schwankungen unterlag. Helene kehrte nach Frankfurt zu ihrem Studium zurück, und Albert Schweitzer beschäftigte sich weiter mit der Medizin.

Während der fleißige Student der Medizin im Anatomiesaal büffelte, das Skelett des Menschen auswendig lernte und sich mit den Benennungen und der Bedeutung der Arzneimittel auseinandersetzte, verbreitete sich in Europa sein Ruhm als Musiker, Musikwissenschaftler, Philosoph und Theologe. Im Jahre 1909 betrachteten ihn die Organisten, die sich in Wien zum Kongreß der Internationalen Musikgesellschaft versammelt hatten, als eine der größten Autoritäten auf dem Gebiet des Orgelbaus.

Das Orgelspiel lag Schweitzer im Blut. Mit einundzwanzig Jahren unternahm der junge Organist und Philosophiestudent Albert Schweitzer wie einst sein Großvater Schillinger eine Wallfahrt zu einer Orgel. Auf der Heimkehr von den Wagnerfestspielen in Bayreuth machte er einen Umweg über Stuttgart, um die neue, in den Zeitungen begeistert gelobte Orgel in der dortigen „Liederhalle“ kennenzulernen. Der angesehene Organist Heinrich Lang hatte die Güte, die Neugier des gebildeten jungen Mannes zu befriedigen, und er setzte sich selbst an die Orgel. Herr Lang wußte übrigens nicht, daß dieser junge Student nicht nur ein recht erfahrener

Organist, sondern auch ein hervorragender Orgelkenner war, der schon in dieser Hinsicht eigene Theorien und Ansichten entwikkelt hatte und einige durchaus begründete Vorurteile gegen die neuen Fabrikorgeln hegte.

„Als ich den harten Klang des vielgepriesenen Instruments hörte und bei einer Bachschen Fuge, die mir Lang darauf spielte, ein Chaos von Tönen vernahm, in dem ich die einzelnen Stimmen nicht auseinanderhalten konnte, wurde mir mein Ahnen, daß die moderne Orgel in klanglicher Hinsicht keinen Fortschritt, sondern einen Rückschritt bedeute, plötzlich zur Gewißheit. Um über diese Tatsache und ihre Gründe ins klare zu kommen, benutzte ich in den folgenden Jahren meine freie Zeit dazu, alte und neue Orgeln in möglichst großer Zahl kennenzulernen."

Diese „folgenden Jahre" erstreckten sich über ganze Jahrzehnte. In diesen Jahren lernte er Orgeln in Straßburg, Paris, Berlin und vielen anderen europäischen Städten kennen. Auch besprach er die Frage des Orgelbaus und der Orgelherstellung mit allen Organisten und Orgelbauern, denen er begegnete.

„Gewöhnlich wurde ich ob meiner Ansicht, daß die alten Orgeln besser klängen als die neuen, verlacht und verspottet", erinnerte sich später Schweitzer. Nun, der Glaube an die Gewißheit und Sicherheit des Fortschritts war auch den Organisten nicht fremd.

Schweitzer schrieb einen Essai über das Orgelspiel und den Orgelbau, der 1906 in der Zeitschrift „Die Musik" erschien und dann als Einzelschrift bei Breitkopf & Härtel herausgegeben wurde. Nach seinen eigenen Worten wollte Schweitzer in diesem Essai „das Evangelium der wahren Orgel verkünden".

Worin waren die Grundgesetze des Orgelbaus zu suchen?

Schweitzer erklärte, daß die Qualität des Orgeltons von vier ständig wirkenden Faktoren bestimmt wird: durch die Pfeifen, die Windladen, den Winddruck und die Stellung, die das Instrument im Raum einnimmt.

Durch die Erfahrungen vieler Generationen waren die alten Orgelbauer auf die besten Proportionen und Formen der Pfeifen gekommen. Sie verwandten zu ihrem Bau nur bestes Material. Die heutigen Orgelbaumeister gehen von physikalischen Theorien aus, wobei häufig die Errungenschaften der früheren Meister preisgegeben werden. Auch versucht man, an Material zu sparen, um möglichst billig zu bauen. So stehen in der heutigen Fabrikorgel häufig Pfeifen, die nicht klingen, weil sie einen zu geringen

Durchmesser und zu dünne Wandungen haben oder aus anderem Material gearbeitet sind als aus bestem Holz oder bestem Zinn.

Die alten Bälge mit ihrer „Windlade" waren zwar weniger bequem und teurer, doch sie ergaben deutlich bessere akustische Bedingungen und eine bessere Tonqualität. Auf der alten Windlade brachten die Pfeifen einen runden, weichen, vollen Ton hervor, auf der neuen einen harten und trockenen. Der Klang einer alten Orgel umflutet den Hörer, während der der neuen wie eine Brandung auf ihn zukommt.

Infolge der Unvollkommenheit der alten Bälge wurde die Luft den Pfeifen nur unter mäßigem Druck zugeführt. Bei den vervollkommneten, elektrisch betriebenen Gebläsen kann man jeden beliebigen Druck erzeugen, und die durch diesen Vorteil geblendeten modernen Orgelbauer führen nun einer Orgel von 25 Registern so viel Luft zu wie früher einer mit 40. Dadurch poltert der Ton jetzt aus den Pfeifen heraus, statt wie auf einem Blasinstrument angesetzt zu werden, und was er an Volumen gewann, hat er an Qualität verloren.

Nachdem er den Bau der Orgel im einzelnen analysiert hatte, ging Schweitzer zu den Klangvarianten über. In den neuen Orgeln sind eine große Anzahl von Tasten enthalten, die den Ton der Saiteninstrumente nur unnatürlich wiedergeben. Natürlich müssen in der Orgel Pfeifen sein, die an den Ton der Violine, des Violoncellos oder des Kontrabasses erinnern, aber man darf in dieser Nachahmung nicht zu weit gehen. Die Orgelpfeifen dürfen den Ton der Violine, des Violoncellos und des Kontrabasses nur andeutungsweise wiedergeben, ohne die Töne dieser Instrumente selbst erzeugen zu wollen. In den heutigen Orgeln werden diese Instrumente bisweilen so weitgehend nachgeahmt, daß die Orgel wie ein Orchester zu klingen beginnt.

Danach folgten auf umfangreichen Erfahrungen beruhende Überlegungen über den günstigsten Standort der Orgel in der Kirche oder im Konzertsaal und über einige besonders typische Rechenfehler moderner Architekten.

Schweitzer wandte sich besonders gegen die Fernbedienung der Orgel, bei der der Spieltisch und die Pfeifen voneinander getrennt aufgestellt sind. Er bestand darauf, daß die Orgel eine einheitliche Klangpersönlichkeit darstellt.

Solche und ähnliche Überlegungen stellte Schweitzer in seinem Essai über die deutschen und französischen Orgeln an. Hier findet man auch eine Übersicht über die besten Orgeln, die im „goldenen Zeitalter" des Orgelbaus, zwischen 1850 und 1880, erbaut wurden. Schweitzer erwähnte natürlich die Orgelbaumeister, die das Orgelideal Silbermanns zu verwirklichen trachteten, wie zum Beispiel Aristide Cavaillé-Coll, den Schöpfer der Orgeln zu St. Sulpice und zu Notre-Dame in Paris. Schweitzer hat den Freund Widors, den greisen Cavaillé-Coll noch zu seinen Lebzeiten getroffen. Eine seiner Lieblingssentenzen war: „Eine Orgel klingt am besten, wenn so viel Platz zwischen den Pfeifen ist, daß man um jede herumgehen kann." Von den anderen Orgelbauern jener Zeit schätzte Schweitzer besonders Ladegast in Norddeutschland, Walcker in Süddeutschland, einige englische und skandinavische Meister, die wie Ladegast durch Cavaillé-Coll beeinflußt waren. Das an alten Orgeln reichste Land war nach Schweitzers Ansicht Holland.

Dies waren die wichtigsten Aussagen dieses Essais, der mit großer Gewissenhaftigkeit und Sachkenntnis geschrieben war. Allmählich begannen sich die Auffassungen Schweitzers in der ganzen Welt durchzusetzen, und als in Wien beim Kongreß der Internationalen Musikgesellschaft die Orgelsektion zusammentrat, konnte der leidenschaftliche Elsässer die Mehrzahl der Meister für sich gewinnen. Schweitzer hielt einen Vortrag, der dann nach einer Überarbeitung durch die Sektion als „Internationales Regulativ für Orgelbau" herausgegeben wurde (Wien 1909). Dieses Regulativ rief dazu auf, Orgeln herzustellen, in denen sich die alte Schönheit des Tones mit den neuen technischen Errungenschaften vereint.

Als Mann der Tat theoretisierte Schweitzer nicht nur über die ideale Orgel, sondern er war auch bemüht, sein Ideal zu verwirklichen. Doch der Kampf um die „echte Orgel" erwies sich häufig als recht schwierig. Eine tatsächlich künstlerisch einwandfreie Orgel ist stets um 30 Prozent teurer, und nur in den seltensten Fällen gelang es ihm, die Kirchen davon zu überzeugen, daß sie sich eine solche Orgel anschaffen sollten, wenn es ihnen möglich war, für das gleiche Geld eine Orgel mit mehr Stimmen zu bekommen.

„Dem Kampf um die wahre Orgel habe ich viel Zeit und viel Arbeit geopfert", schrieb er später. „Gar manche Nächte verbrachte ich über Orgelplänen, die ich zu begutachten oder zu überarbeiten hatte. Gar manche Fahrten unternahm ich, um die Fragen zu restaurierender oder neu zu erbauender Orgeln an Ort und Stelle zu studieren. In die Hunderte und Tausende gehen die Briefe, die ich an Bischöfe, Dompröpste, Konsistorialpräsidenten, Bürgermeister, Pfarrer, Kirchenvorstände, Kirchenälteste, Orgelbauer und Organisten schrieb, um sie zu überzeugen, daß sie ihre schöne alte Orgel restaurieren sollten, statt sie durch eine neue zu ersetzen."

Voll innerer Bewegung erinnert sich Schweitzer in seiner Autobiographie an seine Kämpfe für die Rettung alter Orgeln vor dem Untergang:

„Welche Beredsamkeit habe ich aufwenden müssen, um Todesurteile, die über schöne Orgeln ergangen waren, rückgängig zu machen! Wie manche Organisten nahmen die Nachricht, daß die von ihnen wegen ihres Alters und ihres baufälligen Zustandes geringgeschätzte Orgel schön sei und erhalten werden müsse, mit demselben ungläubigen Lachen auf wie Sarah die Verkündigung der ihr beschiedenen Nachkommenschaft!" (Nach der biblischen Geschichte war die kinderlose Sarah zu dieser Zeit bereits alt und ihr Mann Abraham 99 Jahre.) „Wie viele mir befreundete Organisten habe ich mir dadurch zu Feinden gemacht, daß ich ihrem Plane, die alte Orgel durch eine Fabrikorgel zu ersetzen, im Wege war oder Schuld daran trug, daß sie zugunsten der Qualität der Stimmen von der Zahl derer, die sie sich gewünscht hatten, drei oder vier abstreichen mußten!" „Die erste Orgel, die ich – mit welcher Mühe! – errettet habe, ist das schöne Werk von Silbermann zu St. Thomas in Straßburg."

Als Schweitzer zu Beginn der dreißiger Jahre auf seinen Kampf um die Orgeln zurückblickt, gibt er für seine damalige Aktivität folgende Erklärung:

„Die Arbeit und die Aufregungen, die mir die Beschäftigung mit dem Orgelbau einträgt, ließen mich zuweilen wünschen, daß ich mich nie damit befaßt hätte. Wenn ich sie nicht aufgebe, so ist es, weil der Kampf um die gute Orgel für mich ein Stück des Kampfes um die Wahrheit ist."

Der Kampf um gute Orgeln war überdies einer der Umstände, die neben dem Schreiben philosophischer und musiktheoretischer Bücher, neben dem Halten von Predigten und Unterrichtsstunden und neben der Aufführungstätigkeit seine Studentenjahre so interessant, aber auch so unglaublich schwierig machten.

Im Jahre 1911 erschien bei J. C. B. Mohr in Tübingen Schweitzers Buch über den Apostel Paulus („Geschichte der paulinischen Forschung von der Reformation bis auf die Gegenwart"). Die Gedanken des Paulus, dessen Gestalt Schweitzer schon seit langem fasziniert hatte, nahmen in den Arbeiten seiner Studentenjahre einen umfangreichen Platz ein. Besonders intensiv beschäftigte sich Schweitzer in den letzten Jahren seines Medizinstudiums und während seines Praktikums mit den paulinischen Ideen. Nach seinen eigenen Aussagen reizte Schweitzer an Paulus besonders seine „absolute und unerschütterliche Ehrfurcht vor der Wahrheit". Paulus „stellt nicht in Rechnung, ob die Erklärungen, zu denen er gelangt ist, sich im Rahmen jener Anschauungen bewegen, die die christliche Gemeinde beherrschen, und ob sie für ihren Glauben überhaupt annehmbar sind". Auch Schweitzer stellte bekanntlich derartige Überlegungen „nicht in Rechnung". Er schrieb, daß „sich das Denken vor dem Glauben nicht fürchten darf, auch wenn es seinen Frieden stört und zu Zusammenstößen führt, deren Ergebnis für die Rechtgläubigkeit verhängnisvoll ist". Schweitzer selbst fürchtete sich niemals vor „verhängnisvollen Folgen" dessen, was er für richtig hielt. In seiner Arbeit über die Paulinische Lehre ging Schweitzer von seinen theologischen Grundauffassungen aus und sprach die Vermutung aus, ob sich nicht die zahlreichen Widersprüche, die die Theologen bei Paulus gefunden haben, dadurch erklären lassen, daß Paulus genau wie Jesus die eschatologischen Auffassungen seiner Zeit geteilt hat. Wir wollen uns hier mit dem Hinweis begnügen, daß diese Arbeit über Paulus Schweitzer noch näher als seine früheren Arbeiten an die Probleme der Ethik herangeführt hat und daß das Wort Ethik wie eine Beschwörung immer häufiger auf den Seiten dieses Buches erklingt.

In diesem bis zur äußersten Grenze mit Arbeit angefüllten Jahr 1911 mußte sich Schweitzer noch einmal mit Bach beschäftigen. Der New Yorker Verleger Schirmer hatte Widor gebeten, eine Ausgabe der Orgelwerke Bachs mit Angaben über die Art, sie zu spielen, für ihn vorzubereiten. Widor sagte nur unter der Bedingung zu, daß Schweitzer sein Mitarbeiter sein würde. Beide lehnten zwar grundsätzlich die sogenannten „praktischen" Musikausgaben ab, die den Spieler bevormunden wollen; doch in diesem Falle glaubten sie, daß für Bachs Orgelwerke Ratschläge berechtigt wären. Sie gingen dabei so vor, daß sie ihre Angaben und Vorschläge nicht in den Notentext selber eintrugen, sondern in kurzen Abhandlungen als Einleitung voranstellten. Dabei machten sie die auf modernen Orgeln spielenden Musiker mit dem Bachschen Orgelstil vertraut und legten dar, was an Registrierung und Manualwechsel für das betreffende Stück auf den Orgeln, mit denen Bach rechnete, in Betracht käme und wie man dies auf modernen Orgeln zum Ausdruck bringen könne. Hatte doch Bach – von einigen wenigen Fällen abgesehen – in seine Orgelwerke keine Angaben über die Registrierung und den Wechsel der Klaviere eingetragen, wie dies die späteren Orgelkomponisten dann in der Regel taten. Für die Organisten seiner Zeit war das auch nicht nötig; doch seither hatten sich die Orgeln und auch der musikalische Geschmack beträchtlich verändert. Als Bachs Werke in der Mitte des 19. Jahrhunderts dann wieder bekannt wurden, lehnte man die Wiedergabe der Orgelwerke Bachs im Stil des 18. Jahrhunderts als zu einfach und zu schmucklos ab. Nach der Großen Französischen Revolution, in der die Mehrzahl der französischen Orgeln zerstört worden waren, und nachdem Cavaillé-Coll und andere angefangen hatten, gute Orgeln zu bauen, wurde die Pariser Schule (angeleitet durch Friedrich Hesse aus Breslau) zum Bewahrer der alten deutschen Tradition, und die Organisten der ganzen Welt begannen sich auf ihre theoretischen Arbeiten zu stützen. Widor und sein Schüler Schweitzer, die sich zu dieser Zeit mit so vielen Experimenten an alten Orgeln beschäftigt hatten, gehörten zu dieser Pariser Schule. Ihre Anweisungen in der neuen Bachausgabe waren jedoch gerade für Organisten bestimmt, die auf modernen Orgeln zu spielen hatten. Widor und Schweitzer entschlossen sich daher, zu jedem Stück die erforderlichen Hinweise für Registrierung und Manualwechsel zu geben und es dann jedem Organisten freizustellen, wie er mit seiner Orgel die Klangstärken und Klangfarben so zu variieren habe, daß dabei der Bachsche Stil gewahrt bleibt.

Während des außerordentlich schwierigen Jahres 1911 und in dem nicht weniger schwierigen Jahr 1912 fuhr Schweitzer wiederholt zu gemeinsamer Arbeit mit Widor nach Paris. Widor verbrachte auch zweimal eine Reihe von Tagen in Günsbach, wo sie dann im Pfarrhaus gemeinsam an der Bachausgabe arbeiteten. Dabei entwarfen sie jeweils getrennte Skizzen, die sie nachher zusammen überarbeiteten.

Bei dieser Arbeit traten viele schwierige Probleme auf. Wie sollte man es zum Beispiel mit den Fingersätzen halten? Zur Zeit Bachs war die Lage der Finger beim Orgelspiel völlig anders. Die Pedale waren zu jener Zeit wesentlich kürzer. Der Organist konnte das Pedal nur mit den Fußspitzen bedienen und den Absatz nicht verwenden. Schweitzer hatte das kurze Pedal der Bachschen Zeit in seiner Jugend noch auf vielen alten Dorforgeln angetroffen.

Wie schon gesagt, konnte Schweitzer die sogenannten „praktischen“ Ausgaben nicht leiden, bei denen man ständig die Hinweise für Fingersätze und Phrasierung, alle diese Forti und Piani, diese Crescendi und Decrescendi vor Augen hat, und er bestand darauf, daß ihre Anweisungen getrennt von den Noten gedruckt werdern: „So kann der Organist von unseren Ratschlägen Kenntnis nehmen, ist aber ohne Cicerone mit Bach allein, sowie er das betreffende Stück aufgeschlagen hat.“ Fingersätze und Phrasierungsbezeichnungen wurden nicht vorgeschrieben, und Schweitzer gab seiner Hoffnung Ausdruck, daß man es auch bei künftigen Musikausgaben so halten möge.

Bei Widor und Schweitzer finden sich sehr interessante Überlegungen über die Tempi bei der Ausführung Bachscher Orgelwerke (ließen doch die Orgeln des 17. Jahrhunderts das heutige Ausführungstempo gar nicht zu; bekanntlich hat der berühmte Hesse Bach sehr langsam gespielt).

Für Organisten, denen nur die modernen Orgeln bekannt sind, enthalten die Anweisungen von Widor und Schweitzer viel Neues. „Unsere Erwartung“, schreibt Schweitzer, „daß die Forderungen, die Bachs Werke an die Orgel stellen, mehr als alle Abhandlungen über Orgelbau das Aufkommen des Ideals der wahren, tonschönen Orgel befördern würden, hat uns nicht betrogen.“

Lehrer und Schüler, zwei Künstler, zwei verschiedene künstlerische Individualitäten wie Widor und Schweitzer – da konnte es natürlich nicht ohne Meinungsverschiedenheiten abgehen. Sie fanden dafür eine einfache Lösung, die für die große gegenseitige Achtung spricht. Das Werk wurde in drei Sprachen – französisch, deutsch und englisch – veröffentlicht. Sie entschlossen sich, daß bei Meinungsverschiedenheiten über Einzelheiten im französischen Text meist die Ansicht Widors, die die Eigenart der französischen Orgel berücksichtigte, und in dem deutschen sowie dem darauf fußenden englischen Text die Ansicht Schweitzers, die der modernen Orgel mehr Rechnung trug, berücksichtigt wurde.

Vor der Ausreise Schweitzers nach Afrika hatten sie erst fünf Bände der Ausgabe fertiggestellt. Sie verabredeten, daß Schweitzer die Entwürfe für die drei Bände der Choralvorspiele in Afrika vorbereiten sollte.

Das Jahr 1911 ging dem Ende zu. Im Oktober begann das medizinische Staatsexamen. Im September hatte Schweitzer noch auf dem französischen Musikfest zu München gespielt, wo die kurz zuvor vollendete Symphonia sacra für Orgel und Orchester seines Lehrers Widor unter Leitung des Komponisten aufgeführt wurde. Schweitzer spielte dabei den Orgelpart. Die in München verdiente Summe reichte gerade zur Bezahlung des Examensgeldes. Am 17. Dezember hatte er die letzte Prüfung bestanden. Nun galt es noch das praktische Jahr als Volontär in den Kliniken zu absolvieren und die Doktorarbeit zu schreiben.

Das Thema der Doktorarbeit stellte eine Fortsetzung seiner früheren Untersuchungen über das Leben Jesu dar. Sein Jesus, der in der von uns als phantastisch empfundenen Ideenwelt der spätjüdischen Eschatologie lebte, war von einigen Kritikern als ein Mensch bezeichnet worden, der unter Halluzinationen und krankhaften Visionen litt. Schweitzer wollte nun in seiner Doktorarbeit von rein ärztlicher, psychiatrischer Seite aus klären, ob diese messianischen Prophezeiungen Jesu mit irgendwelchen psychischen Störungen zusammenhingen.

Die Mediziner von de Loosten, William Hirsch und Binet-Sanglé glaubten, im Verhalten Jesu Anzeichen einer paranoischen Geisteskrankheit nachgewiesen zu haben, insbesondere krankhaften Größenwahn und Verfolgungsideen. Die Arbeiten als solche waren recht unbedeutend gewesen, aber um sich mit ihnen auseinanderzusetzen, mußte Schweitzer sich in das uferlose Paranoiaproblem einarbeiten. Wiederholt bedauerte er, gerade dieses Thema gewählt zu haben, doch er gab die Arbeit nicht auf und konnte sie schließlich zu Ende führen.

Schweitzer kam zu dem Schluß, daß die einzigen psychiatrisch eventuell zu diskutierenden und als historisch anzunehmenden Merkmale – die hohe Selbsteinschätzung und etwa noch Halluzinationen bei der Taufe – bei weitem nicht hinreichen, um das Vorhandensein einer Geisteskrankheit nachzuweisen. In den messianischen Erwartungen konnte man – nach Meinung Schweitzers – keinerlei Abweichungen von der Norm sehen, da sie einfach ein Bestandteil der weitverbreiteten spätjüdischen Weltanschauung waren. Auch der Idee Jesu, derjenige zu sein, der beim Anbruch des Messianischen Reiches als Messias offenbar werden sollte, haftet nichts von krankhaftem Größenwahn an. Jesus stammt nach den Traditionen seiner Familie aus dem Geschlechte Davids, und einem Nachkommen Davids war von den Propheten die messianische Würde prophezeit worden. Daß er das Geheimnis, Messias zu sein, bis zu diesem Augenblick für sich behalten hat, findet in der spätjüdischen Lehre ebenfalls seine Begründung; denn der Messias soll erst beim Anbruch des Messianischen Reiches aus der Verborgenheit heraustreten. All dies und viele andere Umstände, die Schweitzer in seiner Arbeit detailliert darlegte, hatten die kritischen Mediziner außer acht gelassen.

In der Doktordissertation Schweitzers fanden seine Biographen und Kritiker eines seiner wichtigsten Forschungsprinzipien in hervorragender Weise verwirklicht – die ständige Gegenüberstellung der Entdeckungen der Geschichtswissenschaft und der subjektiven Behauptungen des Glaubens.

In dieser Zeit angestrengter theologischer und musikwissenschaftlicher Arbeit mußte sich Schweitzer noch einer ganz anderen, weit mehr praktischen Tätigkeit widmen, die nichts mit der Welt der alten Noten und der althebräischen und altgriechischen Bücher zu tun hatte. Er mußte alles Notwendige für die weite Reise und für den langen Aufenthalt im Urwald von Gabun vorbereiten. Er mußte alles beschaffen, was er für die Behandlung von unglücklichen Menschen benötigte, die jeder ärztlichen Hilfe entbehrten. Er mußte Instrumente, Medikamente, Verbandstoffe, Waren des täglichen und des Krankenhausbedarfs und Nahrungsmittel kaufen. Für all das aber benötigte er Geld, Geld und nochmals Geld. Er verbrauchte dafür seine Ersparnisse, das, was er in den Konzerten verdient und durch die Veröffentlichung des Buches über Bach eingenommen hatte. Doch das reichte bei weitem nicht aus.

Er mußte seine Schüchternheit, seinen Stolz und sein Unvermögen überwinden, Bittgänge anzutreten. Er mußte jetzt Menschen bitten, Opfer zu bringen, um anderen helfen zu können. Sie mußten für ein Werk gewonnen werden, das seine Berechtigung noch nicht durch Leistungen erwiesen hatte, sondern nur erst als Absicht bestand. Die Menschen, die Vertrauen zu ihm hatten, spendeten Geld.

Es bewegte ihn tief, daß deutsche Professoren der Straßburger Universität für das auf französischem Kolonialgebiet zu gründende Werk so reichlich Geld spendeten, und er sagte, daß „die Liebe, die ich auf diesen Gängen erfuhr, die Demütigungen, die ich hinnehmen mußte, hundertfach aufwog“.

Diese hochherzige Freigebigkeit und Großzügigkeit der liberalen Straßburger Professorenschaft war tatsächlich nicht hoch genug einzuschätzen. Nationalistische Vorurteile hatten, wie Schweitzer selbst bemerkt, in diesen Vorkriegsjahren weitgehend Eingang in die Kreise der Intelligenz gefunden. Die Straßburger Gesellschaft war schon in germanophile und frankophile Gruppen gespalten. Selbst der Intellektuellenkreis, zu dem Albert Zutritt hatte, war dieser Spaltung nicht entgangen.

Einen bedeutenden Teil der Mittel empfing er von Angehörigen der Gemeinde zu St. Nicolai. Auch andere Kirchengemeinden des Elsaß, insbesondere solche, in denen Schüler von ihm Pfarrer waren, unterstützten ihn.

Die Pariser Bachgesellschaft mit ihrem Chor und ihrer Solistin Maria Philippi gab in Le Havre ein Konzert, dessen Einnahmen für das künftige Spital bestimmt waren. Das Konzert hatte großen Erfolg und ebenso ein Vortrag, den Schweitzer zum gleichen Zwecke in Le Havre über Bach hielt.

Einige vermögende Freunde (vermutlich solche, die nicht so recht an den Erfolg des seltsamen Unternehmens glaubten) stellten Schweitzer in Aussicht, daß sie ihm weiterhelfen würden, wenn das Vorhandene nicht ausreicht. Eine große Hilfe war für ihn Frau Annie Fischer, die Witwe eines jung verstorbenen Professors der Chirurgie an der Universität Straßburg. Sie übernahm die Aufgabe des Geld- und Sachverwalters, auch als er später in Afrika war. Schweitzer war sich bewußt, welche riesige Arbeit damit verbunden war, und er konnte ihr nie genug dafür danken (das erste in Afrika in Angriff genommene Buch widmete er Frau Annie Fischer).

Der Sohn von Frau Fischer ist dann nach Abschluß seines Studiums ebenfalls Tropenarzt geworden.

Die finanzielle Frage war damit vorläufig gelöst. Nunmehr mußte er mit den Einkäufen beginnen. Als erstes mußte er genau feststellen, was und in welchen Mengen er es benötigte. Dies war für ihn eine ganz neue, bisher unbekannte, eigenartige Arbeit. Er besorgte sich Kataloge und begann sie sorgfältig zu vergleichen, die Warenlisten zu prüfen und Bestellungen aufzugeben. Schon bald äußerte er Freunden gegenüber seinen Ärger darüber, daß viele Warenkataloge so unübersichtlich und unpraktisch angelegt seien. Nach und nach aber kam er dahinter, daß auch die praktische Auseinandersetzung mit der Materie wert sei, mit Hingabe betrieben zu werden. Ja, das sorgfältige Ausarbeiten einer Bestellung bereitete ihm „künstlerische Genugtuung".

Im Frühjahr 1912 kündigte er seine Lehrtätigkeit an der Universität und sein Amt an St. Nicolai. In diesem Augenblick war es ihm schwer ums Herz. „Nicht mehr zu predigen und nicht mehr Vorlesungen zu halten, bedeutete einen schweren Verzicht für mich", schreibt er zwei Jahrzehnte später.

Im gleichen Frühjahr hielt er sich in Paris auf, um Tropenmedizin zu studieren, mit den Einkäufen für Afrika zu beginnen und die abschließenden Gespräche mit der Pariser Mission zu führen.

Er wußte nunmehr, daß sein Geld reichen würde, um im Urwald von Gabun ein kleines unabhängiges Spital zu gründen. So konnte er der Pariser Mission das definitive Angebot machen, auf eigene Kosten ihr Missionsgebiet am Ogowefluß von der zentral gelegenen Station Lambarene aus als Missionsarzt zu betreuen.

Vor etwa 40 Jahren hatte hier der amerikanische Missionar und Arzt Dr. Nassau gelebt. Später wurde Gabun französisch, und die amerikanischen Missionare mußten das Gebiet verlassen, da sie nicht in der Lage waren, den Schulunterricht in französischer Sprache zu erteilen. Einen Arzt gab es in der französischen Missionsstation nicht.

Die Mission erließ immer wieder Aufrufe, den leidenden afrikanischen Brüdern beizustehen und der Mission bei der Lösung ihrer mildtätigen Aufgaben zu helfen. Wenn Schweitzer kein Verständnis dafür hatte, daß die Mission unter diesen Bedingungen die freiwilligen, sachkundigen und ganz unentgeltlichen Dienste eines Menschen ablehnen konnte, der sich auf ihren Aufruf hin gemeldet hatte, so spricht dies nur dafür, daß er sich nicht der ganzen Macht der Organisationen der modernen westlichen Gesellschaft bewußt war, obschon er ihren prinzipiellen Geist bereits in seinen ersten philosophischen Arbeiten über die Zivilisation recht treffend erfaßt und wiedergegeben hatte. Die strenggläubigen Mitglieder des Komitees, das die Missionsangelegenheiten leitete, wandten sich gegen die unorthodoxen Anschauungen des neuen Doktors. Man beschloß, ihn vor das Komitee zu laden und ein Glaubensexamen mit ihm anzustellen. Darauf konnte sich der freiheitliebende Zögling der Straßburger Universität nicht einlassen.

Schweitzer richtete an das Komitee einen Brief, in dem er erklärte, daß nach dem Worte Jesu „Wer nicht wider mich ist, der ist für mich" eine Missionsgesellschaft sogar nicht richtig handeln würde, wenn sie einen Mohammedaner, der sich ihr anböte, ihre kranken schwarzen Glaubensbrüder zu behandeln, abwiese.

Man muß sagen, daß Schweitzer bei seinen Verhandlungen mit der Mission nicht nur Härte, sondern auch Klugheit und den praktischen Sinn bewies, der für die Verwirklichung seines phantastischen Vorhabens unbedingt notwendig war. Wie bei der Zusammenstellung der Listen für die notwendigen Waren mußte er nun alle praktischen Fragen mit großem praktischem Geschick lösen; dies entsprach dem Geist der Selbsthingabe, dem Geist des Dienens, von dem er beseelt war. Wenn aber die zivilisierte Gesellschaft in ihrem Organisationsenthusiasmus die Erleichterung der Leiden der am meisten unterdrückten Menschen behindert, dann verlangt der gesunde praktische Menschenverstand, nicht nur klüger, sondern auch verschlagener zu sein als die Gesellschaft und ihre Organisationen. Schweitzer lehnte es ab, vor dem versammelten Komitee zu erscheinen. Er lehnte es nicht nur deshalb ab, weil es dumm und erniedrigend gewesen wäre, Fragen zu beantworten, woran er glaubt und wie er glaubt. Kein Mensch hat unter diesen Bedingungen das Recht, einen anderen danach zu fragen. Er lehnte es aber vor allem deshalb ab, vor dem Komitee zu erscheinen, um der Sache nicht zu schaden. Er wußte, daß die Mission vor kurzem einen Pfarrer nicht angenommen hatte, weil ihm seine wissenschaftliche Überzeugung nicht erlaubte, die Frage, ob er das vierte Evangelium für das Werk des Apostels Johannes ansehe, mit einem uneingeschränkten Ja zu beantworten. Die Antworten Schweitzers waren bereits in den von ihm veröffentlichten Büchern enthalten, und dort standen schrecklichere Ketzereien als nur Zweifel an der Autorität des Apostels Johannes.

Schweitzer ging also nicht in die Sitzung des Komitees. Statt dessen machte er den Vorschlag, jedes einzelne Komiteemitglied persönlich aufzusuchen, damit es sich in einer persönlichen Unterhaltung darüber klar werden könne, ob er wirklich eine so große Gefahr für die Seelen der Afrikaner und für die Reputation der Missionsgesellschaft bedeute. Der Vorschlag wurde angenommen, und er opferte für diese Besuche einige wertvolle Nachmittage. Dies war ein genialer Schachzug. Die meisten versicherten ihm, sie seien erstens besorgt, daß er dort mit seinen Auffassungen die Missionare verwirren und daß er zweitens sich als Prediger betätigen könne. Er versicherte ihnen, daß er nur Arzt und nichts als Arzt sein wolle und sich im übrigen stumm wie ein Fisch verhalten werde („d'être muet comme une carpe"). Das Bild des schweigenden Karpfens schien sie schließlich zu beruhigen, und zu einigen Mitgliedern des Komitees konnte er sogar ein recht herzliches Verhältnis herstellen. Das Aushängeschild der Mission machte ihn für die weitere Zukunft im wesentlichen vollkommen unabhängig.

Nunmehr konnte er sich beruhigt der Tropenmedizin widmen und seine Käufe für Afrika tätigen. Er erkannte, daß all diese Aufregungen, kleinen Scherereien und organisatorischen Schwierigkeiten nur der Anfang des von ihm gewählten schweren Weges des praktischen Dienens waren. Er beschloß, sich dem allen mit dem notwendigen Ernst zu widmen, gewürzt allerdings mit einem guten Teil elsässischen Humors.

Als er aus Paris zurückgekehrt war, heiratete er Helene Breßlau. Sie hatte schon seit langem sein Schicksal geteilt. Auch sie war von dem Bestreben erfüllt, sich dem Dienen am Menschen hinzugeben. Vielleicht war ihre Selbstentsagung sogar noch größer als die seine.

Fünfundvierzig Jahre später sagte ein Züricher Pfarrer bei ihrer Beerdigung: „Sie war nicht nur mit dem Menschen Albert Schweitzer verheiratet, sondern auch mit der Arbeit, zu der sie seine Anerkennung anregte."

Schon vor der Verheiratung hatte sie ihm viel bei seinen literarischen Arbeiten geholfen. Jetzt, unmittelbar nach der Hochzeit, fuhren sie nach Günsbach, um an der neuen Auflage seiner Leben-Jesu-Forschung zu arbeiten. Der Verlag J. C. B. Mohr beabsichtigte, eine unveränderte zweite Auflage des Buches herauszubringen; aber Schweitzer wollte es überarbeiten und vor allem ergänzen. Seit dem Erscheinen der ersten Auflage waren eine Reihe interessanter Arbeiten veröffentlicht worden, in denen die historische Existenz Jesu bestritten wurde. Schweitzer stürzte sich mit Begeisterung auf diese neuen Untersuchungen und setzte sich mit ihnen auseinander. Seit dem Jahre 1910, als dieses Buch Schweitzers erstmalig im Ausland (in England) erschien, haben die Theologen nicht aufgehört, sich darüber zu streiten. Wir wollen uns hier nicht im einzelnen damit befassen, da das nicht zu unserem Thema gehört.

Herbst und Anfang des Winters vergingen für Schweitzer in angestrengter Arbeit über dem Bachbuch und für Sammlungen. Im Februar 1913 beendete er seine medizinische Doktordissertation und erhielt den Doktortitel zugesprochen.

Er hatte seine erste schwere Aufgabe geschafft. Humanistisch in seiner Haltung und seiner Tätigkeit – als Philosoph, Musiker, Musikwissenschaftler –, wurde er mit 38 Jahren Arzt und konnte mit vollem Recht den alten, feierlichen Schwur des Hippokrates nachsprechen:

„Wenn ich diesen Schwur halte und nicht breche, so möge ich den verdienten Lohn für mein Leben und Wirken ernten, und ich möge geachtet sein unter meinen Mitmenschen für alle Zeit ... Lauter und gottgefällig will ich mein Leben und meine Kunst bewahren."

Im Frühjahr war er erneut in Paris. Er erhielt die Erlaubnis, auf französischem Territorium mit deutschem Doktordiplom zu praktizieren. Der Weg nach Afrika war frei.

Er war sich darüber im klaren, daß eine unruhige Zeit bevorstand. Im Hause seiner Pariser Bekannten sprach man über den Krieg, als ob die Entscheidung darüber schon gefallen sei.

Schweitzer wußte, daß weder die Franzosen noch die Deutschen in ihrer Mehrheit gegeneinander Haß empfanden. Er selbst hat sein ganzes Leben lang für eine Annäherung dieser beiden Völker gearbeitet.

Es fiel ihm schwer, an die Brüchigkeit der bürgerlichen Zivilisation zu glauben. Trotzdem sah er die Möglichkeit eines Krieges voraus. Als ein Mensch, der von der Idee des Dienens durchdrungen ist, mußte er an diejenigen denken, die jetzt von seinem Können, seinen Möglichkeiten und seinem praktischen Handeln abhängen. Vom Jahre 1911 an wurde den deutschen Beamten ihr Gehalt nicht mehr in Gold ausgezahlt. Das Gold wurde zunehmend aus dem Verkehr zurückgezogen. Schweitzer war der Meinung, daß die leidenden Einwohner von Gabun nicht für die Torheit der Europäer zahlen sollten, wenn diese jetzt einen Krieg begännen. Er entschloß sich deshalb, einen Teil seines Geldes nicht in Scheinen, sondern in Gold mitzunehmen, was natürlich nicht erlaubt war. Seine Frau war gegen ein solches Risiko. Doch er bestand darauf und nähte das Gold in sein Mantelfutter ein.

Sein geistiges Dienen begann, für ihn ganz unerwartete und ungewohnte Forderungen nach sich zu ziehen. Er mußte auch dies durchstehen.

Siebzig Kisten Gepäck wurden als Fracht nach Bordeaux vorausgeschickt. Am Sonntag waren Helene und Albert noch einmal in Paris, wo sie die gute alte Orgel in der Kirche St. Sulpice hörten. Auf der Orgel spielte Widor.

Im Zuge las Schweitzer noch die Korrekturen der neuen Ausgabe seines Buches über die Leben-Jesu-Forschung.

Ihr Weg führte durch die heimatlichen Berge der Vogesen.

Letzter Abschied. Letzte Gespräche mit Verwandten und Bekannten. Letzter Spaziergang mit der Mutter.

Auftakt in Lambarene

Das Schiff fuhr in Richtung Afrika. Doktor Schweitzer und seine Frau fuhren einer ungewissen Zukunft entgegen. Nur eines wußten sie mit Sicherheit – es wird für sie nicht leicht sein. Auf dem Schiff befanden sich zahlreiche Weiße. Sie waren alle schon einmal in Afrika oder in anderen Kolonien gewesen und kehrten ohne jeden Enthusiasmus dorthin zurück. Doktor Schweitzer und seine Frau Helene stellten naturgemäß viele Fragen: Wie ist es dort? Was erwartet uns dort?

In Dakar war ein Aufenthalt. Schweitzer betrat zum erstenmal die afrikanische Erde.

Schweitzer ertappte sich mehrmals dabei, wie er beim Mittagessen die anderen Passagiere aufmerksam betrachtete.

„Alle haben schon in Afrika gewirkt", dachte er. „In welchem Sinne haben sie es getan? Welche Ideale hatten sie? Wie sind sie, die sich hier nett und freundlich geben, draußen auf ihrem Posten? Wie denken sie über ihre Verantwortlichkeit? ... In wenigen Tagen sind wir, die dreihundert Menschen, die zusammen von Bordeaux abfuhren, allesamt am Lande, am Senegal, am Niger, am Ogowe, am Kongo und seinen Nebenflüssen bis hinauf zum Tschadsee, um unsere Posten einzunehmen und auf ihnen zwei bis drei Jahre zu weilen. Was werden wir ausrichten?"

Worüber dachte er nach? Über die eigene Schuld und über die Schuld des Europäers überhaupt? Über die Schuld gegenüber dem unterdrückten und leidenden Kontinent? In seinen Worten klingt das Motiv einer quälenden Selbstunsicherheit mit, ist doch die Aufgabe, die ihm bevorsteht, so gänzlich ungewohnt: aktives Handeln in einem unbekannten Land, im Zusammenleben mit unbekannten Menschen. Er sagte sich, daß er sich kennt, daß er von sich selbst überzeugt ist. Doch kennt er sich wirklich, konnte er wirklich alle „Ecken seines Charakters" aufdecken? Wenn wir vorauseilen (auch die oben angeführten Überlegungen hat er erst später niedergeschrieben), so müssen wir sagen, daß seine Befürchtungen nicht ganz unbegründet waren.

Schweitzer fühlte die Last einer schweren Schuld auf seinen Schultern. In dieser Zeit sprach er oft über die Schuld des aufgeklärten Menschen im Urwald, über die Sühne dessen, was die „zivilisierten“ Mächte in Afrika angerichtet haben.

Er steht an Bord und blickt auf die vorbeigleitenden grünen Ufer – die Pfefferküste, die Elfenbeinküste, die Goldküste, die Sklavenküste –, und er denkt bei sich:

„Wenn der bewaldete Streif am Horizont von allen Greueln, die er mit angesehen, erzählen könnte! Hier landeten die Sklavenhändler und nahmen die lebendige Ware an Bord, um sie nach Amerika zu bringen.“

Der Angestellte eines großen Handelshauses sagte zu ihm: „Auch heute ist noch nicht alles in Ordnung. Man bringt den Negern Schnaps und Krankheiten, die sie nicht kannten. Wiegt das, was wir ihnen an Gütern dafür geben, das Übel auf?“

So betrat Schweitzer, den man später einmal als Adoptivsohn und Helden Afrikas bezeichnet hat, zum ersten Male den Boden Gabuns. Der Doktor und seine Frau befanden sich in Kap Lopez. Gabun wurde am Ende des 15. Jahrhunderts von den Portugiesen entdeckt. Bereits 1521 siedelten sich katholische Missionare an der Küste zwischen der Mündung des Ogowe und der des Kongo an. Kap Lopez ist nach einem dieser Missionare, Odoardo Lopez, der 1578 dorthin kam, benannt. Die Portugiesen brauchten Sklaven für ihre „neuen indischen Kolonien“. Von Kap Lopez aus stachen die Schiffe mit ihrer „lebenden Fracht“ in See, und die Ufer waren von Wehklagen der zur Sklavenarbeit Verurteilten erfüllt. Doktor Schweitzer hatte die Aufzeichnungen des amerikanischen Forschungsreisenden Paul du Chaillu gelesen, der noch in der Mitte des vergangenen Jahrhunderts eine ganze Reihe von Baracken vorgefunden hatte, in denen Sklaven untergebracht waren, die zu je sechs aneinandergekettet waren. Er berichtete auch über den Tauschwert der Sklaven – der Frauen, Männer und Kinder.

In den zwanziger Jahren untersagten England und Frankreich den Sklavenhandel an der Westküste Afrikas. Damals wurde hier die Flottenstation Libreville („Stadt der Freiheit“) gegründet, die Hauptstadt des heutigen Gabun mit einer halben Million Einwohner. Der heutige Staat Gabun ist eine der vier Republiken, die aus dem ehemaligen Französisch-Äquatorialafrika hervorgegangen sind. Portugiesische Missionare wollten den Völkern der ihnen noch unbekannten Länder das Wort Gottes bringen. Die Ergebnisse dieses Exports erwiesen sich jedoch, obwohl er in guter Absicht erfolgte – wie es so oft der Fall ist –, als außerordentlich bedauerlich. Im Gefolge der Missionare brachten europäische Händler und Soldaten Branntwein, Tabak, Geschlechtskrankheiten, Tuberkulose, Grippe, Pocken und Dutzende anderer für die Afrikaner verhängnisvoller Krankheiten ins Land. Und sie exportierten zahllose Gabuner – in die Sklaverei ...

Die Ankömmlinge blieben lange Zeit an der Küste und wagten es nicht, in die Tiefe des Kontinents vorzudringen. Erst 1862 unternahm der französische Leutnant Serval eine Expedition längs des Ogowe und entdeckte, daß sich der Ogowe in eine Vielzahl von Armen aufspaltet, die insgesamt eine Ausdehnung von mehr als tausend Kilometern besitzen. Wahrscheinlich war Serval auch der erste Europäer, der bis Lambarene vorgedrungen ist. Jetzt folgte der Doktor aus dem Elsaß dem Weg des französischen Offiziers, und er mußte immer wieder an die Ungerechtigkeiten denken, die die Europäer den Einwohnern dieses Landes zugefügt haben.

Von Kap Lopez fuhren der Doktor und Helene in dem Flußboot „Alembe" den mächtigen Ogowefluß stromaufwärts. Das lebhafte Naturgefühl, das Schweitzer seit seiner frühesten Kindheit auszeichnet, flammt auf, und er ist entzückt beim Anblick dieser Urtümlichkeit, die so sehr seinem ewigen Streben nach dem Ursprünglichen, Fundamentalen, Grundlegenden, sei es in der Natur, in der Kunst oder im Denken, entspricht.

Nach längerer Fahrt kommen sie zu einem kleinen Negerdorf. Am Ufer sind einige hundert Holzscheite aufgestapelt. Der wichtigste und wohl auch einzige Industriezweig Gabuns ist die Holzwirtschaft. Ein Afrikaner zählt die Holzscheite beim Einladen. Sobald zehn Scheite an Bord sind, macht er einen Strich, beim hundertsten ein Kreuz. Es spielt sich eine Szene ab, die dem gut beobachtenden Doktor mehr sagt als ein ganzer Band von Berichten über den Fortschritt im Urwald:

„Der Kapitän macht dem Dorfältesten Vorhaltungen, daß er zu wenig Scheite bereitgehalten habe. Dieser entschuldigt sich mit pathetischen Worten und Gesten. Zuletzt läuft die Auseinandersetzung darauf hinaus, daß er lieber in Schnaps als in Geld bezahlt sein möchte, weil er meint, daß die Weißen diesen billiger bekommen als die Schwarzen und er so besser bestehen würde ..."

Weiter geht die Reise auf dem Ogowe. Doch die üppigblühende Landschaft erfüllt den feinfühligen Reisenden immer stärker mit ängstlichen und niederdrückenden Gefühlen, die er in seinen Aufzeichnungen sehr anschaulich folgendermaßen zum Ausdruck bringt:

„In die erhabenen Eindrücke der Natur mischt sich Schmerz und Bangen. Mit dem Dunkel des ersten Abends am Ogowe breiten sich die Schatten des Elends Afrikas über mir aus. Dazwischen singt die monotone Stimme: ‚Mach einen Strich! ... Mach ein Kreuz!‘ Und es wird mir gewisser als je, daß dieses Land helfende Menschen braucht, die sich nicht entmutigen lassen.“

Doch alle Zweifel und düsteren Vorahnungen verschwinden, sobald sie das Dorf Lambarene erreichen. Hier werden sie von den Knaben der Missionsschule begrüßt. Sie haben kluge und intelligente Gesichter. „Bezaubernde junge Menschen!“ ruft Schweitzer aus. Sie kommen in schmalen Booten. Die Boote machen keinen sehr stabilen Eindruck; doch die Knaben rudern geschickt, und bis zur Missionsstation ist es nicht weit.

In Lambarene erwartet Albert und Helene Schweitzer ein feierlicher Empfang. Ein Häuschen mit einer Veranda ist für sie als Wohnung hergerichtet worden. Schweitzer tritt hinaus auf die Veranda: „Die Aussicht ist entzückend: unten der Flußarm, der sich an einzelnen Stellen zu einem See ausdehnt; ringsum Wald; in der Ferne wird ein Streifen des Hauptstromes sichtbar; dahinter liegen blaue Berge.“

Bewußt und unbewußt hat er sein ganzes Leben lang auf dieses eine Ziel zugesteuert, auf die ursprüngliche Schönheit der Natur, auf das durch keinerlei Pfade durchzogene Waldesdickicht, auf die mächtige Naturkraft des Wassers, auf das einfache Leben auf dem Lande. Er stammt aus dem kleinen Günsbach, aus einem Lande der Weinbauern und fleißigen Landleute. Nein, er ist nicht zufällig gerade nach Lambarene geraten, das „zwischen Wasser und Urwald“ gelegen ist! (So nannte er auch sein erstes Buch über Afrika.)

Am Abend wurden der neue Doktor und seine Frau festlich begrüßt. Unter dem ständigen Zirpen der Grillen sangen die schwarzen Schulkinder nach der Melodie eines schweizerischen Volksliedes einige auf die Ankunft des Doktors gedichtete Verse. Nach dem Abendessen erzählten die Missionare viel über das hiesige Leben. Sie versuchten, ihn aufzuheitern, so gut sie es vermochten;

denn die erste Enttäuschung, die ihn erwartete, war groß: Das versprochene Haus für die Klinik war nicht gebaut worden, weil keine Arbeitskräfte vorhanden waren. Die Missionsstation konnte nur wenig zahlen, und die wenigen Arbeiter (auch dies war für den Doktor eine sehr wichtige neue Entdeckung), die man hier finden konnte, gingen in die Holzindustrie, wo höhere Löhne gezahlt wurden als in der Missionsstation. So gab es also keine Unterkünfte, doch darüber morgen ... Vorerst unterhielten sie ihn mit ihren Erzählungen über die hiesigen Örtlichkeiten, mit Anekdoten aus dem Missionsleben und mit dummen Späßen.

Sie kamen auch auf die christliche Religion zu sprechen, die sich hier mit alten magischen Bräuchen und Vielgötterei auseinandersetzen mußte. Diesem Gespräch entnahm Doktor Schweitzer, daß die dogmatischen Fragen, auf die der Vorstand der Missionsgesellschaft in Paris so großes Gewicht legte, hier eigentlich gar keine Rolle spielten.

In der Ogoweniederung lebten etwa zweihundert Weiße, während die Anzahl der Eingeborenen schwer anzugeben war. Es waren nur noch die Trümmer von acht ehemals mächtigen Stämmen vorhanden, die verschiedene Sprachen und Dialekte sprachen. Im Gebiet von Lambarene wohnten noch etwa 80 000 Galoas. Aus dem Innern des Landes drängten, von Hunger getrieben, die Fang, französisch Pahouins genannt, nach.

Der Doktor interessierte sich sehr für die Afrikaner. Was sind das für Menschen? Der Pfarrer sprach über sie herablassend und freundlich, wie über Kinder. Wie soll man mit ihnen umgehen? Wie mit echten Kindern, Kindern der Natur. Sie sind es nicht gewohnt, dauernd zu arbeiten. Aber so haben sie seit Jahrtausenden gelebt. So sind nun einmal ihre Lebensbedingungen. Vielweiberei? In der Missionsstation wurde darüber nicht wenig debattiert. Der Doktor konnte sich selbst davon überzeugen, daß die Vielweiberei hier durchaus vernünftig war. Fetische, Magie? Nun, die Menschen sind der Natur so schutzlos ausgesetzt, und die Zauberer sind so schrecklich und so allmächtig. Liebe? Allerdings hatten sie keinen Tristan und keine Isolde. Aber hatten sie nicht ihre eigene, durch die Jahrtausende geheiligte Tradition?

Dann erhoben sich plötzlich alle und drängten, denn der Doktor und seine Frau waren von den Strapazen der langen Reise sehr müde geworden. Sie mußten sich ausruhen; denn schon morgen ...

Der Doktor und seine Frau gingen in ihre neue Wohnung. Die Nacht Gabuns brach herein.

Doch wenn er in dieser ersten Nacht an ungewohnter Stelle beim Rauschen und den geheimnisvollen Schreien des Urwalds, beim Plätschern seltsamer Fische, flinker Krokodile und schwerfälliger Flußpferde im Fluß noch einmal die Mühsale und seltsamen Wege dieser Welt überdachte, so kamen ihm Tausende zu lösende Aufgaben in den Sinn ... Morgen früh sollte es beginnen; und es sollte 52 Jahre so bleiben, das Jahr 1913 eingerechnet, das Jahr seiner Ankunft in Lambarene. So begann er also „vom Punkte Null“.

Der Doktor hatte sich noch gar nicht eingerichtet, noch kaum mit dem Auspacken der Koffer begonnen, da sagte man ihm schon, der erste Patient stehe vor der Tür. Nach ihm kam der zweite, der dritte ... So begann Schweitzer mit seiner ärztlichen Tätigkeit. Er behandelte und verband im Freien vor dem Hause. Die Sonne brannte ... Die Schwüle der Luft war bedrückend ... Das Land, das Klima, die Patienten, ja sogar die Möglichkeiten, über die er verfügte, waren ihm noch unbekannt. Doch immer mehr Kranke kamen, sie kamen in ihren Booten stromaufwärts, stromabwärts und über unsichtbare Pfade aus dem Urwald. Die einen kamen auf eigenen Füßen, andere wurden von ihren Verwandten und Freunden getragen.

Am Abend konnte er sich vor Müdigkeit kaum noch auf den Beinen halten. Doch er konnte mit Genugtuung feststellen, daß dieser Ort glücklich gewählt war: Die Kranken konnten ihn auf dem Wasserwege erreichen. Außerdem waren hier noch die Erzählungen über den amerikanischen Arzt Dr. Nassau lebendig. Man hatte Vertrauen zum weißen Arzt. Er wollte diese ersten Erfolge festigen und weiterentwickeln.

Er gab strenge Anweisung, man solle ihm vorerst nur Schwerkranke bringen, bis er alle seine Instrumente und Arzneimittel ausgepackt habe. Doch die Anweisung wurde natürlich nicht beachtet. Kranke über Kranke aller Art kamen zu ihm. Sie kamen mit ihren Booten von weither, hundert, zweihundert und dreihundert Kilometer über den Fluß, halbverhungert und von wilden Schmerzen gequält. Wäre er nicht im Frühjahr, der „Regenzeit“ des Jahres 1913 hierhergekommen, so hätte niemand die Schmerzen lindern können, so wie sie in der Regenzeit des Jahres 1912 und viele Jahre vorher niemand hatte lindern können. Daran muß-

Bild 1. Familie Schweitzer in den achtziger Jahren
Albert Schweitzer zwischen seinen Eltern sitzend

Bild 2. Familie Schweitzer im Jahre 1890

Bild 3. Der einundzwanzigjährige Albert Schweitzer

Bild 4. Albert Schweitzer mit seiner Frau Helene

Bild 5. Albert Schweitzer im Jahre 1905

Bild 6. Lambarene zur Zeit des Eintreffens Albert Schweitzers

Bild 7. Die bescheidene neue Heimstatt des Doktors

Bild 8. Geduldig wartende Patienten

Bild 9. Albert Schweitzers erstes Internierungslager: das ehemalige Kloster Garaison in den Pyrenäen

Bild 10. Im Internierungslager

Bild 11. Albert Schweitzer mit seiner Tochter Rhena

Bild 12. Auf der Überfahrt nach Afrika

Bild 13. Einlieferung eines schwerkranken Patienten

Bild 14. Beim Ausbau des Urwaldhospitals

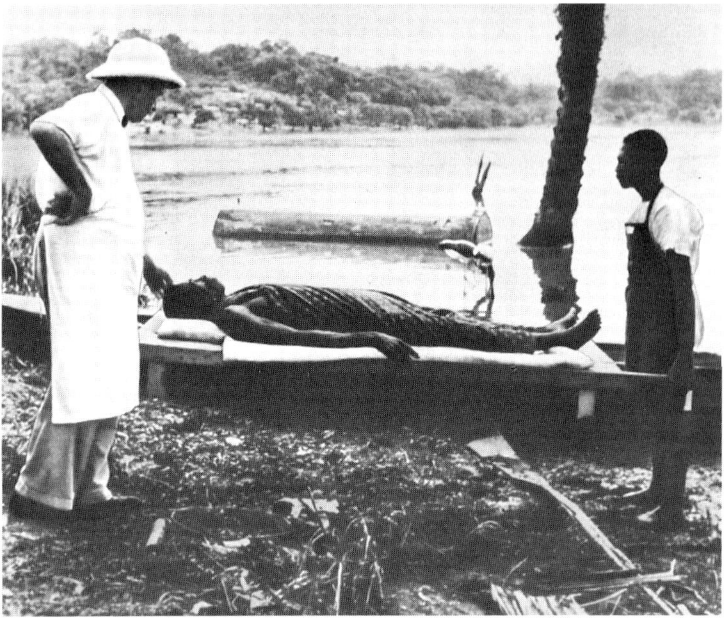

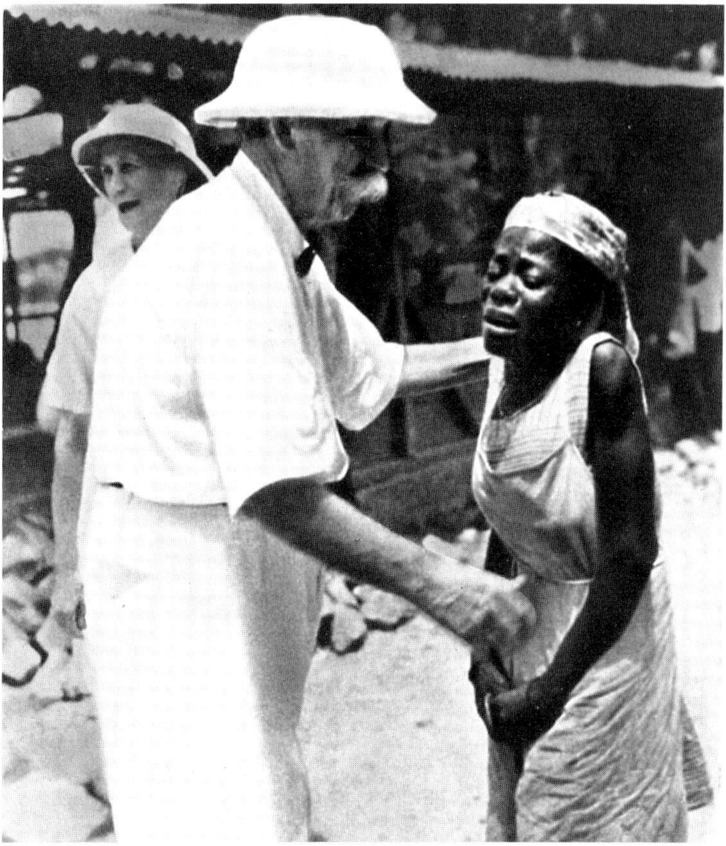

Bild 15. Nach anstrengendem Tagewerk beantwortet er Briefe oder arbeitet an seinen Manuskripten

Bilder 16 und 17. In tiefer Sorge um den Patienten

Bild 18. Auf dem Wege zur Abteilung für Aussätzige

Bilder 19 bis 21. Der Doktor mit seinen Freunden, den Tieren

Bild 22. Albert Schweitzer, etwa 50jährig

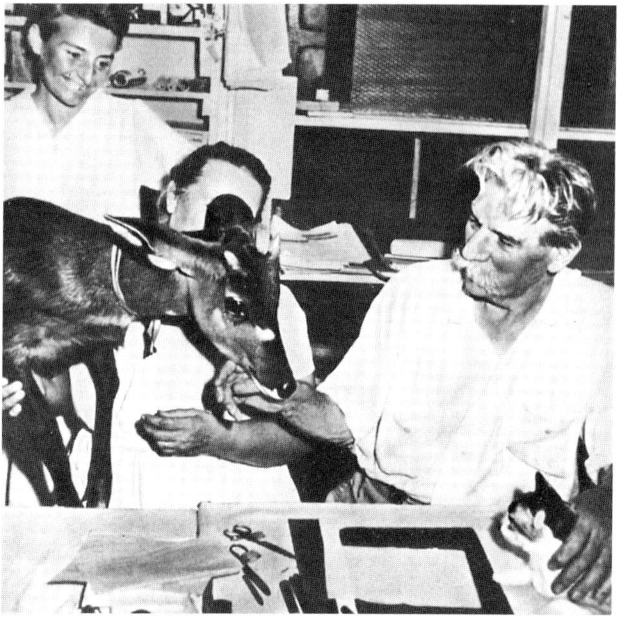

Bild 23. Helene Schweitzer, seine treue Helferin

te er denken, wenn er von Hitze und Müdigkeit entkräftet weiterarbeitete. Darin allein fand er seinen Trost; denn alles übrige war mit vielen Widrigkeiten verbunden. Wenn das abendliche Gewitter einsetzte, mußte er sich rasch mit allem auf die Veranda zurückziehen. In seine Wohnräume konnte er die schwarzen Patienten nicht lassen; denn er mußte jedes Risiko einer Infektionsgefahr vermeiden. In der Not entschloß er sich, den Raum, den sein Vorgänger als Hühnerstall benutzt hatte, zum Spital zu erheben.

Hier war es schrecklich eng. Schweitzer konnte nicht ohne Tropenhelm arbeiten, denn das Dach war schadhaft, und man hatte ihm erzählt, daß die Tropensonne schon durch ein geldstückgroßes Loch hindurch großen Schaden anzurichten vermag. Dafür mußte er aber jetzt bei einem Gewitterregen nicht mehr unter das Schutzdach flüchten.

Helene war ihm eine große Hilfe. Sie brachte es fertig, den komplizierten afrikanischen Haushalt zu führen und daneben noch nach den Schwerkranken zu sehen, Verbandstoffe und Arzneimittel vorzubereiten und die Instrumente zu sterilisieren.

Schweitzer hatte anfangs große Schwierigkeiten, einen geeigneten Heilgehilfen zu finden. Er sah sich lange Zeit unter seinen Patienten um und versuchte, sich mit ihnen über einen nur selten vorhandenen Dolmetscher zu unterhalten. Doch er sah in ihren großen schwarzen Augen nur Schmerz, Verständnislosigkeit oder dankbare Erleichterung. Schließlich hatte er Glück. Ihm fiel unter seinen Patienten ein intelligent aussehender, ausgezeichnet französisch sprechender Eingeborener auf. Er klagte über Beschwerden, schien aber im Grunde gesund zu sein. Er erzählte, er sei früher Koch gewesen, habe aber das Handwerk aufgeben müssen, weil es sich – wie der Doktor ja sehe – mit seiner Gesundheit nicht vertrüge. Er kannte sich aber nicht nur in der Küche aus, sondern beherrschte außer Französisch auch noch Englisch und mehrere Eingeborenensprachen und -dialekte. Übrigens war er durchaus gesund, ein begabter, lustiger und pfiffiger Kerl, bald klug und philosophisch ernst, bald salbungsvoll erbaulich und bald maßlos verschwenderisch und angeberhaft. Natürlich konnte der Doktor ihm nicht so viel zahlen, wie er als Koch erhalten hätte, und dies trübte bisweilen ihr Verhältnis. Doch trotzdem hing Joseph sehr an dem Doktor, und der Doktor war diesem „ersten Helfer Albert Schweitzers“, wie sich Joseph Azowani bis zu seinem Tode bezeichnete, aufrichtig zugetan.

Die Anatomie hatte Joseph in der Küche studiert, und er hielt sich an diese Bezeichnungen. So sagte er in seiner Küchensprache: „Dieser Mann hat Weh im rechten Filet“ oder „Diese Frau hat Schmerzen in den linken oberen Koteletts“.

Helene brachte Joseph bei, die Instrumente und das Verbandmaterial für die Operation vorzubereiten. Er hatte eine leichte Auffassungsgabe. Natürlich konnte er die Aufschriften nicht lesen. Er prägte sie sich einfach als Ganzes ein und fand sofort die richtige Arznei. Außerdem übersetzte er synchron in Galoa und Pahouin. Er tat dies ganz nebenbei und ohne sich mit diesem heute so wichtigen Beruf des Synchrondolmetschers irgendwie zu brüsten. Leider konnten der Doktor und seine Frau nicht mit anhören, wie bilderreich ihre Worte durch die geschickte Übersetzung Josephs in diesen exotischen Sprachen wiedergegeben wurden. Manchmal übersetzte Joseph auch die Ausrufe der Patienten.

„Das ist ein richtiger Doktor“, flüsterte eine alte Frau aus einem entlegenen Dorf geheimnisvoll Joseph zu. „Er hat meine Beine gar nicht angesehen. Er hat mir gesagt, daß ich sicher nachts schwer atme und daß meine Füße anschwellen. Dabei habe ich ihm nichts davon gesagt ...“

Joseph nahm sich die Freiheit, dem Doktor Ratschläge zu erteilen, und der Doktor hörte sie aufmerksam an. Leider konnte er die meisten von ihnen nicht verwenden. Joseph drängte zum Beispiel den Doktor, keine schwerkranken und hoffnungslosen Patienten anzunehmen. Immer wieder hielt er ihm das Beispiel der Fetischmänner vor, die sich mit solchen Fällen nicht abgaben, um den Ruf ihrer Heilkunst so wenig wie möglich in Gefahr zu bringen. Doch Schweitzer konnte selbst ganz hoffnungslose Patienten nicht abweisen. In einem Punkte aber kam er dazu, ihm recht zu geben: Man darf dem Kranken und seinen Angehörigen keine Hoffnung machen, wenn eigentlich keine mehr vorhanden ist. Wenn der Tod dann eintritt, so sagen sie, der Doktor habe nicht gewußt, daß die Krankheit diesen Ausgang nehmen werde. Zudem können diese Menschen sehr viel ertragen. Ohne Wehklagen nehmen sie die tragischsten Vorhersagen entgegen. Kam dann der Kranke wider Erwarten mit dem Leben davon, so steht es um den Ruf des Arztes nur um so besser. In dieser Frage hatte Joseph recht.

Schließlich kam die erste Operation. Schweitzer wunderte sich, daß die Kranken sich so bereitwillig auf den Operationstisch legten. Es stellte sich heraus, daß einige Jahre zuvor ein auf der

Durchreise in Lambarene weilender französischer Regierungsarzt hier einige gelungene Operationen ausgeführt hatte.

Als erster mußte ein Patient mit einem Bruch operiert werden. Brüche treten bei den Eingeborenen Äquatorialafrikas sehr häufig auf, ebenso wie Elephantiasisgeschwülste. Eingeklemmte Brüche sind häufig, und viele Menschen müssen daran eines qualvollen Todes sterben. Dabei könnte man ihnen durch einen operativen Eingriff leicht helfen.

Helene und ihr Schüler Joseph assistieren Schweitzer bei der Operation. Joseph wäscht und kocht die Instrumente aus. Er trägt die Schüssel mit Blut und Eiter hinaus. Erstaunlich, daß er dies bereitwillig tut; denn für die Afrikaner ist dies alles „schlecht" und „unrein". Joseph mit seinem aufgeschlossenen Wesen hat sich ohne Schwierigkeiten von diesem Aberglauben losgesagt.

Die erste Operation verlief erfolgreich. Die Bruchpatienten geraten sich in die Haare, wer als nächster an die Reihe kommt. Doch einstweilen kann Helene nur zwei bis drei Operationen je Woche vorbereiten. Auf ihr lastet noch die ganze Aufsicht über den Haushalt, die Apotheke und die Betreuung der Schwerkranken.

Allmählich führt der Doktor für seine Patienten feste Regeln ein. Natürlich handelt es sich dabei um ganz elementare Verhaltensregeln. Doch diese sechs Gebote, die durch die Bedingungen der seltsamen und unerwarteten Umwelt, unter denen er lebte, diktiert wurden, sind als solche bereits ein erstaunliches Dokument.

Gabun. Mitten im Herzen des Urwalds erwacht die kleine Siedlung der Missionsstation in Lambarene. Halb neun Uhr morgens beginnt die Konsultation. Die Kranken warten zu dieser Zeit bereits auf Bänken im Schatten des Hauses vor dem Hühnerstall. Einer der Heilgehilfen liest von der Freitreppe aus langsam und sorgfältig, so daß jeder der Patienten es verstehen und den anderen weitersagen kann, zuerst in Galoa und dann in Pahouin die sechs Gebote der Hausordnung vor. Die Kranken bestätigen mit Kopfnicken, daß sie die „Befehle des Doktors" verstanden haben und daß sie mit ihnen einverstanden sind.

Diese sechs Gebote des Urwalddoktors spiegeln die neue Lebensperiode Schweitzers mit der gleichen Klarheit wider wie ehemals sein „Bach", seine „Leben-Jesu-Forschung", seine „Religionsphilosophie Kants" und seine „Deutsche und französische

Orgelbaukunst". Das erste Gebot soll zur Hygiene beitragen:

„Es ist verboten, in der Nähe des Doktorhauses auf den Boden zu spucken."

Dieser eine Satz enthält eine klare Einschätzung über die Situation im gabunischen Urwald im Jahre 1913, über die Bedingungen der ärztlichen Arbeit, über die Gewissenhaftigkeit des jungen Doktors, über seine Patienten und über die Gefahren, die jeden Augenblick ihm und seiner Umgebung drohen.

Das zweite Gebot ruft zur Ruhe auf. Wenn man es liest, sieht man die schreienden Kranken vor sich, den durchlöcherten Hühnerstall und den Doktor, der verzweifelt versucht, durch sein Stethoskop Herzgeräusche wahrzunehmen:

„Es ist den Wartenden untersagt, sich miteinander laut zu unterhalten."

Das dritte Gebot erzählt uns, daß zu viele Kranke zu Schweitzer kamen, daß sie oft einen weiten Weg zurückzulegen hatten, dabei häufig nicht allein, sondern mit ihrer Familie, und daß sie außer an Krankheiten auch noch an Hunger zu leiden hatten – heute und immer, seit Generationen ...

„Die Kranken und ihre Begleiter sollen für einen Tag Nahrung mitbringen, da nicht alle schon morgens behandelt werden können."

Die vierte Regel mag auf den ersten Blick unverständlich erscheinen:

„Wer ohne Erlaubnis des Doktors die Nacht auf dem Boden der Station verbringt, wird ohne Medikamente fortgeschickt."

Doch sehr bald schon hatte der Doktor erfahren müssen, daß Patienten und ihre Begleiter, die von weit her gekommen waren, nachts in den Schlafsaal der Schulknaben eindrangen, sie vor die Tür setzten und ihre Plätze einnahmen. Später, als er mit den Urwaldgebräuchen näher bekannt geworden war, mußte sich der Doktor vor den Giftmischern, deren es hier viele gab, und vor den Zauberern, die in ihm eine Konkurrenz sahen, in acht nehmen. Er selbst allerdings erwies sich all diesen Zauberern, Geisterbeschwörern und Priestern gegenüber als großzügig, so wie er dies immer fremden nationalen Traditionen und Kulturen gegenüber tat.

Auch das fünfte Gebot mag unwesentlich erscheinen und nicht wert, in ein so grundsätzliches Dokument aufgenommen zu werden. Doch der Doktor hatte sich schon sehr bald davon überzeugen müssen, mit wie vielen praktischen Kleinigkeiten er sich sehr gewissenhaft auseinandersetzen mußte. Das Gebot lautete:

„Die Flaschen und die Blechschachteln, in denen man die Medikamente erhält, müssen wieder zurückgebracht werden."

Die Erklärung für dieses Gebot kann man in einem Antwortbrief Schweitzers finden: „Die Feuchtigkeit der Luft ist hier so groß, daß auch Medikamente, die in Europa in Papier eingewickelt sind oder in einer Pappschachtel verabreicht werden können, sich nur in einer verkorkten Flasche oder in einer gut schließenden Blechdose halten. Dies hatte ich nicht genug bedacht und bin deswegen so in Not, daß ich mich mit den Patienten um eine Blechschachtel, die sie behaupten, vergessen oder verloren zu haben, zanken muß. Meine Freunde in Europa werden von mir mit jeder Post gebeten, Flaschen, Fläschchen, mit Kork verschlossene Glastuben und Blechbüchsen aller Größen im Bekanntenkreise für mich zu sammeln. Wie freue ich mich auf den Tag, wo ich an solchen Gegenständen genügend Vorrat haben werde."

Das sechste Gebot erinnert daran, daß Lambarene sich mitten im Urwald befindet, sechshundert Meilen vom Meer und vom nächsten Hafen entfernt (er war gleichzeitig die nächstgelegene Stadt), und daß Nachrichten aus Europa und aus anderen Teilen der sogenannten zivilisierten Welt nur einmal im Monat eingingen: „Wenn das Schiff in der Mitte des Monats den Strom hinaufgefahren ist, soll man außer in dringenden Fällen den Doktor nicht aufsuchen, bis das Schiff wieder heruntergefahren ist, da er während jener Tage um die guten Medikamente nach Europa schreibt."

Nach der Erläuterung der sechs Gebote beginnt die Konsultation, die fast vier Stunden lang dauert und in schrecklicher Schwüle und Enge und bei großem Lärm stattfindet. Die Konsultation zieht sich häufig dadurch in die Länge, daß den Kranken, die aus entlegenen kleinen Dörfern und sogar aus dem Urwald selbst hierher gekommen sind, über den Dolmetscher ausführliche Erklärungen gegeben werden müssen.

Um halb ein Uhr verkündet der Heilgehilfe: „Der Doktor will essen." Die Patienten äußern ihr Einverständnis und erheben sich. Sie zerstreuen sich, um im Schatten ihre Bananen zu verzehren.

Um zwei Uhr wird die Konsultation fortgesetzt. Wenn die Dunkelheit um sechs Uhr einbricht, sind oft die letzten noch nicht abgefertigt. An eine Behandlung bei Licht ist der Moskitos und der mit ihnen gegebenen Fiebergefahr wegen jedoch nicht zu denken.

Allmählich entwickelt der Doktor ein eigenes einfaches System der klinischen Untersuchung. In einem Krankenbuch notiert er Namen, Diagnose, Medikamente und Verpackung. Der Patient erhält eine runde Pappscheibe mit einer Nummer. Die meisten Kranken tragen die Pappscheibe um den Hals neben dem durchlochten Blech, das anzeigt, daß sie der Regierung die fünf Franken Kopfsteuer für das laufende Jahr entrichtet haben. Der Doktor gewinnt den Eindruck, daß die Pappscheibe von den Kranken häufig als eine Art Amulett angesehen wird.

Kommt der Kranke wieder, so braucht der Doktor nach der Nummer auf der Pappscheibe nur die entsprechende Seite im Krankenbuch aufzuschlagen. Er findet dort die alte Diagnose, fordert die Flasche oder Blechschachtel zurück und erhält sie auch in etwa der Hälfte der Fälle wieder.

Sechs Uhr. Die Konsultation ist beendet. Ein halber Tag angestrengter Arbeit ist schon vergangen, doch die Ruhe ist noch weit. Nun warten auf den Doktor eine Unmenge wirtschaftlicher Probleme. Er baut eine Wellblechbaracke als Spital und treibt zur Eile an, damit die Arbeiten bis zum Herbst abgeschlossen sind.

An den Abenden gelingt es ihm dann noch manchmal, über den Bachchorälen zu sitzen, die er für die Ausgabe in New York vorbereiten muß.

In der intellektuellen Beschäftigung fand er große Unterstützung für seine praktische Tätigkeit. Er hatte sich von allem lossagen wollen – von der Philosophie, von der Theologie und von der Musik –, doch er hatte schwer darunter gelitten. Der Entschluß zu dieser Entsagung entsprang keiner Askese. Als Anhänger des aufgeklärten 18. Jahrhunderts sah er keinen Sinn in asketischen Extremen. Er dachte einfach, es würde ihn von seiner eigentlichen Aufgabe ablenken, es würde ihm neben seiner Arbeit keine Zeit dafür übrigbleiben. Er litt keineswegs darunter, daß es hier keine Zivilisation gab und daß selbst die nächste Kleinstadt mehr als tausend Kilometer entfernt war. Doch ohne Musik hätte er hier gelitten.

Vor seiner Abreise nach Afrika erhielt Schweitzer von der Pariser Bachgesellschaft als Geschenk ein eigens für die Tropen gebautes Klavier mit Orgelpedal. Damals hatte sich Schweitzer vorgenommen, keine Tasten mehr anzurühren. Er glaubte, daß ihm der Verzicht auf seine weitere Pianistenlaufbahn leichter würde, wenn er seine „Finger und Füße einrosten" ließe. Aber eines Abends, als er einmal nach einem schweren Tag voller nutzloser Scherereien um den Spitalbau besonders niedergeschlagen war und schließlich ermüdet und zerschlagen in sein Zimmer ging, setzte er sich an das Klavier und begann, Bach zu spielen. Plötzlich überkam ihn eine große Erleichterung, und er fühlte seine Kraft und Zuversicht wachsen. Außerdem begriff er, daß ihm die Musik eine echte Entspannung verschaffte, das, was in der Stadt so gar nicht möglich war, ein völliges Aufgehen in einer neuen, von der Arbeit ganz und gar verschiedenen Beschäftigung, eine völlige Freiheit. Nach einer Stunde Spiel fühlte er sich erholt, und er sah ein, daß ein Losreißen von der Musik ohne jeden Sinn ist, da die Musik ihm bei der Arbeit nur helfen kann, da sie ihm helfen kann, ein ausgeglichenes Gemüt zu bewahren und die Gesundheit zu erhalten, die jetzt nicht nur ihm allein, sondern auch seinen Patienten gehört. Später wurde ihm dann klar, daß ein Mensch, der sich seine intellektuellen Bedürfnisse erhält, leichter das Gefangensein im Urwald zu ertragen und Kühnheit und Gesundheit zu erhalten vermag. Er stellte fest, daß die Europäer hier mehr lesen als zu Hause, und zwar ernste Literatur. Im Gegensatz dazu beobachtete er, daß ungebildete Menschen hier eher herunterkommen, zu Trinkern werden, der Schwermut verfallen und krank werden. So begann er wieder, einige Stunden seiner Freizeit der Theologie, der Musik und der Philosophie zu widmen. Er entschloß sich, abends Kompositionen von Bach, Mendelssohn, Widor, César Franck und Max Reger zu spielen, sie bis in die letzten Einzelheiten durchzuarbeiten und seine eigene Technik zu vervollkommnen.

Seine ersten Briefe aus Afrika atmen den Geist des Triumphes. Es sind die Briefe eines glücklichen Menschen. Er hatte noch keine Räumlichkeiten, fiel oft einfach vor Müdigkeit um, hatte noch keine festen Gewohnheiten für den Umgang mit den Kranken ausgearbeitet, hatte noch wenig Erfahrungen, wenig Helfer und viele, viele Kranke. Trotzdem dieser Geist des Sieges und der Zuversicht.

Er irrte sich nicht; er war hier tatsächlich notwendig. Die leidgeprüften Menschen aus dem Urwald warteten auf ihn, einen einfachen Mann, ausgerüstet mit Medizinkenntnissen und der Ethik der Liebe zu den Menschen. Er kam hierher als Retter vor den Schmerzen und bisweilen sogar – wenn auch nicht so oft – als Retter vor dem Tod.

„Überschaue ich die zweieinhalb Monate meines bisherigen Wirkens", schreibt Schweitzer im Juli, „so kann ich nur sagen, daß ein Arzt sehr, sehr notwendig ist, daß die Eingeborenen auf weithin im Umkreis seine Hilfe in Anspruch nehmen und daß er mit verhältnismäßig kleinen Mitteln unverhältnismäßig viel auszurichten vermag. Die Not ist groß. ‚Bei uns ist jedermann krank', sagte mir dieser Tage ein junger Mann. ‚Dies Land frißt seine Menschen', bemerkte ein alter Häuptling ..."

Freunde in Europa, die ihm die Reise ausreden wollten, hatten ihm öfter gesagt, er übertreibe die Armut Afrikas und die ausgeglichenen „Naturkinder" litten weniger unter den Krankheiten als die Europäer. Nun sah er diesen Länderriesen, dieses Land, das von fast allen Krankheiten gepeinigt wurde (nur die Appendizitis scheint ihm nicht zu Gesicht gekommen zu sein). Viele Kinder sterben hier an verschleppter Pleuritis. Rheumatismus ist allgemeiner verbreitet als in Europa. Auch Gicht ist ziemlich häufig anzutreffen, obwohl die Eingeborenen wirklich kein schlemmerhaftes Dasein führen. Die Körper vieler Gabuner sind von Geschwüren bedeckt. Sie kommen oft wochenlang nicht zum Schlafen, weil sie vom Jucken gepeinigt werden. Jeder vierte Schüler der Missionsschule litt an Geschwüren. Viele Geschwüre rühren vom Biß des Sandflohs her, der viel kleiner als der gewöhnliche Floh ist. Sein Weibchen bohrt sich in die weichste Stelle der Zehe, mit Vorliebe unter dem Nagel, ein und erreicht unter der Haut die Größe einer kleinen Linse. Dies kann schließlich zu Gangrän führen, und die Zehe oder ein Zehenglied fällt in der Folge ab. Afrikaner mit zehn Zehen waren in dieser Gegend fast seltener als solche, bei denen eine oder mehrere Zehen verstümmelt waren. Weiter gibt es noch die sogenannten Craw-Craw-Geschwüre, deren Ursache unbekannt ist, und die sogenannte Himbeerkrankheit oder Frambösie. Das übelste Leiden aber sind die phagedänischen – das heißt weiterfressenden – tropischen Geschwüre.

Schweitzer ist über die große Anzahl an Herzkrankheiten überrascht. Und der Aussatz! Von Anbeginn an hatte er in seinem Spital nicht weniger als 45 Aussätzige gleichzeitig zu behandeln. Dann das Sumpffieber! Die mit einer schrecklichen Blutarmut einhergehende tropische Malaria! Die Tropenruhr! Und der Bruch, bei dem der Kranke sich in Qualen auf dem Erdboden wälzt, bis er vom Tod (oder durch eine Operation) erlöst wird. Dann noch die Geschlechtskrankheiten, die von den Europäern eingeschleppt wurden und fast achtzig Prozent der Bevölkerung erfaßt haben! Die Harnblasen- und Nierenkrankheiten! Schließlich aber die Geißel der Tropen – die Schlafkrankheit, die von den Rudermannschaften und Trägerkarawanen der Europäer aus anderen Gegenden Afrikas hierher eingeschleppt wurde. Schon auf dem Schiff hatte ein Offizier Schweitzer erzählt, er sei einmal am Oberlauf des Ogowe durch ein Dorf mit etwa zweitausend Einwohnern gekommen. Als er zwei Jahre später wieder dort vorüberkam, zählte er nur noch fünfhundert. Die anderen waren unterdessen an der Schlafkrankheit gestorben.

Schweitzer war voller Mitleid mit den Kindern dieses wunderbaren, so herrlich freigebigen und doch so unsäglich armen Landes. Doch Schweitzers Mitleid mit dem Volk des kolonialen Gabun war nicht passiv. Er kam nicht, um zu wehklagen und Tränen zu vergießen. Ständig kreiste sein Denken um die eine Frage, wie man diesen Menschen helfen könne, und deshalb enthalten seine ersten Briefe aus Afrika bei allen detaillierten Einzelheiten medizinischen und wirtschaftlichen Charakters nicht wenige echt pathetische Stellen.

Schweitzer ist begeistert über die erfolgreichen Ergebnisse der Behandlung mit dem Herzmittel Digitalis und dem Dysenteriemittel Emetin. „Und wenn der Arzt in den Tropen keine anderen Mittel zur Verfügung hätte als diejenigen, die ihm erst vor kurzem mit der Entdeckung des Arsenobenzols und Emetins zur Verfügung gestellt wurden“, ruft der junge Arzt aus, „so lohnte es sich für ihn, hierher zu fahren!“

Besonders tiefen Eindruck hinterließen bei den Patienten wie beim Arzt selbst die Operationen. Man brachte nach Lambarene einen Kranken, der sich vor Schmerzen krümmte. Er hatte einen eingeklemmten Bruch. Doch nach der Operation und der anschließenden Behandlung verläßt er ruhig und freudig die Station. Ist das nicht ein Wunder? Die Operationen gelingen, der Ruhm des neuen Doktors nimmt zu.

Berichte Schweitzers über seine Operationen und später auch Berichte seiner Assistenten, die recht erfahrene Chirurgen waren, sind wiederholt in medizinischen Zeitschriften erschienen. Spezialisten, die diese Berichte analysiert haben, stellten fest, daß die Chirurgie in Lambarene mit hoher Effektivität und niedriger, ja minimaler (etwa ein halbes Prozent) Letalität durchgeführt wurde. Auch die anderen Behandlungsformen zeigten hervorragende

Wirkung. Natürlich veranlaßten diese Erfolge die Gabuner dazu, dem Doktor immer größeres Vertrauen entgegenzubringen. Doch seltsamerweise hat keiner, der über das Urwaldspital Schweitzers geschrieben hat, an einen umgekehrten Zusammenhang gedacht: an den Einfluß, den der unerschütterliche Glaube der Kranken an die Magie des weißen Doktors auf die Behandlungsergebnisse haben mußte.

In Afrika waren Arzt und Zauberer noch eine Einheit, und die Krankheit wurde von den Afrikanern als eine Einheit genommen, die der Magie des Heilkundigen unterliegt, mag er nun Arzt sein oder Zauberer. Schweitzer bringt dies in einem seiner Briefe folgendermaßen zum Ausdruck:

„Daß die Krankheiten ihre natürliche Ursache haben, setzen meine Patienten nicht voraus. Sie führen sie auf böse Geister, auf Zauberei der Menschen und auf den ‚Wurm' zurück. Der Wurm ist für sie die Verkörperlichung des Schmerzes. Werden sie aufgefordert, über ihren Zustand zu berichten, so erzählen sie die Geschichte des Wurmes, wie er zuerst in den Beinen war, dann in den Kopf kam, von hier nach dem Herzen wanderte, aus diesem in die Lunge ging und sich zuletzt im Bauch festsetzte. Alle Medikamente sollen gegen ihn gerichtet sein. Habe ich mit Opiumtinktur das Grimmen gestillt, so kommt der Patient andern Tages freudestrahlend und verkündet, der Wurm wäre aus dem Leibe vertrieben, aber er säße jetzt im Kopf und fräße am Hirn, und ich solle jetzt noch das Mittel gegen den Wurm im Kopf geben."

„Mein Name bei den Eingeborenen in der Galoasprache ist ‚Oganga', das heißt Fetischmann", schreibt Schweitzer. „Sie haben keine andere Bezeichnung für Arzt, weil die schwarzen Heilkünstler alle zugleich Fetischmänner sind. Meine Patienten nehmen als logisch an, daß der, der Krankheiten heilt, auch Macht besitze, sie hervorzurufen, und zwar auf Entfernung. Der Gedanke für ein gutes und zugleich so gefährliches Wesen zu gelten, ist mir merkwürdig."

Der Glaube an die Magie, an Amulette und Fetische, an verschiedenartige Schwüre und Tabus war nach Meinung Schweitzers eines der größten Übel des Urwalds, mit denen sich der Europäer auseinandersetzen mußte. Doch er mußte dabei sehr vorsichtig und taktisch geschickt vorgehen und eher mit einem freundschaftlichen Scherz als mit direkter Überzeugung oder gar Zwang einzuwirken versuchen. Es erscheint zwar paradox, ist aber doch vollauf verständlich, daß der gleiche Glaube an die magische Kraft des Oganga später mit dem Glauben an seine menschliche Macht verschmolz. Dies half dem jungen Doktor in der ersten Zeit, bei seinen Kranken so erstaunliche Erfolge zu erzielen.

Schweitzer schreibt in seinen Erinnerungen:

„An der Arbeit, so groß sie auch war, trug ich nicht so schwer als an der Sorge und der Verantwortung, die sie mit sich brachte. Ich gehöre leider zu den Ärzten, die das zu dem Berufe erforderlich robuste Temperament nicht besitzen und sich in ständiger Sorge um das Ergehen ihrer Schwerkranken und Operierten verzehren. Vergebens habe ich mich zu dem Gleichmute zu erziehen versucht, der dem Arzte bei aller Teilnahme mit den Leiden seiner Kranken das erforderliche Haushalten mit seinen seelischen Kräften ermöglicht."

Dieses ununterbrochene Mitfühlen mit dem Patienten, diese erhöhte Sensibilität (wie es wohl die Spezialisten bezeichnen würden) und dieses „Eingehen auf ihn" sind für den Kranken aus dem Zeitalter der hochorganisierten Medizin ein äußerst sympathischer Zug.

Aufbau des Urwaldspitals

Albert Schweitzer fuhr nach N'Gômô. Dort war jemand in der Missionsstation schwer erkrankt. Der Doktor mußte von Zeit zu Zeit derartige Reisen unternehmen, und das brachte einige Abwechslung in sein Leben: die endlosen Weiten des Ogowe, der Rand des unberührten Urwaldes, dort plätschert ein Flußpferd am Ufer, Fische tummeln sich in der Mitte des Stromes. Die ursprüngliche Schönheit der Natur regte ihn immer zu ernsten Gedanken an. Es ist nicht erstaunlich, dachte er, daß seine Patienten, die Afrikaner, zu einem so ernsten, auf das Wesentliche gerichteten, die letzten Fragen des Lebens berührenden Denken neigen.

In N'Gômô war Madame Faure, die Frau des Missionars, erkrankt. Sie hatte einige Meter im Freien ohne Kopfbedeckung zurückgelegt, und nun lag sie mit schwerem Fieber danieder.

Der Missionar Haug machte dem Doktor ein ungewöhnliches Geschenk. Ein Dorfbewohner war mit seiner Frau zu Monsieur Haug gekommen und hatte ihm berichtet, daß er und seine Frau an quälender Schlaflosigkeit leiden. Im Traume hörte der Mann mehrmals eine Stimme, die ihm offenbarte, sie könnten beide erst genesen, wenn er seinen von den Vätern ererbten Fetisch dem Missionar Haug in N'Gômô brächte und dessen Anordnung befolgte. Der gutmütige protestantische Pfarrer wurde auf diese Weise in das System der alten afrikanischen Magie einbezogen. Die Anordnung des Missionars war vernünftig und zweckmäßig: Monsieur Haug wies das Ehepaar an, sich nach Lambarene zu Doktor Schweitzer in die Behandlung zu begeben, und schenkte dem Doktor den Fetisch.

Schweitzer wußte im Prinzip bereits, woraus dieser Fetisch bestand. Gegenüber der Missionsstation von Lambarene, in der neuen Plantage, hatte er in einer Flasche einen Fetisch gesehen, der für den Schutz der Plantage bestimmt war. Zu einem Fetisch gehörten in der Regel eine Reihe von Gegenständen, deren Bedeutung unverständlich war. Üblich waren Leopardenklauen und

Leopardenzähne, Päckchen mit roter Erde, rote Vogelfedern und seltsam geformte Glöckchen aus dem Europa des 18. Jahrhunderts, die noch aus dem alten Tauschhandel stammten. Tragisch war jedoch, daß zum Fetisch häufig auch menschliche Schädelknochen, ja bisweilen sogar ein ganzer menschlicher Schädel gehörten. Der betreffende Mensch mußte aber eigens zum Zwecke der Gewinnung eines Fetischs getötet worden sein.

Zu dem Fetisch, den Schweitzer von Missionar Haug erhielt, gehörten ebenfalls zwei länglich-ovale, mit rotem Farbstoff getränkte Bruchstücke eines menschlichen Schädels, die vermutlich den Scheitelbeinen entnommen waren.

Bei der Heimkehr von N'Gômô erwartete den Doktor eine freudige Nachricht: Die Wellblechbaracke des Spitals war fertig. In diesem mit Palmzweigen gedeckten kleinen Haus wurden nunmehr die Apotheke, der Konsultationsraum und der kleine Operationsraum untergebracht. Gegen Ende des Herbstes nahm Schweitzer seine Konsultationen in dem neuen Haus auf, und im Laufe des Dezembers wurden die Wartehalle und eine Baracke zum Beherbergen der Kranken fertig. Sie waren wie große Negerhütten aus unbehauenem Holz und Raphiablättern erbaut. Als das Dach des Schlafraums fertiggestellt war, ritzte Schweitzer in den Lehmboden sechzehn große Rechtecke ein. Jedes bedeutete ein Bett. Am gleichen Tage wurde auf Booten das Holz herbeigeschafft, und am Abend waren die Betten fertig. Sie waren sehr einfach, aber zweckmäßig gebaut: Sie bestanden aus vier in Gabeln auslaufenden, starken Pfählen, auf denen Längs- und Querhölzer mit Lianen zusammengebunden lagen. Getrocknetes Gras diente als Matratze. Unter den Betten blieb noch ein halber Meter Platz, damit die mitgebrachten Habseligkeiten und Bananen untergebracht werden konnten. Die Betten waren so breit, daß zwei oder drei Personen nebeneinander liegen konnten. Die Moskitonetze brachten die Patienten selber mit. Wie zu Hause gab es in der Schlafbaracke keine Trennung nach Geschlechtern. Alles war wie zu Hause, und der Doktor war nur in einer Hinsicht streng: Die vorübergehend in der Schlafbaracke untergebrachten Gesunden durften sich nicht ein Bett anmaßen, während die Kranken auf der Erde schlafen mußten.

Der Doktor theoretisierte und diskutierte nicht lange über die Prinzipien der Organisation des Gesundheitsschutzes; er behandelte einfach seine Patienten. Doch allmählich, im Laufe der praktischen Tätigkeit, bildete sich in Lambarene ein neuer eigener, keinem anderen ähnlicher Typ einer Klinik, eines Urwaldspitals, heraus, wie man es später – nicht ganz ohne Bedenken und Zweifel – bezeichnet hat.

Der Doktor kümmerte sich selbst um seine Patienten, darum, wie es ihnen im Spital erging, wie ihr Tagesablauf war. Er brach nicht mit den Gewohnheiten der Kranken, sondern paßte vielmehr die Regeln des Spitals an diese Gewohnheiten an. Ja mehr noch, die Kranken selbst gaben viele Anregungen. Im Urwald sind die Familienbande sehr stark. Deshalb erlaubte Schweitzer den Patienten, ihre Familien mit ins Krankenhaus zu bringen. Es wäre unvernünftig gewesen, Krankensäle nach europäischem Stil zu bauen und damit für die Kranken ungewohnte Bedingungen zu schaffen. Schweitzer drängte den Kranken nichts auf, was sie hier verstimmen könnte. Er hatte gesehen, wie Leute gestorben waren, weil sie ein ganz dummes Tabu gebrochen hatten. Er wußte, wie leicht man die Psyche des Afrikaners verletzen kann. Man darf kein Tabu durchbrechen, und man darf den Leiden der Kranken nicht noch ein psychisches Trauma hinzufügen, wenn dies nicht unumgänglich nötig ist.

In Schweitzers Urwaldspital lagen in diesem ersten Jahr bereits bis zu vierzig Kranke. Rings um das Spital entstanden mehrere Bambushütten.

Das Leben im Urwald war, oberflächlich gesehen, recht eintönig – Kranke, Kranke und immer wieder Kranke ...

Zu Beginn der trockenen Jahreszeit wurden die Nächte kühler. Die Gabuner haben keine Betten, sondern schlafen auf der Erde. Deshalb treten in dieser Jahreszeit immer zahlreiche Erkältungskrankheiten auf.

Schweitzer machte sich lange darüber Gedanken, worin die Ursache für die häufigen unklaren Magenverstimmungen zu suchen ist, bis er schließlich zufällig von Joseph darauf gebracht wurde. Dieser erzählte ihm, daß die Gabuner, wenn sie nicht schlafen können, die ganze Nacht über rauchen, um sich zu betäuben. Wenn sich die Kranken nunmehr über Verstopfung beklagten, so stellte Schweitzer ihnen die Frage: „Wieviel Pfeifen rauchst du am Tag?“ Tabak ist hier ein beliebtes Tauschäquivalent. Sieben Blätter Tabak werden zu einem „Kopf Tabak“ zusammengeschlungen und können auf einer Reise gute Dienste tun. Sie sind etwa einen halben Franken wert. Schweitzer führte bei seinen Reisen immer eine Kiste Tabak bei sich, um damit Lebensmittel für die Ruderer einzuhandeln. Allerdings mußte man sich bei der Bootsfahrt auf diese Kiste setzen, damit sie unterwegs nicht ausgeraubt wurde.

In Samkita fand eine Zusammenkunft der Mission und der örtlichen Pfarrer statt. Hier unterstützte man den Antrag Schweitzers auf Genehmigung für den Bau des Spitals. Überhaupt unterhielt er ausgezeichnete Beziehungen zu allen. Einmal forderte ihn einer der Missionare auf, sich zu einer strittigen theologischen Frage zu äußern. Doch da protestierte ein schwarzer Prediger aus einem fernen Dorf, daß dies dem Doktor, da er kein Theologe sei, eigentlich nicht zustehe.

Als die Missionare sahen, daß Schweitzer auch nicht den geringsten Versuch machte, ihnen seine theologischen Anschauungen aufzuzwingen, forderten sie ihn sogar auf, Predigten zu übernehmen. Damit wurde er von dem in Paris gegebenen Versprechen entbunden, „stumm zu sein wie ein Karpfen“.

Bisweilen hielt er Predigten, was ihm große Freude bereitete. Auch an den Prüfungen der Zöglinge durfte er teilnehmen.

Schweitzer mußte feststellen, daß die Bekehrung nur selten die Weltanschauung der Afrikaner verändert. Zauberer und Magier halten sie nach wie vor in Furcht. Die Lokalgötter und die örtlichen Zeremonien behalten ihre Kraft und vertragen sich mit allen Formen des Christentums, mit dem protestantischen wie mit dem katholischen und auch mit dem ganz liberalen der Missionare in Gabun. Joseph versprach seinem Doktor, ihn in die komplizierte Welt der gabunischen Psychologie einzuweihen.

Der Doktor seinerseits versuchte, seinem Heilgehilfen einige zweifellos nützliche europäische Tugenden, wie zum Beispiel die Sparsamkeit, beizubringen. Als Joseph noch als Koch an der Küste war, hatte ihn seine Frau verlassen, um mit einem Weißen zusammenzuleben. Nun mußte er sich eine neue Lebensgefährtin suchen, doch der Kaufpreis für sie würde etwa sechshundert Franken betragen. Der Mann kann das Geld auch in Raten bezahlen. Aber Joseph wollte keine Frau auf Abzahlung. Der Doktor gab ihm in dieser Frage recht. Konnten doch die Verwandten, wenn die Frau nicht ganz bezahlt war, plötzlich die ganze restliche Summe auf einmal fordern oder auch die Summe erhöhen. Auch hätte er dann der Frau nichts zu sagen, weil sie ja jeden Augenblick weglaufen könnte. Wenn sein Heilgehilfe am Morgen ein finsteres Gesicht machte, so wußte der Doktor schon, daß bei ihm nachts heimlich eine Frau entführt worden war. Überhaupt konnte sich Schweitzer davon überzeugen, daß die Frau bei diesem System der Bezahlung eine recht große Unabhängigkeit innerhalb der afrikanischen Familie bewahrt. Sie kann sich immer bei ihren Eltern und Brüdern beschweren, und sie kann jederzeit weglaufen.

Doch sei dem, wie ihm sei, auf jeden Fall brauchte der „erste Gehilfe des Doktors" eine Frau, und der sparsame Doktor Schweitzer aus dem Elsaß versuchte, seinen Gehilfen die Ökonomie zu lehren. Er schenkte Joseph eine Sparbüchse und verpflichtete ihn, alle Gratifikationen für Nachtwachen und außerordentliche Dienstleistungen sowie die Trinkgelder der weißen Patienten hineinzuwerfen. Doch Schweitzer war nicht so recht davon überzeugt, daß er dies wirklich tun würde.

Einmal gingen sie zusammen in Lambarene in einen Laden, wo der Doktor Nägel und Schrauben kaufte. Dabei stachen Joseph ein Paar Lackschuhe in die Augen, die vom langen Stehen in einem Pariser Schaufenster von der Sonne verbrannt und rissig geworden waren. Der Preis für dieses Luxusobjekt war fast so hoch, wie Joseph in einem ganzen Monat verdiente. Trotzdem hatte er sich schon in einem Augenblick, als Schweitzer beschäftigt war, nach dem Preis der Schuhe erkundigt. Der Doktor warf ihm warnende Blicke zu, doch Joseph lächelte unschuldig zurück. Dann versetzte der Doktor ihm am Ladentisch einige sanfte Rippenstöße.

Der Verkäufer aber wollte gern die alten Ladenhüter loswerden und redete Joseph eifrig zu. Joseph war bereits vollauf bereit, auf den unsinnigen Handel einzugehen, bis ihn der sparsame Doktor so kräftig von hinten in den Schenkel kniff, daß er den Schmerz nicht aushielt und die Verhandlung mit dem Weißen abbrach.

„Als wir im Kanu saßen", schreibt Schweitzer weiter, „hielt ich ihm eine lange Rede über seinen kindischen Hang zur Verschwendung mit dem Erfolge, daß er am anderen Tage heimlich auf die Faktorei fuhr und die Lackschuhe kaufte."

Übrigens enthält diese komische Szene einen ernsten Punkt, auf den Schweitzer später wiederholt zurückgekommen ist: Er stellte fest, daß die Läden allen möglichen wertlosen Plunder und veraltete Waren verkauften, die nirgendwo anders mehr als in Afrika abgesetzt werden können. Dies war ein charakteristisches Merkmal der Kolonialpolitik und einer der Versuche, die geringen Bedürfnisse der Afrikaner auszunutzen, indem man ihnen verschiedenartige unsinnige Waren zuschanzte und sie zwang, für diesen scheinbaren Luxus ihre Arbeitskraft zu verkaufen.

Das Arbeitskräfteproblem ist im Urwald trotz auseinandergehender Meinungen sehr kompliziert. Hier herrscht nicht nur ein Mangel an erfahrenen Arbeitern, sondern an Arbeitern überhaupt. Die erste Erklärung, die die Weißen dafür zur Hand hatten, bestand darin, daß sie sagten, die Afrikaner seien faul. Schweitzer trat dieser Auffassung entschieden entgegen. Wissenschaftliches Interesse und sein angeborenes Gerechtigkeitsgefühl veranlaßten ihn, „tiefer in dieses Problem einzudringen".

„Wer einmal die Leute eines Negerdorfes gesehen hat, wenn sie ein Stück Urwald ausroden, um eine neue Pflanzung anzulegen, der weiß, daß sie imstande sind, wochenlang mit Eifer und unter Anspannung aller Kräfte zu arbeiten ...", schreibt er. „Was mich angeht, so wage ich nicht mehr, unbefangen von der Faulheit der Neger zu reden, seitdem mir fünfzehn Schwarze in fast ununterbrochenem, sechsunddreißigstündigem Rudern einen schwerkranken Weißen den Strom heraufbrachten.

Der Neger arbeitet unter Umständen also sehr gut ... aber er arbeitet nur so viel, als die Umstände von ihm verlangen."

Die Lösung des Rätsels sieht Schweitzer darin, daß der Gabuner aus dem Urwald stets nur eine gewisse Zeitlang arbeitet, denn „bei geringer Arbeit liefert die Natur dem Eingeborenen so ziemlich alles, was er zu seinem Unterhalt im Dorfe braucht". Warum soll sich der Gabuner also eigentlich mit Arbeit beschäftigen? Und wenn er es tut, dann nur zeitweilig, unter besonderen Umständen: Er will eine Frau oder mehrere Frauen kaufen, sein Weib oder seine Weiber haben Lust auf schöne Stoffe, er selber braucht eine neue Axt, möchte gern Schnaps trinken, einen Khakianzug und Schuhe tragen. Danach kehrt er in das Dorf zurück.

Doch wenden wir uns wieder dem Spital zu. Es hatte nicht geringe Schwierigkeiten zu überstehen. Da seine Popularität zunahm, wuchs auch die Anzahl der Kranken, die nach Lambarene kamen. Am Ende der ersten neun Monate stellte Schweitzer fest, daß sich in seinem Spital schon zweitausend Patienten aufgehalten hatten. Doch die Anzahl der Patienten zu vergrößern, machte einen Neubau erforderlich. Auf dem Bau bei Schweitzer arbeiteten Mietarbeiter, in Genesung befindliche oder völlig ausgeheilte Patienten und manchmal auch Angehörige von Patienten. Schon im ersten Jahr seines Aufenthalts mußte sich der Doktor mit einer seiner unangenehmsten Verpflichtungen in Afrika vertraut machen, mit der Aufgabe, die Arbeiter zu beaufsichtigen. Dies stellte eine besonders große Belastung für seine Kräfte, seine Nerven, seine Zurückhaltung und sein angeborenes Temperament dar. Über diese für ihn neue Form der Tätigkeit schreibt er gereizt:

„Letzthin hatte ich Tagelöhner, um eine neue Hütte beim Spital zu bauen. Kam ich am Abend, so war nichts geschafft. Als ich mich am dritten oder vierten Tag erzürnte, sagte mir einer der Schwarzen, der nicht einmal einer der schlechtesten war: ‚Doktor, schrei nicht so mit uns. Du bist ja selber schuld daran. Bleib bei uns, dann schaffen wir. Aber wenn du im Spital bei den Kranken bist, sind wir allein und tun nichts.'"

Schweitzer hörte auf diesen Rat, machte sich für zwei bis drei Stunden am Tage frei und veranlaßte sie zu arbeiten, bis ihnen der Schweiß auf der braunen Haut stand. Er trieb sie an, schrie und hatte dann wieder schwere Schuldgefühle. Er wunderte sich immer wieder über ihren ausgeglichenen, nicht nachtragenden Charakter und schrieb wiederholt, daß die Afrikaner „einen besseren Charakter haben als wir".

Als er mehr Arbeiter hatte, verlor Doktor Schweitzer wiederholt seine ausgeglichene Freundlichkeit und begann hart zu kommandieren.

Später, wenn er sich an diese Ausbrüche erinnerte, bereute er sie und bezichtigte sich schrecklicher Sünden. Gerade auf diese Temperamentsausbrüche, auf diese von Zeit zu Zeit durchbrechende starke Heftigkeit bezogen sich die Biographen, wenn sie darüber klagten, daß ihr Held „kein Engel" sei.

Über diese Seiten Schweitzers ist sehr viel geschrieben worden. Den einen war es unangenehm, daß der Mensch, zu dem sie nach Lambarene gefahren waren, kein Heiliger war. Andere ließen sich durch die „Schweitzer-Legende" und durch den Strahlenkranz, der um sein Haupt geflochten wurde, provozieren. Doch Doktor Schweitzer ließ sich durch all dies nicht beirren, sondern arbeitete einfach – untersuchte, verband, operierte, verschrieb Medikamente und baute neue Gebäude.

Am anderen Ufer, gegenüber dem Spital, ließ er eine Hütte für Patienten mit Schlafkrankheit errichten.

Die Schlafkrankheit war eine schreckliche Geißel Afrikas. Schweitzer mußte schon im ersten Jahr wiederholt den herzzerreißenden Aufschrei hören: „Doktor, mein Kopf, mein Kopf! Ich kann nicht mehr leben!" Er sah immer wieder das gleiche: hohes Fieber, Schlaflosigkeit und dann schließlich ein Schlafzustand, aus dem es keine Rückkehr mehr gab. Der Schlaf wird immer fester und fester, und der Patient verfällt in Erinnerungslosigkeit. Auf dem Rücken des Kranken treten Geschwüre auf, und die Knie sind bis an den Hals angezogen ... „Das Bild ist entsetzlich!" schreibt Schweitzer. Die Gelehrten haben schon vor einiger Zeit den Überträger der Seuche entdeckt; es ist Glossina palpalis, eine Art der Tsetsefliege. Später stellte sich heraus, daß auch Moskitos die Schlafkrankheit übertragen können. „Das Heer der Moskitos setzt also das Werk, das die Glossinen tagsüber betreiben, bei Nacht fort. Armes Afrika!" ruft Schweitzer aus. Will man die Krankheit erfolgreich bekämpfen (und Schweitzer vertraut sehr auf die Kräfte der Medizin), so muß man die Trypanosomen vernichten, solange sie sich noch im Blute befinden und noch nicht in die Rückenmarksflüssigkeit übergegangen sind. Das heißt aber, man muß die Krankheit im Frühstadium erkennen. Doch im Frühstadium tritt bei dem Kranken nur Fieber auf, eine in diesen Gegenden recht häufige Erscheinung. Folglich muß man bei jedem Fieber und bei jedem anhaltenden Kopfschmerz eine mikroskopische Blutuntersuchung durchführen. Das Unglück will noch, daß diese blassen Parasiten sehr klein sind; ihre Länge beträgt weniger als ein achtzigtausendstel Millimeter! „Habe ich also eine Stunde über dem Blute eines verdächtigen Patienten gesessen und vier oder fünf Tropfen untersucht, ohne etwas zu finden, so darf ich nicht sagen, daß keine Schlafkrankheit vorliegt, sondern ich muß nun ein noch langwierigeres Verfahren anwenden. Dies besteht darin, daß ich ihm zehn Kubikzentimeter Blut aus einer Vene des Armes entnehme und es nach bestimmten Regeln eine Stunde lang zentrifugiere, wobei ich die obersten Schichten immer abgieße, um dann die letzten Tropfen ... unter das Mikroskop zu bringen."

Die Beschreibung dieser mühsamen Untersuchung endet mit einem Aufstöhnen des durch die Hitze und den endlosen Patientenstrom erschöpften Doktors:

„Zwei Patienten mit verdächtigem Fieber oder Kopfschmerzen bannen mich, wenn ich gewissenhaft verfahren will, also den ganzen Morgen ans Mikroskop. Draußen aber sitzen zwanzig Kranke, die vor Mittag erledigt sein wollen! Die Operierten sollen verbunden werden! Ich muß Wasser destillieren, Medikamente bereiten, Geschwüre auskratzen, Zähne ziehen! Von diesem Gehetztsein und von der Ungeduld der Patienten werde ich oft so nervös, daß ich mich selber nicht mehr kenne."

Ein Jahr dieses Lebens ist vergangen. Schweitzer ist neununddreißig Jahre alt. Wie früher unterbricht er seinen Tageslauf, um bei seinen Bauarbeitern zu stehen oder selbst am Bau mitzuarbeiten. Konsultation, Untersuchungen, Scherereien mit wirtschaftlichen Fragen ... Dann der Abend und die Nacht. Doch es ist erstaunlich: Sein kräftiger Organismus und sein starker Geist bleiben Sieger über die Müdigkeit; er bereitet die Choralvorspiele Bachs für die amerikanische Ausgabe vor, er spielt lebendig, stöhnend und aufjubelnd in der unermeßlichen Urwaldnacht. Dann beginnt er zu lesen, und ganz spät, vor dem Einschlafen, schreibt er noch lange Antwortbriefe an seine Freunde, die Opfer gebracht hatten für die Sache des Guten, die nur durch seinen Willen verwirklicht wurde. Ist es verwunderlich, daß in diesen Antwortschreiben manchmal Dissonanzen, Anzeichen von Gereiztheit und Übermüdung, aufklingen? Erstaunlicher jedoch ist etwas anderes: daß er nach der erschöpfenden, fast vierundzwanzig Stunden währenden Arbeit noch in der Lage ist, immer von neuem die Freude über seine außerordentliche Situation zu empfinden. Er freut sich, daß er Menschen zu helfen vermag, die seine Hilfe so dringend benötigen. Erstaunlich ist auch, daß an diesen Abenden sein unverwüstlicher elsässischer Humor immer von neuem erwacht, der von den Vorfahren der Schweitzers, von der Günsbachschen und Kaysersbergschen Erde, vom Lächeln der Weinbauern und Landarbeiter, von den Späßen des Sakristans Jägle und den Dorfgeschichten des Pfarrers Ludwig Schweitzer auf ihn überkommen ist. Schweitzer schreibt seinen Freunden über die spaßigen und tiefsinnigen Erzählungen seines Joseph; über den dankbaren Patienten, der bei seinen Verwandten zwanzig Franken sammelte und sie voller Hochachtung nach der Operation überreichte, „um dem Doktor den teuren Faden, mit dem er den Bauch zunäht, zu bezahlen"; und über einen anderen Patienten, der erklärte: „Du hast mich geheilt; jetzt kaufe mir eine Frau!" Schweitzer erzählt von seinen Versuchen, seinen Kranken das echt europäische Gefühl der Dankbarkeit oder besser die Mittel, wie man sie zum Ausdruck bringt, beizubringen. Er erachtete es als ganz natürlich und wünschenswert, daß die Kranken aus Dankbarkeit für die Behandlung Geld, irgendwelche Nahrungsmittel oder einfach Arbeitszeit opferten, um anderen Patienten zu helfen, die in ihrer

Mehrzahl nicht nur nackt, sondern auch ganz arm waren. Diese erzieherischen Versuche führten oft zu recht unerwarteten Ergebnissen. Der Onkel eines kranken Jungen arbeitete zwei Wochen lang und fertigte für den Doktor aus alten Kisten ein Büfett. Andere Patienten hingegen verlangten von dem Doktor selbst Geschenke; denn sie seien ja während der Behandlung Freunde geworden, und unter Freunden sei es üblich, sich gegenseitig zu beschenken. Hier herrschten andere Regeln, andere Sitten und andere Moralvorstellungen. Schweitzer stellte gleichzeitig fest, daß die Afrikaner die moralischen Einstellungen des Weißen sehr genau kennen und sich ihm gegenüber dementsprechend verhalten.

Trotz der bisweilen recht eigenartigen Ergebnisse bestand Schweitzer auch weiterhin darauf, seinen Patienten europäische Sitten anzuerziehen. Er mußte gegen kleine Diebstähle, seltsame verhängnisvolle Vorurteile und Aberglauben ankämpfen. Doch die Zeitungsspalten, die er in den Nachtstunden überflog, überzeugten ihn davon, daß in Europa selbst in den Kreisen der Intelligenz noch mittelalterliche Vorurteile herrschten. Ein wilder, leidenschaftlicher Nationalismus trübt den Menschen die Augen, die für Ideologen und geistige Führer der Völker gehalten werden. Für kleinliche Überlegungen aus der Dorfperspektive sind sie bereit, ganze Länder in Ruin und Untergang zu stürzen, endlose menschliche Opfer zu bringen, menschliche Freiheit aufs Spiel zu setzen und die menschliche Persönlichkeit zu unterjochen. Die Katastrophe rückt immer näher.

„Die größte Katastrophe der Weltgeschichte im Laufe von Jahrhunderten, der Zusammenbruch unserer heiligsten Hoffnungen auf die Brüderschaft der Menschen", so schrieb zu jener Zeit Rolland in sein Tagebuch. In der Schweiz weilend, liest Rolland voller Abscheu die mit nationalistischer Haßpropaganda gefüllten französischen und deutschen Zeitungen. „Ich bin niedergeschlagen", schrieb er zu jener Zeit. „Ich möchte sterben. Es ist schrecklich, inmitten dieser von allen guten Geistern verlassenen Menschheit zu leben und im Bewußtsein der eigenen Ohnmacht den Bankrott der Zivilisation zu sehen."

Doch in Lambarene ging das zwar nicht leichte, aber vernünftige Leben weiter. Doktor Schweitzer baute ein neues Krankengebäude und behandelte seine Kranken. Helene Schweitzer kümmerte sich um die Hauswirtschaft, arbeitete in der Apotheke, bereitete die Instrumente für die Operationen vor, wusch und sterilisierte das Verbandmaterial. Joseph half ihnen mit großem Eifer und sparte weiterhin Geld für den Kauf einer Frau.

Das Spital war nicht nur ein Ort des Leidens und Genesens, sondern auch ein Asyl des Todes. Schweitzer folgte nicht dem wohlgemeinten Rat von Joseph; er nahm alle Kranken an. Die hoffnungslosen Patienten starben. So starb ein Mann, der beim Fischen von einem Flußpferd angegriffen und verstümmelt worden war. Er wurde von zwei Männern gebracht – seinem Bruder und einem Mann, der ihn auf den Fischfang mitgenommen hatte. Joseph erklärte dem Doktor, dieser Mann müsse die Verantwortung für den Unglücksfall tragen; wenn sie in ihr Heimatdorf zurückkehrten, müsse er seine Einladung an den Verunglückten mit seinem Leben bezahlen. Der Doktor war der Meinung, daß den Mann doch keinerlei Schuld träfe und daß es besser sei, den Fall dem Gericht zu übergeben. Schweitzer setzte schließlich durch, daß der Bruder ohne sein Opfer, auf das er Anspruch zu haben glaubte, in sein Dorf zurückfuhr. Helene Schweitzer war erschüttert und empört, daß der Afrikaner, während sein Bruder in den letzten Zügen lag, kein Anzeichen von Schmerz zeigte, sondern nur an den Austrag des Rechtsfalls dachte. Der Doktor erklärte seiner Frau, daß sie ihm damit Unrecht tue. Die Afrikaner nehmen den Tod mit größerer Standhaftigkeit auf als die Weißen. Was das Verhalten des Afrikaners betrifft, so erfüllte er nur eine heilige Pflicht und setzte sich für die Einhaltung des Rechts ein. Das Recht aber wird hier sehr streng eingehalten.

Obwohl jeder Gabuner nach Aussagen des Doktors und seiner Frau ein überdurchschnittlicher Spezialist auf dem Gebiete des Rechts war, wurde dem Doktor wiederholt die Ehre zuteil, das Amt des Richters zu übernehmen. So stark war sein Ansehen gestiegen. Einmal kam es in der Fischfangsaison vor, daß ein Patient in der Nacht das Kanu eines anderen nahm und damit auf Fischfang fuhr. Der Doktor übernahm die Rolle des Richters. Zuerst gab er bekannt, daß auf seinem Boden nicht das Eingeborenenrecht, sondern das Vernunftrecht der Weißen gelte, das durch seinen Mund verkündet werde. Dann schritt er zur Untersuchung der Rechtslage. Er wies auf die hohe erzieherische Rolle des Gerichts hin und erklärte, daß beide zugleich im Recht und zugleich im Unrecht seien. Hören wir seine weise Entscheidung in seiner eigenen authentischen Aufzeichnung:

„‚Im Recht bist du‘, sagte ich zum Besitzer des Bootes, ‚weil der andere dich um die Erlaubnis es zu benutzen hätte fragen sollen. Im Unrecht bist du aber durch Nachlässigkeit und Faulheit. Nachlässig warst du, weil du die Kette deines Kanus einfach um eine Palme schlangst, statt sie, wie man es hier tun soll, mit einem Malschloß zu schließen. Durch die Nachlässigkeit hast du den andern in Versuchung geführt, dein Boot zu benutzen. Der Trägheit bist du schuldig, weil du in dieser Mondscheinnacht in deiner Hütte schliefst, statt die gute Gelegenheit zum Fischfang zu benutzen.'"

„,Du aber', wende ich mich dann zu dem andern, ,der du das Boot genommen hast, bist im Fehler, weil du es unterließest, den Besitzer um Erlaubnis zu fragen. Im Recht bist du, weil du nicht so faul warst wie er und die Mondscheinnacht nicht unnütz vorübergehen lassen wolltest.'"

Die Entscheidung Schweitzers war weise und gerecht: Der Fischer mußte dem Besitzer des Bootes ein Drittel der Fische als Entschädigung geben, ein Drittel durfte er für sich behalten, und ein Drittel wurde dem Spital zugesprochen, erstens weil sich das ganze hier abgespielt hatte und zweitens weil der Doktor seine wertvolle Zeit für diese Sache opfern mußte.

Diese Gerichtsprozedur war ein kurzes Zwischenspiel in der schweren, mit dramatischen Ereignissen ausgefüllten ärztlichen Tätigkeit eines langen Tages. Danach folgte erneut die Konsultation – erneut Geschwüre, Brüche, Krämpfe eines Schlafkranken ...

Es begann das zweite Jahr anstrengender, zermürbender Tätigkeit. Ein Europäer vermag in diesem Klima nicht lange ohne Erholung zu arbeiten. Helene Schweitzer war schrecklich erschöpft. Am Bein des Doktors trat ein Abszeß auf, der ihn sehr beunruhigte.

In dieser Zeit erblickte im Spital der kleine Sohn von Madame und Monsieur Fourier das Licht der Welt. Fourier war Faktoreiangestellter in Kap Lopez und Enkel des großen französischen Philosophen Fourier. Der glückliche Vater lud den Doktor und Madame Schweitzer ein, ihn in Kap Lopez zu besuchen, wo ein Militärarzt den Abszeß am Bein öffnen konnte. Die Einladung wurde angenommen, und Helene und Albert Schweitzer hatten ihre erste, wenn auch sehr kurze Erholungspause.

Kap Lopez war verglichen mit Lambarene ein Paradies. Hier konnte man die Bewegung der Luftmassen beobachten. Weniger wissenschaftlich ausgedrückt, wehte hier ein frischer Seewind, und beide atmeten ihn mit Behagen tief ein. In Lambarene grenzt die Wand des Waldes eine unbewegliche feuchte Schwüle ab, und selten, nur ganz selten einmal weht ein Tornado. In der übrigen Zeit ist Lambarene ein Dampfbad, in dem man leben und sogar arbeiten, sich mühen, behandeln, gut zureden, nervös sein und leiten muß und in dem man erst spät am Abend dazu kommt, sich auszuruhen, nachzudenken und sich am Leben zu freuen.

Der Dampfer bewegte sich langsam auf Kap Lopez zu. Zuerst den Ogowe hinunter bis Kap Lopez, dann noch langsamer zurück, stromaufwärts. Der Doktor benutzte diese Reise, um für seine Freunde einige Gedanken über Afrika und einige Beobachtungen niederzuschreiben. Das betraf vor allem das Leben der Holzhauer und Holzflößer am Ogowe. Die Ebene des Ogowe ist ein reiches Land für die Züchtung wertvoller tropischer Pflanzen. Es gibt jedoch keinerlei Pflanzungen, und von den Industriezweigen ist nur die Holzindustrie entwickelt. Das hauptsächlich ausgebeutete Holz ist Mahagoni und das Okoumeholz. Doch es gab hier auch viele andere wertvolle Sorten: Rosenholz, das sehr schöne Korallenholz und das sehr harte „Eisenholz“. Die Europäer kennen diese Holzsorten nicht, und sie werden deshalb nicht exportiert. Doktor Schweitzer war, wie seine Frau mehrmals betonte, zu einem echten Holzkenner und Holzfanatiker geworden.

Die Technik der Holzgewinnung war hier außerordentlich primitiv. Die riesigen Baumstämme wurden von Hand durch den Morast gezogen. Dabei mußten oft dreißig Menschen einen halben Tag arbeiten, um den Stamm einhundert Meter oder weniger vorwärtszubewegen. Die Holzfäller standen nicht selten bis zum Gürtel im Wasser und wurden dazu von Tsetsefliegen und Moskitos belästigt, und sie erkrankten häufig an Schlafkrankheit, Rheumatismus und Fieber.

Der Holztransport wurde durch einen Mangel an Arbeitskräften und Nahrungsmitteln erschwert: „So paradox es klingt: man kann nirgends so leicht verhungern als in der üppigen Vegetation des wildreichen Urwalds Äquatorialafrikas“, schrieb Schweitzer. Die Kolonisatoren brachten billigen Schnaps in den Urwald. Sie versuchten, den Gabuner von seiner Erde loszureißen und seine Bindung zu seinem Dorf, den Rückhalt seiner Arbeitsliebe, Moral und Gesundheit zu zerstören. Sie brachten damit dem Afrikaner keinerlei Hilfe, sondern trugen letztlich dazu bei, seine dürftige Landwirtschaft und seine Lebensgewohnheiten zu zerstören.

Der alte Dampfer schleicht langsam den Ogowe hinauf. Der Doktor bewundert den schattigen, dämmrigen Pflanzenwuchs am Ufer, verfolgt mit freundlichen Blicken die Flußpferdfamilie und bemerkt irgendein Plätschern am Ufer, wahrscheinlich ein Krokodil. Dann greift er erneut zur Feder und schildert seinen Freunden die Probleme des Urwalds.

Polygamie. Wieviel Mühe haben die Missionare und andere Europäer aufgewandt, um den Afrikanern die Vorzüge der Monogamie und die Sünde der Vielweiberei nachzuweisen! Was aber wollen die Missionare eigentlich von dem Urwaldbewohner? Daß er nur eine Frau nimmt und die anderen Frauen des Dorfes Hungers sterben? Und was hat die einzige Frau davon? Drängt sie doch selbst den Mann, noch eine weitere Frau zu kaufen, die ihr helfen kann. Gut drei Jahre lang stillt die Frau das Kind und opfert ihm all ihre Kräfte. Oft verbringt sie diese Zeit zum großen Teil bei ihren Eltern. Wer aber besorgt in dieser Zeit dem Mann den Haushalt, und wer betreut die Pflanzungen?

Kurz nach ihrer Rückkehr aus Kap Lopez erfuhren der Doktor und seine Frau, daß in Europa Krieg ausgebrochen war.

Verteidiger der Menschenwürde

Seine Vorhersagen waren in Erfüllung gegangen. Die bürgerliche Zivilisation hatte die von ihm vorausgesehene Entwicklungsstufe erreicht – die vollständige Barbarei. In dieser Phase gab es allerdings nichts prinzipiell Neues, was nicht schon an der Schwelle des Jahrhunderts festzustellen gewesen wäre. Der gleiche grenzenlose Unverstand; die gleiche Unterwerfung unter den Herdentrieb, die bis zu völligem Stumpfsinn und maßloser Härte ging; der gleiche Verzicht auf Ethik, der die Teilnahme an Massenmorden erlaubte, die zudem noch mit Begeisterung ausgeführt wurden. Im August wurde der Krieg erklärt. Die Freunde und Verwandten Schweitzers waren jetzt durch die Schützenlinie von ihm getrennt. Im Schützengraben saßen seine Kameraden aus Mülhausen, aus Straßburg und Berlin und warteten darauf, daß seine Kameraden von der Sorbonne und seine Kollegen von der Bachgesellschaft ihren Kopf herausstreckten.

Schweitzer war weit entfernt von der Grenze, die jetzt Frontlinie geworden war. Doch diese Linie reichte bis nach Afrika. Nicht weit von Lambarene entfernt verlief die Grenze zwischen dem französischen Gabun und dem deutschen Kamerun. Außerdem war Schweitzer – den allgemeinen Spielregeln gemäß – deutscher Staatsangehöriger, und deshalb mußte er jetzt interniert werden. Zu Anfang standen der Doktor und seine Frau als Kriegsgefangene unter Hausarrest, und gabunische Soldaten mußten sie bewachen. Den Kranken, die über Hunderte von Kilometern auf ihren Flößen ankamen, konnten sie keine Hilfe mehr erweisen. Die Ursache für diese harte Maßnahme war weder den Gabunern noch irgend jemand anderem klarzumachen. Schweitzer stellte fest, daß die ethische Autorität der Weißen schwer leidet und daß „der Schaden gewaltig sein wird“.

Man erlaubte dem Doktor nicht, Kranke zu behandeln oder auch nur das Haus zu verlassen. Unerwartet sah er sich an den Schreibtisch verbannt. Er wollte die erzwungene Ruhepause nutzen und machte sich an seinen Apostel Paulus. Doch seine Gedanken kehrten unentwegt von der frühchristlichen Gemeinde zu den Wirren des 20. Jahrhunderts zurück. Tiefbewegt mußte er daran denken, was jetzt in Europa vor sich ging. Er öffnete die Zeitung, legte sie dann aber schweren Herzens wieder beiseite.

Er dachte an das Elsaß und konnte sich nicht vorstellen, daß wie immer die Sonne über dem Rebberg aufgeht – im Zwitschern der Vögel, im Murmeln des Flüßchens und im Rauschen der Blätter. Dies ist wohl alles vorbei; und jetzt dieser Pulvergestank, dieses offene Völkergemetzel, dieses ganze Drum und Dran der propagandistischen Kriegsverdummung ...

Am zweiten Tage seiner Internierung begann Schweitzer wieder an seinem Buch über die Kulturphilosophie zu arbeiten, an dem gleichen, das er schon vor fünfzehn Jahren in Berlin ins Auge gefaßt und über das er in Paris nachgedacht hatte. Damals hatte er es „Wir Epigonen" nennen wollen, wir Nachfolger, wir Nachfahren. Notizen für dieses Buch hatte er sich schon lange gemacht, und schon vor vier Jahren hatte ihn ein Londoner Verlag gebeten, ein solches Buch für England zu schreiben.

Jetzt aber spürte Schweitzer plötzlich, daß er es nicht länger aufschieben kann. Das Thema drängte. Es drängte ihn zum Niederschreiben, quälte ihn in der Nacht, und es verursachte ihm erst einmal große Mühe, den ruhigen, soliden Stil zu finden, der all seinen philosophischen Untersuchungen eigen ist.

Schweitzer konnte sich auf Beobachtungen seiner ersten Studentenjahre stützen, in denen er zum ersten Male am bürgerlichen Fortschrittsglauben gezweifelt hatte, und er stellte mit Bitterkeit fest, daß die gesellschaftliche Meinung sich nicht stärker über die unmenschlichen Ideen erregt, die öffentlich verbreitet werden.

Jetzt hat diese Opferung der Ideale vor den „realen" Überlegungen der nationalistischen Regierungspropaganda ihren Höhepunkt erreicht.

Es ist nicht verwunderlich, daß Schweitzer in seinem Werk einer der Hauptideen der imperialistischen Bourgeoisie, dem Nationalismus, besonderes Augenmerk widmete. In den Formulierungen Schweitzers fallen die Exaktheit und Treffsicherheit auf, die früher in seinen Büchern nicht so anzutreffen waren:

„Was ist Nationalismus? Es ist niedrigster Patriotismus, der jeden Sinn verloren hat und zu seiner edlen und gesunden Spielart im gleichen Verhältnis steht wie die Zwangsidee, die einen Geisteskranken beherrscht, zu den normalen menschlichen Überzeugungen."

Schweitzer erinnerte an die echte Idee des Patriotismus, die es als höchste Aufgabe ansieht, die wahrhaft menschlichen Elemente im Leben der Nation unentwegt weiterzuentwickeln; der die Größe in den höchsten Menschheitsidealen sucht und nicht in einer übersteigerten Vorstellung von äußerem Ruhm und äußerer Stärke. Ein derartiger Patriotismus – erklärte Schweitzer – unterwirft das Nationalgefühl der Kontrolle der Vernunft, der Moral und der Kultur. Schweitzer bemerkte weiter: „Daß es sich bei dem Nationalismus nicht so sehr um die Dinge selbst als um ihre krankhafte Verarbeitung in der Einbildungskraft der Massen handelt, wird in seinem ganzen Gebaren offenbar." Schweitzer unterwirft das „Gebaren der Massen" und die vielzitierte „Realpolitik" der westlichen Regierungen einer sorgfältigen Analyse.

„Seine Realpolitik ist dogmatisierte, idealisierte und von der Volksleidenschaft getragene Überschätzung einzelner territorialer und wirtschaftlicher Interessenfragen. Er verficht seine Forderungen, ohne eine besondere Kalkulation ihres reellen Wertes angestellt zu haben. Um sich Werte von Millionen streitig zu machen, belasten sich die modernen Staaten mit Rüstungen von Milliarden.

Die Realpolitik war in der Tat also Irrealpolitik, weil sie durch die beigemengte Volksleidenschaft die einfachsten Fragen unlösbar machte."

Schweitzer bestimmte hier recht genau die zahlreichen Besonderheiten der Vorkriegssituation, die Durchtriebenheit des Propagandaschleiers und die chauvinistische Atmosphäre, die wohl in allen europäischen Staaten herrschte, die sich auf den Krieg vorbereiteten. In diesem Zusammenhang sei an die Charakterisierung dieser Epoche durch W. I. Lenin erinnert, der schrieb, daß „die Massen betäubt, verführt, geteilt und durch die Kriegssituation erschlagen" waren. Doch wir, die wir die von Lenin aufgedeckten Ursachen des Krieges kennen, sehen, daß Schweitzer ihre ökonomischen Faktoren, das Anfachen des Kampfes wegen der Märkte unterschätzte. Lenin forderte dazu auf, bei der Beurteilung jedes Krieges seinen konkreten historischen Charakter zu berücksichtigen und seinen Verlauf stets mit dem Klassenkampf in den sich bekämpfenden Staaten und mit der Möglichkeit, den imperialistischen Krieg in einen Bürgerkrieg zu überführen, zu verbinden.

Zugleich lehnte Lenin jeden Versuch ab, den ersten Weltkrieg als einen „Verteidigungskrieg“ zu interpretieren. „Man braucht nur den heutigen Krieg unter dem Aspekt der Fortsetzung der Politik der Großmächte und ihrer wichtigsten Klassen zu sehen“, schrieb Lenin, „den verlogenen Antihistorismus, die Verlogenheit und Heuchelei jener Meinung zu erkennen, die die Idee der ‚Verteidigung des Vaterlandes‘ in diesem Kriege rechtfertigen möchte.“

Um Schweitzer Gerechtigkeit widerfahren zu lassen, müssen wir betonen, daß er sich niemals durch die „idealistischen“ Kriegslosungen in die Irre führen ließ. „Bezeichnend für das krankhafte Wesen der Realpolitik des Nationalismus war“, schrieb Schweitzer, „daß sie sich auf jede Weise mit dem Flitter des Idealismus zu behängen suchte. Der Kampf um die Macht wurde zum Kampf für Recht und Kultur. Die egoistischen Interessengemeinschaften, die Völker untereinander gegen andere eingingen, präsentierten sich als Freundschaften und Seelenverwandtschaften.“

Als Schweitzer diese treffende Beschreibung der Entente und der Triple-Entente beendet hatte, horchte er auf. Vor seinem Haus hatte sich schon seit einiger Zeit ein Geschrei in einem der gabunischen Dialekte abgespielt. Dann hörte man die Stimme von Joseph und die Stimme des Wächters. Schweitzer trat auf die Veranda und erblickte einen älteren Pahouin vom Oberlauf des Ogowe, dem er vor dem 5. August nicht mehr seinen Bruch hatte operieren können. Wer wußte, was da vor sich ging? Der Wächter und der ältere Mann schrien dem Doktor beide etwas zu, und Joseph übersetzte ihm den wesentlichen Inhalt des Streits.

„Dieser alte Pahouin sagt, der Wächter müsse von Sinnen sein, wenn er annimmt, daß er den Doktor Oganga kommandieren könne.“

Der Wächter war in großer Verlegenheit. Er sah ein, daß der Befehl des weißen Leutnants sinnlos war. Aber auch die anderen Befehle des weißen Leutnants waren gleichermaßen sinnlos. Allmählich kam es zu einer Ansammlung von Kranken an der Veranda. Sie forderten, daß man dem Doktor wieder die Erlaubnis geben solle, sie zu behandeln. Doch da heute alles nur unter dem Vorwand hoher Ideale vor sich geht, konnte diese Erlaubnis auch nur „von ganz oben“ gegeben werden. Der Doktor wußte noch nicht, daß sich sein Lehrer Widor für die Erlaubnis „von ganz oben“ eingesetzt hatte.

Der Wächter sagte Joseph, und Joseph übersetzte es dem Doktor, daß von den Weißen, die früher am Ogowe gelebt hatten, bereits zehn im Krieg gefallen seien. Ein älterer Pahouin geriet darüber in große Erregung. Joseph übersetzte seine erregten Worte: „Schon so viele Menschen sind in diesem Kriege getötet worden! Ja, warum kommen dann diese Stämme nicht zusammen, um das Palaver zu besprechen? Wie können sie denn diese Toten alle bezahlen?"

Schweitzer mußte bitter lächeln und zum wiederholten Male daran denken, daß das afrikanische Recht wohl vollkommener ist als das „auf Vernunft gegründete" europäische. Hier erfordert es die Gerechtigkeit, daß die Sieger wie die Besiegten gleichermaßen die im Kriege Gefallenen bezahlen.

Derselbe Pahouin wurde dann ganz zornig, und Joseph übersetzte, die weißen Menschen seien doch sehr grausam; sie würden Menschen nur aus bloßer Grausamkeit töten, weil sie die Toten ja nicht essen wollen. Dieser Mann hatte ein langes, schweres Leben als Kannibale im Hungerurwald hinter sich. Er machte den gebildeten Zöglingen der Sorbonne, der Berliner und der Straßburger Universität den berechtigten Vorwurf der Grausamkeit, den Vorwurf der Menschenschlächterei ...

Die Arbeit an dem Buch machte Fortschritte. Es wurde Herbst. Wie immer war es unerträglich heiß, aber es wurde noch schwüler, da der erfrischende Regen ausblieb.

Der Doktor schrieb jetzt über die „Nationalkultur". Doch als er in das Haus hineinging, mußte er sehen, wie seine geliebte Antilope von ihrem Körbchen aus an seinem Konzept herumknabberte. Er machte sich daran, das Manuskript neu zusammenzufügen. Nicht nur den vierbeinigen, sondern auch den zweibeinigen Dieben gegenüber war der Doktor gutmütig. Die Leute waren hier bettelarm, aber ihre Diebstähle waren so sinnlos. Einmal wurde dem Doktor der Klavierauszug der Meistersinger von Wagner gestohlen, ein andermal verschwand der Band der „Matthäuspassion" von Bach, den der Doktor bereits sorgfältig bearbeitet hatte und der für niemanden hier von Nutzen sein konnte. Nachdem der Doktor die Antilope von der Terrasse verjagt hatte, setzte er sich an seinen Schreibtisch und schrieb über das Manuskript: „Lieber Dieb, bitte, bring dies dem Doktor Schweitzer zurück!" Dabei verließ er sich auf die Hoffnung, daß der „liebe Dieb" französisch lesen könne. Das Wichtigste war jedoch: niemanden in Versuchung zu führen und noch mehr Schlösser anzuschaffen.

Wenn alle Vergehen unseres Jahrhunderts so unbedeutend wären ... Der Doktor schrieb über die Ursachen der Vergehen und des Verfalls. Er schrieb darüber, daß der Nationalismus sogar die Idee der Kultur entstellt.

„Alles Wertvolle an einer Persönlichkeit oder an einer Leistung wird auf die nationale Eigenart zurückgeführt. Der fremde Boden soll Ähnliches oder Gleichartiges nicht hervorbringen können. In den meisten Ländern ist diese Eitelkeit schon so weit gediehen, daß ihr auch die größten Torheiten nicht mehr unerreichbar bleiben."

Schweitzer erinnert an die Kriegszeitungen – die deutschen Zeitungen und die französischen Zeitungen sind einander schrecklich ähnlich: die Artikel der berufsmäßigen Propagandisten, der unmoralischen Rechtsgelehrten, der käuflichen Schriftsteller, die sich ihr ganzes Leben lang zu den Humanisten gerechnet, aber als Menschenfresser-Dilettanten erwiesen haben. Schweitzer schrieb:

„Angeblich in der Eigenart des Volkes gegründet, will die nationale Kultur nicht, wie normalerweise zu erwarten wäre, auf das betreffende Volk beschränkt bleiben, sondern fühlt sich berufen, sich anderen aufzudrängen und sie zu beglücken. Die modernen Völker suchen Absatzgebiete für ihre Kultur wie für ihre wirtschaftlichen Erzeugnisse."

Schweitzer hatte die Notizen, die er schon 1899 gemacht hatte, beiseite gelegt und dachte, es sei nicht so schwer, diese traurigen Prophezeiungen zu machen: Der Krieg ist nicht die Ursache des Verfalls der Kultur, er ist seine Folge oder – genauer gesagt – einfach ein Symptom. Er ist widerwärtig, wie eine eitrige Ausscheidung, wie der Schorf auf der Haut eines Aussätzigen.

Schweitzer schrieb über den Verfall der bürgerlichen Kultur überhaupt und über den Verfall der europäischen Kultur im besonderen. Das toll gewordene Berlin und das rasende Paris konnten sich gleichermaßen in dieser ruhigen wissenschaftlichen Beschreibung wiedererkennen.

Wie sein Freund Rolland stand auch Schweitzer „Über dem Getümmel" der Völker. In diesem Zusammenhang ist wahrscheinlich eine Präzisierung des in Anführungsstriche gesetzten Begriffes nötig. Schweitzer und Rolland waren überhaupt nicht neutral, sie standen diesem Krieg, diesem Kampf der Nationen, diesem Leiden der Menschen keineswegs gleichgültig gegenüber. Schweitzer haßte diesen Krieg und trat gegen ihn auf – natürlich in seiner Weise. Rolland, der die Möglichkeit einer Fehlinterpretation sah, schrieb: „Ich befinde mich überhaupt nicht ‚über dem Getümmel' ..." Und später: „Man hat mich fälschlicherweise für neutral gehalten, weil ich ‚über dem Getümmel' der Nationen stand. Doch jedem muß jetzt klar sein, daß ich mehr gekämpft habe als irgendein anderer und daß ich nur das eine Schlachtfeld mit einem anderen, weiteren, fruchtbareren vertauschte."

Leider verfügen wir über keine ebenso klaren Aussprüche Schweitzers aus jener Zeit über seine Positionen zum Krieg (wenn wir einmal von den Briefen an Rolland, einigen Zeilen in seinen Berichten aus Lambarene und allgemeinen Einschätzungen in seinem Buch über Kultur und Ethik absehen).

Im November wurde die Internierung des Doktors und seiner Frau auf Betreiben Widors aufgehoben. Schon vorher hatten sich die Kranken bei dem Bezirkshauptmann beschwert und verlangt, dem Doktor die Behandlung der Leidenden zu gestatten. Die Proteste der örtlichen Bevölkerung gegen dieses sinnlose, jetzt schon nicht mehr ganz aufrechterhaltene Verbot hatten das ihre dazu beigetragen. Im November 1914 wurde dem Doktor und seiner Frau die Behandlung der Gabuner wieder erlaubt. Erneut kamen die Boote über den Ogowe. Die Träger aus dem Urwald beeilten sich. Die Gabuner kamen mit ihren Familien, brachten Leidende. Sie brachten dem bereitwilligen Oganga ihre Geschwüre, ihre Wunden und ihre quälenden Schmerzen.

Hunderttausende von Menschen in Europa gingen täglich daran, sich mit Verbissenheit – und, wenn man den Zeitungen Glauben schenken darf, sogar mit Enthusiasmus, schöpferischer Erfindungskraft und Selbstverstümmelung – zu schlagen, zu vernichten und gegenseitig umzubringen. Natürlich war es eine feinere, mühseligere und schwierigere Aufgabe, ein kleines Frambösiegeschwür zu heilen oder einen alten Pygmäen aus dem tiefen Urwald wieder auf die Beine zu bringen als irgendeinen gütigen Familienvater mit einer Granate in Stücke zu zerreißen. Aber Schweitzer erfüllte jetzt seine schwere Aufgabe mit noch größerer Freude. Am Vorabend des Weihnachtsfestes 1914 schrieb er an seine Freunde:

„Jeden Tag, wenn ich morgens zum Spital hinuntergehe, kommt es mir als eine unbegreifliche Gnade vor, daß ich, wo jetzt so viele Menschen aus Pflicht Weh und Tod über andere Menschen bringen müssen, an Menschen Gutes tun und Menschenleben erhalten darf. Dieses Gefühl hebt mich über alle Müdigkeit hinaus."

Die Müdigkeit aber war riesengroß. Denn erneut widmete er sich mit ganzer Kraft der Arbeit im Spital, das zweite Jahr ununterbrochener Tätigkeit in Afrika ging seinem Ende entgegen, und nachdem er einmal das Buch über die Philosophie begonnen hatte, konnte er nicht mehr davon ablassen und mußte in den Nächten weiter daran schreiben. Auf vielen Seiten dieses Manuskriptes finden sich kleine Randnotizen (vermutlich für die anschließende redaktionelle Überarbeitung bestimmt) – „in schrecklicher Müdigkeit".

Es kam das Weihnachtsfest. Als die Kerzen an der kleinen Palme, die als Weihnachtsbaum diente, halb herabgebrannt waren, blies der Doktor sie aus. Wer weiß, ob sie nicht noch für das nächste Jahr reichen müssen. Schweitzer glaubte nicht an das Ende der Welt. Aber er glaubte auch nicht an eine plötzliche Heilung der Menschheit. Er war Positivist, Optimist – er glaubte an die Möglichkeit der Regeneration der Kultur. Das Buch, das er in den Nächten schrieb, sollte den Titel tragen: „Verfall und Wiederaufbau der Kultur".

Auf der Suche nach Wegen zur Wiedergeburt einer echten Kultur griff Schweitzer jetzt immer häufiger auf Gedanken aus seinem geliebten 18. Jahrhundert zurück, das er mit einer gewissen Idealisierung als das Jahrhundert der Vernunft bezeichnete. Wenn nur die Menschen einen Augenblick innehielten, einen Augenblick nachdächten! Wenn sie nur für einen Augenblick diese eitlen, sinnlosen, grausamen Aktionen einstellen würden!

Schweitzer war überzeugt, daß die Besinnung und die Kraft des Geistes zum Wiederaufbau der Zivilisation in der Welt führen, aber er sah auch ein, wie kompliziert diese Aufgabe für den Menschen der bürgerlichen Welt sein wird.

„In den überorganisierten Kollektivitäten, die ihn auf hundert Arten in ihrer Gewalt haben, soll er wieder zur selbständigen Persönlichkeit werden und auf sie zurückwirken. Durch alle Organe werden sie es unternehmen, ihn in der ihnen genehmen Unpersönlichkeit zu erhalten. Sie fürchten die Persönlichkeit, weil der Geist und die Wahrheit, die sie stumm haben möchten, in ihr zu Worte kommen können. Ihre Macht aber ist so groß wie ihre Furcht."

Als er dies schrieb, hatten bereits übermächtige Organisationen die entpersönlichten Individuen in die Schützengräben des imperialistischen Krieges getrieben, wobei sie jedes Auftreten eines individuellen Denkens verfolgten und bemüht waren, den Gegner von hinten, vom Rücken aus, zu schlagen, wenn er von vorn angriff. Schweitzer vermochte jedoch nicht vorauszusehen, was für vollkommene Kollektive zur Entpersönlichung der Individuen zwei Jahrzehnte später in dem gleichen Berlin geschaffen werden, das ihm noch zur Jahrhundertwende als Zufluchtsort freigeistiger Denker erschienen war. Den Vorgang der Entpersönlichung als solchen und die Schwierigkeiten des späteren Wiederaufbaus der Kultur sah Schweitzer sehr deutlich voraus. Es wird notwendig sein, das Vertrauen in die Wahrheit wiedererstehen zu lassen, weil „heute nur propagandistische Wahrheiten im Schwange sind. Es wird notwendig sein, sich von dem niedrigen Patriotismus zu befreien und den echten Patriotismus wieder zur Geltung zu bringen. Es wird notwendig sein, die wahren Rechte der Kultur wiederherzustellen, wo heute nur nationale Kulturen als Idole angesehen werden. Schließlich muß uns der Geist vernünftige Grundlagen für die Hoffnung auf eine Epoche geben, ... in der die Künstler und Wissenschaftler nicht mehr als Verteidiger der Barbarei auftreten und in der die als Denker gerühmten Menschen sich auch im Leben als solche verhalten und sich nicht plötzlich im Augenblick einer Krise einfach nur als Schriftsteller und Mitglieder einer Akademie geben."

Erst gegen Morgen legte sich der Doktor nieder. Dann behandelte er bis zur Dunkelheit Kranke. Danach schrieb er erneut fast bis zum Hellwerden. Gabun bekam den Krieg immer stärker zu spüren. Die Lebensmittel und andere Waren wurden teurer. Die nach Kamerun eindringenden Truppen begannen Gabuner als Träger mitzunehmen. Das neue Jahr begann mit großen Schwierigkeiten: zuerst ununterbrochen Regen, und dann setzten Überschwemmungen ein. Schließlich ergoß sich nach Lambarene eine Armee von Insekten. Zuerst waren es nur Rüsselkäfer und kleine Skorpione. Dann fielen in Lambarene die Wanderameisen ein; einmal zogen ihre Kolonnen sechsunddreißig Stunden lang am Spital vorbei ...

In dieser Zeit erhielt Schweitzer Zeitungen mit Artikeln seines Freundes Rolland. Dies war wie eine Hand, die sich über die Grenzen ausstreckte, über die blutbedeckten Laufgräben, über die Scharen hungernder, verlauster und halberfrorener Soldaten. Mitten in dem alles übertönenden Geheul der Propaganda erhob sich die Stimme des ethischen Menschen. Aus dem Herzen Schwarzafrikas, aus dem schwülen Lambarene reichte Schweitzer seinem französischen Freund kühn seine Hand, über die Grenzen und alle Zensuren hinweg, über das schon von Explosionen erschütterte, aber noch nicht strahlenverseuchte Meer hinweg.

„Lieber Freund!" schrieb Schweitzer an Romain Rolland. „Wahrscheinlich wissen Sie, daß ich hier interniert bin. Nachdem ich mich dreieinhalb Monate lang unter strenger Aufsicht einheimischer Soldaten befunden habe, hat sich meine Lage nunmehr verbessert. Man gewährt mir jetzt wieder eine gewisse Bewegungsfreiheit und gibt mir die Möglichkeit, meine ärztliche Praxis fortzusetzen. Meine Gesundheit ist gut, und das Essen reicht. Doch macht sich nun bei mir wie bei meiner Frau bemerkbar, daß wir uns schon zweieinhalb Jahre am Äquator befinden. Doch das ist es nicht, ich schreibe Ihnen nur deshalb, weil ich Ihnen sagen möchte, daß ich das, was Sie geschrieben haben, wieder und wieder gelesen habe. Die Zeitungen erreichen mich hier in der Abgeschiedenheit des Urwalds, und Ihre Gedanken sind für mich eine der wenigen Tröstungen in dieser traurigen Zeit. Wenn Sie all das berücksichtigen, was Sie über mich wissen, so werden Sie verstehen, wie stark unsere Ideen und Anschauungen übereinstimmen. Und ich muß Ihnen versichern, wie ich begeistert bin über Ihren Mut, den Sie als ein Mensch zeigen, der gegen den Strom der Vulgarität schwimmt, der von den fanatisch denkenden Massen getragen wird. Bemühen Sie sich nicht um eine Antwort auf diesen einsamen Gruß aus dem Urwald. Für Sie gibt es heute wichtigere Dinge zu schreiben. Wenn Sie mir doch irgendwann einmal schreiben wollen, dann bedenken Sie, daß andere Menschen Ihren Brief eher lesen werden als ich. Auf Wiedersehen – wird dies in Kürze einmal der Fall sein?

Kämpfen Sie weiter für die Sache, in der ich voll und ganz mit Ihnen übereinstimme, obwohl ich in meiner gegenwärtigen Lage nicht imstande bin, Sie aktiv zu unterstützen.
Mit herzlichem Gruß!

Ihr Albert Schweitzer."

Ein wahrhaft schweres Jahr brach an. Helene Schweitzer war sehr erschöpft. Der Doktor arbeitete wie immer – den ganzen Tag und die halbe Nacht. Er arbeitete und war froh, daß er Patienten behandeln und nachts schreiben konnte. Doch die Dinge in Europa gingen einen unerfreulichen Gang, und man konnte darüber in Verzweiflung geraten. Die Medikamente gingen zu Ende, und aus dem gespaltenen Europa trafen keine Mittel mehr ein. Wer vermochte jetzt noch an die leidenden Menschen in Gabun zu denken, wenn die Zahl der Getöteten in Europa schon astronomische Ziffern erreichte? ...

Schweitzer mußte das Gehalt seiner Gehilfen herabsetzen, und Joseph verließ den Doktor. „Joseph hat mich verlassen", schrieb Schweitzer niedergeschlagen, „... und zwar, ‚weil seine Würde ihm nicht erlaube, für so wenig Geld zu dienen'." „Er wohnt bei seinen Eltern auf dem gegenüberliegenden Ufer." Er wollte heiraten und öffnete seine Sparbüchse, „doch in wenigen Wochen hatte er seine gesparten zweihundert Franken vertrödelt".

Der Krieg drang immer weiter nach Lambarene vor. Schließlich wurden Einwohner von Gabun als Träger in die Armee eingezogen. Schweitzer befand sich zufällig in N'Gômô, als ein Flußdampfer mit ausgehobenen Afrikanern abfuhr:

„Unter den Klagen der Weiber war der Dampfer abgefahren. Sein Rauch verschwand in der Ferne. Die Leute hatten sich verlaufen. Auf einem Stein am Ufer saß lautlos weinend eine alte Frau, deren Sohn mitgenommen worden war. Ich ergriff ihre Hand und wollte sie trösten. Sie weinte weiter, als hörte sie mich nicht. Plötzlich fühlte ich, daß ich mit ihre weinte, lautlos in die untergehende Sonne weinte wie sie."

Diese Tränen des kräftigen vierzigjährigen Mannes, vergossen über der zusammengesunkenen Gestalt einer alten Afrikanerin, könnten wohl von einem Vertreter der Ideologie des Völkermordens (das er noch dazu in der Regel durch fremde Hände ausführen läßt) als sentimentale Schwäche ausgelegt werden. Ihm wäre wohl diese Sentimentalität ebenso unverständlich, wie Schweitzer kein Verständnis für die emotionale Abstumpfung und die frohe Lebenslust auf fremde Kosten aufbringen konnte. Als er die Abschiedsszene in N'Gômô beschrieb, erinnerte er sich gleichzeitig an folgendes:

„In jenen Tagen las ich in einer Zeitschrift einen Artikel, der ausführte, daß es immer Kriege geben werde, weil ein edles Bedürfnis nach Ruhm in den Herzen der Menschen unausrottbar verwurzelt sei. Diese Verherrlicher des Krieges denken immer nur an den durch die Begeisterung oder die Notwehr einigermaßen idealisierten Krieg. Vielleicht aber kämen sie zur Besinnung, wenn sie eine

Tagereise auf einem Urwaldpfad eines der afrikanischen Kriegsschauplätze zwischen den Leichen der Träger, die dort unter ihrer Last hinsanken und einsam am Wege starben, gewandert wären und angesichts dieser unschuldigen und unbegeisterten Opfer in dem Dunkel und der Stille des Urwalds über den Krieg, wie er an sich ist, nachgedacht hätten."

In dieser Überlegung kommt deutlich sein Protest gegen die emotionale Abstumpfung und den Zynismus der imperialistischen Politiker des 20. Jahrhunderts zum Ausdruck. Die Situation in Europa war damals nicht weniger furchtbar als in Afrika, und dennoch kamen sie nicht „zur Besinnung".

Albert Schweitzer arbeitete weiterhin von Morgenanbruch bis zur Dämmerung in dieser feuchten mörderischen Schwüle. Nach sechs Uhr abends folgten die häuslichen Angelegenheiten und danach – Musik, Bücher, Philosophie ... Die geistigen Beschäftigungen bewahrten ihn vor geistiger und moralischer Abstumpfung.

Die tägliche Zeitungslektüre bereitete ihn auf sein abendliches Nachdenken über seine alten Aufzeichnungen, über seine Bücher und über die Probleme eines „Wiederaufbaus der Kultur" vor. Schweitzer war der Meinung, daß anstelle der von der bürgerlichen Propaganda verbreiteten Vorurteile eine neue, auf rein persönlicher Basis beruhende Weltanschauung geschaffen werden müsse.

Doch er sah voraus, daß der Kampf für das neue Denken und den neuen Geist schwer sein wird: „Wohl hat auch die Vergangenheit den Kampf des denkenden Einzelgeistes gegen den gebundenen Gesamtgeist gekannt. Nie aber trat das Problem auf wie heute, weil der in modernen Organisationen, moderner Gedankenlosigkeit und modernen Volksleidenschaften gebundene Gesamtgeist eine einzigartige Erscheinung ist."

Im Sommer 1915 trat die Arbeit Schweitzers an seinem Philosophiebuch in eine neue Phase ein. Er beschäftigte sich noch mit der Analyse der Symptome des Kulturverfalls und den Mitteln zum Wiederaufbau der Kultur; aber seine philosophischen Gedanken rüttelten bereits ungestüm an neuen Pforten. Schließlich mußten ja der Geist und das ethische Denken die Oberhand behalten. Aber wie soll dieses neue Denken aussehen? Und warum sollte er nicht selbst die Grundideen dieses neuen Denkens erarbeiten? Warum sollte er nicht zu diesem konstruktiven Teil übergehen?

„Nun begann ich nach den Erkenntnissen und Überzeugungen zu

suchen, auf die der Wille zur Kultur und das Vermögen, sie zu verwirklichen, zurückgehen", erinnerte sich Schweitzer. „Über der Arbeit wurde mir der Zusammenhang zwischen Kultur und Weltanschauung klar."

Schweitzer war auf dem Wege, sein ethisches Grundprinzip zu suchen. Er stellte sich die Frage, was wohl das Wesentlichste an der Kultur ist. „Bei aller Bedeutung, die den Errungenschaften des Wissens und Könnens zukommt, ist doch offenbar, daß nur eine ethischen Zielen zustrebende Menschheit des Segens materieller Fortschritte in vollem Maße teilhaftig und der mit ihnen gegebenen Gefahren Herr werden könne." Die heutige Generation, die an den materiellen Fortschritt glaubte und meinte, daß es keiner ethischen Ideale mehr bedürfe, erhielt „den furchtbaren Beweis des Irrtums, in dem sie sich befunden hatte". Nach Schweitzers Meinung bestand der einzige Ausweg aus dieser Lage darin, wieder eine Weltanschauung zu schaffen, die die Ideale der wahren Kultur enthält. Dies ist nach Meinung Schweitzers die ethische Welt- und Lebensbejahung.

Schweitzer beginnt die Probleme der Lebensbejahung und Lebensverneinung in der Weltphilosophie zu analysieren. Er untersucht die Weltanschauung der Primitiven und Halbprimitiven, der griechischen Stoiker, der Philosophen der europäischen Renaissance und der glänzenden Schule der chinesischen Philosophen. Die Tragödie des heutigen europäischen Denkens sieht er darin, daß sich die zwischen der Welt- und Lebensbejahung und dem Ethischen bestehenden Bande allmählich lockern und schließlich lösen. Die Ursache dafür, daß sich die heutige Welt- und Lebensanschauung aus einer ursprünglich ethischen in eine nicht-ethische verwandelt hat, sieht Schweitzer darin, daß sie nicht mehr im Denken begründet ist. Nur, was aus dem Denken hervorgeht, kann wirklich geistig angeeignet werden, und deshalb empfindet er die Notwendigkeit, die früher nur geglaubte und geahnte Wahrheit „in neuem, ungekünsteltem und wahrhaftigem Denken als denknotwendig zu begreifen".

Somit kommt Schweitzer zu der Suche nach dem ethischen Prinzip, das seiner Meinung nach die in Ziellosigkeit, Unwahrhaftigkeit und unmoralischen Worten und Handlungen versunkene Welt so dringend benötigt.

„Das ethische Problem ist also das Problem des im Denken begründeten Grundprinzips des Sittlichen. Was ist das gemeinsame

Gute an dem Mannigfaltigen, das wir als gut empfinden? Gibt es einen solchen allgemeinsten Begriff des Guten? Wenn es ihn gibt, worin besteht er, und inwieweit ist er für mich wirklich notwendig? Welche Macht übt er auf meine Gesinnungen und Handlungen aus? In welche Auseinandersetzungen bringt er mich mit der Welt?

Auf das Grundprinzip des Sittlichen hat sich die Aufmerksamkeit des Denkens also zu richten. Das bloße Aufstellen von Tugenden und Pflichten ist, wie wenn einer auf dem Klavier klimpert und meint, Musik zu machen."

Im Leben Schweitzers folgten aufreibende Wochen. Äußerlich blieb alles beim alten. Er führte seine Konsultationen durch, operierte, verband Wunden, behandelte Aussätzige, zog Zähne und half bei Geburten. Doch in dieser ganzen Zeit vollzog sich in ihm eine angestrengte Denkarbeit. Er suchte nach dem ethischen Grundprinzip, und er kam sich wie ein Mensch vor, „der an Stelle des morschen Bootes, mit dem er sich nicht mehr aufs Meer hinauswagen kann, ein neues, besseres zimmern muß und nicht weiß, wie dies anfangen".

Schweitzer schreibt in seiner Autobiographie: „Monatelang lebte ich in einer stetigen inneren Aufregung dahin. Ohne jeglichen Erfolg ließ ich mein Denken in einer Konzentration, die auch durch die täglich im Spital getane Arbeit nicht aufgehoben wurde, mit dem Wesen der Welt- und Lebensbejahung und der Ethik und mit dem, was sie miteinander gemeinsam haben, beschäftigt sein. Ich irrte in einem Dickicht umher, in dem kein Weg zu finden war. Ich stemmte mich gegen eine eiserne Tür, die nicht nachgab."

Es entstand bei ihm der Eindruck, daß sich die Philosophie bisher so gut wie gar nicht mit dem Problem des Zusammenhangs zwischen Kultur und Weltanschauung beschäftigt hatte. Zu seinem größten Erstaunen stieß Schweitzer hier auf ein bisher fast noch nicht bearbeitetes Gebiet.

Im September 1915 mußte er der Gesundheit seiner Frau wegen einige Tage nach Kap Lopez ans Meer fahren. Von dort wurde er zu Frau Pelot, einer kranken Missionarsfrau, nach N'Gômô, an die zweihundert Kilometer stromaufwärts gerufen. Als einzige Fahrgelegenheit fand er einen gerade im Abfahren befindlichen kleinen Dampfer, der einen überladenen Schleppkahn stromaufwärts mit sich führte. Ihn benutzte Schweitzer. Hören wir, was er selbst über diese denkwürdige Reise berichtet:

„Außer mir waren nur Schwarze, unter ihnen Emil Ogouma,

mein Freund aus Lambarene, an Bord. Da ich mich in der Eile nicht genügend hatte verproviantieren können, ließen sie mich aus ihrem Kochtopf mitessen.

Langsam krochen wir den Strom hinauf, uns mühsam zwischen den Sandbänken – es war trockene Jahreszeit – hindurchtastend. Geistesabwesend saß ich auf dem Deck des Schleppkahnes, um den elementaren und universellen Begriff des Ethischen ringend, den ich in keiner Philosophie gefunden hatte. Blatt um Blatt beschrieb ich mit unzusammenhängenden Sätzen, nur um auf das Problem konzentriert zu bleiben. Am Abend des dritten Tages, als wir bei Sonnenuntergang gerade durch eine Herde Nilpferde hindurchfuhren, stand urplötzlich, von mir nicht geahnt und nicht gesucht, das Wort ‚Ehrfurcht vor dem Leben' vor mir. Das eiserne Tor hatte nachgegeben; der Pfad im Dickicht war sichtbar geworden. Nun war ich zu der Idee vorgedrungen, in der Welt- und Lebensbejahung und Ethik miteinander enthalten sind! Nun wußte ich, daß die Weltanschauung ethischer Welt- und Lebensbejahung samt ihren Kulturidealen im Denken begründet ist."

So vollzog sich in seinem Leben zum zweiten Male jener nicht faßbare Vorgang der Synthese, in dem das suchende Denken Antwort auf eine lange verfolgte Frage findet, in dem Bedürfnis, Suchen, Kenntnisse, Ideen, Assoziationen sowie Berge gelesener Bücher und durchdachter Gedanken zu einer Einheit verschmelzen. Damals öffnete sich das eiserne Tor der Hindernisse, und es ist natürlich, daß derartige Augenblicke dem Menschen für sein ganzes Leben in Erinnerung bleiben. Sie bleiben in den eigenen Erzählungen des betreffenden Menschen in allen Einzelheiten erhalten und wuchern in den Legenden und Anekdoten anderer Menschen weiter.

Schweitzer konnte sich sogar noch an die Stelle im Ogowe erinnern, an der ihm zum ersten Male die Formulierung „Ehrfurcht vor dem Leben" eingefallen war.

Viele Jahre später schenkte Albert Schweitzer häufig seinen Freunden und Besuchern eine Fotografie von jener Stelle des Ogowe, wo er zum ersten Male das eiserne Tor des Denkens aufgestoßen hatte. Dieses Bild trug die Unterschrift: „Dies sind die drei Inseln im Ogowefluß beim Dorfe Igendja achtzig Kilometer stromabwärts von Lambarene, bei deren Anblick mir im September 1915 der Gedanke kam, daß die Ehrfurcht vor dem Leben das Grundprinzip der Ethik und der wahren Humanität ist . . ."

Wesentlicher als diese exakten geographischen Koordinaten ist für uns allerdings die Umgebung, in der diese berühmte Formulierung Schweitzers entstand. Es war auf dem Ogowe, der reich ist an Fischen, Flußpferden, Krokodilen, Käfern, Spinnen und allerlei sonstigem Getier. Es war auf einem Strom, dessen Ufer mit Urwald bedeckt sind, belebt durch Tausende verschiedener Pflanzen, Tausende verschiedener Tiere und Myriaden von Insekten. Es war im Herzen des Urwalds, wo es überall atmet, kriecht, gräbt, kribbelt, zirpt, raschelt, brüllt und kreischt. Es geschah unter einem Himmel, an dem Myriaden von Moskitos und gefährlichen Tsetsefliegen, Schwärme von Vögeln und Scharen unbekannter Schnaken umherschwirren. Es war in einer Urwaldwelt, übervölkert mit einem freundlich gesinnten, neutralen und oft auch feindlichen Leben. Es war im tragischen Jahr 1915, in dem Tiere und Menschen im schrecklichen Gemetzel des Krieges zugrunde gingen, in dem das menschliche Leben seinen Wert verloren hatte und die Menschheit, nachdem ihr die Granaten, Bomben, Kugeln, Bajonette und das Feuer als Waffen des Fortschritts nicht mehr genügten, zu einem noch größeren Verbrechen, der Anwendung von Giftgasen übergegangen war.

In dieser Umwelt und in dieser Zeit also führte das Nachdenken über Welt und Menschheit Albert Schweitzer zu der Feststellung, daß die Ehrfurcht vor dem so mißachteten Leben das einzig mögliche Grundprinzip von Philosophie und Ethik ist.

Was ist die Ehrfurcht vor dem Leben, und wodurch entsteht sie in uns? Will der Mensch über sich selbst und sein Verhältnis zur Welt ins klare kommen, so muß er sich immer wieder auf die erste, unmittelbarste und stetig gegebene Tatsache seines Bewußtseins besinnen. „Ich denke, also bin ich" (Cogito, ergo sum), sagte Descartes. Aber welchen Inhalt hat dieser Erkenntnisvorgang? Schweitzer sagt, daß er sich in folgender Feststellung formulieren läßt: „Ich bin Leben, das leben will, inmitten von Leben, das leben will." Oder mit anderen Worten: „Als Wille zum Leben inmitten von Willen zum Leben erfaßt sich der Mensch in jedem Augenblick, in dem er über sich selbst und über die Welt um sich herum nachdenkt."

Der Mensch hat sich zu entscheiden, wie er sich zu seinem Willen zum Leben verhalten will. Wenn der Mensch, wie es die indischen Philosophen oder Schopenhauer tun, das Leben verneint, wenn er seinem Willen gebietet, sich in den Willen zum Nichtleben zu verwandeln, dann gerät dieser Mensch mit sich selber in Widerspruch, er kommt zu einer unnatürlichen, unwahren und undurchführbaren Philosophie, da ja die Konsequenz zur Vernichtung des physischen Daseins führen müßte.

Die positive, bejahende Einstellung zum Willen zum Leben hält Schweitzer für natürlich und wahrhaftig. Das bewußte Denken bestätigt dabei die bereits im instinktiven Denken vollzogene Tat. Die Bejahung des Lebens ist nach Schweitzer eine geistige Tat, „in der er aufhört dahinzuleben und anfängt, sich seinem Leben mit Ehrfurcht hinzugeben, um es auf seinen wahren Wert zu bringen. Lebensbejahung ist Vertiefung, Verinnerlichung und Steigerung des Willens zum Leben."

Den größten Fehler aller bisherigen ethischen Lehren sieht Schweitzer darin, daß sie sich immer nur mit dem Verhalten des Menschen zum Menschen befaßt haben. „In Wirklichkeit aber handelt es sich darum, wie er sich zur Welt und allem Leben, das in seinen Bereich tritt, verhält. Ethisch ist er nur, wenn ihm das Leben als solches, das der Pflanze und des Tieres wie das des Menschen, heilig ist und er sich dem Leben, das in Not ist, helfend hingibt. Nur die universelle Ethik des Erlebens der ins Grenzenlose erweiterten Verantwortung gegen alles, was lebt, läßt sich im Denken begründen. Die Ethik des Verhaltens von Mensch zu Mensch ist nicht etwas für sich, sondern nur ein Besonderes, das sich aus jenem Allgemeinen ergibt."

Die Erweiterung der Gesetze der Ethik auf das Tier- und Pflanzenreich war zweifellos ein sehr wesentlicher Zug der Philosophie Schweitzers. Ein wichtiger Aspekt dieser Weltanschauung wurde kürzlich von vielen, darunter auch sowjetischen Autoren im Zusammenhang mit den Erfolgen der Weltraumforschung und der Möglichkeit hervorgehoben, in nicht allzu ferner Zeit ethische Beziehungen zu Lebewesen anderer Himmelskörper aufzunehmen.

„Die Ethik der Ehrfurcht vor dem Leben begreift also alles in sich, was als Liebe, Hingabe, Mitleiden, Mitfreude und Mitstreben bezeichnet werden kann", schreibt Schweitzer.

„Nun bietet die Welt aber das grausige Schauspiel der Selbstentzweiung des Willens zum Leben. Ein Dasein setzt sich auf Kosten des anderen durch, eines zerstört das andere. Nur in den denkenden Menschen ist der Wille zum Leben um anderen Willen zum Leben wissend geworden und will mit ihm solidarisch sein. Dies kann er aber nicht vollständig durchführen, weil auch der Mensch unter das rätselhafte und grausige Gesetz gestellt ist, auf Kosten anderen Lebens leben zu müssen und durch Vernichtung und Schädigung von Leben fort und fort schuldig zu werden. Als ethisches Wesen ringt er aber darum, dieser Notwendigkeit, wo er nur immer kann, zu entrinnen und als einer, der wissend und barmherzig geworden ist, die Selbstentzweiung des Willens zum Leben aufzuheben, soweit der Einfluß seines Daseins reicht. Er dürstet danach, Humanität bewahren zu dürfen und Erlösung von Leiden bringen zu müssen."

Die Idee der Universalität der Ethik und der oben angeführte Gedanke des „grausigen Schauspiels der Selbstentzweiung des Willens zum Leben" hängen oft eng miteinander zusammen. Wenn wir anfangen, Unterschiede in der Bewertung der verschiedenen Formen des Lebens zu machen, dann geraten wir unweigerlich dahin, daß wir ihren Wert danach beurteilen, wie weit die betreffenden Lebensformen von uns, den menschlichen Wesen, entfernt sind. Das aber, sagt Schweitzer, ist ein rein subjektives Kriterium.

Wenn wir diesen Weg, Unterschiede festzustellen, konsequent weitergehen, kommen wir zu der Behauptung, daß es Leben gibt, das keinen Wert besitzt, Leben, dessen Unterdrückung oder gar vollständige Vernichtung keinerlei Bedeutung hat. Dann aber, fährt Schweitzer fort, ordnen wir in diese Kategorie minderwertigen Lebens nach und nach, je nach den Umständen, verschiedene Insektenformen oder ganze primitive Völkerstämme ein.

Für den wahrhaft ethischen Menschen ist jedes Leben heilig, selbst das, was vom menschlichen Standpunkt aus unter ihm steht. Er kann einen solchen Unterschied nur für jeden Einzelfall und unter dem Druck der Umstände treffen; so zum Beispiel, wenn er zu entscheiden hat, welches Leben er opfern muß, um anderes Leben zu retten. Doch indem er diese Entscheidung trifft, ist er sich immer bewußt, daß sie im Grunde genommen subjektiv und unberechtigt ist und daß er für das Leben, das er opfert, die Verantwortung trägt.

„Ich freue mich über die neuen Schlafkrankheitsmittel, die mir erlauben, Leben zu erhalten, so ich früher qualvollem Siechtum zusehen mußte. Jedesmal aber, wenn ich unter dem Mikroskop die Erreger der Schlafkrankheit vor mir habe, kann ich doch nicht anders, als mir Gedanken darüber machen, daß ich dieses Leben vernichten muß, um anderes zu erretten.

Ich kaufe Eingeborenen einen jungen Fischadler ab, den sie auf einer Sandbank gefangen haben, um ihn aus ihren grausamen Händen zu erretten. Nun aber habe ich zu entscheiden, ob ich ihn verhungern lasse oder ob ich täglich soundso viele Fischlein töte, um ihn am Leben zu erhalten. Ich entschließe mich für das letztere. Aber jeden Tag empfinde ich es als etwas Schweres, daß auf meine Verantwortung hin dieses Leben dem andern geopfert wird."

Schweitzer erkannte sehr wohl, daß seine Auffassung von der universellen Ethik vielen Vorwürfen ausgesetzt sein wird. Er war darauf vorbereitet. „Das Schicksal jeder Wahrheit, die zum ersten Mal verkündet wird", schreibt Schweitzer, „besteht darin, verspottet zu werden. So hielt man einmal die Annahme für albern, der Schwarze sei ebenfalls ein menschliches Wesen und bedürfe deshalb der menschlichen Zuwendung ... Heute erklärt man die Verkündigung der Ehrfurcht vor jeder Form des Lebens als eine ernste Forderung der rationalen Ethik als Übertreibung. Aber es wird die Zeit kommen, in der sich die Menschen wundern werden, wie lange Zeit die menschliche Rasse brauchte, um zu erkennen, daß die gedankenlose Opferung von Leben mit wahrer Ethik unvereinbar ist. Die Ethik in ihrer allgemeinen Form erstreckt sich in ihrer Verantwortung auf alles Lebendige."

Der freie Mensch, sagt Schweitzer, nutzt jede Möglichkeit, um sein heiliges Recht zu erkennen, dem Leben zu helfen und sich jeder Verursachung von Leiden oder gar Zerstörung von Leben zu erhalten. „Während die gedankenlose moderne Welt- und Lebensbejahung in Wissens- und Könnens- und Machtidealen umhertaumelt, stellt die denkende die geistig-ethische Vollendung des Menschen als das höchste Ideal auf, von dem alle anderen Fortschrittsideale erst ihren wirklichen Wert empfangen."

Der dem Denken entsprungene tiefe ethische Wille zum Fortschritt wird uns aus der Unkultur und ihrem Elend zur wahren Kultur zurückführen. Früher oder später muß die wahre, endgültige Renaissance anbrechen, die der Welt den Frieden bringt.

Schweitzer schrieb über den Frieden in einer schrecklichen Zeit, in der Europa schon die Hoffnung aufgegeben hatte, daß je der Friede wiederkehrt.

„Ohne Überhastung", erinnert er sich später, „brachte ich meine Gedanken zu Papier, in denen all das verschiedene Material enthalten war, ohne daß es schon in Beziehung zum späteren Aufbau dieser Untersuchung gestanden hätte, deren Plan ich bereits klar im Kopf hatte."

Dies war der Plan des gleichen Buches, das er früher einmal „Wir Epigonen" hatte nennen wollen. Jetzt erhielt das Buch den Titel „Kulturphilosophie", und es besaß schon in den Plänen Schweitzers einen recht monumentalen Umfang. Der erste Teil sollte die Ursachen für den gegenwärtigen Verfall der bürgerlichen Kultur analysieren; der zweite Teil sollte die Idee der Ehrfurcht vor dem Leben in Zusammenhang mit den bisherigen Versuchen der Philosophie darstellen, die Weltanschauung ethischer Welt- und Lebensbejahung zu gründen; der dritte Teil schließlich sollte die Weltanschauung der Ehrfurcht vor dem Leben darlegen.

Als Schweitzer dann begann, die Weltanschauung der europäischen Philosophie zu analysieren, die sich um eine ethische Grundlage bemühte, sah er sich gezwungen, sich mit der ganzen Geschichte dieser tragischen Versuche im einzelnen auseinanderzusetzen. Später hat er diese riesige Arbeit, die er auf sich nahm, nicht bedauert; denn diese Analyse half ihm, den eigenen Standpunkt weiter zu klären. Er benötigte für diese Arbeit zahlreiche philosophische Werke. Freunde schickten sie ihm aus Zürich über eine internationale Organisation in Genf.

In dem schwülen Klima von Lambarene konnten nur wenige Europäer länger als zwei bis drei Jahre arbeiten, ohne daß sie mindestens einen halbjährigen Urlaub in Europa genommen hätten. Die beiden Schweitzers arbeiteten nun bereits das vierte Jahr in Afrika, und Helene Schweitzer konnte das Klima von Lambarene jetzt kaum noch ertragen, so daß sie in der Regenzeit 1916/17 für eine gewisse Zeit zur Erholung nach Kap Lopez fahren mußten. Ein Holzhändler stellte ihnen dafür ein in Tschienga bei Kap Lopez an der Mündung eines Ogowe-Armes gelegenes Haus zur Verfügung. Früher hatte in diesem Haus ein Floßwächter gewohnt, doch seit Kriegsbeginn stand das Haus leer. Trotzdem kamen jedoch noch von Zeit zu Zeit Flöße vom Oberlauf des Ogowe, und Doktor Schweitzer entschloß sich, aus Dank für die Überlassung der Unterkunft, zusammen mit den Afrikanern am Ufer zu arbeiten. Infolge des Schiffsbohrwurms konnten die Hölzer nicht lange im Wasser bleiben, und europäische Holzdampfer kamen jetzt nur noch in großen Abständen nach Kap Lopez. Deshalb rollten die gabunischen Arbeiter und der zweiundvierzigjährige Doktor die zwei bis drei Tonnen schweren Okoumestämme während der Flut ans Land. Manchmal brauchten sie mehrere Stunden, um die Stämme aufs Ufer hinaufzubringen. Dies war eine schwere Arbeit, und ihre Hemden waren ständig von Schweiß getränkt.

Diese neue Arbeit ließ aber Doktor Schweitzer viele Stunden Freizeit. Während der Ebbe behandelte er die örtliche Bevölkerung und schrieb an seiner Kulturphilosophie, wobei er „das Wesen des Ethischen“ formulierte. Ein Kapitel hatte er schon abgeschlossen, und er hätte in diesem für Europa so schrecklichen Jahr glücklich sein können, wenn nicht dieses ihm von der Natur verliehene starke Gefühl des Mitleids gewesen wäre, wenn nicht diese von ihm als Grundlage der Philosophie gefundene ethische Idee der Ehrfurcht vor dem Leben gewesen wäre:

„Auch mein Glück gönnt mir die Ehrfurcht vor dem Leben nicht. In den Augenblicken, wo ich mich unbefangen freuen möchte, weckt sie Gedanken an gesehenes und geahntes Elend in mir. Sie erlaubt mir nicht, die Störung zu verscheuchen. Wie die Welle nicht für sich sein kann, sondern stetig an dem Wogen des Ozeans teilhat, also soll ich mein Leben nie für sich erleben, sondern immer in dem Erleben, das um mich her stattfindet. Eine unheimliche Lehre raunt mir die wahre Ethik zu. Du bist glücklich, sagt sie. Darum bist du berufen, viel dahinzugeben. Was du an Gesundheit, an Gaben, an Leistungsfähigkeit, an Erfolg, an schöner Kindheit, an harmonischen häuslichen Verhältnissen mehr empfangen hast als andere, darfst du nicht als selbstverständlich hinnehmen. Du mußt einen Preis dafür entrichten. Außergewöhnliche Hingabe von Leben an Leben mußt du leisten.“

Der Doktor behandelte Kranke, wälzte während der Flut zusammen mit Gabunern schwere Okoumestämme und formulierte ethische Gesetze, die dazu bestimmt waren, die Menschheit vor neuem Wahnsinn zu bewahren.

Erzwungene Rückkehr

Im September 1917 ging es Helene Schweitzer etwas besser, und der Doktor kehrte nach Lambarene zurück. Die Kranken erwarteten ihn, und er nahm seine Konsultationen sofort wieder auf.

Er wusch eine Wunde aus und blickte unruhig auf die große Reihe der im Schatten sitzenden Kranken. In diesem Augenblick traf ein Befehl aus Libreville ein: Die französische Kolonialmacht hatte sich auf dem Gipfel ihrer Kriegserfolge entschlossen, die Restriktionsmaßnahmen gegen die beiden gefährlichen Kriegsgefangenen Doktor Schweitzer und Madame Schweitzer, geborene Breßlau, zu verschärfen. Es war angeordnet worden, sie unverzüglich mit dem nächsten Schiff nach Europa in ein Gefangenenlager zu bringen. Die heldenhaften Kommandeure der Militärverwaltung, die die Rettung der Zivilisation leiteten, bestanden darauf, die Maßnahme so schnell wie möglich durchzuführen. Glücklicherweise erlaubte es die in diesem noch nicht vollständig zivilisierten Gebiet herrschende Unordnung nicht, diesen Befehl mit der für die Rettung der Zivilisation erforderlichen Exaktheit auszuführen. Das Schiff verspätete sich.

Mit Hilfe der Missionare und einiger Einheimischer konnten der Doktor und seine Frau ihre Sachen, die Medikamente und Instrumente in Kisten verpacken und in einer kleinen Wellblechbaracke unterstellen. All das sollte bis zu besseren Zeiten in Lambarene bleiben. Er war ein unverbesserlicher und unerschöpflicher Optimist – nicht aus Torheit, sondern aus Überzeugung und gesundem Menschenverstand. Zu seinem feurigen Idealismus besaß er außerdem noch einen echt elsässischen bäuerlichen Praktizismus. Er sah ein, daß es für ihn in seiner rechtlosen Situation ein großes Risiko bedeuten würde, das Manuskript seiner neuen philosophischen Arbeit mitzunehmen. Dabei war es jetzt sein größter Schatz. Deshalb entschloß er sich, es dem amerikanischen Missionar Mister Ford anzuvertrauen. Mister Ford glaubte an alles, nur nicht an Philosophie. Er gestand, daß er das schwere Paket am liebsten in den Fluß geworfen hätte, weil er Philosophie für schädlich und unnötig hielt. Aus christlicher Liebe aber erklärte er sich bereit, es aufzubewahren und es dem Doktor nach dem Ende des Krieges zukommen zu lassen. Bevor Schweitzer ihm das Manuskript gab, saß er über ihm noch zwei Nächte. Er schrieb die Disposition der bereits fertigen Teile ab und machte einen Auszug, der die Hauptgedanken des Ganzen enthielt. Er war ein welterfahrener Mann und wußte, daß es außer guten Ideen in der Welt auch noch Zöllner und Zensoren gibt.

Er mußte die Auszüge, die er für sich hergestellt hatte, in irgendeiner Weise tarnen. Hätte er sie in deutsch geschrieben, dann hätte sie vielleicht der erste schlaue Zöllner für geheimes Instruktionsmaterial gehalten, und Madame Schweitzer hätte keine Spur mehr von ihrem Mann zu sehen bekommen. Deshalb fertigte er den Auszug in französisch an. Außerdem fand er, der Inhalt der Arbeit sei so eng mit den gegenwärtigen Problemen verbunden, daß er für jeden Zensor anstößig sein mußte. So versah er jedes Kapitel mit einer französischen Überschrift, aus der überzeugend hervorging, daß es sich um eine unschuldige Untersuchung über das Zeitalter der Renaissance handelte.

Als fast alle Sachen verpackt waren und das Manuskript über die unzivilisierte Zivilisation sich bereits in den richtigen Händen befand, brachten Träger aus dem Walde einen Mann mit einem eingeklemmten Bruch. Die Verwandten setzten erschöpft die Trage ab, und der alte Mann begann, sich auf dem Erdboden umherzuwälzen und vor Schmerzen zu krümmen. Helene packte schweigend die Kiste mit den Instrumenten wieder aus. Die Operation mußte in schrecklicher Eile inmitten von Kisten und Koffern vorgenommen werden.

An dem Tage, an dem der Dampfer eintraf, tauchte plötzlich ein alter Afrikaner auf. Er schritt feierlich vor dem Doktor und seiner Frau her und vollführte einen seltsamen, uralten Tanz. Schweitzer dachte, so wird wohl einst König David vor der Bundeslade eingetanzt sein. Der alte Afrikaner drückte mit seinem Tanz die Dankbarkeit gegenüber dem Doktor Oganga und der Frau Doktor aus. Es war ein phantastisches Schauspiel. Am Ende streichelte er die Hände des Doktors und sagte in einem fort: „Akewa! Akewa!“ (Danke! Danke!).

Dann verfrachtete ein gabunischer Soldat den Doktor und seine Frau an Bord des Flußdampfers. Die Afrikaner standen in großer

Zahl am Ufer und winkten ihm zum Abschied zu. „Lebe wohl, Oganga!“ riefen sie in Dutzenden von Sprachen und Dialekten.

Der Dampfer gab das Abfahrtssignal. Da erhob sich am Ufer ein wildes Wehgeschrei. Der Doktor wurde nach Europa gebracht. Doch sein Herz blieb in Lambarene. Er fuhr in eine schreckliche Ungewißheit, in eine viel größere Ungewißheit als vor viereinhalb Jahren, als er Europa verließ. Doch er glaubte daran, daß er zurückkehren würde.

Sein Rückweg aus Afrika war von Dankbarkeit gezeichnet. Als erster dankte ihm der Gabuner. Dann schlich sich in Kap Lopez ein Weißer an Bord, dessen Frau Schweitzer einmal gepflegt hatte. Er bot ihm Geld an. Doch Schweitzer hatte noch das Gold gehabt, das er vor vier Jahren mitgenommen hatte. In letzter Stunde vor der Abfahrt hatte er bei einem französischen Holzhändler zu einem vorteilhaften Kurse neue französische Scheine dagegen eingetauscht, die dann er und seine Frau sorgfältig in ihre Kleider eingenäht hatten. Sie wollten sie in dieser europäischen Hölle benutzen, um wieder in die gabunische Hölle zurückzukehren und denen zu helfen, die dort ohne Hilfe zurückbleiben mußten.

Auf dem Ozeandampfer wurden sie einem weißen Unteroffizier übergeben, der darüber zu wachen hatte, daß sie mit niemandem außer einem bestimmten Steward verkehrten. Er durfte sie zu bestimmten Zeiten auf Deck führen, brachte ihnen das Essen und versorgte ihre Kajüte.

Die Schiffsreise war nicht ohne Gefahr. Die alte „Afrique“, die den Doktor und seine Frau als „Kriegsgefangene“ nach Europa brachte, und der ganze Geleitzug wurden von einem deutschen U-Boot angegriffen. Glücklicherweise verfehlte der Torpedo sein Ziel, und der Geleitzug suchte in Dakar Schutz. Kapitän dieses Unterseebootes war Martin Niemöller, der später wegen seiner aufrechten antifaschistischen Haltung verfolgt wurde und auch in der BRD wegen seines Kampfes gegen die Wiederaufrüstung Angriffen ausgesetzt war.

In Bordeaux kamen der Doktor und seine Frau in die sogenannten Durchgangskasernen an der Rue de Belleville. Die relative Sauberkeit Europas erwies sich für Schweitzer als verhängnisvoller als die offensichtliche Unsauberkeit Afrikas. Er erkrankte, und das war wohl das erste Mal, seit er seine Kinderkrankheiten überstanden hatte. Er zog sich eine Ruhr zu, die er selbst mit Emetin behandelte.

Im Durcheinander des Transports verstanden der Doktor und seine Frau den Befehl über den Weitermarsch falsch und begannen ihre Sachen für die Nacht auszupacken. Da trafen gegen Mitternacht zwei Gendarmen ein, um sie unverzüglich abzuholen. Als diese sahen, daß sie noch nicht fertig waren, begannen sie zu schreien, dies sei ein unglaublicher Ungehorsam, und sie müßten sie unter Zurücklassung des Gepäcks mitnehmen. Wer hätte sie daran hindern können, dies wirklich zu tun? Doktor Schweitzer bemerkte später mit Dankbarkeit, daß die französischen Gendarmen dies schließlich doch nicht taten, sondern Mitleid hatten und ihm und seiner Frau erlaubten, erst noch die Sachen einzupacken. Sie halfen sogar selbst mit, alles bei dem trüben Licht zusammenzusuchen.

Später hat sich der Doktor im Gedenken an diese beiden Gendarmen dann oftmals selbst gezwungen, mit Menschen geduldig zu verfahren, wo er sich zur Ungeduld berechtigt fühlte.

Man brachte sie nach Garaison, einem alten Kloster in den Pyrenäen, wo sich jetzt ein Internierungslager für Zivilisten befand, die Staatsangehörige der Feindstaaten waren. Früher einmal war das Kloster als Genesungsheim bekannt gewesen. Das Wort Garaison war die provenzalische Variante des französischen Wortes guérison, was so viel wie „Genesung, Heilung" bedeutet. Der Doktor und seine Frau begannen sich tatsächlich in der frischen Luft der Pyrenäen wohler zu fühlen.

Das Lager beherbergte eine erstaunliche Vielfalt von Menschen, die aus allen Enden der Welt in diesem halbzerstörten alten Kloster zusammengetrieben worden waren.

Trotz einer großen Anzahl von Spezialisten war Schweitzer merkwürdigerweise im Internierungslager der einzige Arzt. Anfangs verbot ihm der Lagerleiter strengstens, sich mit Kranken abzugeben, da dies die Sache des amtlich bestallten Lagerarztes, eines alten Landarztes aus der Gegend, sei. Später aber machte er diese Entscheidung rückgängig und stellte dem Doktor sogar ein besonderes Zimmer für Konsultationen zur Verfügung. Es gab viele Kranke. Besonders erfolgreich konnte Schweitzer bei den ehemaligen Bewohnern der Kolonien und bei den Matrosen die Tropenkrankheiten behandeln. Glücklicherweise hatte er ja die Instrumente und Arzneimittel, die er brauchte, bei sich.

„So war ich wieder Arzt geworden. Was mir an freier Zeit verblieb, verwandte ich auf die Kulturphilosophie (ich skizzierte damals die Kapitel über den Kulturstaat) und das Orgelüben auf Tisch und Fußboden." Der in Klammern gesetzte Satz enthält natürlich eine bissige Ironie. Denn man konnte wohl überall, aber nicht in diesem Lager über den „Kulturstaat" schreiben, der zu dieser Zeit den Gipfel seiner „Zivilisiertheit" erreicht hatte.

Schweitzer bemerkte den Verfall des „Kulturstaates" und der gepriesenen bürgerlichen Zivilisation bereits an der Schwelle unseres Jahrhunderts. Später formulierte er seine Beobachtungen, als er in der schwülen Hölle der gabunischen Urwälder in Internierungshaft saß. Dann warf der Krieg den Philosophen selbst in das Fegefeuer menschlicher Leiden, ließ ihn die Errungenschaften dieser „Zivilisation" am eigenen Leibe spüren und den unbeugsamen Willen des „Kulturstaates". Er sah nichts prinzipiell Neues, was er nicht schon früher vorausgesehen hatte, und in seinen Formulierungen klingen jetzt die durchlittenen Erfahrungen an.

Der Doktor erhielt im Lager immer mehr zu tun, und die Zeit, die ihm für seine philosophischen Arbeiten verblieb, wurde immer geringer. Die Monate der Internierung zogen sich in die Länge, und immer häufiger kamen Internierte mit Krankheitsbeschwerden zum Doktor. Dieser beobachtete sorgfältig die verschiedenartigen psychischen Erscheinungen, unter denen die Internierten litten. Es gab unter ihnen Menschen, die ihre Unfreiheit fast körperlich spürten. Schweitzer sah, wie sie von dem Augenblick an, wo sie in den Hof hinunter durften, bis zum Trompetensignal, das sie bei Einbruch der Dunkelheit daraus vertrieb, ruhelos im Kreise herumliefen und über die Mauern hinaus auf die in herrlichem Weiß schimmernde Kette der Pyrenäen schauten. Sie hatten nicht mehr die seelische Kraft, sich zu beschäftigen. Regnete es, so standen sie stumpfsinnig auf den Gängen herum. Die meisten von ihnen waren in einem schlechten Gesundheitszustand, weil sie mit der Zeit einen Widerwillen gegen die monotone Lagerkost bekommen hatten, obwohl diese gar nicht so schlecht war. Viele litten auch unter der Kälte, weil die meisten Räume nicht heizbar waren. Für die seelisch und körperlich geschwächten Menschen bedeutete das geringste Unwohlsein eine wirkliche Erkrankung. Sie gingen zum Doktor, und für ihn war es gar nicht so leicht, die Art der Erkrankung festzustellen. Sie waren zudem häufig noch niedergeschlagen und trauerten um den Verlust all dessen, was sie in der Fremde verloren hatten. Diese Menschen hatten häufig keine Hoffnung mehr auf die Zukunft. Sie wußten nicht, wohin gehen und was anfangen, wenn die Pforten Garaisons sich einst öffnen würden. Viele waren mit französischen Frauen verheiratet und hatten Kinder, die nur Französisch konnten. Sie hatten in Frankreich gearbeitet und mußten das Land jetzt verlassen. Die bürgerliche Zivilisation nahm keine Rücksicht auf den Menschen; sie verweigerte ihm das Recht, seinen Wohnort zu wählen. Die Medizin war da machtlos.

Natürlich hatte Garaison keinerlei Ähnlichkeit mit Buchenwald, Treblinka oder Theresienstadt. Doch schon hier war der Mensch seiner Freiheit beraubt, verwirrt und demoralisiert. Im Jahre 1918 wurde zum Beispiel erklärt, wenn nicht bis zu der und der Zeit die und die Maßnahmen der Deutschen gegen die belgische Zivilbevölkerung rückgängig gemacht würden, dann würden von den „Notablen" des Lagers (womit vermutlich Bankdirektoren, Hoteldirektoren, Künstler, Wissenschaftler und Handelsleute gemeint waren) soundso viele in ein Repressalienlager in Nordafrika verschickt. Bei aller Tragik dieser Situation stellte Schweitzer jedoch gleichzeitig ein komisches Nebenergebnis fest. Es stellte sich nämlich heraus, daß die Mehrzahl der hier weilenden „Hoteldirektoren", „Bankdirektoren" und „Großkaufleute" in Wirklichkeit Oberkellner, Bankangestellte und kaufmännische Angestellte waren. Sie hatten angenommen, wenn sie sich selbst zu ehemaligen „Notablen" machten, würde es ihnen im Lager besser ergehen. Jetzt jammerten sie bei jedem, der ihnen in den Weg lief, über die Gefahr, in die sie durch die angemaßte Würde geraten waren.

Schweitzer interessierte sich für die Menschen, die in das Internierungslager geraten waren, für ihr Verhalten. Er verkehrte mit vielen und unterhielt sich mit ihnen. Ja, dieser Doktor mehrerer Wissenschaften hielt das Lager für einen geeigneten Ort, Neues hinzuzulernen. Er teilte die Meinung seines Freundes, des Lagerschusters, daß „der Mensch viel verstehen muß", und hier waren auf den ersten Blick günstige Voraussetzungen dafür vorhanden.

„Um sich zu bilden, brauchte man im Lager keine Bücher zu lesen. Für alles, was man wissen wollte, standen einem sachkundige Menschen zur Verfügung. Von dieser einzigartigen Gelegenheit zu lernen habe ich reichlich Gebrauch gemacht. Über Bankwesen, Architektur, Mühlenbau und Mühlenwesen, Getreidebau, Ofenbau und so vieles andere eignete ich mir Kenntnisse an, die ich sonst wohl nie erlangt hätte."

So verzagte Doktor Schweitzer in Garaison nicht. Arbeit als Arzt hatte er übervoll zu tun, und seine freien Stunden verbrachte er als Musiker und Philosoph: Als Musiker „studierte" und „spielte" er auf einem speziell für ihn gezimmerten Tisch die verschiedensten Orgelstücke, und als Philosoph analysierte er die Ursachen, die schon vor Jahrzehnten den Weg zur Massenverdummung, zu Internierungs- und Konzentrationslagern und zu wackeren Siegesgesängen gebahnt hatten.

Das Frühjahr brachte dem kräftigen Doktor und seiner zarten Frau neue Prüfungen.

In St. Rémy de Provence war ein besonderes Internierungslager für Elsässer eingerichtet worden. Vergeblich hatten der Direktor des Lagers von Garaison, um dem Lager den Arzt zu erhalten, und der Doktor, um in dem Lager zu bleiben, in dem sie sich eingelebt hatten, darum ersucht, sie nicht in dieses neue Lager zu versetzen. Die Rettung der Zivilisation machte es erforderlich, den elsässischen Doktor und seine Frau unverzüglich in das neue Lager zu überführen, das in der ständig von kalten Winden heimgesuchten Ebene der Provence lag.

Der Direktor, ein pensionierter Polizeikommissar aus Marseille namens Bagnaud, führte ein ziemlich mildes Regime. Auf alle Fragen, ob dies oder jenes erlaubt sei, antwortete er stets in jovialer Weise: „Rien n'est permis! Mais il y a des choses qui sont tolérées, si vous vous montrez raisonnables!" („Nichts ist erlaubt! Aber es gibt Dinge, die geduldet werden, wenn ihr euch vernünftig betragt!") Seine Geduld war fast grenzenlos (in den Grenzen des Lagers natürlich).

Das alte Kloster, in dem sie untergebracht waren, war kalt. Die Kälte kam gleichsam aus den Steinwänden des riesigen Raumes in der ersten Etage, aus dem Steinpflaster und der hohen Mauer um den Klosterhof herausgekrochen. Schweitzer wurde das Gefühl nicht los, daß er schon einmal hier gewesen sei, daß er die kalten Wände schon einmal gesehen, den kalten Atem des Mistral schon einmal gespürt und den heiseren Husten schon einmal gehört habe. Er saß im Zimmer der ersten Etage neben seiner auch hier unsagbar leidenden Frau und versuchte sich daran zu erinnern, wo er denn diesen eisernen Ofen und das lange, durch den ganzen Raum geleitete Ofenrohr schon einmal gesehen hatte. Schließlich fiel es ihm ein: auf einer Zeichnung van Goghs. Er erfuhr dann beim Direktor, daß früher in diesem Kloster Nerven- und Geisteskranke untergebracht waren, unter denen sich seinerzeit auch van Gogh befunden hatte.

Schweitzer und seine Frau konnte sich an die kalten Steinwände und den kalten Wind der Provence nicht gewöhnen. Bei dem dreiundvierzigjährigen Doktor begannen sich Folgeerscheinungen der Ruhr einzustellen. Es quälte ihn eine Schwäche, mit der sogar sein starker Wille nicht fertig werden konnte.

Die Internierten des Lagers durften außerhalb des Klosters – natürlich unter Aufsicht – spazierengehen. Doch der Doktor und Helene konnten an diesen Spaziergängen, die freiwillig waren, infolge ihres Gesundheitszustandes nicht teilnehmen. Der Direktor führte an diesen Tagen mit den Kranken, darunter auch mit Helene und Doktor Albert (den Familiennamen konnte er nicht aussprechen), selber einen kleinen Spaziergang durch. Langsamen Schritts bewegten sie sich dann zusammen mit den anderen Geschwächten über die Straßen der Provence. Der traurige Zug der Elsässer ging auch durch ein französisches Dorf, und von allen Seiten waren feindselige Zurufe zu hören. Der Doktor blickte um sich und sah viele haßerfüllte Gesichter ...

Die Gesundheit des Doktors und seiner Frau verschlechterte sich immer mehr. Der Doktor ertappte sich dabei, daß bei ihm von Zeit zu Zeit die gleiche Mattigkeit und Hoffnungslosigkeit auftraten, wie er sie wiederholt bei anderen Insassen des Lagers von Garaison festgestellt hatte. Trotzdem zwang er sich, nicht aufzugeben. Er arbeitete wie früher an den Entwürfen zu seinem Philosophiebuch. Er arbeitete die Begründung für das Grundprinzip der Ethik, den philosophischen Kompaß für die neue, echt menschliche Entwicklung der Länder und Völker aus. Er schrieb über den Humanismus, der nach seiner Meinung darin bestand, daß der Mensch nicht sinnlos einem Ziel geopfert werden darf; ist doch der Mensch letzten Endes selbst das Ziel des Humanismus.

Schweitzer schuf die Grundlage für eine Ethik der sittlichen Persönlichkeit. „Wenn vor dem Individuum die Alternative steht, das Glück oder gar das Leben eines anderen Menschen um eigener Interessen zu opfern oder selbst Schaden zu erleiden, so hat er die Möglichkeit, auf die Forderungen der Ethik zu hören und das letztere zu wählen."

Schweitzer sah das grundlegende Prinzip der Ethik in der Ehrfurcht vor dem Leben. Genauer gesagt, war für ihn „die Ethik die Ehrfurcht vor dem Leben". Diese Formulierung beinhaltete nach

Schweitzer die drei wesentlichsten Elemente der Philosophie des Lebens: Selbstverleugnung, positive Hinwendung zur Welt und Ethik.

Der Mensch weiß, daß alle Lebewesen der Welt, genau wie er selbst, über den Willen zum Leben verfügen. Der Mensch tritt in eine aktive und eine passive Beziehung zur Welt. Einerseits ist er gleichsam dem Lauf der Ereignisse ausgeliefert, die die Gesamtheit des Lebens bilden; andererseits ist er in der Lage, das Leben, das rings um ihn abläuft, zu beeinflussen, indem er es einschränkt oder fördert, indem er es vernichtet oder erhält.

Unser Denken erkennt nicht nur die Lebensbestätigung als solche an, sondern „regt auch den Willen zum Leben an, die Lebensbestätigung in all ihrer Vielfalt unter uns ebenfalls anzuerkennen und zu teilen". Somit soll der Mensch die Lebensverneinung und die Selbstverleugnung (die Selbstaufopferung zugunsten anderer) als Mittel zur Lebensbestätigung benutzen. Das heißt, die Selbstentsagung ist – wie wir uns überzeugen konnten – für Schweitzer ebenfalls Ehrfurcht vor dem Leben.

Als Wesen, das mit der Welt eine aktive Beziehung eingeht, tritt er zu ihr schon dadurch in einen geistigen Kontakt, daß er nicht für sich allein lebt, sondern sich mit allem Leben, das neben ihm existiert, eins fühlt. Er beginnt, alle Erscheinungen fremden Lebens als seine eigenen zu empfinden, er beginnt, ihm jede nur mögliche Hilfe zu erweisen, er beginnt, alle Anzeichen für die Erhaltung und Entwicklung des Lebens, bei denen er mitwirken kann, als ein großes Glücksgeschenk zu betrachten, das nur ihm zuteil werden konnte.

Sobald der Mensch über das Geheimnis des eigenen Lebens und über die Verbindungen seines Lebens mit allem anderen auf der Welt existierenden Leben nachzudenken beginnt, muß er unweigerlich dazu kommen, auf all dieses Leben das Prinzip der Ehrfurcht vor dem Leben zu übertragen und zur Realisierung dieses Prinzips beizutragen. Seine Existenz wird dadurch schwieriger, als wenn er nur für sich allein leben würde. Doch zur gleichen Zeit wird sie reicher, schöner und glücklicher. Statt eine bloße Existenz zu bleiben, wird sein Leben zu einem wahrhaftigen tiefen Erlebnis.

Somit führt – nach Schweitzer – das Nachdenken über das Leben und die Welt den Menschen unweigerlich zum Prinzip der Ehrfurcht vor dem Leben. Wenn der Mensch, nachdem er einmal zu denken begonnen hat, wieder wie früher leben will, so muß er zu seiner früheren Geistlosigkeit zurückkehren und sich betäuben. Fährt er jedoch fort zu denken, so wird er im Ergebnis zum Prinzip der Ehrfurcht vor dem Leben gelangen.

Das Lager in St. Rémy war nicht so kosmopolitisch besetzt wie das von Garaison. Hier befanden sich nur Elsässer, hauptsächlich Förster, Lehrer und Bahnbeamte.

Im Lager von St. Rémy schrieb Schweitzer über die universale Ethik der Ehrfurcht vor jedwedem Leben. Er behandelte menschliche Krankheiten und sah sich als verantwortlich an für die Leiden der zivilisierten Welt. Denn die Ethik besteht – wie er in diesen Tagen schrieb – in der „unbegrenzten Verantwortung gegenüber allem, was lebt".

Jahre der Verzweiflung, des Kampfes und der Hoffnung

Herbst, Winter, Frühling, Sommer ... Und immer noch im Internierungslager ...

Doch die Befreiung rückte näher. Die Männer in den Schützengräben wollten nicht mehr aufeinander schießen. Romain Rolland, Schweitzers alter Freund, hatte sich schon im Frühjahr des stürmischen Jahres 1918 an die russischen Brüder gewandt: „... Russische Brüder! Eure Revolution muß unser altes Europa aufwecken. Schreitet voran! ... Jedes Volk kommt einmal an die Reihe, die Menschheit zu führen ... Bringt Europa Frieden und Freiheit!" So schrieb Rolland. Bei Schweitzer finden wir keinerlei Hinweis auf dieses größte historische Ereignis. Bedeutet dies, daß der Humanist Schweitzer in dieser Frage nicht mit dem Humanisten Rolland übereinstimmte? Keineswegs. Die Ursache für dieses Schweigen muß man anderswo suchen. Schweitzer hielt sich bereits zu dieser Zeit an sein Prinzip (dem er viele Jahrzehnte lang unverändert treu geblieben ist), nach dem sich sein Eingreifen in die Angelegenheiten der Welt auf die konkrete Verwirklichung des Guten, auf die aufopferungsvolle Tätigkeit für das Wohl seiner leidenden Patienten beschränkte. Er zog eine künstliche Schranke für die Sphäre seines Handelns, er kam zu dem Entschluß, sich nur „individuelle Handlungen" zu gestatten, die unmittelbar „von Mensch zu Mensch" wirkten. Später führte ihn der aktive, tätige Humanismus seines ethischen Systems zu einem nachdrücklichen Eingreifen in die Weltpolitik, in eine der wichtigsten und kompliziertesten Fragen. Doch dies geschah erst etwa dreieinhalb Jahrzehnte später. Was die außerordentlich wichtigen Ereignisse betrifft, die sich in diesem stürmischen Zeitabschnitt abspielten, so schienen sie der Aufmerksamkeit Schweitzers zu entgehen (es läßt sich unschwer erraten, daß es in Wirklichkeit nicht so war): Man findet fast keinen Hinweis auf sie in seinen Briefen, in seinen Aufsätzen, in seinen Interviews und in seinen Krankenaufzeichnungen.

Im Juli erfuhren der Doktor und seine Frau, daß sie sehr bald gegen französische Kriegsgefangene ausgetauscht und durch die Schweiz in ihre Heimat zurückgebracht würden.

Am 12. Juli, in der Nacht, weckte man die Internierten und erklärte ihnen, das Telegramm über ihren Austausch sei eingetroffen. Alles geschah in schrecklicher Eile. Die Internierten mußten ihre Sachen zur Durchsicht vorlegen. Schweitzer hatte seine Skizzen zur Kulturphilosophie schon vorher dem Zensor des Lagers vorgelegt und von ihm glücklicherweise auf soundso vielen Seiten davon den erforderlichen Stempel erhalten. Der Sergeant der Wache konnte beruhigt sein: Dieser Doktor hatte nichts über Politik geschrieben. In der allerletzten Minute, als die Wachmannschaften schon die Lagerpforte geöffnet hatten, eilte Doktor Schweitzer, der noch niemals Wohltätigkeit vergessen hatte, zum Direktor des Lagers, um sich zu verabschieden. Der gutmütige pensionierte Polizeikommissar saß traurig im Büro des verlassenen Lagers ... Sie haben dann später noch lange Zeit Briefe gewechselt – der alte Polizeikommissar und sein gebildeter Gefangener. „Mein lieber Mieter!“, so redete der ehemalige Direktor des Internierungslagers in St. Rémy in seinen Briefen Schweitzer an.

Man brachte sie nach Tarascon, wo sie in einem entlegenen Schuppen die Ankunft ihres Zuges abwarten mußten. Der Doktor und Helene Schweitzer waren sehr schwach auf den Beinen, und sie hatten wieder sehr viel Gepäck zu schleppen – Bücher, Instrumente, Aufzeichnungen ... Als der Zug eintraf, kam ihnen ein alter Krüppel, den der Doktor im Lager behandelt hatte, zu Hilfe. Er hatte kein Gepäck, weil er nichts besaß, und schleppte nun mit dem Doktor die Sachen in der brennenden Mittagssonne. Als sie so nebeneinander über die Steine des Eisenbahndamms stolperten, gelobte sich Schweitzer, daß er im Andenken an diesen Mann hinfort auf allen Bahnhöfen nach beladenen Menschen Ausschau halten und ihnen helfen werde. Er hat dies dann später auch getan.

Es begann der Weg durch das kriegführende Europa. Auf einem Bahnhof führte man sie unerwartet an gedeckte Tische, umarmte sie, war freundlich zu ihnen und forderte sie auf, sich gütlich zu tun. Als Schweitzer seinen Hunger gestillt hatte, merkte er als erster, daß die freundlichen Gastgeber durch irgend etwas in Verstimmung geraten waren – wahrscheinlich war es die elsässische Sprache ihrer Gäste. Die anderen Elsässer merkten gar nicht, daß man sie für französische Internierte gehalten hatte, die zur gleichen Zeit aus dem besetzten Nordfrankreich nach Südfrankreich gebracht werden sollten. Schweitzer klärte diesen Irrtum auf, und das Ganze endete damit, daß sie gemeinsam mit den Mitgliedern des Empfangskomitees an den leer gegessenen Tischen über dieses Mißverständnis lachten.

Der Zug fuhr in Richtung Schweiz und wurde durch Wagen aus anderen Lagern, die ihm auf den verschiedenen Stationen nach und nach angehängt wurden, immer länger. Zwei dieser Wagen waren mit ausgetauschten Korbflickern, Scherenschleifern, Landstreichern und Zigeunern gefüllt. Auch sie wurden für irgendwelche anderen Menschen ausgetauscht oder als Zugabe mitgegeben. Die zivilisierten Regierungen kannten ja den Tauschwert lebender Wesen.

An der Schweizer Grenze wurde der Zug so lange zurückgehalten, bis telegrafisch gemeldet war, daß der Gegenzug mit denen, gegen die sie ausgetauscht wurden, ebenfalls an der Schweizer Grenze angelangt war.

In der Frühe des 15. Juli kamen sie in Zürich an, und hier wurden Schweitzer und seine Frau zu ihrer Überraschung und Freude von dem Professor der Theologie Arnold Meyer und dem Sänger Robert Kaufmann in Empfang genommen. Beide hatten Schweitzer während des ganzen Krieges in Lambarene mit Büchern über Philosophie versorgt. Sie wußten schon seit Wochen, daß sie jetzt hierherkommen würden.

Dann kamen sie an die deutsche Grenze – Konstanz. Zum ersten Male sahen sie mit eigenen Augen, worüber sie schon so viel gehört hatten: auf den Straßen blasse, abgemagerte Menschen, die sich kaum noch aufrechthalten konnten.

In Konstanz trafen sie die Eltern von Helene. Helene Schweitzer erhielt die Erlaubnis, sofort mit ihren Eltern nach Straßburg zu fahren. Der Doktor mußte mit den anderen Ausgetauschten noch einen Tag in Konstanz verbringen und warten, bis alle Formalitäten erledigt waren.

Er kam erst in der folgenden Nacht in Straßburg an. Die Stadt war völlig dunkel, da man Fliegerangriffe befürchtete. Kein Licht brannte auf den Straßen, und aus den Wohnungen schien keine Helligkeit heraus. Die Familie Breßlau wohnte in einer entlegenen Gartenvorstadt, wohin er nicht mehr gelangen konnte. Doktor Schweitzer ging bewegt durch die dunkle Stadt, in der er so viele Freunde hatte – Kollegen, Mitschüler, Lehrer. Schließlich erblickte er das riesige dunkle Bauwerk des Collegium Wilhelmitanum, und sein Herz schlug höher. Neben ihm stand das Haus seiner treuen Freundin – Frau Annie Fischer. In dieses Haus trat der verlorene Sohn des zerrissenen Europa nach fünf Jahren Wanderschaft ein.

Einige Mühe bereitete es ihm dann, nach Günsbach zu gelangen, das im militärischen Operationsgebiet lag. Die Bahn ging nur noch bis Colmar. Die fünfzehn Kilometer von dort mußten zu Fuß zurückgelegt werden. Auf den Höhen der Vogesen standen feindliche Batterien, und die Straßen waren deshalb durch hohe Drahtgitter mit Strohauflagen abgeschirmt. An den Straßenrändern sah man überall ausgemauerte Stellungen für Maschinengewehre und zerschossene Häuser. Schweitzer blickte auf die heimatlichen Berge und erkannte sie nicht wieder: Dort, wo früher herrliche Buchenwälder gestanden hatten, waren jetzt nur noch kahle Flächen zu sehen. Nur hier und da hatte das Granatfeuer einige Stämme stehen gelassen. Seit den Tagen der Realschule kannte Schweitzer dieses Wegstück von Münster, diesen herrlichen Waldweg zwischen Hügeln und Vogelgezwitscher. Jetzt hörte man nur das ununterbrochene dumpfe Heulen der Artilleriegeschosse; man schoß auf Menschen und ihre Häuser, auf Männer, Frauen, Kinder, Vieh ... In Günsbach liefen zahlreiche Soldaten, Offiziere und Bauern umher; es war der letzte bewohnte Ort vor den Schützengräben.

Der alte Pfarrer Ludwig Schweitzer hatte sich so an all das gewöhnt, daß er sich gar nicht mehr an die Zeit erinnern konnte, als er das Pfarrhaus nicht mit Soldaten und Offizieren hatte teilen müssen. Er war gegen alle Gefahren so gleichgültig geworden, daß er bei Beschießungen nicht mit den anderen den Keller des Pfarrhauses aufsuchte. Statt dessen blieb er in seinem Studierzimmer und las und wartete. Worauf wartete dieser alte stille Mann? Daß sein Sohn von seinen mühseligen Wanderungen zurückkehrt? Daß der Tod ihn ebenso unerwartet überrascht wie seine schweigsame Frau? Daß die Kanonen zu schießen aufhören und die Menschen endlich wieder ruhig werden?

Frau Schweitzer war durch einen tragischen Unglücksfall getötet worden. Die Pferde einer deutschen Artilleriekolonne hatten sie im Juli 1916 überrannt.

Die Bauern liefen erschöpft und finster im Dorf umher. Sie führten Gasmasken bei sich, denn man mußte einen Gasangriff befürchten. Der Beschuß jagte sie von Zeit zu Zeit in einen Unterschlupf. Das Getreide auf den Feldern vertrocknete; es herrschte eine furchtbare Dürre. Auf vielen Wiesen war das Gras so dünn, daß sich das Mähen nicht lohnte. Aus den Ställen erscholl das Gebrüll des hungernden Viehs. Zog ein Wetter am Horizont auf, so gab es keinen Regen, nur Wind, der der Erde die letzte Feuchtigkeit entzog, und Staubwolken, in denen das Gespenst des Hungers einherfuhr.

Man hielt ihn an, erkannte ihn und tauschte traurige Neuigkeiten aus.

Albert Schweitzer suchte liebe alte Bekannte auf, doch er mußte erfahren, daß viele von ihnen den Hunger und all die Not nicht überstanden hatten und verstorben waren.

In dem Günsbachschen Hause, wo jetzt Soldaten und Offiziere randalierten, wo der alte Pfarrer still an seinem Schreibtisch saß, war noch der alte Geist der Mutter zu spüren. Sie war immer schweigsam gewesen. Jetzt war sie nicht mehr im Hause, und doch war sie da. Sie lebte in der Erinnerung der Kinder, in ihren Charakteren und in dem unbeugsamen Willen ihres ältesten Sohnes. Ihr Geist war in ihm lebendig. Doch ihr Körper war dahingeschieden.

Schweitzer hatte gehofft, daß ihm die heimatliche Luft guttun würde; doch auch in Günsbach ging es ihm von Tag zu Tag schlechter. Gegen Ende August traten hohes Fieber und quälende Schmerzen auf. Er stellte selbst die Diagnose, daß es sich um eine Spätfolge der in Bordeaux überstandenen Ruhr handelte und ein alsbaldiger chirurgischer Eingriff erforderlich war. Sechs Kilometer weit schleppte er sich, auf Helene gestützt, gen Colmar, bis sie eine Fahrgelegenheit fanden. Am 1. September wurde er in Straßburg von Professor Stoltz operiert.

Doktor Schweitzer lag im Krankenhaus und machte sich schwere Gedanken. Helene erwartete ein Kind. Die Straßburger Universität war geschlossen, und er mußte sich auf irgendeine Weise Geld verdienen. Außerdem hatte er noch Schulden abzuzahlen – an die Pariser Missionsgesellschaft und an Freunde, die ihm in den Kriegsjahren geholfen hatten. Es standen schwere Zeiten bevor. Heute würde wohl kaum irgend jemand in ganz Europa ein Unternehmen wie das in Lambarene unterstützen. Er aber lag nach der Operation in einem Krankenzimmer und dachte an Lambarene! Inmitten des Leids und der Zerstörungen Europas, und obwohl seine eigene nächste Zukunft völlig unsicher war, mußte er jetzt daran denken, daß er den leidenden Menschen in Gabun wieder helfen möchte, daß er ihnen helfen möchte und es doch nicht kann. Der gesunde Menschenverstand (der gleiche, den Hegel als eine Anhäufung von Vorurteilen bezeichnete) versicherte ihm, daß jetzt nicht die Zeit dafür sei ... Doch sein eigener Verstand antwortete ihm, wenn diese Aufgabe ein Gebot der Wahrheit ist, dann bedeutet dies, daß dafür immer Zeit sein wird.

Als Schweitzer wieder einigermaßen arbeitsfähig war, bot ihm der Straßburger Bürgermeister Schwander, ein alter Freund aus der Studienzeit, die Stelle eines Assistenten am Bürgerspital an. Doktor Schweitzer erhielt zwei Frauensäle in der Dermatologischen Klinik zugewiesen.

Zwei Monate nach dem Waffenstillstand vollendete Schweitzer sein vierundvierzigstes Lebensjahr. Am 14. Januar, seinem Geburtstag, schenkte ihm seine Frau eine Tochter, die sie Rhena nannten.

Das Jahr 1919 hatte begonnen. Schweitzer arbeitete im Straßburger Bürgerspital, und selbst Helene hätte sicher nicht vermutet, daß er an Lambarene dachte.

In diesen Jahren ging er oftmals an die Rheinbrücke, so oft, daß er den Zollbeamten eine wohlbekannte Persönlichkeit wurde. Er trug immer einen Rucksack voll Lebensmittel bei sich, die er seinen Freunden in Deutschland zukommen ließ. Denn dort herrschte noch schrecklicher Hunger, und er ließ es sich angelegen sein, Frau Cosima Wagner und den greisen Maler Hans Thoma samt seiner Schwester Agathe zu versorgen. Der Sinnlosigkeit der Welt konnte man nur durch die Güte des Menschen entgegentreten.

Als Schweitzer einmal zufällig am Bahnhof Straßburg-Neudorf vorbeiging, sah er eine bekannte und verehrte Person. Es war der alte Professor Schmiedeberg, bei dem er einstmals Vorlesungen über theoretische Pharmakologie gehört hatte. Die französische Verwaltung wollte ihn gerade als gefährliches Element ausweisen, und so stand er unter den auf ihren Abtransport wartenden Menschen, mit einem schweren Bündel unter dem Arm, doch ohne Koffer wie alle. Schweitzer bahnte sich einen Weg durch die Menge und fragte ihn, ob er ihm irgendwie, zum Beispiel bei der Rettung seiner Möbel, behilflich sein könne. Schmiedeberg sagte ihm, in diesem Bündel sei seine letzte Arbeit über Digitalin, und der strenge französische Unteroffizier werde ihm wohl kaum gestatten, das umfangreiche Manuskript mitzunehmen. Schweitzer nahm ihm das Bündel ab und ließ es ihm später durch eine zuverlässige Person nach Baden-Baden, wo er bei Freunden Unterkunft gefunden hatte, zugehen. Nicht lange, nachdem es im Druck erschienen war, starb Professor Schmiedeberg.

1919 war für Schweitzer ein schweres Jahr. Er arbeitete an den Choralvorspielen Bachs und wartete auf das in Lambarene entworfene Manuskript für die drei letzten Bände der amerikanischen Bachausgabe. Es zeigte sich jedoch, daß der amerikanische Verleger sich die Sache anders überlegt hatte und vorläufig nicht mit der Veröffentlichung beginnen wollte. Schweitzer erwartete aus Lambarene auch sein Manuskript über die „Kulturphilosophie“, doch die Sendung traf immer noch nicht ein. Es blieb ihm wenig freie Zeit, und seine Stimmung war niedergeschlagen. Zudem quälten ihn immer noch die Nachwirkungen der überstandenen Ruhr, und im Sommer mußte er sich einer zweiten Operation unterziehen. Er mußte jetzt selbst schwere Schmerzen erdulden, und in seinem Krankenbett dachte er sehnsüchtig an sein Spital am Ufer des Ogowe.

Alles schien vorüber zu sein, nichts schien ihm die Zukunft mehr zu bieten – nicht mehr die aufopferungsvolle Arbeit in Lambarene, nicht mehr die nächtlichen Erleuchtungen, nicht mehr die Konzerte ... Manchmal kam er sich vor wie ein alter Groschen, der unter den Diwan gerollt und dort vergessen worden war.

In diese Zeit fällt noch eine Aktivität Schweitzers, die von seinen Biographen kaum erwähnt wird: Er war Redakteur des „Evangelisch-protestantischen Kirchenboten für Elsaß und Lothringen“. Auf den Seiten dieser Zeitschrift versuchte Schweitzer seine elsässischen Landsleute zu trösten, sie an die Pfade der Hoffnung zu gemahnen. „Was ist über das verflossene Jahr zu sagen?“, schrieb er in der Neujahrsnummer. „Es war für uns alle eine schwere Zeit, vielleicht die schwerste ...“

In einer anderen Nummer des „Kirchenboten“ brachte der Redakteur und Autor Schweitzer sein Mitgefühl mit der Revolutionärin Rosa Luxemburg zum Ausdruck, die von der deutschen Kirche für eine Ausgeburt der Hölle gehalten wurde. Natürlich war Schweitzer kein Revolutionär. Bei der Kommentierung ihrer „Briefe aus dem Gefängnis“ hob er lediglich ihre Tierliebe hervor und bezeichnete sie als eine „gütige Seele“. Übrigens rief auch dies schon eine Dissonanz im einmütigen Chor ihrer Hasser hervor.

In niedergedrückter Stimmung erlebte Schweitzer den traurigen Herbst 1919.

In dieser Zeit begann sich der bekannte schwedische Erzbischof Nathan Söderblom nach dem Schicksal des elsässischen Theologen zu erkundigen, der – wie er gehört hatte – in irgendeinem französischen Lager schmachtete. Söderblom schrieb aus diesem Anlaß an den Erzbischof von Canterbury, der vor dem Kriege ebenfalls schon viel von dem kühnen Gelehrten gehört hatte. Schweitzer wußte natürlich von alledem nichts.

Der erste Hoffnungsschimmer zeigte sich ihm im Oktober 1919. Freunde des Orfeó Català luden ihn zu einem Konzert nach Barcelona ein. Mit Mühe brachte er genügend Geld für die Reise zusammen. Bei diesem ersten Wiederhinauskommen in die Welt erfuhr Schweitzer, daß er als Künstler noch etwas galt.

Nach der Rückkehr von dieser Reise machte er sich – schon etwas ermutigt – wieder an seine Arbeit an dem Buch über die Kulturphilosophie, wobei er mit Ungeduld auf das Manuskript aus Lambarene wartete. Schweitzer hatte bereits seine Übersicht über die Weltphilosophie unter dem Aspekt ihrer ethischen Weltauffassung abgeschlossen. Nun kam ihm der Gedanke, die wichtigsten Weltreligionen unter dem gleichen Blickwinkel zu betrachten: das Judentum, das Christentum, den Islam, die Religion des Zarathustra, den Brahmanismus, den Buddhismus und die Religiosität des chinesischen Denkens. Diese Untersuchung bestätigte vollauf seinen Gedanken, daß die Kultur auf ethische Welt- und Lebensbejahung zurückgeht. Er überzeugte sich davon, daß die ausgesprochen welt- und lebensverneinenden Religionen (Brahmanismus und Buddhismus) kein Interesse für Kultur zeigen, während diejenigen Religionen, die in ihrem System eine ethische Welt- und Lebensbejahung enthalten (das Judentum der prophetischen Epoche, die Religion Zarathustras und die Religiosität der chinesischen Denker), starke Antriebe zur Kultur besitzen. Die letzteren wollen die gesellschaftlichen Zustände besser gestalten und rufen den Menschen zu sinnvollem Tun im Dienste allgemeiner Ziele auf, während die pessimistischen Religionen ihn in Kontemplation mit sich selbst verharren lassen.

In diesen Jahren der Unruhe und Zerrüttung schrieb Schweitzer über den Optimismus und Pessimismus. Der Zustand der bürgerlichen Kultur erzeugte bei Schweitzer Pessimismus. Er war davon überzeugt, daß der gegenwärtige Weg in ein neues Mittelalter führt. Trotzdem vermochte er Optimist zu bleiben, indem er an einem Glauben festhielt, der ihn seit seinen Kindheitstagen begleitet hatte: den Glauben an die Wahrheit.

Schweitzer war davon überzeugt, daß „der von der Wahrheit erzeugte Geist stärker ist als die Umstände". Die Menschheit, so glaubte er, erleidet nur das Schicksal, das sie sich durch ihre geistigen und intellektuellen Bemühungen bereitet. Deshalb glaubte er nicht daran, daß die Menschheit diesen Weg des Untergangs bis zu Ende gehen werde.

Wenn sich die Menschen des Westens gegen den Geist der Gedankenlosigkeit erheben, wenn sie sich als genügend gesunde und tiefe Persönlichkeiten erweisen, um die Ideale des sittlichen Fortschritts als bewegende Kraft zu verbreiten, so meinte Schweitzer, dann wird eine Bewegung des Geistes einsetzen, die stark genug ist, um eine neue geistige Strömung in der Menschheit zu erzeugen.

„Ich glaube an die Zukunft der Menschheit", schrieb er, „weil ich von der Kraft der Wahrheit und der Kraft des Geistes überzeugt bin." Die ethische Weltauffassung schließt nach Schweitzer den optimistischen Willen und die Hoffnung, die man niemals verlieren darf, ein. Man darf sich niemals durch die traurige Wirklichkeit einschüchtern lassen, man darf sich niemals davor fürchten, ihr direkt ins Gesicht zu schauen.

Schweitzer arbeitete an seinen Untersuchungen über Religion und Ethik, als er plötzlich einige Tage vor Weihnachten 1919 einen Brief in einem roten offiziellen Umschlag aus Schweden erhielt. Dies war das erste Rettungs- und Hoffnungszeichen, obwohl Schweitzer dies natürlich im Augenblick nicht vollkommen bewußt wurde. Erzbischof Nathan Söderblom hatte Doktor Schweitzer ausfindig gemacht und lud ihn zusammen mit seiner Frau zu sich nach Hause ein. Er forderte ihn außerdem auf, unmittelbar nach Ostern 1920 Vorlesungen an der Universität Upsala zu halten. Das Thema seiner Vorlesungen sollte Schweitzer selbst festlegen, Bedingung war nur, daß er sich mit Problemen der Ethik befaßte.

Dies war ein wunderbarer Glückszufall. Im Frühjahr wird er nach Schweden fahren und dort erstmalig über das sprechen können, worüber er all diese Jahre nachgedacht hat. Er wird vor einem denkenden studentischen Zuhörerkreis seine Gedanken über Ethik und Kultur darlegen können, mit denen sich bisher nur

Wachunteroffiziere und gleichgültige Lagerzensoren bekannt machen konnten.

Sein sechster Geburtstag nach Kriegsausbruch war fröhlicher als alle vorangegangenen. Ein Hoffnungsschimmer zeigte sich am Horizont. Der Doktor konnte natürlich nicht voraussehen, daß dieser Brief Söderbloms das Vorsignal seines wiedererstehenden Weltruhms und künftiger Erfolge in Lambarene war. Aber er hatte das dunkle Gefühl, daß doch noch nicht alles verloren war, daß er Gabun noch einmal wiedersehen wird. Übrigens war dies ein Gedanke, den er tief in seinem Innern, im verborgensten Winkel seines Herzens hegte, das schon immer so zurückhaltend gewesen war und in den kalten Nächten von St. Rémy und in den schweren Tagen von Straßburg noch zurückhaltender wurde. Trotzdem war der Doktor an diesem Geburtstag in seiner Familienrunde froh gestimmt. Er unterhielt seine Frau und seine Gäste endlos mit lustigen Geschichten, so wie früher in den guten alten Zeiten der Pfarrer Ludwig Schweitzer seine Familie unterhalten hatte. Er war erst vor kurzem mit dem Zug aus Barcelona zurückgekehrt, und zwischen Tarascon und Lyon waren Matrosen mitgefahren. Auf ihren Mützen las Schweitzer erstaunt den Namen eines der populärsten „Leben-Jesu"-Verfasser „Ernest Renan". Es war der Name eines französischen Flottenkreuzers, der ohne Erbarmen feindliche Schiffe versenkt hatte. Auf die Frage des Doktors, wer denn dieser Renan gewesen sei, antworteten die Matrosen gleichmütig:

„Man hat uns nichts von ihm erzählt. Aber es wird wohl ein verstorbener General gewesen sein."

Der Geburtstag ging vorüber, und Schweitzer fühlte sich so schlecht, daß er noch nicht wußte, ob er nach Schweden fahren und die Vorlesungen halten könne. Sein Gesundheitszustand besserte sich nur sehr langsam. Die Atmosphäre in Straßburg, die Lage in Frankreich sowie in Deutschland trugen keineswegs dazu bei, ihm Zuversicht zu geben.

Schweitzer schrieb dem Erzbischof Söderblom, seine Gesundheit sei schlecht und er sei deshalb nicht sicher, ob er kommen könne. Doch er erhielt darauf einen freundlichen, warmen Brief: Man werde ihn ausheilen, dort in Schweden gäbe es gute Ärzte, eine herrliche Luft, und über die Diät brauche er sich keine Gedanken zu machen. Schweitzer faßte wieder Mut und machte sich daran, seine Vorlesungen zu schreiben. Das Manuskript aus Afrika war noch immer nicht eingetroffen, und er mußte alles neu schreiben.

Das hatte aber auch seine Vorteile; er konnte seine Gedanken noch einmal mit einem höheren Reifegrad niederschreiben. Das Thema seiner Vorlesungen war das „Problem von Welt- und Lebensbejahung und Ethik in der Philosophie und in den Weltreligionen".

Am 20. April traf er mit seiner Frau in Upsala ein. Er begann unverzüglich mit seinen Vorlesungen. Bei seinem Umgang mit seinen gabunischen Patienten hatte Schweitzer es gelernt, durch einen Dolmetscher zu sprechen. Er sprach in kurzen, klar gegliederten Sätzen und ging den ganzen Text vorher sorgfältig mit dem Dolmetscher durch.

Im Hause des Erzbischofs Söderblom brauchten der Doktor und seine Frau keinen Dolmetscher. Der gebildete Erzbischof sprach ausgezeichnet französisch und deutsch. In seinem Hause herrschte eine gute, warme Atmosphäre. Helene Schweitzer lebte wieder auf, und auch dem Doktor ging es wieder besser. „Doktor Oganga" hatte sich selbst die Diagnose gestellt, und er konnte jetzt auch die Ursachen seiner so raschen Genesung erklären. „In der herrlichen Luft Upsalas und in der guten Atmosphäre des erzbischöflichen Hauses, in dem meine Frau und ich zu Gast waren, genas ich und wurde wieder ein arbeitsfroher Mensch."

Das letztere war – wie die Engländer zu sagen pflegen – bei weitem noch nicht das letzte Wort. Er hatte wieder Mut gefaßt, weil er erneut als Wissenschaftler und Theologe anerkannt wurde. Seine aktive Natur brauchte einen Widerhall, und er hörte ihn in diesem friedlichen Lande, auf dieser Insel des Denkens, diesem Wunder einer heilen inmitten einer unglücklichen Welt. Fünf Jahre lang hatte er über die Probleme von Ethik und Kultur geschrieben, zwanzig Jahre lang hatte er seine Beobachtungen über den Zusammenbruch des seelenlosen und geistlosen Fortschritts mit sich herumgetragen. Jetzt erlebte Schweitzer, wie man ihm zuhörte, und er fühlte, wie man ihn verstand. Nach all den Mißerfolgen und ruhelosen Wanderschaften war dies jetzt für ihn außerordentlich wichtig.

Erzbischof Söderblom war ein kluger, zartfühlender und unendlich gütiger Mann. Ihm gefiel dieser elsässische Doktor, geistvoll, kühn, von seinen Idealen durchdrungen, vielseitig begabt – bald unendlich stolz auf seine Anerkennung, bald demütig und bescheiden, gesellig, scharfsinnig, ernst und melancholisch. Der Erzbischof erkannte, daß Schweitzer etwas bedrückte, das er nicht zugeben wollte. Als erfahrenem Beichtvater fiel es ihm nicht schwer, seinen dankbaren Gast zu einem Geständnis zu bewegen. Als sie einen Spaziergang machten, ging plötzlich ein warmer Regen nieder. Erzbischof Söderblom spannte seinen Regenschirm auf, und so gingen sie nun gemeinsam, Seite an Seite, unter einem Schirm. Da gestand Schweitzer seinem Gesprächspartner, was ihn die ganze Zeit so bewegt hatte. Lambarene ... Er weiß, daß es auf seinem Wege Tausende, wahrscheinlich unüberwindliche Hindernisse gibt. Eines, und wahrscheinlich das wichtigste von ihnen, sind die finanziellen Schwierigkeiten. Er kann noch nicht einmal die Schulden zurückzahlen, die er während des Krieges für die Ausgaben des Spitals in Lambarene machen mußte.

Der Erzbischof dachte nach und sagte, dies sei keine leichte Aufgabe, aber eine, die sich durchaus lösen lasse. Er meinte, Schweden könne hierbei wohl helfen. Schweden habe nicht am Kriege teilgenommen und sei sogar reicher geworden. Es bestünde also durchaus Veranlassung, jetzt freigebig zu sein. Der Erzbischof meinte, man solle eine Vortragsreise durch Schweden organisieren, eine Vortragsreise, kombiniert mit Orgelkonzerten. Man müsse den Menschen über das Urwaldspital erzählen.

Der Erzbischof stellte eine Reiseroute zusammen und schrieb Empfehlungsschreiben nach verschiedenen Städten. Ein Student der Theologie, Elias Söderstrom, bot sich Schweitzer als Reisebegleiter und Übersetzer an. Sie reisten zusammen. Der junge Student war von der Idee des Urwaldkrankenhauses begeistert. Er übersetzte die Vorträge über das Urwaldspital Satz für Satz so lebendig, daß die Leute nach wenigen Augenblicken vergaßen, daß sie einen übersetzten Vortrag hörten. Söderstrom selbst gab nach der Rundreise sein Studium auf und ging in irgendeine ferngelegene Missionsstation, wo er wenige Jahre später umkam.

Schweitzer wandte sich an diese Menschen, die in einem friedlichen zivilisierten Lande lebten, und forderte sie auf, sich vorzustellen, keiner ihrer Familienangehörigen könnte zwanzig oder dreißig Jahre lang irgendwelche ärztliche Hilfe erhalten. Dabei litten sie aber an fast allen europäischen und zusätzlich noch an vielen, hier unbekannten schweren afrikanischen Krankheiten. Schweitzer erzählte ihnen vom Reich der Schmerzen und von dem Kontinent, der seine Kinder verschlingt. Er sprach von den Afrikanern, die sterben und vor Schmerzen stöhnen, über ihr schreckliches Leben, das dadurch noch schrecklicher geworden ist, daß die Weißen die afrikanische Erde entdeckt haben. „Wer vermag all die Ungerechtigkeiten und Grausamkeiten zu beschreiben, die diese Menschen im Laufe der Jahrhunderte von den Europäern erlitten haben?“ sagte Schweitzer diesen in guten Umständen lebenden Europäern. „Wollte man all das zusammenstellen, was die weiße Rasse der schwarzen angetan hat, so gäbe dies ein Buch, in dem der Leser viele Seiten, die sich auf die Gegenwart wie auf die Vergangenheit beziehen, nicht lesen könnte, weil ihr Inhalt zu grausam wäre.“

Schweitzer selbst schrieb nach der Rundreise durch Schweden ein solches Buch. Erzbischof Söderblom hatte mit dem schwedischen Verlag Lindblad die Herausgabe dieses Buches besprochen. Baronin Greta Lagerfelt wurde gebeten, die schwedische Übersetzung vorzunehmen.

An den alten schwedischen Orgeln hatte Schweitzer viel Freude. Sie waren nicht sehr groß, eigneten sich aber für die Schweitzer eigene, einfache Interpretation Bachs sehr gut. Als Schweitzer seine Schweden-Rundreise beendete, hinterließ er viele begeisterte Anhänger des Spitals in Lambarene und Enthusiasten für die Erhaltung guter Orgeln.

Schon nach zwei bis drei Wochen seiner Tournee konnte Schweitzer den Hauptteil seiner Schulden zurückzahlen.

Im gleichen Jahr entspann sich ein Schriftverkehr Schweitzers mit Zürich. Die Züricher Theologen kannten seine Arbeiten sehr gut, und die Züricher Universität erkannte Schweitzer im Jahre 1920 die Ehrendoktorwürde zu. Man deutete ihm an, daß er in Zürich einen Lehrstuhl erhalten könne. Dies war ein verlockendes Angebot – sowohl für ihn als auch für seine Frau. Erneut Arbeit, Wissenschaft, Musik, herrliche friedliche Landschaft. Er und auch Helene Schweitzer hatten schon früher wiederholt an Zürich gedacht. Doch jetzt, wo in der Ferne wieder unklar die Hoffnung auf das glühende, schwüle Lambarene auftauchte, in dem die Menschen an unsäglichen Schmerzen litten, wies Schweitzer alle eigenen Wünsche auf eine eigene gesicherte Stellung als Professor weit von sich.

Die Vorlesungen und die Bachkonzerte konnten ihm dazu verhelfen, wieder nach Lambarene zu fahren, so wie ihm ehemals sein Buch über Bach dazu geholfen hatte.

Im Juli kehrte Schweitzer von seiner anstrengenden, mit Arbeit erfüllten Rundreise durch Schweden nach Günsbach zurück. Er war wieder völlig gesund, voller Hoffnungen und setzte sich an sein Buch über Afrika.

„Eine große Schuld lastet auf uns und unserer Kultur", schrieb Schweitzer. „Wir sind gar nicht frei, ob wir an den Menschen draußen Gutes tun wollen oder nicht, sondern wir müssen es. Was wir ihnen Gutes erweisen, ist nicht Wohltat, sondern Sühne ... Und wenn wir alles leisten, was in unseren Kräften steht, so haben wir nicht ein Tausendstel der Schuld gesühnt ..."

Schweitzer spricht im einzelnen über den tragischen Widerspruch zwischen Kolonisation und Zivilisation. Bildung und Erziehung gehen in Afrika einen falschen Weg. Man bildet Büroangestellte aus und lehrt sie die körperliche Arbeit, Handwerk und Landwirtschaft verachten. Wäre es nicht besser, die Afrikaner in erster Linie zu lehren, in rationeller Weise Ackerbau zu treiben und Häuser zu bauen? Schweitzer unterstreicht, daß die kolonialen Probleme nicht durch einzelne politische Maßnahmen gelöst werden können. Dazu ist eine ethische Atmosphäre der Zusammenarbeit zwischen der weißen und der „farbigen" Rasse erforderlich. Nur auf diese Weise wird es zu einem gegenseitigen Verständnis kommen.

Schweitzer war sich darüber im klaren, in welchem schwierigen Augenblick er mit diesem Aufruf an die Öffentlichkeit trat. Er sah das hungernde Deutschland, er war durch das zerrissene Europa gereist. Trotzdem glaubte er, daß sein von der Idee der Ethik durchdrungenes Anliegen auch jetzt für die Welt notwendig sei.

Schweitzer sah die Fragen der Skeptiker voraus: Was kann ein einzelner Arzt schon allein dort im Urwald anfangen? Ja, wenn es eine ganze Organisation oder eine Regierung wäre! Die Menschen des zivilisierten Zeitalters dachten in Zahlen, in großen Maßstäben. Später, nach Jahrzehnten, werden sie verwundert mit dem Kopf schütteln, wenn sie seine Erfolge mit den Erfolgen der international organisierten Hilfe vergleichen. Doch damals mußte man sie überzeugen, es ihnen beweisen:

„Aus meiner Erfahrung und aus der aller Kolonialärzte antworte ich darauf, daß ein einziger Arzt draußen mit den bescheidensten Mitteln für viele Menschen viel sein kann. Das Gute, das er zu wirken vermag, übersteigt das, was er von seinem Leben darangibt, und den Wert der zu seinem Unterhalte gespendeten Mittel um das Hundertfache." Schweitzer schreibt sehr schlicht über sich und seine Pläne. Er legte sie vor allen dar und erwartete Hilfe in der kühnen Hoffnung, erneut den Allerunglücklichsten dienen zu können: „Dennoch bleibe ich mutig. Das Elend, das ich gesehen, gibt mir Kraft dazu, und der Glaube an die Menschen hält meine Zuversicht aufrecht. Ich will glauben, daß sich genug Menschen finden werden, die, weil sie selber aus leiblicher Not gerettet worden sind, sich zu Dankbarkeitsopfern für die, die in gleicher Not sind, erbitten lassen werden ..."

Mit diesen Worten endet dieses Buch. Es war für Schweitzer eine neue Form der literarischen Arbeit; denn der Lindbladverlag hatte ihn auf eine bestimmte Anzahl von Worten festgelegt. Er fand übrigens, daß der Zwang, mit Worten zu rechnen, dem Buch zum Vorteil geraten sei. Er hielt sich danach auch in seinen späteren Werken – zum Beispiel bei der Ausarbeitung der „Kulturphilosophie" – zu höchster Sparsamkeit im Ausdruck an.

Das Buch „Zwischen Wasser und Urwald" erschien auf schwedisch im Jahre 1921. Im gleichen Jahre kam es in der Originalsprache in Bern und in englischer Übersetzung in London heraus („On the Edge of the Primeval Forest"). Dieses Buch brachte ihm Honorare, die wie alle übrigen Einnahmen Schweitzers für den neuen Kampfzug gegen den Schmerz eingesetzt wurden.

Schweitzer schrieb weiter an seiner „Kulturphilosophie"; das Manuskript aus Afrika war endlich eingetroffen. Nach Straßburg und Günsbach kamen nun immer häufiger Einladungen aus verschiedenen Städten der Welt, besonders aber aus Schweden und der Schweiz. Im Frühsommer 1921 erhielt Schweitzer erneut eine Einladung ins Orfeó Català nach Barcelona. Es war für ihn eine besondere Freude, dort bei der ersten spanischen Aufführung der Matthäuspassion den Orgelpart zu spielen.

Nach seiner Rückkehr faßte er einen wichtigen Entschluß. Er wollte seine „Kulturphilosophie" zu Ende schreiben, Orgel spielen, Vorlesungen halten und sich auf die neue Fahrt nach Lambarene vorbereiten. Der Krieg war brutal über ihn und sein Spital hinweggerollt. Doch er hatte überlebt, und sein Geist war nicht gebrochen. Er reichte seine Kündigung sowohl im Bürgerspital als auch in der St. Nicolai-Kirche in Straßburg ein. Dann fuhr er nach Günsbach. Dort schrieb er den ganzen Sommer über an seiner „Kulturphilosophie" und half seinem Vater bei der Predigt in der Dorfkirche.

In seiner „Kulturphilosophie" wendete sich Schweitzer dem Problem der Weltanschauung zu. Er legte dar, daß in diesem Begriff zwei Dinge miteinander vereint sind: Anschauung von der Welt und Lebensanschauung. Schweitzer bezeichnete sich selbst als Agnostiker; doch er war ein Agnostiker besonderer Art:

„Das Objekt der Lebensanschauung ist das Verstehen des Sinnes von allem; aber das ist uns unmöglich. Die höchste Einsicht, zu der wir gelangen, besteht darin, daß die Welt eine in ihren Beziehungen geheimnisvolle Erscheinung und daß sie die Realisierung des universellen Willens zum Leben ist. Ich glaube, daß ich wohl als erster im europäischen Denken es mir abgewöhnt habe, dieses höchst deprimierende Erkenntnisresultat anzuerkennen und eine skeptische Einstellung zu unserem Wissen über die Welt einzunehmen, wobei ich die Welt- und Lebensbejahung und die Ethik nicht verworfen habe. Obwohl ich jeden Gedanken an ein Begreifen der Welt ablehne, bedeutet das nicht, daß ich unwiederbringlich einem tödlichen Skeptizismus verfallen bin, dessen Standpunkt darin besteht, daß wir wie ein steuerloses Schiff durch diese Welt treiben. Ich will einfach zum Ausdruck bringen, daß wir die Kühnheit aufbringen müssen, der Wahrheit ins Auge zu schauen ... Jede Lebensanschauung, die nicht auf der Leugnung des Begreifens der Welt beruht, ist künstlich ..."

Es ist unschwer zu erkennen, daß die Gedanken Schweitzers an diesem Punkte nicht mit den Thesen des Marxismus über die Erkennbarkeit der Welt übereinstimmen. Zugleich führt jedoch die Feststellung, daß ein letztes Begreifen der Welt nicht möglich sei, Schweitzer nicht zu skeptischer Inaktivität oder zur Leugnung jeder Wissenschaft, zur Ablehnung von Systemen oder Theorien, zur Hingabe an den Willen eines mystischen Gottes. Ja, nach Meinung des norwegischen Biographen Langfeldt grenzt sich Schweitzer hier gegen den christlichen Gedanken ab, daß alles nach dem Willen Gottes geschieht. Doch uns interessiert hier das Verhältnis zwischen dem Rationalen und dem Irrationalen bei Schweitzer. Nach Schweitzer „versucht das rationale Denken somit nicht, eine Bestimmtheit in bezug auf die Ziele der Welt zu erreichen ... Dieses Denken beschränkt sich auf die Anerkennung der Tatsache, daß es unmöglich ist, die Welt zu erkennen, und es versucht, zu einem Verständnis des Willens zum Leben in uns zu gelangen."

Schweitzer schreibt in seiner „Kulturphilosophie", daß die Erneuerung unserer Weltanschauung nur das Ergebnis eines mutigen fortlaufenden Denkens sein kann. Dieses erreicht seine Reife nur dann, wenn es aus Erfahrung erkennt, wie das rationale, bis zu einer logischen Schlußfolgerung geführte Denken uns zum Irrationalen führt.

Schweitzer schrieb den ganzen Sommer. Meist weilte er im väterlichen Haus in Günsbach, wo er zusammen mit seiner Frau und seiner jetzt zweijährigen Tochter Rhena wohnte. Manchmal arbeitete er in der Bibliothek und mußte sich dann in Straßburg aufhalten. Zu jener Zeit hörte man in den philosophischen Kreisen Europas immer häufiger seinen Namen. Man sprach über seine Vorlesungen in Schweden, über seine früheren theologischen Bücher, über seine neue Arbeit über Fragen der Kulturphilosophie und Grundfragen der Ethik. Er erhielt von verschiedenen Universitäten in Schweden, Dänemark und England Einladungen, Vorlesungen zu halten, und er wurde – wie schon einmal vor zehn Jahren – sehr populär. Viele begeisterten seine Erzählungen über das Urwaldspital, über diese erstaunliche Realisierung des ethischen Prinzips in den schwülen Urwäldern Gabuns.

Im Herbst 1921 hielt sich Schweitzer längere Zeit außerhalb des Elsaß auf. Zu Beginn des Herbstes hielt er in der Schweiz Vorlesungen über Probleme der Ethik, der Religion und des Urchristentums. Dann trat er im November mit Vorlesungen und Konzerten in Schweden auf, und von Schweden fuhr er zum ersten Male nach England, wo er jetzt zahlreiche Anhänger, Korrespondenten und Freunde hatte. Er hielt Vorlesungen über Philosophie in Oxford und später in den Selly Oak Colleges in Birmingham.

In diesen Monaten und Jahren bildete sich in Europa der Ruhm Schweitzers heraus, der ein halbes Jahrhundert anhielt und der weiter anhalten wird, solange die Welt an das Gute im Menschen glaubt.

Nach Oxford und Birmingham trat Schweitzer mit Orgelkonzerten in London und mit Vorlesungen in London und Cambridge auf. Er eroberte in England viele Mitstreiter für Lambarene. Von England aus reiste er nach Schweden und von dort – nach einer kurzen Ruhepause – in die Schweiz.

Schweitzer hielt Vorlesungen, gab Orgelkonzerte und legte alle Einkünfte, die er erhielt, für Lambarene zurück. Er hatte eine höchst altmodische Methode, sein Geld zu sammeln: Er tat es in Stoffsäckchen und schrieb darauf „englische Pfunde“, „schwedische Kronen“, „Franken“ usw.

Im Sommer 1922 arbeitete Schweitzer in der Ruhe Günsbachs intensiv an seinem Buch über die Kulturphilosophie. Der erste

Teil war schon fast druckfertig. Er nannte ihn „Verfall und Wiederaufbau der Kultur". In diesem ersten Teil seiner „Kulturphilosophie" analysierte Schweitzer die Beziehungen zwischen Kultur und Weltanschauung. „In neuem Denken müssen wir also wieder zu einer die Ideale wahrer Kultur enthaltenden Weltanschauung gelangen", schrieb Schweitzer. „Wenn wir überhaupt nur wieder anfangen, über Ethik und unser geistiges Verhältnis zur Welt nachdenkend zu werden, sind wir bereits auf dem Wege, der von der Unkultur zur Kultur zurückführt."

Die Kultur definierte Schweitzer ganz allgemein als geistigen und materiellen Fortschritt auf allen Gebieten, mit dem eine ethische Entwicklung des Menschen und der Menschheit einhergeht.

Selbstverständlich verstand er Kultur nicht im engen Sinne als die Gesamtheit der geistigen Lebensformen der Gesellschaft, sondern in einem weiteren Sinne, der das in der betreffenden Entwicklungsetappe der Gesellschaft erreichte Niveau des technischen Fortschritts, der Bildung und Erziehung, der Literatur und Kunst zum Ausdruck bringt. Schweitzer legt, wie wir bereits gesehen haben, vor allem Nachdruck auf die ethische Entwicklung des Individuums. „Kultur und Ethik", der zweite Teil von Schweitzers Arbeit, stand zu dieser Zeit ebenfalls schon kurz vor dem Abschluß.

Im Herbst 1922 beendete Schweitzer seine Vorlesungstournee durch die Schweiz. Im Winter reiste er auf Einladung der Universität Kopenhagen nach Dänemark. Nach Vorlesungen an der Universität in Kopenhagen führte er Orgelkonzerte und Vorträge in verschiedenen anderen dänischen Städten durch. Die zahlreichen Konzerte und Vorlesungen brachten ihn nicht nur dem Augenblick der erneuten Abreise nach Afrika näher, sondern sie stellten auch für ihn selbst große Erlebnisse dar. Schweitzer schrieb über diese Reisen:

„Wie Wunderbares durfte ich in diesen Jahren erleben! Als ich nach Afrika ging, schickte ich mich an, drei Opfer zu bringen: die Orgelkunst aufzugeben; auf die akademische Lehrtätigkeit, an der mein Herz hing, zu verzichten; meine materielle Unabhängigkeit zu verlieren und für mein weiteres Leben auf die Hilfe von Freunden angewiesen zu sein.

Diese drei Opfer hatte ich zu bringen begonnen. Nur meine Vertrauten wußten, wie schwer sie mir fielen.

Nun aber erging es mir wie Abraham, als er sich anschickte, einen Sohn zu opfern. Wie ihm wurde mir das Opfer erlassen. Das mir von der Pariser Bachgesellschaft geschenkte Tropenklavier mit Orgelpedal und meine über das tropische Klima triumphierende Gesundheit hatten mir erlaubt, meine Orgeltechnik zu unterhalten. In den vielen stillen Stunden, die ich in den viereinhalb Jahren Urwaldeinsamkeit mit Bach verbringen durfte, war ich tiefer in den Geist seiner Werke eingedrungen. So kehrte ich nicht als ein zum Amateur gewordener Künstler, sondern im Vollbesitz meiner Orgeltechnik nach Europa zurück und durfte es erleben, als Künstler jetzt mehr zu gelten als vorher.

Für die Lehrtätigkeit an der Universität Straßburg, die ich aufgegeben hatte, wurde ich dadurch entschädigt, daß ich in den Hörsälen so mancher Universität Vorlesungen zu halten hatte. Nachdem ich zeitweise meine materielle Unabhängigkeit verloren hatte, durfte ich sie mir nun durch die Orgel und die Feder neu erwerben.

Daß mir das schon gebrachte dreifache Opfer erlassen wurde, ist für mich das erhebende Erlebnis gewesen, das mich in allem Schweren, das die schicksalsvolle Nachkriegszeit für mich wie für so viele andere mit sich brachte, aufrechterhielt und zu allen Anstrengungen und zu allem Verzichten willig machte."

Nach Abschluß der Wintertournee durch Dänemark erhielt Schweitzer im Januar 1923 eine Einladung in die Tschechoslowakei. Er schätzte sehr die Arbeiten von Professor Winternitz von der Prager Universität über die indische Philosophie. In Prag hatte er Freunde und Anhänger, unter ihnen Oscar Kraus, einen talentierten Wissenschaftler, Verfasser einer der ersten theoretischen Arbeiten, die sich – übrigens recht kritisch – mit der Theologie und Philosophie Schweitzers auseinandergesetzt hatte. Bei aller kritischen Einstellung gegenüber der Philosophie Schweitzers stand Kraus unter dem großen Einfluß seiner Persönlichkeit.

Die Konzerte und Vorlesungen Schweitzers in Böhmen und Mähren brachten einen großen Erfolg.

Im Frühjahr schloß Schweitzer dann schließlich die ersten beiden Bände seines philosophischen Grundlagenwerkes ab. Im zweiten Bande, der die Bezeichnung „Kultur und Ethik" trug, ließ Schweitzer vor dem Leser „das tragische Ringen des europäischen Denkens um die Weltanschauung ethischer Welt- und Lebensbejahung sich entrollen".

Als Krönung seiner zusammenfassenden Darlegungen über die

Grundlagen des ethischen Denkens in der Philosophie gelangte Schweitzer zu dem Prinzip der Ehrfurcht vor dem Leben. Es drängt uns zu einem „geistigen Verhältnis zur Welt, das von allem Erkennen des Weltganzen unabhängig ist. Durch das dunkle Tal der Resignation hindurch führt sie uns auf die lichten Höhen ethischer Welt- und Lebensbejahung aus innerer Notwendigkeit."

Nachdem er sein Buch zum Druck gegeben hatte, verfaßte Schweitzer noch ein Vorwort, das vom Glauben an die Zukunft der Menschheit und vom Bewußtsein seines bescheidenen ethischen Beitrages durchdrungen ist:

„Eine neue Renaissance muß kommen, viel größer als die Renaissance, in der wir aus dem Mittelalter herausschritten: die große Renaissance, in der die Menschheit entdeckt, daß das Ethische die höchste Wahrheit und die höchste Zweckmäßigkeit ist ...

Ein schlichter Wegbereiter dieser Renaissance möchte ich sein und den Glauben an die neue Menschheit als einen Feuerbrand in unsere dunkle Zeit hineinschleudern. Ich habe den Mut dazu, weil ich glaube, die Gesinnung der Humanität, die bisher nur als ein edles Gefühl galt, in einer aus elementarem Denken kommenden, allgemein mitteilbaren Weltanschauung begründet zu haben ..."

Er unterzeichnete mit seinem Namen und setzte als Datum ein: „Im Juli 1923". Im gleichen Jahr erschien das Buch in München, Bern und London (in englischer Übersetzung).

Doktor Schweitzer kaufte bereits wieder Medikamente, Binden, Instrumente und alles sonst Erforderliche für die Reise nach Lambarene. Er bezahlte nicht nur seine Schulden, sondern sammelte erneut Mittel, die für das Spital notwendig waren. Europa rief ihn noch: Er erhielt Einladungen für Vorlesungen an Universitäten, Vorträge und Orgelkonzerte. Doch er konnte schon nach Afrika fahren und wollte deshalb nicht länger in Europa bleiben.

So wie Schweitzer schon einmal, lange vor dem ersten Weltkrieg, als er das unablässige Wachstum aller möglichen Organisationen und die Entfremdung des Menschen analysierte, die Kriegskatastrophe vorausahnte, so fühlte er auch jetzt, als er Deutschland verließ, wie dort der Kult der Gewalt im Entstehen begriffen war, der schließlich den Nazismus an die Macht führte. Schweitzer spricht hier zwar von der Gewalt überhaupt, losgelöst von den konkreten Umständen. Doch wir wollen nicht vergessen, daß Schweitzer Idealist war.

Die marxistische Ethik erachtet die revolutionäre Gewalt als zulässig bei der Selbstverteidigung der Arbeiter, bei der Revolution, in der die Gewalt zur Geburtshelferin der Geschichte wird.

Wie alle begeisterten Utopisten suchte Schweitzer einen Angriffspunkt für seine Tätigkeit. Der Hebel war für ihn die Güte. Er suchte nach einem Angriffspunkt, um die Welt des Bösen, der Gewalt und der Ungerechtigkeit umzustülpen, um sie in eine Welt des Mitleids, der gegenseitigen Hilfe und der Güte umzuwandeln. Im Augenblick der Erleuchtung hatte er für sich selbst diesen Angriffspunkt auf der Weltkarte gefunden – es war Lambarene.

Jetzt fuhr er erneut dorthin. Doch während er all seine Sachen zusammenpackte, las er noch die Druckfahnen seines neuen Buches über „Das Christentum und die Weltreligionen", das 1923 in England und 1924 in Bern und München erschien. 1924 erschien auch sein Buch „Aus meiner Kindheit und Jugendzeit", das auf den Aufzeichnungen seines Freundes, des Schweizer Psychoanalytikers Dr. O. Pfister beruhte und außer in deutscher im gleichen Jahr auch noch in englischer Sprache erschien.

In diesen Jahren erhielt Schweitzer häufig Briefe aus Lambarene, Samkita und N'Gômô. Es schrieben der Lehrer, der Pfarrer und die Schüler der Missionsschule. Sie riefen den Doktor zurück, und während seiner angestrengten Arbeit im Jahre 1923 vergaß er niemals diese Briefe.

In den letzten beiden Jahren hatte er neben seinen übrigen Arbeiten und Sammlungen auch Weiterbildungskurse auf verschiedenen Gebieten der Medizin absolviert. Er beschäftigte sich erneut mit der Gynäkologie in Straßburg und studierte Tropenmedizin in Hamburg.

Die Gesundheit Schweitzers war noch nicht völlig wiederhergestellt, und die Überlastungen der letzten Monate hatten eine Erschöpfung zur Folge. Trotzdem löste er seine Fahrkarten für den nächstmöglichen Zeitpunkt im neuen Jahr.

Seinen neunundvierzigsten Geburtstag beging Schweitzer zwischen Kisten und Koffern. Es war klar, daß seine Frau nicht mit ihm würde reisen können, so wie sie mit ihm nach Zürich gegangen wäre. Es war klar, Frau und Tochter würden für lange Zeit hier ohne ihn bleiben müssen. Schweitzer war sich darüber im klaren, wie groß dieses Opfer für seine Frau war. Er mußte daran denken, als er unmittelbar vor seiner Abreise die Widmung zu dem Buch „Kultur und Ethik", dem philosophischen Hauptwerk seines Lebens, schrieb: „Meiner Frau, dem treuesten Kameraden."

Damit kam die schwerste, wenn auch von Zeit zu Zeit glückliche Periode dieses nicht leichten Lebens zum Abschluß – sieben Jahre Verzweiflung, Hoffnung und Glück. Zum wahren Glück fehlte Schweitzer in dieser Zeit eines – sein Urwaldspital. Nun ging sein Traum in Erfüllung: Er reiste zurück nach Lambarene.

Neubeginn in Lambarene

Am 14. Februar 1924 verließ Schweitzer Straßburg. Seine Frau konnte ihn ihrer angegriffenen Gesundheit wegen diesmal nicht begleiten. Zusammen mit Noël Gillespie, einem Oxforder Studenten der Chemie, der ihn einige Monate unterstützen wollte, reiste er nach Bordeaux. Gerade damals hatte Schweitzer eine ununterbrochene Flut von Briefen erhalten, ein schwerer Tribut seiner Popularität, eine wahre Last, die ihn auch später während seines ganzes Lebens verfolgen sollte. Es schrieben ihm Gönner und Freunde. Schweitzer hielt es für seine Pflicht, jeden Brief zu beantworten, wenn er nur die geringste Möglichkeit dazu hatte. Denn vielleicht durchlebt der Mensch, der ihm geschrieben hat, eine schwere geistige Krise und bedarf seiner aufmunternden Worte, vielleicht steht er vor einer schweren Entscheidung? Schweitzer antwortet auf einen, zehn, zwanzig, hundert Briefe – dies wird für ihn zum Prinzip. Dann gehen die Briefe zu Dutzenden und Hunderten ein; doch er liest sie mit der gleichen Sorgfalt und schreibt, bis er einen Krampf im Arm bekommt. In den letzten Monaten vor seiner Abreise, im Durcheinander der Vorbereitungen hatte er natürlich nicht mehr alle Briefe beantworten können; doch dafür nahm er sie mit sich, vier Kartoffelsäcke voller Briefe, die noch beantwortet werden mußten. Der Zollbeamte hielt dies für einen schlauen Trick. Die Ausfuhr von Banknoten aus Frankreich war zu dieser Zeit streng verboten, und was taten die Leute? Also untersuchte er anderthalb Stunden lang Brief um Brief, bis er am Ende des zweiten Sackes die Sache kopfschüttelnd aufgab.

Die „Orestes“ fährt nach Afrika. Schweitzer ging in Gedanken noch einmal die sieben Jahre voller Verzweiflung und Kampf durch. Er war froh, wieder nach Afrika zu fahren; doch in diese Freude mischte sich von Zeit zu Zeit auch Trauer:

„Meine Befriedigung ist grenzenlos“, schrieb er in seinem ersten Brief von Bord der „Orestes“. „Meine Gedanken schweifen zurück zur ersten Ausfahrt im Jahre 1913, wo meine Frau als getreue

Gehilfin mit mir zog. Ich muß ihr immerfort in Gedanken für das Opfer danken, das sie auf sich genommen hat, als sie unter diesen Umständen in meine Rückkehr nach Lambarene einwilligte."

Die „Orestes" fuhr langsam, und Schweitzer hatte Gelegenheit, die Häfen an der Westküste Afrikas kennenzulernen – Dakar, Conakry, Freetown, Fernando Póo, Douala ...

In Douala sollte der einzige Passagier, eine Dame, von Bord gehen. Sie wartete jedoch den Hafen nicht ab, sondern benutzte – wie Schweitzer sich ausdrückt – „die Gelegenheit, daß ein Arzt an Bord ist, um ein erst für Douala erwartetes Kind das Licht der Welt erblicken zu lassen". Schweitzer leitet die Geburt und übernimmt die Pflege der Mutter, da kein anderer Arzt und gar kein weibliches Wesen an Bord ist. Noël mußte sich um das Kind kümmern, und er mußte erfahren, welche Temperatur in dem heißen Speiseraum beim Überqueren des Äquators herrscht, denn er hatte achtmal am Tage die Milch in der Milchflasche anzuwärmen.

Ostern kamen sie in Kap Lopez (jetzt hieß es Port Gentil) an. Dann endlich das Ufer des Ogowe:

„In der Stille des Karfreitags halte ich wieder Einzug zwischen Wasser und Urwald. Da sind wieder dieselben vorsintflutlichen Landschaften, dieselben mit Papyrus bewachsenen Sümpfe, dieselben zerfallenen Dörfer, dieselben zerlumpten Schwarzen. Wie arm ist doch dieses Land ..."

Dann aber die unerwartete Schlußfolgerung: „... arm, weil es an kostbaren Wäldern so reich ist!" Die früheren Beobachtungen Schweitzers bestätigten sich. Die Ziele der imperialistischen Kolonisation und der wahren Zivilisation waren einander entgegengesetzt. Die Kolonisatoren entwickeln die Holzindustrie und holen die Leute aus den Dörfern. Schweitzer sah die Zerstörung der Dörfer voraus und die Auflösung des Handwerks, den Hunger und den Sittenverfall des Landarbeiters, der von den Traditionen seiner dörflichen Gemeinschaft losgerissen wird. Die Vorhersagen des Doktors waren zu seinem Leidwesen mit erschreckender Geschwindigkeit eingetroffen.

Der Dampfer fährt immer weiter den Ogowe stromaufwärts, durch den herrlichen, geheimnisvollen Urwald: „Kaum kann man es fassen, daß unter solchem Lichte soviel Elend und Grauen wohnen soll ..."

Noch ein halber Tag. Der erregendste Augenblick der Reise: Vor ihnen leuchteten die Häuser der Missionsstation auf!

„Was habe ich alles erlebt, seitdem sie im Herbst 1917 an dieser Stelle meiner Frau und mir aus dem Gesicht entschwanden! Wie oft war ich daran, die Hoffnung aufzugeben, sie wiederzusehen! Nun schaue ich sie wieder, aber allein, ohne die helfende Gefährtin ..."

Nur selten kam es vor, daß Schweitzer, der sich sonst in allen Fragen, die sein persönliches Leben betrafen, einer so ungewöhnlichen Zurückhaltung befleißigte, mit so dankbarer Zärtlichkeit von seiner Frau sprach. Neue Schwierigkeiten standen ihm bevor, da er jetzt allein, ohne ihre Hilfe war.

Sie landeten gegen Mittag. Während Noël das Ausladen überwachte, ging Schweitzer „wie ein Träumender" zum Spital. Alles war von Gras und Gestrüpp überwachsen. Kaum konnte man feststellen, wo einst die Baracken gestanden hatten. Gestrüpp, Bäume, hohes Gras ... „Dornröschenhaft sieht es hier aus ..." Worauf bezog sich dieser poetische Vergleich? Natürlich auf das Spital. Krankenzimmer, Hütten, Speicher – Gebäude, zu deren Errichtung Wochen und Monate schwerer Arbeit nötig gewesen waren, die so viel Schweiß und Nerven gekostet hatten. Von einigen Bauten waren die Wände stehengeblieben. Man könnte hineingehen, doch das Dach fehlt, die Hauptsache – das Dach: Der Regen wird auf die Kranken fließen, und die erbarmungslose Sonne wird von oben brennen. Vor allem das Dach. Afrikanische Gebäude werden mit Matten oder aus Bambusstäben geflochtenen Platten bedeckt, an denen Raphiapalmblätter befestigt sind. Man mußte sofort neue Blätterziegel besorgen.

Schweitzer sah voraus, daß große Schwierigkeiten bevorstehen. Er wußte nur noch nicht, von welcher Seite der Schlag kommen wird.

Schon in den ersten Stunden nach der Rückkehr war eines klar: Es war nicht an eine Arbeit zu denken, solange keine Blätterziegel aus Raphiablättern beschafft waren. Seit Monaten denkt in den Dörfern kein Mensch mehr daran, Raphiablätter über Bambusstäben zu Blätterziegeln zusammenzuheften. Auch die Gabuner selbst sitzen in Hütten mit großen Löchern, da die gesamte arbeitsfähige Bevölkerung zur Arbeit in den Wald gegangen ist. Das bedeutet nicht, daß es keine kranken Afrikaner mehr gibt. Im Gegenteil, die Anzahl der Kranken ist größer geworden. Doch es bedeutet, daß man keinen Zimmermann mehr finden kann, der einem Blätterziegel herstellen könnte.

Schweitzer und Noël setzten sich ins Boot und fuhren durch die Dörfer. Sie gingen von Haus zu Haus. Der Doktor ist zurück! Alle freuen sich, alle haben irgendwelche Leiden, alte und neue – heile uns, Oganga! Auch der Doktor ist von den Begegnungen gerührt. Man erinnert sich an ihn, man verehrt ihn, ja, man liebt ihn sogar. Doch er kann sich nicht seinen Gefühlen hingeben; er braucht Blätterziegel, vor allem erst einmal Blätterziegel! Er redet gut zu, schmeichelt, verteilt Geschenke. Doch schließlich droht er: Ohne Blätterziegel wird er nicht behandeln können. Die Gabuner lächeln: Was, sie kennen ihren Doktor Oganga nicht? ... Er erhält sicher viel Geld dafür – das ist die allgemeine Überzeugung. Alle nehmen seine Ankunft als eine Selbstverständlichkeit – ihr Doktor ist wiedergekommen, und er wird wieder behandeln. Doch die Blätterziegel, wo soll man die Blätterziegel hernehmen? Aber schließlich hat der Doktor vierundsechzig Blätterziegel zusammen, und völlig erschöpft kehren Schweitzer und sein Gehilfe mit ihnen in strömendem Regen in die Missionsstation zurück. Sie beginnen sofort das Dach der Baracke auszubessern. Erst als es ganz dunkel geworden ist, sinkt der Doktor erschöpft ins Bett.

Er hat das unvollendete Manuskript eines Buches über den Apostel Paulus mitgebracht. Er hatte gehofft, abends daran schreiben zu können. Doch jetzt fand er keine Zeit dafür. Früh – Patienten, abends – bis spät in die Nacht hinein bauen. Mit Mühe schleppt er sich bis ins Bett.

„Aber wie anders hatte ich mir vorgestellt, wie ich in Lambarene Wiedersehen feiern wollte. Nun hat mich die Prosa Afrikas gleich in den ersten Stunden gepackt und wird mich auf lange nicht mehr loslassen."

Sein Brieftagebuch ist voller Beschreibungen über diesen mörderischen Alltag des Urwalds. Er erbettelt sich Blätterziegel und beeilt sich sehr, da die Regenzeit noch nicht beendet ist und in den Nächten starke Stürme auftreten. In solchen Nächten werden seine Patienten, die auf dem Boden liegen, bis auf die Haut naß. In zwei Fällen endete dies mit dem Tode – daran kann man verzweifeln. Er bittet jetzt jeden um Blätterziegel, so wie er in früher Kindheit seine Tanten gefragt hat, wenn sie zu Besuch kamen: „Und was hast du mir mitgebracht?" Er behandelt die Frambösie- und Syphilisgeschwüre mit einem recht teuren Heilmittel, dem Stovarsol. Zwei Drittel seiner Patienten haben derartige Geschwüre, und er läßt gerüchtweise verlauten, daß Stovarsol nur gegen Blätterziegel verabreicht wird. Er hat bereits zweihundert Blätterziegel, doch das ist für die Dächer bei weitem noch nicht genug.

„Ich bin ganz verzweifelt", schreibt Schweitzer. „Wie manchen Nachmittag, den ich so notwendig für die Kranken oder zum Einrichten gebraucht hätte, fahre ich im Kanu herum, auf der Suche nach geflochtenen Blättern!"

Wie schwierig ist es doch, die Angehörigen von Kranken und die Genesenen selbst zur Mitarbeit zu bewegen! Er erzählt ihnen vom Wohl künftiger Patienten, doch sie sind derartigen Abstraktionen gegenüber taub. Es gibt den Bruder, den Freund, den Bekannten, den Verwandten, den Stammesgenossen. Menschen aber, die man nicht kennt, sind fremde Menschen.

„Einmal gegen Abend", erzählte Schweitzer, „soll ein Verwundeter noch schnell zum Erneuern des Verbandes aus der Baracke in das Untersuchungszimmer gebracht werden. Ich bitte einen Mann, der neben seinem Feuer sitzt und dessen herzkranken Bruder ich pflege, an der Tragbahre mitanzufassen. Er tut, als höre er nicht. Ich wiederhole die Aufforderung etwas eindringlicher. Darauf antwortet er ruhig: ‚Nein. Der Mann auf der Tragbahre ist vom Stamm der Bakele. Ich aber bin ein Bapunu.'"

Die Bewohner des Ogowe hatten die Gewohnheit beibehalten, hungrige, hoffnungslos Kranke bei ihm abzusetzen und sich dann aus dem Staube zu machen. Viele von ihnen starben. Das hatte eine deprimierende Wirkung auf die anderen Kranken, da Schweitzer noch nicht über einen gesonderten Raum für hoffnungslos Kranke verfügte. Er erinnerte in diesem Zusammenhang an die Fetischmänner und einige Kollegen in europäischen Kliniken, die aussichtslose Fälle von vornherein abweisen, um sich ihre Statistiken nicht verderben zu lassen. Schweitzer vermochte es jedoch nicht, derart hart zu sein: „Mein Spital ist für alle Elenden da", schreibt er. „Kann ich sie nicht vom Tode erretten, so kann ich ihnen doch Liebe erzeigen und ihnen vielleicht das Ende leicht machen. Also möge man weiter in der Nacht bei mir solche armen Menschen absetzen. Gelingt es mir je, einen derselben durchzubringen, so brauche ich mich gar nicht darum zu sorgen, wie ich ihn heimbefördere. Die Kunde, daß er wieder arbeitsfähig und ausnutzungsfähig ist, wird schon zu seinem Dorfe dringen, und in einer Nacht wird man ihn dann still und heimlich wegholen, wie man ihn gebracht hat."

Wenn ein hoffnungslos Kranker stirbt, wird die Sache sehr kompliziert. Die Gabuner wollen mit fremden Toten, Blut und anderen „unreinen Sachen" nichts zu tun haben. Jeder, der einen Spaten anfassen könnte, ist dann verschwunden, und dem Doktor und seinem Gehilfen bleibt nichts weiter übrig, als selbst das Grab zu schaufeln.

Schweitzer behandelt und baut. Aber seine kräftige Gesundheit ist noch nicht voll wiederhergestellt, und er fühlt sich oft schwach. Es kommen immer neue Sorgen dazu. Er hat nirgendwo eine Möglichkeit, tobende Geistesgestörte unterzubringen. Es muß bald ein Krankenzimmer mit Schloß gebaut werden. Viel Zeit und Geld benötigt er für die Versorgung der Kranken mit Nahrung. Die Vorräte, die sie sich mitgebracht haben, gehen nach einigen Tagen zu Ende. Schweitzer verabreicht ihnen dann eine Tagesration von siebenhundert Gramm Reis mit etwas Salz oder zehn große Bananen oder sechs Maniokstangen sowie etwas Margarine, die er aus Europa mitgebracht hat. Die Zubereitung des Essens besorgen die Leute selber.

Eine gute Stunde benötigt der Doktor, um die Rationen auszuteilen. In dieser Zeit kann er nichts anderes tun. Kürzlich mußte er erfahren, daß ein Kranker, der es nicht fertiggebracht hatte, den erzürnten Doktor um Nahrung zu bitten, zwei Tage lang gehungert hatte. Schweitzer bekam Gewissensbisse. Zudem wußte er, daß die Holzwirtschaft die Landwirtschaft Gabuns immer weiter zurückdrängt und der Hunger immer weiter in den Kontinent hinein vordringt.

Mitte Mai fühlte sich Schweitzer plötzlich so schwach, daß er keine Arzneimittel mehr verschreiben konnte. Schuld war ein schadhaftes Dach. Die durch einen Spalt eindringenden Sonnenstrahlen hatten den kräftigen Doktor Oganga umgeworfen. Er erholte sich zwar wieder etwas, ermüdete jedoch nach wie vor sehr rasch und mußte sich, wenn er abends vom Spital zurückkam, sofort hinlegen.

Nur seine Willensstärke, seine Gesundheit, seine Begeisterungsfähigkeit und sein Gefühl für Humor halfen ihm durchzustehen. In den Briefen dieser Monate findet man häufig Geschichten, bei deren Lesen man gleichsam das Lächeln in den Augen Schweitzers zu sehen vermeint (das Lächeln, das auf vielen Fotografien von ihm so gut zu sehen ist). Nehmen wir zum Beispiel die Geschichte von dem weißen Holzhändler, der gerade in diesen schweren Tagen den Doktor mit seinem Besuch beglückte und sogar mit ihm zu Abend aß. Als sie sich vom Tisch erhoben, sagte dieser Mann, da er dem Doktor ein Kompliment machen wollte: „Ich weiß, Doktor, daß sie ausgezeichnet Harmonium spielen. Auch ich liebe die Musik, und wenn ich es jetzt nicht so eilig hätte, würde ich Sie unbedingt bitten, mir eine Fuge von Goethe vorzuspielen."

Oder eine andere Geschichte aus den gleichen Tagen, die von beißender Ironie durchdrungen ist. Man brachte einen weißen Matrosen, der hier im Holzhandel arbeiten wollte. Schon nachdem er erst wenige Wochen im gabunischen Klima gelebt hatte, lag er auf dem Tisch bei Schweitzer, der auf seiner Brust die Tätowierung fand: „Kein Glück".

Mit den Patienten war immer schwerer zurechtzukommen. Früher waren größtenteils Pahouins und Galoa im Spital. Jetzt hätte man schon nicht mehr die „sechs Gebote des Doktors" vorlesen lassen können, da die Kranken Dutzende verschiedener Dialekte sprachen. Die Unmöglichkeit, ihnen etwas zu erklären, führte nicht selten zu einer Tragödie. Außerdem hielten die Kranken, die als Holzarbeiter tätig waren, oftmals auch nicht einmal die einfachsten Regeln des Spitals ein: Sie stahlen die Hühner, warfen ihre Abfälle irgendwohin in die Gegend und kamen überall zu spät, wo man nur zu spät kommen konnte.

Im Sommer traf Fräulein Mathilde Kottmann, eine Pflegerin aus Straßburg ein, die später zur rechten Hand des Doktors wurde. Außerdem kam ein junger energischer Missionar aus der Schweiz. Einige Monate später, als er trotz des Verbots des Doktors zusammen mit Noël in einem unbekannten See badete, ertrank er. Die Ursache seines Todes blieb unklar, da er ein ausgezeichneter Schwimmer war. Möglicherweise hatte ihn ein Krokodil oder ein elektrischer Rochen angefallen. Der Doktor litt schwer unter diesem Unfall. Außerdem war er um Noël besorgt, der ihm von seiner Mutter vor ihrer Abreise anvertraut worden war. Noël verließ ihn im August; er mußte sein Studium weiterführen.

„Ich weiß nicht", schrieb Schweitzer, „wie ich diesem lieben Gefährten für alle Güte und alle Hilfe, die er mir angedeihen ließ, danken soll ... Ihm selber aber wird es in den Vorlesungen zu Oxford wie ein Traum vorkommen, daß er in Afrika Doktorsgehilfe, Zimmermann, Aufseher, Totengräber und noch etliches mehr war."

In diesen schweren Monaten, in denen die Anzahl der Kranken

unentwegt anstieg, blieb er hier immer noch der einzige Arzt, und wie früher fiel er bei Tagesende erschöpft ins Bett. Er schrieb wiederholt nach Europa und bat, man möge ihm Ärzte schicken, und schließlich ging sein Traum von einem Gehilfen sogar eher in Erfüllung, als er dachte.

Am 19. Oktober 1924 traf der gute alte Flußdampfer „Alembe“ aus Port Gentil in Lambarene ein. An Bord befand sich der erste Arzt, der Schweitzer zu Hilfe kam. Es war sein elsässischer Landsmann Viktor Neßmann. Er war in Straßburg ein Studiengenosse Schweitzers gewesen.

„Die Hilfe kam zur rechten Zeit“, schrieb Schweitzer. „Keinen Tag weiter hätte ich mehr die doppelte Last des Baumeisters und des Arztes tragen können. Wie habe ich darunter gelitten, daß so viele Untersuchungen von Kranken, die hätten vertieft werden sollen, nicht durchgeführt wurden ... So bedeutet das Tuten des Flußdampfers, der mir den Landsmann bringen soll, die Erlösung aus der Pein unfreiwillig zu oberflächlich betriebener Medizin.“

Der Doktor begrüßte den jungen Kollegen am Ufer, und er war dabei voller Hoffnungen, gemischt mit Zweifeln:

„Rasch werden die Kanus bemannt. Mild geht der erste Regen der eben einsetzenden Regenzeit nieder, während wir am Flußdampfer anlegen und der junge Landsmann, der noch nicht weiß, was Müdigkeit ist, mir vom Deck herunter zuwinkt. ‚Jetzt sollen Sie ruhen, und ich übernehme alle Arbeiten‘, sagt er beim ersten Händedruck.“

Es ist interessant, daß der stark geschwächte Doktor von dem neuen Kollegen sagt: „der junge Landsmann, der noch nicht weiß, was Müdigkeit ist“. „Gut, antwortete ich, dann beginnen Sie damit, daß Sie das Umladen Ihrer Koffer und Kisten in die Kanus leiten. Dies ist schon eine Probe auf Tüchtigkeit in Afrika.“ Schweitzer ist auch weiterhin zufrieden: Der junge Arzt erweist sich als umsichtiger Verlader. Hier in Afrika muß man alle Tätigkeiten beherrschen, praktischen Sinn und große Erfahrungen besitzen. „Auf der Heimfahrt bringe ich fast kein Wort heraus“, erzählt Schweitzer weiter, „so erdrückt bin ich durch die Tatsache, den ärztlichen Helfer neben mir zu haben. Wie eine Wonne erlebe ich es, mir eingestehen zu dürfen, wie müde ich bin.“

Der junge Arzt entlastete Schweitzer im Spital, und nun konnte dieser sich manchmal ganze Tage lang dem Bau widmen. Er arbeitete selbst mit und beaufsichtigte die Arbeiten. Er mußte unter den Angehörigen seiner Patienten und unter den Genesenen „Freiwillige“ werben. Die „Freiwilligen“ versuchten, sich vor dem Doktor zu verbergen, und im Regen konnte man überhaupt niemanden auftreiben, da ein Regentag an solchen Orten ein von Gott geschenkter Ruhetag ist. Und wie war der Doktor darum besorgt, seinen Kranken nicht unrecht zu tun; konnte doch der kleinste Schnupfen bei ihnen schon zu einem Malariaanfall führen.

In seinen Briefen zählt Schweitzer die vielfältigen Verflichtungen auf und auch die Schwierigkeiten, denen er sich täglich gegenübersah. Die Einwände seiner Leser voraussehend, schreibt er:

„Bei meinem Erzählen fürchte ich, viel zu viel von der Afrikaprosa geredet zu haben. Aber worin man ertrinkt, des geht der Mund über. Wer in solchen afrikanischen Verhältnissen Gutes tun will, muß darum kämpfen, daß er von kleinen und großen Alltagsschwierigkeiten nicht aufgerieben wird und die volle Freudigkeit zum Wirken behält.“

Bei Schweitzer taucht ein neuer Freund und Mitarbeiter auf, der Zimmermann Monenzali. Er hatte seine Frau ins Spital gebracht. Sie litt an Schlafkrankheit und war ganz hilflos, und Schweitzer vermerkt, mit welch rührender Geduld der Gabuner seine Frau pflegt. In seiner freien Zeit baut er für das Spital ein kleines Häuschen mit drei Zimmern.

Die Überlastung ermüdet den Doktor nicht nur, sondern bedrückt ihn auch. Er träumte von neuen Beziehungen zu diesen Menschen – von Mensch zu Mensch –, doch jetzt kommt er tagsüber kaum noch dazu, sich einen Augenblick eine Pause zu gönnen oder gar nachzudenken. „Alle drei, wir Ärzte und Fräulein Kottmann, leiden ja überhaupt darunter, von der Arbeit so verschlungen zu werden, daß der Mensch in uns sich so gar nicht recht ausgeben kann. Aber wir vermögen nichts dawider.“

Die alten Geschwüre an Schweitzers Fuß, die durch Schrammen schlimmer geworden sind, die er sich beim Bau zugezogen hat, erlauben ihm kaum zu gehen. Doch er will nicht zu Hause bleiben, und so läßt er sich ins Spital tragen, wo er die Konsultation durchführt, und dann zum Bauplatz, wo er die Bauarbeiten überwacht.

Weihnachten rückt heran. Man bringt ins Spital sechs weiße Kranke, die sofort aufgenommen werden müssen.

„Am Heiligen Abend geht es traurig bei uns zu“, schreibt Schweitzer. „Das neue Jahr fangen wir nicht gut an. Alle drei sind wir leidend. Der zweite Doktor liegt mit Furunkulose zu Bett.

Fräulein Kottmann fühlt sich auch elend. Ich selber leide mehr denn je unter meinen Fußgeschwüren, die sich weiterhin ausdehnen. Schuhe kann ich nicht anziehen. Also schleppe ich mich in Holzschuhen herum. Kaum daß der Dienst notdürftig durchgeführt werden kann."

Da trifft eine freudige Nachricht ein: Der dritte Arzt kommt. Nun müssen rasch neue Unterkünfte und Arbeitsräume gebaut werden. Es ist auch eine weitere Pflegerin notwendig. Das neue Haus soll ein Pfahlbau mit einem Wellblechdach werden.

In dieser Zeit angestrengter Arbeit wird Schweitzer fünfzig. In dem schwülen Lambarene geht ein Europäer, der sich hier bis zum siebenundvierzigsten Lebensjahr aufgehalten hat, von Rechts wegen in Rente. Doch Schweitzer hat sich keine Rente verdient. Sein Dienst trug einen anderen Charakter, und deshalb war er im Alter von neunundvierzig Jahren zum zweiten Male nach Afrika gegangen.

In dieser Zeit kann die Spitalflottille modernisiert werden: Schwedische Freunde haben dem Spital das Motorboot „Tack så mycket", das bedeutet „Danke schön", geschenkt und Freunde aus Jütland ein anderes Motorboot, „Raarup".

Unerwartet traf aus der Schweiz ein freiwilliger Helfer, der Zimmermann Schatzmann, ein. Er hatte von den Baunöten des Doktors erfahren und sich, ohne erst lange zu verhandeln, ins Schiff gesetzt, um ihm in ganz uneigennütziger Weise zu helfen. Doch auch gemeinsam mit Monenzali kann er die Arbeit nicht schaffen, und Schweitzer wettert erneut über das Kolonisationssystem, das die Afrikaner zwar Lesen und Schreiben, aber kein Handwerk lehrt. Er könnte ein ganzes Heer von afrikanischen Schreibern bekommen, aber ein Zimmermann, Steinmetz oder Maurer ist nicht zu finden. Schweitzer macht sich über die kolonisatorische Zivilisation der Seidenstrümpfe, Schreiber und armseligen Hütten lustig: Hier versteht niemand, ein gutes Haus zu bauen.

Anfang Mai treten die ersten Anzeichen auf, daß dieses Jahr noch schwieriger wird als das vergangene. Sie erfahren, daß sich unter den Waldarbeitern nördlich vom See Azingo eine Ruhrepidemie ausbreitet. Schweitzer und Doktor Neßmann fahren dorthin und verbringen dort einen ganzen Tag; sie behandeln, konsultieren und verteilen Medikamente. Die schwersten Fälle nehmen sie mit und kehren nach Lambarene zurück.

In einem Brief über diesen Tag schreibt Schweitzer: „Auf dieser

Fahrt schreibe ich den letzten Brief an meinen Vater. Er kommt nicht mehr in seine Hände. Der Tod ruft ihn an diesem 5. Mai heim."

Im Mai konnten sie das Ausmaß der bevorstehenden Not noch nicht absehen. Es zeigte sich sogar ein Lichtschein am Horizont. Schatzmann begann ein Haus mit zehn Räumen zu bauen. Aus Bern ist der Chirurg Marc Lauterburg eingetroffen, den die Afrikaner N'Tschinda-N'Tschinda nennen, das heißt „Der Mann, der mutig schneidet". Dr. Neßmann nannten sie Ogula, das ist „Sohn des Häuptlings", wobei mit dem Häuptling der Oganga gemeint ist. Über Neßmann wurde erzählt, der Doktor werde ihm für seine treuen Dienste in Europa einc Frau kaufen, sobald er dorthin zurückkehrt.

Schweitzer konnte den jungen Chirurgen nur mit Mühe zu dem von ihm geübten Prinzip des Nichtamputierens bekehren. Nichts befürchtete die afrikanische Bevölkerung mehr, als daß der Doktor in Lambarene ihnen die Arme und Beine abschneiden könnte.

Im Spital tauchte plötzlich der ausgelassene, hoffnungslose und doch Schweitzer so nahestehende Joseph wieder auf. Schweitzer schreibt darüber:

„Aus Liebe zu mir erscheint Joseph nach drei Wochen Trauerruhe (über den Tod seiner Mutter) bereits wieder zum Dienst, was ich ihm hoch anrechne. ‚Der Doktor ist ein Sklave der Arbeit, und der arme Joseph ist der Sklave des Doktors', sagt er. Gleichzeitig findet sich der schwarze Zimmermann Monenzali wieder ein."

Auf den Bau kamen einige neue Helfer, und der Doktor hatte die Hoffnung, daß das Krankenhaus bis zum Herbst im wesentlichen fertig wird und er sich an den Abenden endlich wieder einmal mit der Philosophie beschäftigen kann. Doch der Juni brachte neue Sorgen: „Gegen Ende Juni häufen sich die Fälle von Dysenterie (Ruhr) in beängstigender Weise. Wir wissen nicht mehr, wohin mit den Kranken."

Bald stellte sich heraus, daß ein großes Unglück naht. Die Mehrzahl der Kranken waren jetzt Bendjabi und andere Eingeborene vom Oberlauf des Ogowe, die auf den Holzplätzen gearbeitet hatten.

„Was für eine Tragödie", ruft Schweitzer aus, „dieses halbverhungerte Lebewesen zu finden, hingestreckt mit seinem winzigen Bündel von Habseligkeiten vor unserer Tür, in seinem Gesicht den wilden Blick der Leute vom Oberlauf! Obwohl ich dieses Bild schon oft sehen mußte, rührt es mir jedesmal wieder das Herz. Es ergreift mich eine unwahrscheinliche Welle von Mitleid mit diesem armen Fremdling. Doch wie oft ist das Mitleid machtlos, da auf den ersten Blick zu sehen ist, daß der arme Kerl hier sein Leben aushauchen wird, fern von seinen Verwandten, die auf seine Rückkehr warten und auf das Geld, das er sich hier erarbeiten soll."

Schweitzer nimmt die ihm zugetragenen Bendjabi auf. Doch das bringt neue Schwierigkeiten:

„Das Fehlen jeglicher Disziplin unter ihnen macht die Arbeit im Spital so beschwerlich, daß schon ihr Anblick in meinem Herzen ein gemischtes Gefühl von Mitleid und Verzweiflung hervorruft."

Die sich ausbreitende Dysenterieinfektion wächst sich zu einer Tragödie aus. Die Kranken entleeren sich, wo sie sich gerade befinden, sie holen das Wasser vom Fluß statt von der Quelle, sie kochen gemeinsam mit den Dysenteriekranken und essen aus einem Gefäß, trotz aller Vorsichtsmaßregeln und Ermahnungen.

Schweitzer und Neßmann behandeln die Dysenterie. Die Behandlung verläuft insgesamt gesehen recht erfolgreich. Doch jeder Tag bringt ihnen neue Kranke. Dann aber kommt eine neue Schreckensnachricht: am Oberlauf des Ogowe herrscht Hungersnot.

Schweitzer beginnt sich auf Hungermonate vorzubereiten. Er fährt mit seinem Motorboot durch die Umgebung und legt einen Reisvorrat an. In den Briefen an seine europäischen Freunde zeichnet er jetzt immer häufiger das schreckliche Bild des afrikanischen Hungers. Durch den Holzhandel hatten sich die Gabuner daran gewöhnt, sich auf den importierten Reis zu verlassen; die eigenen Anpflanzungen wurden vernachlässigt. Wenn die Mächte früher daran gedacht hätten, hätte man Mais anbauen können. Doch jetzt hatte der Hunger schon begonnen, und die Gabuner aßen sogar, was für die Aussaat bestimmt war. Die Bewohner der am schwersten betroffenen Gegenden zogen in Gebiete, in denen es noch Lebensmittel gab, und plünderten die Pflanzungen. Dann blieben sie „in den Hütten sitzen und erwarten den Tod, weil eben Hungersnot ist".

Schweitzer gelingt es fürs erste, seine Kranken vor dem Hunger zu bewahren. Doch viel schwieriger ist es, unter diesen Bedingungen die Dysenteriewelle zum Stillstand zu bringen. „Wir sind alle erschöpft und entmutigt. Vergebens suchen wir die Verseuchung des Spitals aufzuhalten. Schon haben mehrere Patienten, die wegen anderer Krankheiten kamen, bei uns Dysenterie bekommen. Einige davon konnten wir nicht retten. Auch Operierte, die gerade entlassen werden sollten, haben dasselbe Schicksal gehabt. Mit welcher Angst fragen wir jeden Morgen in der Baracke der Operierten nach, ob sich bei niemand Durchfall eingestellt hat! Wenn jemand vertrauensvoll kommt, sich unserm Messer anzuvertrauen, wird mir bange. Wird er nicht ein Opfer der Dysenterie werden?"

Schweitzer bedrückt die Unmöglichkeit, die Einhaltung auch nur der allerelementarsten Hygienevorschriften zu erreichen. „Eines Abends treffe ich eine Frau, die beim Landungsfloß, wo das Wasser am schlimmsten verunreinigt ist, eine Flasche füllt. Es ist die Frau eines Operierten, die Trinkwasser für ihren Mann holt. Sie benutzt die Dunkelheit, um am verbotenen Orte zu schöpfen. Die Quelle ist ihr zu weit.

Das schlimmste ist, daß die Kranken jetzt anfangen, ihre Dysenterie zu verheimlichen. Sie wollen nicht unter Aufsicht stehen und in ihrer Freiheit behindert sein. Die andern Kranken verraten sie nicht, sondern helfen mit, uns in Unkenntnis zu erhalten."

„Durch die Mehrarbeit", fährt Schweitzer fort, „die uns die Dysenteriekranken bereiten, ist unser Personal ganz erschöpft. Erstaunlich ist, daß die Heilgehilfen überhaupt noch mitmachen. Mit so nervösen Ärzten zu arbeiten, wie wir es sind, ist wirklich keine Lust."

Doch selbst in der Stunde der größten Verzweiflung verläßt Schweitzer der rettende Humor nicht:

„Eines Tages, in der Verzweiflung über Leute, die eben wieder unreines Wasser geschöpft haben, lasse ich mich im Konsultationszimmer auf einen Stuhl fallen und stöhne: ‚Was bin ich doch für ein Dummkopf, daß ich der Doktor solcher Wilden geworden bin!' Mild läßt sich Joseph vernehmen: ‚Ja, auf Erden bist du ein großer Dummkopf, aber nicht im Himmel.' Er liebt es, Sentenzen von sich zu geben. Wenn er uns nur in den Maßnahmen gegen die Ausbreitung der Dysenterie besser unterstützte."

In diesen Tagen schickte die Prager Universität ihm seine Ernennung zum Ehrendoktor auf dem Gebiet der Philosophie. Doch Schweitzer selbst kam jetzt nicht zur Philosophie; denn die Dysenterieepidemie nahm nicht ab, und der Hunger erreichte Ausmaße, die für die Arbeit des Spitals sehr gefährlich wurden. Weder die

Kranken noch ihre Verwandten hatten es jetzt noch eilig, das Spital wieder zu verlassen, und Schweitzer brachte es nicht fertig, sie vor die Tür zu setzen und dem sicheren Hungertod auszuliefern. Im Spital wurde es immer enger. Eines Morgens fanden sie weitere sechs Menschen, die sich bei ihnen angesteckt hatten. Die Enge wurde unerträglich.

In diesem allerschwersten Jahr, in dem körperliche Schwäche und Verzweiflung ihn so oft überfielen, faßte Doktor Schweitzer plötzlich einen Entschluß, der für jeden anderen Menschen völlig unerwartet gewesen wäre. In der Tat, wovon kann ein fünfzigjähriger Europäer träumen, erschöpft durch ein Fußgeschwür und die Folgen einer eigenen Dysenterie, entkräftet durch endloses Unglück, durch die Schwüle Gabuns und durch das fast völlige Fehlen des Kontakts mit den Patienten, durch die Unmöglichkeit, und sei es auch nur abends, sich mit geistiger Arbeit zu beschäftigen? Wahrscheinlich von einem Lichtblick in dieser „schrecklichen Prosa" Afrikas, in dieser erschöpfenden Arbeit? ... Vom Leben im Schwarzwald mit seiner Frau und seiner sechsjährigen Rhena, oder von der Arbeit an einem neuen Buch? Vielleicht auch von der Walckerorgel im Halbdämmer einer alten Kathedrale, von einem Chor, dessen Bachsche Klänge mit dem herrlichen Brausen der Orgelpfeifen verschmolzen? Von einer Vorlesung in Prag, wo er jetzt Ehrendoktor der Philosophie war und wo seine Freunde wohnten? Alles das wäre nur natürlich, aber es wäre doch nicht nach der Art Schweitzers gewesen. Der Traum von einer Erholung und eine entsprechende Entscheidung wären nur dann konsequent gewesen, wenn wir nicht seiner eigenen Linie folgen, die weder von seiner Umwelt noch von der Zeit abhängig ist, sondern allein dem Willen seines ethischen Denkens unterliegt. Dies Dienen kam in ganz praktischen Begriffen zum Ausdruck, und seine praktischen Überlegungen sagten ihm jetzt, daß die Enge bei der jetzigen Zunahme der Patientenzahl zu einer ernsthaften Störung seiner Arbeit wurde.

In diesem schrecklichen Jahr voller Unglück, in diesem Jahr auszehrenden Kampfes gegen die Dysenterieepidemie, gegen den Hunger, gegen eigene Krankheit und Übermüdung, am Vorabend des lange erwarteten Urlaubs, den er für diesen Winter geplant hatte, faßte Schweitzer plötzlich den Entschluß, mit einem Neubau zu beginnen, und zwar nicht einfach mit dem Bau eines neuen Hauses oder neuer Häuser, sondern mit dem Bau eines ganz neuen

Krankenhauskomplexes, an einer neuen Stelle, entfernt vom Spital, so weit weg, daß er die alten Gebäude, die ihn soviel Mühe gekostet haben, nicht einmal mehr benutzen kann.

Dieser Entschluß war allmählich gereift; doch die Epidemie drängte sein Denken in diese Richtung und verlieh ihm Entschlußkraft. Hätte er Isoliermöglichkeiten, so könnte er eine Epidemie zum Stillstand bringen, könnte er viele Schmerzen und vielleicht sogar viele Todesfälle vermeiden. Hier, am alten Platz, rückte sein Bau immer näher an die Schule und an die Wohnhäuser der Missionsstation heran. Hier hatte er keine speziellen Räume für Geistesgestörte. Wenn sie zu randalieren anfingen, schickte er sie zurück in ihr Dorf, und in seinen Briefen erwähnte er mehr als einmal, was sie dabei für Augen machten: die Augen verurteilter Menschen, die er schweren Qualen und dem Tod auslieferte. Er konnte hoffnungslos Kranke oder sogar Sterbende nicht einzeln unterbringen. Er hatte auch keine Leichenkammer, und die Toten blieben so lange neben den Lebenden liegen, bis der Doktor die schwierige Aufgabe eines afrikanischen Begräbnisses geregelt hatte. Er konnte das afrikanische Krankenhauspersonal nicht bei sich unterbringen; sie hausten in irgendwelchen Ecken. Er mußte immerfort befürchten, daß irgendwo in seinem Spital ein Brand ausbricht. Er konnte sich schließlich auch nicht mehr allein auf die herangeschaffte Nahrung verlassen. Er wollte eine kleine Plantage errichten, Mais anbauen und die Patienten vor den Folgen der gegenwärtigen ökonomischen Fehlentwicklung schützen. Außerdem konnte Schweitzer feststellen, daß seine Arbeiter fleißiger wurden. Sie schätzten diese Insel der Sattheit und Zuverlässigkeit inmitten des grünen Ozeans des Hungers. Dies war eine rein praktische Überlegung des praktischen Doktors: Ihm war eines klar – wenn er Reis hat, findet er auch Arbeiter. Natürlich sah er voraus, daß dies alles schwierig sein wird. Er hatte seine Erfahrungen mit dem Bauen im Urwald, und sie waren nicht weniger schwer als die mit der Behandlung im Urwald, ja, vielleicht sogar noch schwerer. Trotzdem faßte er seinen Entschluß. Er faßte ihn allein, ohne mit irgend jemandem darüber zu sprechen. Er hatte jetzt zwei Ärzte und eine Pflegerin aus Europa sowie gabunische Hilfskräfte. Doch er allein beabsichtigte, lange, wahrscheinlich für immer, hier zu bleiben. Er allein trug die Verantwortung für das begonnene Werk. Er allein war ständig auf Posten. Er war älter als alle, erfahrener als alle, praktischer als alle, energischer als alle, lebensfroher als alle. Bei keinem, der mit ihm zu arbeiten gekommen war, gab es irgendeinen Zweifel an seiner Autorität, an der Unvermeidbarkeit seiner Führung, seiner Überlegenheit in allen Fragen des Krankenhauses. Später haben Menschen, die aus ihm eine Legende gemacht und sein Bild als eine ständige Konzentration der von ihm vertretenen Ideale gezeichnet haben, Anstoß genommen an seiner „Herrschsucht“, an seinem Einzelgängertum bei der Lenkung seiner Angelegenheiten. Sie wollten bei ihm auch den ihren Idealen entsprechenden demokratischen Leitungsstil sehen und vergaßen dabei, daß es in Lambarene keine Perioden guter und schlechter Leitung gab; dort richtete sich alles nach ihm und lebte für ihn. Er hatte wundervolle Helfer, die gerade sein Vorbild des Dienens und seine Methoden nach Afrika gezogen hatten. Schließlich war er es, der an der Spitze des Ganzen stand. Diese Situation war in Lambarene dadurch entstanden, daß sich hier ein ganz besonderer, spezifischer Typ von Urwaldspital herausgebildet hatte, daß sich eigene Produktionsbeziehungen und Traditionen ausgebildet hatten, die später so viel Material zum Theoretisieren, zum Bestaunen und zur Begeisterung abgaben.

Jetzt aber, am Ausgang dieses unerträglich schweren Jahres 1925, faßte Schweitzer allein in der müden Stille seiner Abende den Entschluß, an einer neuen Stelle ein neues Krankenhaus zu errichten, und er begann, immer weitere Gänge in die Umgebung zu unternehmen, um die geeignete Stelle ausfindig zu machen.

Er fand schließlich einen kleinen Hügel am Ufer des Ogowe, stromaufwärts von Lambarene. Er war von der großartigen unberührten Natur dieses Platzes begeistert. Hier entschloß er sich ein neues Spital zu bauen.

Er unterschätzte nicht die Schwierigkeiten, die ihm bevorstanden. Er wußte, daß er erneut für lange Jahre zur Bauleiter-, Zimmermanns- und Trägertätigkeit verurteilt war. Er wußte sehr wohl, daß er die Hoffnung auf einen baldigen Urlaub und auf eine Fortsetzung seiner Arbeit an dem unvollendeten Buch aufgeben mußte. Er wußte dies ganz genau.

Er stattete dem Bezirkshauptmann einen Besuch ab, der dem großartigen Projekt dieses angesehensten Arztes im Lande sehr wohlwollend gegenüberstand. Das Land blieb Staatseigentum, aber Schweitzer erhielt die Konzession, auf einem etwa siebzig Hektar großen Gelände rings um den Hügel Adolinanongo zu pflanzen und zu bauen.

Als er in gehobener, erregter Stimmung zurückkehrte, rief er unverzüglich die Ärzte und Pflegerinnen zusammen. Sie hatten nicht weniger als er unter der Beengtheit und Unordnung im Spital zu leiden. Zu überzeugen brauchte er sie also nicht. Trotzdem waren sie zuerst, wie Schweitzer vermerkt, „starr vor Überraschung". Dann brachen sie in Jubel aus; sie standen hinter ihm. Die Kranken schauten erstaunt auf ihre Ärzte. Auch die Gehilfen standen hinter Schweitzer, obwohl auch ihnen klar war, was es bedeutete, diesen Bau zu errichten. „Nur wundern wir uns miteinander, wo wir den Mut zur Sache herhaben", schrieb Schweitzer.

Was der Bau für ihn bedeuten wird, sah er zwar voraus, aber sicher nicht im vollen Umfange. Dafür war ihm aber völlig klar, was dies für seine Familie bedeutete, die in Europa auf ihn wartete: „Ich aber denke an das Opfer, das meine Frau und mein Kind für die Verlegung des Spitals bringen müssen. Für Ende dieses Winters (1925–1926) erwarten sie mich zurück. Nun werde ich aber kaum vor Beginn des nächsten nach Europa kommen. Ohne mich kann nicht gebaut werden. Für die Anlage des Spitalganzen sind meine Erfahrungen erforderlich. Sind die Bauten einmal unter Dach, so mögen andere die Inneneinrichtung übernehmen."

Auf dem Hügel Adolinanongo begann die Arbeit. Das Territorium wurde vermessen, und dann begann man, das Gelände im Bereich des neuen Spitals und der Plantage zu reinigen. Das war eine schwere Arbeit. Aber der „Widerstand des Materials" und der Umfang der Aufgabe hatten bei Schweitzer immer einen geistigen Aufschwung zur Folge. Er verbrachte seine ganze freie Zeit auf dem Bauplatz. Er steckte das Gelände ab, schlug Pflöcke und Pfähle ein, organisierte, unterhielt sich, scherzte. Er mußte die Arbeiter mit Nahrung und Geschenken aufmuntern. Die Nahrung und die Arbeiter wurden aus dem alten Spital herangebracht. Wenn die Ruderboote nicht ausreichten, beförderten sie die Frauen auf den Motorbooten. „Das ist dann ein Geschnatter, daß der Lärm des Motorbootes sich dazu ausnimmt, als würde zu vollem Orchester Harmonium gespielt", schreibt Schweitzer. Musikalische Vergleiche verlassen ihn auch beim Bau nicht, zumal er seine musikalischen Übungen wie auch alles andere, was nicht unmittelbar mit dem Bau zusammenhing, für einige Zeit einstellen mußte.

Zu Beginn hatte Schweitzer fünfundzwanzig Arbeiter, und der Arbeitstag verlief „wie eine Symphonie":

„Lento: Verdrossen empfangen die Leute die Äxte und

Buschmesser, die ich ihnen beim Landen austeile. Im Schneckentempo geht es an die Stelle, wo Gebüsch und Bäume niedergelegt werden sollen. Endlich steht jeder an seinem Platze. Behutsam werden die ersten Striche getan.

Moderato: Äxte und Buschmesser laufen in überaus mäßigem Takte. Vergebens versucht der Dirigent das Tempo zu beschleunigen. Die Mittagspause macht dem langweiligen Stück ein Ende.

Adagio: Mit Mühe habe ich die Leute wieder auf die Arbeitsstelle im dumpfen Walde gebracht. Kein Lüftchen regt sich. Von Zeit zu Zeit hört man einen Axtstreich.

Scherzo: Einige Späße, zu denen ich mich in der Verzweiflung aufraffe, gelingen mir. Die Stimmung belebt sich. Lustige Worte fliegen hin und her. Einige Leute fangen an zu singen. Es wird auch schon etwas kühler. Ein Lüftchen stiehlt sich vom Fluß herauf in das Dickicht.

Finale: Die Lustigkeit hat alle erfaßt. Dem bösen Wald, um dessentwillen sie hier stehen müssen, statt ruhig im Spital sitzen zu dürfen, soll es übel gehen. Wilde Verwünschungen werden gegen ihn laut. Johlend und kreischend geht man ihm zu Leibe. Äxte und Buschmesser hämmern um die Wette. Jetzt aber darf kein Vogel auffliegen, kein Eichhörnchen darf sich zeigen, keine Frage darf gestellt werden, kein Befehl darf ergehen. Bei der geringsten Ablenkung wäre der Zauber aus. Die Äxte und Buschmesser kämen in Ruhe, und die Leute würden sich über das Geschehene oder Gehörte bereden und wären nicht mehr in Gang zu bringen.

Zum Glück kommt keine Ablenkung. Das Toben geht weiter. Wenn dieses Finale nur eine gute halbe Stunde anhält, war der Tag nicht verloren. Und es hält an, bis ich ‚Amani! Amani!' (Genug! Genug!) rufe und der Arbeit für heute eine Ende setze."

Er schreibt über diese „Arbeitssymphonie" mit der gleichen Begeisterung, mit der er einmal über eine Bachaufführung geschrieben hat. Er leitet sein schwerfälliges Ensemble mit der gleichen Ernsthaftigkeit, mit der er einst den Bachchor in Straßburg leitete.

Er ist sehr mit der Planung beschäftigt und notiert für sich die Hauptaufgaben: Erstens, die Anforderungen des Spitals berücksichtigen; zweitens, die Traditionen der afrikanischen Bauweise rationell nutzen. „Die Wellblechbaracken werden wir als Pfahlbauten aufführen. Warum Pfahlbauten? Das Spital kommt längs des Flusses zu liegen. Es muß in der Nähe des Wassers gebaut sein, weil die Eingeborenen gewohnt sind, in der Nähe des Wassers zu hausen.“ Schweitzer notiert mit Stolz, daß er ein prähistorisches Pfahldorf baut und daß er „also ein prähistorisch-moderner Mensch“ scin wird.

Schweitzer stellt selbst die Pfähle auf, und die Zimmerleute bauen die Häuser zusammen. Er hat sich entschlossen, die Gebäude von Ost nach West anzulegen, damit die Sonnenstrahlen nicht direkt einfallen. Lambarene liegt nahe am Äquator, und die Sonne ist hier sehr wenig gegen Norden oder Süden geneigt.

Die Himmelsrichtung der Häuser, die engliegenden langen Gebäude, der durchgehende Zwischenraum zwischen Dach und Dekke – all das soll wenigstens etwas vor der erbarmungslosen Hitze schützen.

Neben allen sonstigen Sorgen war für Schweitzer der Gedanke besonders tröstlich, daß die Geistesgestörten hier ein eigenes Zimmer haben werden.

Aus der Schweiz traf noch ein weiterer junger Freiwilliger ein. Wird er es verstehen, mit den Arbeitern so umzugehen, daß der Doktor frei aufatmen kann? Wird er diese Gabe besitzen?

„Worin besteht diese Gabe? In der richtigen Verbindung von Festigkeit und Güte, in dem Vermeiden unnötiger Reden und in dem Vermögen, ein heiteres Wort im richtigen Augenblick zu finden.“

Auf dem Baugelände befinden sich viele Palmen. Schweitzer gräbt sie aus und bringt sie an neue Plätze. Die Afrikaner sehen dies Mitleid mit den Palmen als eine seltsame Verdrehung an. Was die Liebe zu den Tieren, sogar zu den allerniedrigsten Geschöpfen betrifft, so findet sie bei den afrikanischen Arbeitern unschwer Verständnis. Zwar lächeln sie verlegen oder versuchen es einfach zu übersehen, wenn Schweitzer, bevor er einen Pfahl in die Erde einrammt, sorgfältig nachsieht, ob dort nicht irgendwelche Kröten, Ameisen oder andere Tiere sind. Doch einmal hört der Doktor mit an, wie einer der Arbeiter, ein auf den ersten Blick gar nicht so sehr intelligent aussehender Fremdling vom Oberlauf des Ogowe, plötzlich anfängt, einem Kameraden, der eine Kröte mit einem Messer erschlagen will, zu erklären, daß die Tiere ebensolche Geschöpfe sind wie wir. Der liebe Gott wird mit „den Menschen, die sie gedankenlos quälen oder töten, ein großes Palaver machen“, erklärt er aufbrausend seinem erstaunten Kameraden.

Noch während das neue Spital gebaut wurde, nahm der Zustrom an Kranken in das alte Spital immer mehr zu. Früher lagen hier vierzig Kranke, jetzt mußten schon sechzig untergebracht werden.

In erster Linie waren es Kranke, die an Malaria, Frambösie, Dysenterie, Lepra und Schlafkrankheit litten. Doch fünfzehn bis zwanzig Betten waren immer mit chirurgischen Patienten belegt, über die Schweitzer wiederholt in seinen Briefen schrieb.

Wie früher traten zahlreiche Dysenteriefälle auf. Der elsässische Doktor Trensz, der den zum Militärdienst einberufenen Dr. Neßmann ablöste, untersuchte das Wasser des Ogowe und fand die in diesem Gebiet endemisch auftretenden Vibrionen.

Auch am alten Spital mußten viele Ausbesserungsarbeiten ausgeführt werden; doch dadurch durfte der Neubau keinerlei Verzögerung erleiden.

Nun nahte das Ende des schweren Jahres 1926, das manche Biographen für das schwerste Jahr in dem nicht leichten Arbeitsleben in Lambarene halten. Das neue Spital war fast fertig. Jetzt mußte man sich mit dem Umzug beeilen, bevor die Regenperiode eintrat. Die Kranken und die Einrichtungsgegenstände müssen in das neue Spital gebracht und das alte Spital muß so weit frei gemacht werden, daß das darin enthaltene Material zur Vollendung des neuen Spitals verwendet werden kann.

Am 21. Januar 1927 geht der Umzug vor sich. Die Pflegerin Fräulein Haußknecht und Doktor Lauterburg besorgen das Einladen im alten Spital, Fräulein Kottmann und Hans Muggensturm nehmen die Leute und ihre Sachen im neuen Spital in Empfang. Der Alte Doktor aber (er wird diesen Ehrennamen noch gute vier Jahrzehnte tragen) ist den ganzen Tag auf dem Fluß, schleppt mit dem Motorboot die beladenen Boote ins neue Spital hinauf und bringt die leeren zurück. Es standen noch viele Schwierigkeiten bevor – vor allem mußte man nun diese ganze umfangreiche Maschinerie richtig in Gang bringen! –, doch die aus diesen Tagen stammenden Aufzeichnungen Schweitzers sind voller Frohlocken:

„Zum ersten Male, seit ich in Afrika wirke, sind meine Kranken menschenwürdig untergebracht. Was habe ich in diesen Jahren darunter gelitten, sie in dumpfen, dunklen Räumen zusammenpferchen zu müssen!“

An anderer Stelle äußert er begeistert: „Wieviel leichter ist das Arbeiten im neuen Spital als im alten! Jetzt endlich haben wir genug Platz, genug Licht, genug Luft.“ Schweitzer vermerkt, daß die Räume, in denen gearbeitet werden muß, bedeutend kühler sind als im alten Spital. Die Isolierräume für die Dysenteriekranken sind nach dem Spital zu geschlossen und haben ihren Zugang vom

Fluß her; vom Fluß selber aber sind die Kranken durch einen Zaun getrennt, damit sie das Wasser nicht verunreinigen können.

Am Abend als der Umzug dem Ende entgegenging, brachte Doktor Schweitzer mit dem letzten Boot die Geisteskranken. Man hatte ihnen erzählt, daß sie im neuen Spital in Zellen mit Fußböden aus Holz wohnen werden, statt der feuchten Erde, auf der sie bisher in ihren Zellen hausen mußten.

Für lange Jahre war damit ein Spitaldorf Schweitzerschen Typs geschaffen, in dem die Zweckmäßigkeit dominierte, in dem es keine überflüssigen, spezieller Wartung bedürftigen Einrichtungen gab. Es war eine Klinik, in der ein Maximum an afrikanischen Lebensgewohnheiten und Traditionen bei maximaler Aufmerksamkeit und Sorge für den Patienten gewahrt wurde, wo die Prinzipien der Selbsthingabe, des aufopferungsvollen Dienens an der Menschheit und der hohe Geist dieses Dienens ins Leben umgesetzt wurden.

Im März traf in Lambarene Frau Lilian Russell aus Kanada ein, die eine Reihe von Büchern über den Schweitzerschen Weg zum Wiederaufbau der Kultur geschrieben hatte. Sie möchte sich nützlich machen, und Schweitzer überträgt ihr das Kommando über die Arbeiter, die den Wald niederlegen und in der Pflanzung arbeiten. Zum allgemeinen Erstaunen wird sie mit dieser Aufgabe sehr gut fertig.

Doktor Schweitzer kann jetzt in Urlaub fahren. In den letzten Wochen hilft er noch beim Bau des Bootsschuppens und stellt die Pfähle für ein großes Haus mit fünf Zimmern auf, wo die Ärzte wohnen werden. In der Mitte des Sommers sind die neuen Krankenräume fertig, und das Spital kann jetzt bis zu zweihundert Menschen beherbergen, so daß sogar noch Reservebetten zur Verfügung stehen.

Schweitzer kann beruhigt seinen Urlaub antreten. Er wird fahren, nachdem er diesmal einen unerhört schweren Kampf siegreich bestanden hat.

Schweitzer fuhr auf dem Flußdampfer und dachte an diese schweren drei Jahre zurück. Er dachte an seine Familie, seine Freunde und seine Kranken. Er dachte daran, daß ihm erneut das Privileg zugefallen ist, Leidenden zu helfen und das Glück des ethischen Wirkens zu finden, das so vielen versagt ist. An Bord der alten „Alemba" sitzend und den Abschiedsblick auf die dahingleitenden Ufer gerichtet, schreibt er:

“Freude über das Gelingen kommt nicht auf. Ich fühle mich gedemütigt. Ich frage mich, womit ich es verdient habe, daß ich solches Werk treiben und in solchem Werke Erfolg haben durfte. Und immer wieder bricht das Weh durch, daß ich nun für eine Zeit aus dieser Arbeit fort muß und von Afrika, das mir zur Heimat geworden, mich losreißen soll.“ ...

„Immer undeutlicher wird der ferne grüne Streifen, hinter dem unsere Gedanken Lambarene suchen. Steht er noch am Horizont? Ist er schon im Meere untergegangen?“

Anmerkung des Herausgebers:

Bis zu dem Jahre 1931 hat Albert Schweitzer sein Leben und Wirken in autobiographischen Zeugnissen, die die wichtigsten Quellen beim Entstehen der vorliegenden Biographie waren, dokumentiert: 1924 erschien „Aus meiner Kindheit und Jugendzeit“, 1931 führte das Werk „Aus meinem Leben und Denken“ die Darstellung bis zum Ausbruch des ersten Weltkrieges fort.

Den Aufbau seines ersten Urwaldspitals behandelte das Bändchen „Zwischen Wasser und Urwald“ (1921), das durch die „Briefe aus Lambarene“ 1924 bis 1927 ergänzt wurde.

Damit endeten die zusammenhängenden Aufzeichnungen des großen Humanisten über sein Leben und Wirken. Dem Union Verlag Berlin und dem Herausgeber Gerhard Fischer gebühren das Verdienst, mit den 1981 erstmals in einem Buch zusammengefaßten „Briefen aus dem Lambarene-Spital“ die Lücke von drei Jahrzehnten in den Selbstdarstellungen geschlossen zu haben. Diese Briefe Albert Schweitzers und einiger seiner Mitarbeiter sowie der in der Anlage der Ausgabe enthaltene Artikel „Der Alltag in Lambarene“ führen die autobiographischen Zeugnisse Schweitzers bis zum Jahre 1958 fort.

Ehrungen und Reisen in Europa

Er kehrte ganz erschöpft nach Europa zurück. Doch er blieb nicht lange in Königsfeld und in seinem Heim im Schwarzwald, das er 1923, bevor er erneut nach Afrika fuhr, für seine Familie hatte bauen lassen. Er hatte viele Freunde in Europa, die das Spital auch in den schwersten Jahren der Epidemie und des Hungers unterstützt hatten. Schweitzer wollte sie alle besuchen. Er wollte die Ärzte und Pflegerinnen wiedersehen, die bei ihm in Lambarene gearbeitet hatten und sich jetzt in Europa erholten und auskurierten. Zu Hause erwarteten ihn Einladungen zu Vorträgen und Orgelkonzerten.

Als erstes fuhr er nach Schweden, wo Nathan Söderblom ihn erwartete. Insgesamt weilte er von November bis März in Schweden. Nach einer Reise durch Dänemark hielt er sich im März in Straßburg und Paris auf, wo er Orgelkonzerte gab. Dann blieb er noch anderthalb Monate in Königsfeld; doch die ganze Zeit war hier mit seiner Arbeit an dem Buch über den Apostel Paulus ausgefüllt.

Im Frühjahr besuchte er Holland, wo er sich erholte, indem er auf seinen geliebten alten holländischen Orgeln spielte. Danach war er in England, einem Lande, dessen Bewohner jetzt Lambarene große Unterstützung erwiesen. Schweitzer hatte hier viele alte Freunde, und er gewann viele neue hinzu. Den Engländern imponierten seine Güte, seine ritterlichen Manieren, seine ungezwungenen und natürlichen altmodischen Umgangsformen, sein klarer, von jeder Eitelkeit freier Verstand, der mit einem unveränderten Sinn für Humor gepaart war. Die Zeitungsreporter waren sich einig; und einer von ihnen schrieb, wobei er sich wahrscheinlich kaum darüber im klaren war, wie sehr in diesem Fall sein für die Presse charakteristisches Pathos berechtigt war: „In der heutigen Welt wird man wohl schwerlich eine so heroische Figur finden wie Albert Schweitzer." Im Sommer arbeitete Schweitzer erneut in der Stille von Königsfeld an seinem Buch, wobei er bis in den Morgen hinein aufblieb.

Selten unternahm er einmal einen Spaziergang in die Berge des Schwarzwaldes. Manchmal ging die kleine Rhena mit dem Vater mit, und er erzählte ihr von Afrika, wohin er zusammen mit ihr und ihrer Mutter einmal fahren wird. Dort gibt es nicht diese allmählichen, leuchtenden und kühlen Dämmerungen wie hier; dort wird es mit einemmal dunkel. Dort herrscht immer glühende Hitze, und in den Nächten bricht bisweilen plötzlich eine feuchte Kälte ein. Der Doktor sah, wie aus dem Mund seiner aufmerksam lauschenden Tochter ein leichter Hauch hervortrat, und er erzählte ihr die Geschichte von dem gabunischen Jungen, der noch nie gesehen hatte, wie aus dem Mund eines Menschen ein Dampfwölkchen hervortritt, da es in Gabun niemals so kalt ist. Als dieser Junge nach Europa kam, sah er, wie Dampf aus seinem Munde kam, und er dachte, er wäre krank. „Ich bin krank!“ rief er aus. „Ich bin krank! Ich habe Feuer in meinem Innern!“ Erst als er sah, daß bei einem Pferd Dampf aus dem Fell und dem Maul aufstieg, gelang es, ihn schließlich zu beruhigen.

Schweitzer erfuhr in dieser Zeit, daß ihm die Stadt Frankfurt am Main „in Anerkennung seiner Verdienste um die Menschheit“ den Goethe-Preis verliehen hatte. Am 28. August 1928 mußte er in Frankfurt eine dem Goethe-Jubiläum gewidmete Rede halten. Die Stadtverwaltung von Frankfurt am Main und das Goethe-Kuratorium wußten wohl kaum, was Goethe während seines ganzen Lebens für ihn bedeutet hatte. Jedenfalls enthielt der Text des offiziellen Dokuments über die Preisverleihung keinen Hinweis in dieser Richtung und sprach nur von dem „Beispiel faustischer Wandlungen seines Lebens“.

Schweitzer entschied sich, in seiner Jubiläumsansprache von seinem eigenen Goethe zu sprechen, nicht von dem der Welt bekannten stolzen „Olympier“, sondern von dem Menschen, dessen ethischer Geist seinen Bewunderer zur aktiven Hilfe für den leidenden Menschen veranlaßt hatte. Die Jubiläumsansprache gab Schweitzer die Möglichkeit, seine Schuld an Goethe zurückzuzahlen, und er verfolgte hier seine geistigen Verbindungen zu Goethe von den frühesten Studentenjahren an.

Schweitzer sprach in Frankfurt am Main als ein Mensch, der um die Umstände seines Zeitalters besorgt war. Er sprach von der Güte des Schicksals, das ihn als freie Persönlichkeit handeln ließ. Er sprach davon, wie sein eigenes Schicksal ihn dazu geführt hat, mit einer „bis in die Tiefe der Seele eindringenden Klarheit“ die Unruhe unserer Zeit zu erfahren. Schweitzer sprach von den drei Verpflichtungen, die Goethe jedem seiner Zeitgenossen auferlegt: „Wir haben zu ringen mit den Umständen, daß die Menschen, die durch diese Umstände in die Arbeit eingeengt und in ihr verzehrt werden, dennoch die Möglichkeit der Geistigkeit behalten. Wir haben zu ringen mit den Menschen, daß sie in der stetigen Ablenkung auf das Äußerliche, das in unserer Zeit gegeben ist, den Weg zur Verinnerlichung finden und auf ihm bleiben. Wir haben zu ringen mit uns und mit allen den anderen, daß wir in einer Zeit verworrener und humanistischer Ideale den großen Humanitätsidealen des 18. Jahrhunderts treu bleiben, sie in die Gedanken unserer Zeit übertragen und zu verwirklichen versuchen."

Den Preis, den er in Frankfurt am Main erhalten hatte, verwendete Schweitzer für den Bau eines Gästehauses im Münstertal, im heimatlichen Günsbach. Ein Europäer, der in Afrika arbeitet, muß einmal in anderthalb Jahren zu einem Erholungsaufenthalt nach Europa fahren, sonst hält dies seine Gesundheit nicht aus (es sei denn, er habe eine so robuste Gesundheit wie Albert Schweitzer). Das Haus in Günsbach am Fuße des ihm seit seiner Kindheit vertrauten Rebbergs war in erster Linie für das Personal in Lambarene bestimmt, das zur Erholung in Europa weilte, sowie auch für den Doktor und seine Freunde in Lambarene.

Im November 1928 trat Schweitzer in deutschen Städten mit Vorträgen und Konzerten auf. Den Erlös dieser Veranstaltungen stellte er deutschen Wohltätigkeitsorganisationen zur Verfügung; denn in Deutschland herrschte immer noch unendlich viel Not.

Im Dezember war er in Prag, wo er Vorträge über das Christentum, über Bach und über das Urwaldspital hielt. Dies waren glückliche Tage für Schweitzer. Nach seiner Ankunft spielte er bis zum Abend auf der Orgel im Smetanasaal – bis zum Beginn des Symphoniekonzerts. Nachdem er sich das Konzert angehört hatte, spielte er erneut die halbe Nacht auf dieser Orgel und speiste danach mit seinen Freunden bis zwei Uhr nachts. Am Morgen nach seinem Konzert ging er noch in eine evangelische Kirche und spielte dort die halbe Nacht auf der Orgel, bis plötzlich eine Polizeistreife kam und sagte, er störe mit seinem Orgelspiel die Ruhe friedlicher Bürger, die sich zeitig schlafen gelegt hätten, und überdies widerspreche dies den polizeilichen Vorschriften. Der imposante schnauzbärtige Elsässer (sein Bärtchen und sein mächtiges Haupthaar waren zu dieser Zeit noch nicht grau) verstand es, das

Vorkommnis in einen Spaß umzudrehen, und machte sich auf, um mit seinen tschechischen Freunden zu Abend zu essen.

Helene war bei seinen Reisen durch Europa bei ihm. Später begleitete ihn dann Mrs. Russell bis zum Elsaß, die anschließend nach Lambarene zurückkehrte, wo sie sich gut eingelebt hatte.

Im Dezember 1929 fuhr Schweitzer erneut nach Lambarene.

Auf dem Flußdampfer, der ihn den Ogowe stromaufwärts brachte, schrieb er noch das Vorwort zu seinem Buch über Paulus, das kurze Zeit später in Tübingen erschien. Zusammen mit Schweitzer befanden sich diesmal auf dem Dampfer seine Frau, ein neuer Arzt und eine Laborantin.

Lambarene empfing ihn wie immer mit unendlich vielen Sorgen. Erstens zeigte sich, daß für die Dysenteriekranken der Platz auch jetzt noch nicht reichte. Ein weiteres Jahr lang mußte Schweitzer zusammen mit seinem treuen Monenzali neue Krankengebäude, ein diebessicheres Magazin für Lebensmittelvorräte, Wohnhäuser für die afrikanischen Heilgehilfen und einen Sammelbehälter für Regenwasser errichten.

Inzwischen war die Popularität Lambarenes an den Ufern des Ogowe gestiegen, und aus ganz entfernten Gegenden des Flusses kamen Boote gefahren. Durch die europäischen Tournees Schweitzers, die Zunahme seiner Bekanntheit und die Erweiterung der freundschaftlichen Verbindungen hatte zu dieser Zeit die finanzielle Situation Lambarenes ein festes Fundament erhalten. Das Spital hatte jetzt genügend Unterkünfte, und in der Apotheke befand sich ein beträchtlicher Vorrat an Medikamenten.

In Erinnerung an die kürzliche Hungerperiode und beunruhigt durch die ungenügende Vitaminversorgung der Gabuner begann der Doktor jetzt rings um das Spital einen Garten Eden anzupflanzen. Er sprach oft mit seinen Mitarbeitern, daß es bei ihnen bald viele Fruchtbäume geben wird und der Diebstahl von Früchten dann im Spitaldorf kein Vergehen mehr sein wird. Die bereits angelegten Plantagen lieferten Mango-, Papaya- und Ölpalmfrüchte. Diese ehemals aus Westindien in Gabun eingeführten Früchte gediehen im Spitalgarten gut. Leider kann man in dem Klima von Lambarene keine Früchte aufbewahren und Vorräte anlegen.

Ein neuer Arzt aus dem Elsaß traf ein. In diesen Jahren haben nacheinander gut zehn Ärzte – meist Elsässer oder Schweizer – in Lambarene gearbeitet. Die Gesundheit Helenes hielt leider das Klima in Lambarene nicht aus, und im Frühjahr mußte sie nach

Europa zurückfahren. Als der Krankenhausbau abgeschlossen war, baten die jungen Ärzte den Doktor, sich einen Abend für sie frei zu machen. Übrigens war er eine Zeitlang abends so erschöpft, daß er nicht einmal auf seinem alten Klavier mit Orgelpedal spielen konnte.

Trotzdem gelang es ihm in dieser Zeit, einen autobiographischen Abriß für den nächsten Band der in Leipzig herausgegebenen Reihe „Philosophie der Gegenwart in Selbstdarstellungen" zu schreiben. Als der Verlag diese Skizze als einzelnes Büchlein herausbrachte, war Schweitzer beim Durchlesen damit nicht zufrieden. Er war der Meinung, daß eine solche Schrift, wenn sie schon erscheinen müßte, dann doch eine Vorstellung über seine Ideen in Verbindung mit seiner Arbeit in Afrika geben müsse. Diese Schrift müsse auch neue Anhänger für die Idee der Ehrfurcht vor dem Leben und ihre praktische Umsetzung gewinnen. So machte er sich an die Abfassung des Buches „Aus meinem Leben und Denken", seiner einzigen mehr oder weniger vollständigen Autobiographie. In ihr sind die Ereignisse bis zum März 1931 wiedergegeben, wobei Schweitzer zum Schluß schrieb:

„Tief bewegt mich, daß ich als ein Freier in einer Zeit, in der drückende Unfreiheit das Los so vieler ist, wirken darf, wie auch, daß ich, in materieller Arbeit stehend, zugleich die Möglichkeit habe, mich auf dem Gebiete des Geistigen zu betätigen ...

Wieviel werde ich von der Arbeit, die ich mir vorgenommen habe, noch fertigbringen?

Mein Haar beginnt zu ergrauen. Mein Körper fängt an, die Strapazen, die ich ihm zumute, und die Jahre zu spüren.

Dankbar blicke ich auf die Zeit zurück, in der ich, ohne mit meinen Kräften haushalten zu brauchen, rastlos körperliche und geistige Arbeit leisten durfte. Gefaßt und demütig schaue ich auf die Zeit aus, die kommt, damit mich Verzichten, wenn es mir beschieden sein soll, nicht unvorbereitet treffe ..."

Schweitzer stand in dieser Zeit im siebenundfünfzigsten Lebensjahr, und vor ihm lagen noch viele Jahre Arbeit und Selbstentsagung.

Jetzt aber, in seinem Spital, wurden wie gewöhnlich Konsultationen abgehalten, Operationen durchgeführt, Wunden gespült und Gebärende entbunden. Eine junge Afrikanerin bat um die Erlaubnis, ihren Sohn Doktor Albert nennen zu dürfen. Schweitzer wußte sehr wohl, daß der Name, noch dazu wenn er mit Zustimmung einer einflußreichen Person gegeben wird, Segen bringt. Der Doktor aber war im Urwald Gabuns eine sehr einflußreiche Person. Nicht umsonst nannte man ihn „Kapitän", im Unterschied zu dem jungen Doktor, der „Leutnant" hieß.

Sein Einfluß nahm übrigens nicht nur im Urwald zu, sondern auch in den wissenschaftlichen Kreisen Europas. 1931 verlieh ihm die Universität Edinburgh die Würde eines Ehrendoktors der Theologie und der Musik. Wenig später wurde er zum Ehrendoktor der Philosophie an der Universität Oxford und zum Ehrendoktor der Rechte an der englischen Universität St. Andrews gewählt. Diese Ehrungen änderten kaum etwas am Leben des Doktors in Afrika. Er baute Häuser und eine Anlegestelle, führte Operationen durch, kratzte Wunden aus und pflanzte in seinem Garten Eden Bananenstauden und Ölpalmen. Das dritte Jahr ununterbrochener Arbeit in Lambarene verging, und der Doktor begann schon an den nächsten Urlaub zu denken, als plötzlich aus der Heimatstadt Goethes, Frankfurt am Main, eine Einladung eintraf: Man bat ihn, die Gedenkrede bei der Feier der 100. Wiederkehr von Goethes Todestag zu halten. Schweitzer hatte erst vor kurzem seine Autobiographie abgeschlossen, und auf dem Bücherbord in seinem kleinen Arbeitszimmer, das gleichzeitig als Schlafraum diente, stand eine Gesamtausgabe von Goethes Werken. In den schwülen urtümlichen Nächten des gabunischen Urwalds vertiefte sich Schweitzer nun erneut und mit neuer Eindringlichkeit in die Gedanken des Dichters und Philosophen, dessen Bild ihn während seines gesamten bewußten Lebens begleitet hatte.

Alle Biographen Schweitzers schrieben über diese seine Goethe-Gedenkansprache, wobei sie das Dramatische der Situation hervorhoben, in der sie gehalten wurde, ihr tragisches Pathos und ihren literarischen Wert. Seltsamerweise hat jedoch niemand auf einen sehr interessanten Zug dieser Rede geachtet. Je eingehender Schweitzer die zeitlich entrückte Gestalt Goethes betrachtete, um so mehr Züge mußte er an seinem Vorbild entdecken, die ihm selbst ähnlich waren. Im Ergebnis vieler wahrhaft erstaunlicher Übereinstimmungen und vielleicht auch infolge einer höchst subjektiven Auswahl des Autors in dieser Rede entsteht vor uns eine außerordentlich seltene Selbstcharakteristik unseres Helden, der sich sein ganzes Leben lang – wie seine Autoren immer wieder beklagt haben – durch so große Zurückhaltung ausgezeichnet hatte. Hier haben wir nicht nur, ja vielleicht sogar nicht so sehr ein Porträt Goethes vor uns als vielmehr eine Selbstcharakteristik Schweitzers, so wie er sich selbst sehen wollte (und vielleicht auch sah). Vielleicht sind wir nicht zu einer vollen Analogie berechtigt. Doch wenn wir die Entwicklung dieses erstaunlichen Lebens von der Kindheit bis fast zum Ende des sechsten Jahrzehnts verfolgen, dann finden wir das Recht zu einigen Hypothesen und Parallelen.

Für Schweitzer war wichtig, daß Goethe in seiner Dichtung als Denker auftritt und daß sich dabei alle Größe und Begrenzung seines Denkens in seiner tiefen Einheit mit der Natur offenbart. „Nur das Unendliche, das sich in ihm in der Versenkung in die Natur und in sich selber auftut, hat Wirklichkeit und Bedeutung für ihn."

„Willst du ins Unendliche schreiten,
Geh nur im Endlichen nach allen Seiten."

Doch noch wesentlicher als die Analyse des Denkens Goethes ist für uns nach Meinung Schweitzers die Analyse der praktischen Schlußfolgerungen, zu denen Goethe seine Hauptthelden kommen läßt.

Dies ist die gleiche Goethesche „Tat", die Schweitzer in den Jahren seiner Entscheidung bewegte. Schweitzer zitiert die ihm so nahestehenden Zeilen:

„Dir selbst sei treu und treu den andern ..."
„Und dein Streben sei's in Liebe,
Und dein Leben sei die Tat."

Nach Meinung Schweitzers kann Goethe nur der verstehen, „der unter den Zwang dieses seines tiefen und einfachen Humanitätsideals gerät und von dem Geiste der zum Leben tüchtig machenden Resignation berührt wird, aus dem es geboren ist".

Als er über die universelle Persönlichkeit Goethes spricht, hebt Schweitzer hervor, daß es sich um eine andere Universalität handelt als bei den Gestalten der Renaissance. Bei Goethe ist es nicht ein revolutionärer Austausch unwahrscheinlicher Möglichkeiten. Es ist die aus Denken entstandene Tat, die die Erfordernisse des Lebens berücksichtigt. Gleichzeitig ist es der Wunsch, seine Kräfte in der nächsten schöpferischen Periode produktiv einzusetzen: „... sich", wie er selber sagt, „den Weltgeschäften zu widmen, um nichts von seinen Kräften ungebraucht zu lassen".

Wie wir sehen, eröffnet sich uns selbst bei vorsichtiger Anwendung des von uns gefundenen Schlüssels etwas von dem Goethe, wie Schweitzer ihn sehen wollte, und von jener recht deutlichen Widerspiegelung, die einen Menschen des 20. Jahrhunderts darstellt, Albert Schweitzer (jedenfalls jenen Schweitzer, den Schweitzer selbst sehen wollte).

In den letzten Wochen seines Aufenthalts in Afrika arbeitete Schweitzer an seiner Gedenkrede, die er in ihren Grundzügen während der Reise von Kap Lopez, die damals achtzehn Tage dauerte, beendete.

In Europa fuhr er nach Königsfeld, um seine Familie wiederzusehen, und von dort in sein Günsbacher Gästehaus.

Deutschland erweckte in ihm damals einen besonders deprimierenden Eindruck. Die „Zivilisation" trat in ihre neueste, schwerste Krise, und Deutschland zeigte für ihn alle Merkmale dieser Krise. In diesem Lande herrschten Armut und Arbeitslosigkeit, es war von politischen Kämpfen zerrissen, und die finsteren Kräfte des Terrors fühlten sich immer sicherer in dieser bürgerlichen Welt des Profits, wo sich verdummte Menschen, die aller eigenen Ideale und moralischen Prinzipien bar waren, so leicht von irgendeiner demagogischen Idee begeistern ließen, wenn sie nur simpel war und einleuchtend aussah.

Mit ernsten Gedanken kam Schweitzer nach Frankfurt am Main. Die Feierlichkeiten, die dem 100. Todestag Goethes gewidmet waren, sollten am 22. März 1932 beginnen, am selben Tage und zur selben Stunde, in der dieser hervorragende Sohn Frankfurts gestorben war. Zu dieser Stunde hatten sich im Gebäude des Frankfurter Opernhauses alle versammelt, denen es gelungen war, eine Einladung zu erhalten. In dieser Stunde, von der ungewöhnlichen Möglichkeit bewegt, zu seinen Landsleuten zu sprechen, und im Gefühl einer unabwendbar nahenden Katastrophe, begann Doktor Schweitzer vor dem angespannt lauschenden Auditorium seine Gedenkrede. Mrs. Russell schreibt in ihren Erinnerungen über diesen Tag:

„Das war erregend! ... Der riesige Opernsaal in der Heimatstadt des Dichters war bis auf den letzten Platz mit Zuhörern gefüllt, die durch die Ernsthaftigkeit des einzigartigen Redners so verzaubert waren, daß sich in den ganzen sechzig Minuten – so lange dauerte die Rede – niemand rührte und nur eine einzige Stimme zu hören war. Er sprach immer wieder von den heutigen Zeiten, wobei er das Wort ‚grausig' verwendete.

Die Stadt Frankfurt – sagte Schweitzer – begeht den 100. Todestag ihres großen Sohnes, übergossen von den prächtigen Strahlen der Frühlingssonne ... und gestürzt in die größte Not, die diese

Stadt und die Landsleute Goethes jemals erleben mußten. Arbeitslosigkeit, Hunger und Verzweiflung sind das Los so vieler Bewohner der Stadt und des Reiches geworden. Wer kann die ganze Schwere der Not ermessen, die durch uns in dieses Opernhaus gebracht worden ist, die wir uns zu dieser Feier zusammengefunden haben."

Nach einer interessanten Analyse der grandiosen Figur seines Lieblingsdichters sprach Schweitzer davon, welches Vermächtnis Goethe seinen Landsleuten hinterlassen hat, die sich heute nicht nur in Not befinden, sondern auch – wenn man den Vorhersagen Glauben schenken soll – am Rande einer furchtbaren Katastrophe stehen. Für die kommende Nacht der Preisgabe allen Denkens, des vollständigen Verlustes der Individualität, der Auslieferung des Menschen an niedrige unmenschliche Losungen – für die kommende Nacht der Diktatur des Nazismus brachte der Doktor aus Lambarene seinen Landsleuten ein Vermächtnis, das ebenso edel wie gleichzeitig schwer war für ihren geschwächten Verstand und ihre in Vergessenheit geratene Moral:

„Das Vermächtnis Goethes an den heutigen Menschen ist das gleiche, was er auch den Menschen seiner eigenen Zeit gesagt hat, den Menschen aller Zeiten: ‚Bleibt Menschen mit eigener Seele!'"

Schweitzer sagte, daß der heutige Mensch des Westens der materiellen und fast ganz der geistigen Selbständigkeit entbehrt, daß er mit jedem Tag immer mehr aufhört, ein Mensch zu sein, der sich selbst und der Natur gehört, daß er immer häufiger sein Ideal preisgibt. „Aber was ist das anderes", erklärte er, „als daß wir, wie Faust, uns in furchtbarer Verirrung von der Natur loslösen und der Unnatur überantworten."

„Überhaupt, was ist das, was in dieser grausigen Zeit vor sich geht, anderes als eine gigantische Wiederholung des Faustdramas auf der Bühne der Welt? In tausend Flammen brennt die Hütte von Philemon und Baucis! In tausendfacher Gewalttätigkeit und tausendfachem Morden treibt entmenschte Gesinnung ihr frevelhaftes Spiel! In tausend Fratzen grinst uns Mephistopheles an! In tausendfacher Weise hat sich die Menschheit dazu bringen lassen, das natürliche Verhältnis zur Wirklichkeit aufzugeben und ihr Heil in den Zauberformeln irgendeiner Wirtschafts- und Sozialmagie zu suchen, die die Möglichkeit, aus dem wirtschaftlichen und sozialen Elend herauszukommen, nur immer in weitere Ferne rückt!"

Die Zuhörer, die das Frankfurter Opernhaus füllten, verstanden sehr wohl diese Formulierungen und Beschwörungen, die dem unglücklichen Deutschland in seiner Not helfen sollten. Gemeint waren die Losungen der immer größere Macht gewinnenden Nazipartei Hitlers. Die Nazipartei versprach Rettung aus aller Not um den Preis der Aufgabe des eigenen Denkens und dann der eigenen Freiheit.

Schweitzer sprach diese schrecklichen Prophezeiungen aus, und die im Saal sitzenden Menschen dachten, dies alles sei die Übertreibung eines empfindsamen Philosophen, die übliche Furcht eines gutwilligen Humanisten. Von welcher geistigen Unfreiheit spricht er, wenn seine Hauptsorge ist, zu überleben? Als sich dann ein, zwei und drei Jahre später in dem gleichen Frankfurt die finstersten Vorhersagen mit erschreckender Folgerichtigkeit zu erfüllen begannen, dachten die Landsleute Goethes immer noch, daß das ja alles nicht so schlimm sei; sie seien ja, Gott sei Dank, noch am Leben, es gäbe auch wieder Butter, und es sei ein neuer Geist, ein wahrhaft germanischer Geist im Entstehen. Sicher hatte auch Schweitzer nicht gedacht, mit einer noch so schönen Rede den Prozeß der menschlichen Verdummung aufhalten zu können, doch er sah es als seine Verpflichtung an, diese vielleicht letzte Möglichkeit zu nutzen, um zu seinen Landsleuten zu sprechen.

„Des Hinscheidens Goethes gedenken wir in der gewaltigsten Schicksalsstunde, die je für die Menschheit geschlagen hat“, sagte von der Tribüne herab der Elsässer, der in der Epoche der europäischen Verhärtung noch an das Leiden in Afrika, an das Individuum, an das eigene Denken des Menschen und an seine eigene Moral zu denken vermochte.

In Voraussicht des mißtrauischen Raunens der Menschen, die schon den Glauben an die Menschheit verloren hatten, berief sich Schweitzer auf die Autorität Goethes, der das „echte und edle persönliche Menschentum“ verteidigt.

Dann, wohl in dem Wunsche, den schrecklichen Abgrund zu überbrücken, den er so deutlich vor sich sah, daß er fast seinen stinkenden Atem im Gesicht spürte, spricht Schweitzer plötzlich vom Jahre 1949, in dem Frankfurt am Main die zweihundertste Wiederkehr des Geburtstages Goethes feiern wird. Und er spricht die Hoffnung aus: „Möge dann der, der bei jenem neuen Feste die Gedenkrede halten wird, feststellen dürfen, daß das tiefe Dunkel, in dem wir dieses begehen, sich aufzuhellen begonnen hat, daß ein

Geschlecht, im wahren Wirklichkeitssinn auf die Wirklichkeit eingehend, der materiellen und sozialen Not Herr zu werden beginnt und darin einig ist, bei dem alten, einzig wahren Ideal persönlichen Menschentums verbleiben zu wollen."

Am Ende behält bei ihm wie immer der Optimist die Oberhand, und er drückt seine Hoffnung auf den Sieg des Guten im Menschen aus.

Im Anschluß an den Aufenthalt in Frankfurt am Main gab Schweitzer mehrere Konzerte in Holland, Schweden, Deutschland und der Schweiz. Er besuchte England, wo er jetzt so populär war. Er gab hier Konzerte, hielt Vorträge und übte ohne Ende. Während seines europäischen „Urlaubs" war er oft sechzehn Stunden am Tage beschäftigt. In England sagte ihm einer seiner Freunde, er dürfte sich nicht so sehr ausgeben: „Man darf eine Kerze nicht an beiden Enden anbrennen." Doch Schweitzer antwortete ihm darauf: „Man kann es schon, wenn die Kerze nur lang genug ist."

Auf Bitten einer englischen Gesellschaft ließ er eine Aufzeichnung seiner Orgelmusik herstellen. Mehrere Jahre später berichtete er darüber der Regisseurin Erica Anderson folgendes:

„Dies war eine wahrhaft schwere Arbeit. Wenn man sich am Ende bei einer Note versieht, muß man das Ganze noch einmal von vorn aufzeichnen. Anhören kann man es aber nur, wenn alles abgeschlossen ist. So geschah es, daß ich die Mehrzahl meiner Aufzeichnungen in London gemacht habe ... Allein drei volle Tage habe ich gebraucht, um eine schön klingende Orgel zu finden. Schließlich fand ich eine derartige Orgel in einer kleinen Kirche, doch der Pfarrer wollte mich erst nicht darauf spielen lassen und erklärte, es würde ihn stören, wenn ich dort die Aufzeichnungen machen lasse. Ich versuchte, alle möglichen Argumente vorzubringen. Ich sagte ihm sogar, wenn die Kirche einmal zerstört wird, so wird auf diese Weise der Klang der Orgel erhalten bleiben. Schließlich erlaubte er mir, nachts zu arbeiten. Ich übte drei Nächte, und dabei stand ich die Hälfte der Arbeitszeit auf einer Leiter und verstopfte die Fenster mit Watte, damit das Glas nicht vibrierte. Während des Krieges ist die Kirche ausgebrannt; aber die Aufzeichnungen sind erhalten geblieben."

In der Universität Manchester hielt Schweitzer eine Vorlesung über die Philosophie Goethes. Charakteristisch ist die abschließende Darstellung Goethes, die er in dieser Vorlesung gab:

„Für ihn waren Denken und Verhalten eines, und das ist das Bemerkenswerteste, was wir von einem Denker sagen können."

England überschüttete ihn mit wissenschaftlichen Ehrungen, mit Doktortiteln und Lizenziatsstipendien aller Art – auf dem Gebiet der Philosophie, der Musik und der Theologie. Er reiste nach Schottland und sah dort mit Erstaunen die langen Winternächte, in denen die Sonne nicht untergeht und dann noch lange ein trügerisches Nordlicht leuchtet. Dies war so ganz unähnlich dem plötzlichen Einbruch der schwarzen Tropennacht. Noch eine andere Erinnerung folgte ihm in die Berge Schottlands – die Günsbacher Kindheit, die Romane von Walter Scott, die Mutter ... Sicher war es das erste Mal in seinem Leben, daß er sich einem Reporter so offenbarte, als er in Schottland sagte:

„Meine Mutter wollte seit ihrer Kindheit gern Schottland sehen, wegen Sir Walter Scott ... Ich dachte mir immer, wenn ich einmal genug Geld habe, dann fahre ich mit ihr nach Schottland und zeige es ihr ... Dies war das einzige Land, das sie sehr gern sehen wollte ... Sie ist sehr wenig gereist ..." Er hatte fast niemals von seiner Mutter gesprochen. Jetzt stand er im achtundfünfzigsten Lebensjahr, und plötzlich, in einem zufälligen Interview, das er mit Hilfe eines Dolmetschers gab, ertönte der bittere Schmerz des Verlustes, das ewige, unvergängliche Gefühl der Sohnesschuld.

An der Universität in St. Andrews, wo man ihm den Ehrendoktortitel verlieh, bot man ihm das Amt des Rektors an; doch er lehnte ab und berief sich dabei auf die Unkenntnis der englischen Sprache. In Edinburgh ging er nach der Zeremonie, bei der ihm gleich zwei Ehrendoktortitel verliehen wurden, an den Ufern und in den Bergen Schottlands spazieren. Vielleicht dachte er hier an seine gute schweigsame Adele Schillinger, deren Geist jetzt in ihm, in Rhena, in seinen Schülern und sogar in seinen Patienten lebendig war – dieser unsterbliche Geist der Menschlichkeit ...

Schweitzer arbeitete zu dieser Zeit am dritten Band seiner „Kulturphilosophie", der sich mit der Ethik der Ehrfurcht vor dem Leben beschäftigte, und er vertiefte sich begeistert in das Studium des indischen und chinesischen Denkens.

Um an seinem neuen Buch arbeiten zu können, reiste er in sein neues Günsbacher Haus. Das Haus stand nicht weit vom Abhang des Hügels, war aber der Straße zugewandt, die das Dorf durchzog. Schweitzer hatte das Haus nicht tief im Garten errichten lassen wollen. Es war ein „Haus an der Straße", offen für jeden Reisenden, und seine Tür führte auf die Straße. Der Doktor kehrte aus Lambarene in dieses Haus zurück, und er traf hier Freunde, die sich nach der Arbeit in Afrika erholten und jetzt speziell zu Besuch zu ihm kamen. Schweitzer war seit seiner Kindheit ein geräuschvolles „offenes" Haus gewohnt, und er konnte mit Erlaubnis seines Vaters so viele Gäste, wie er wollte, mitbringen. Menschen störten ihn nicht. Das neue Gästehaus war sehr einfach und gemütlich; es hatte ein Aufenthaltszimmer, ein Musikzimmer, ein Arbeitszimmer und ein Büro. Anfangs benutzte Schweitzer das Vorderzimmer mit Blick auf die Hügel; doch später überließ er es seinen Gästen. Er brachte seine Bücher in das Schlafzimmer, dessen Fenster auf die Dorfstraße hinausgingen, das unansehnlichste Zimmer im ganzen Hause, in dem er aber die meiste Ruhe hatte.

Er sagte einmal zu einem Gast, als sie auf den Hang des Hügels, der fast bis an das Haus herantritt, hinausblickten:

„Ich habe es hier, am Hange des Hügels, gebaut, damit in einem künftigen Krieg die Kanonen nicht bis hierher gelangen können."

Er sagte dies in einem fast ernsten Tone, und der Gast war entsetzt, da doch bis zu einem neuen Kriege, wie die sorglose Menschheit glaubte, die die Nachkriegswelt so rasch wiederaufgebaut hatte, mindestens noch ein Jahrhundert vergehen würde.

Das Gästehaus in Günsbach war das europäische Stabsquartier des Spitals in Lambarene.

Es gab hier verschiedenartige Gäste. Es kamen Dorfbewohner. Es kamen Freunde aus Paris oder Berlin. Als einer der ersten besuchte den Doktor hier Stefan Zweig. Der Schriftsteller blickte nach der langen Trennung seinem Freund ins Gesicht und dachte daran, daß menschliche Vollkommenheit ebenso selten ist wie künstlerische. Zweig bemerkte, daß Schweitzer einige graue Haare bekommen hatte; trotzdem war er aber ein angenehmer und umgänglicher Deutscher geblieben, mit seinem großen Schnurrbart und seiner durchgeistigten, hochgewölbten Stirn.

Der sensible Humanist Zweig liebte kein Autoritätsverhältnis. Sein Freund Schweitzer war mit einem großen Werk beschäftigt, er mußte viele Menschen leiten, seinen Einfluß auf die Patienten nutzen, und Zweig blickte ihm mit ängstlicher Erwartung ins Gesicht ... Nein, kein Autoritätsgehabe, etwas anderes. Schweitzer ist durchdrungen von dem Glauben an die Richtigkeit seines Weges, von einer aus Überzeugung geborenen Kraft. Doch seine Kraft ist niemals aggressiv, da sich sein Denken und seine ganze

Existenz in harmonischer Übereinstimmung mit dem Leben befinden; er steht in einem bejahenden Verhältnis zum Leben in all seinen Formen. Seine Kraft liegt im Verstehen und in der Geduld.

Es kommt die Rede auf die christliche Theologie, und der protestantische Geistliche Schweitzer beginnt plötzlich über die ihr so nahestehende chinesische Religion und die chinesischen Philosophen des Altertums zu sprechen, bei denen er die höchste Ausdrucksform des ethischen Denkens fand. „Ein märchenhafter Mann!“ denkt der begeisterte Zweig. Zweig teilt Schweitzers Befürchtungen: Die Welt steuert einem Abgrund entgegen, aber Deutschland stürzt jetzt in diesem Wettlauf allen voran, ihm kommt die Führung zu im Wettstreit der Weltbarbarei. Wie soll man noch leben? Was wird geschehen?

Schweitzer versteht die Besorgnis Zweigs. Hat er doch selbst erst vor kurzem über all dies vor der feierlich gestimmten Frankfurter „Elite“ gesprochen. Doch obwohl sein Wissen pessimistisch ist, glaubt er, daß die Welt sich besinnen wird – heute, später oder in hundert Jahren.

Schweitzer ruft die Pflegerinnen aus Lambarene an den Tisch, die auf Urlaub gekommen sind. Sie zeigen Fotografien vom Spital und unterhalten die Gäste mit Geschichten aus dem Krankenhausleben. Die Pflegerinnen kommen darauf zu sprechen, wie Doktor Schweitzer sich kürzlich mit einem Missionar stritt, der das Verbot der Polygamie in Gabun gefordert hatte. Schweitzer wies ihm nach, daß bei der traditionellen Lebensweise in Gabun die Polygamie nur natürlich ist. Doch der orthodoxe Missionar bestand hartnäckig darauf, daß Afrikaner, die das Christentum angenommen haben, auch lernen müßten, irdische Freuden zu opfern. Da erwiderte Doktor Schweitzer in trockenem Ton, es sei doch wohl sehr die Frage, ob man die Vielweiberei zu den irdischen Freuden zählen könne.

Am nächsten Tage ging Schweitzer mit seinen Gästen durch das sonntägliche, stille Dörfchen spazieren. Als könnte er ihre Gedanken lesen, ging er mit ihnen zu der kleinen Günsbacher Kirche, wo der gute Pfarrer Ludwig Schweitzer seine Gottesdienste abgehalten hatte und wo auch oftmals sein Sohn die Predigt hielt. Obwohl das bescheidene Gebäude nicht mit Chartres oder mit der Pariser Notre-Dame zu vergleichen war, sah Zweig doch schon den großen Ruhm der bescheidenen Dorfkirche voraus, die weder rein evangelischen noch rein katholischen Geist atmete. In ihr ist beides vereinigt. Zweig stellte mit Verwunderung diese scheinbar unmögliche Verschmelzung von Protestantismus und Katholizismus fest, die die nach Meinung Zweigs der heutigen Welt so notwendige und in Schweitzer in so hervorragender Form verkörperte Toleranz erzeugt.

Im März 1933 reiste Schweitzer erneut nach Afrika. Mrs. Russell, die ihn nach Bordeaux begleitet hatte, schrieb, daß „er nach seinem ‚Urlaub' in Europa sehr müde aussah".

Wie immer wartete er mit Erregung darauf, daß das Spital am Ufer auftaucht. Als er das Ufer betrat, blickte er mit Befriedigung auf die neue Anlegestelle. Dann begann wieder die Arbeit: Operationen, Wirtschaftsangelegenheiten, Bau, Pflanzungen ...

In einer freien Minute geht der Doktor durch das Gelände und sieht, daß Hunderte von Blechbüchsen im Grase herumliegen. Der Regen hat sie mit Wasser gefüllt, und so stellen sie eine herrliche Brutstätte für die Malariamücken dar. Der Doktor macht Krach. Die Gabuner verstehen nicht, warum er sich so erregt. Nun gut, sie schaffen die Büchsen weg, doch es bleibt unverständlich, warum sich der Alte Doktor so aufregt. Gegen Abend schließlich ist alles beseitigt, und der Doktor kehrt in sein Arbeitszimmer zurück. Am Vormittag hatte er eine Konsultation, am Nachmittag die Säuberungsarbeiten, er schleppt sich mühsam vorwärts. Schweitzer denkt daran, daß er heute seinen Trupp in Genesung befindlicher Kranker angeschrien hat, und er macht sich Selbstvorwürfe. Nein, sag, was du willst, die Gabuner haben einen besseren Charakter als der Elsässer; er wird nicht müde, das zu wiederholen. Sie sind nicht nachtragend. Der Alte Doktor hat geschrien und sich zurückgezogen; sie verstehen das ausgezeichnet. Wie schade, daß er sie nicht ebenso gut versteht. Doch, kann man überhaupt einen Menschen verstehen? Was weiß er schon über Helene, die ihm doch so nahesteht? Oder über die kleine Rhena, mit der er stundenlang am Klavier gesessen hat? Doch leider ist sie gar nicht mehr so klein. Am 14. Januar ist ihr gemeinsamer Geburtstag, er wird neunundfünfzig, sie schon fünfzehn. Sie ist schon ein großes Mädchen. Helene und sie haben das Haus im Schwarzwald verlassen und sind nach Lausanne übergesiedelt: Für Helene ist das Klima dort besser, und Rhena muß lernen.

Schwere Zeiten

Im Krankenhaus war jetzt ein neuer Chirurg, der aus Ungarn gekommen war, Dr. Ladislas Goldschmidt. Die Gabuner willigten gern in eine Operation, da es die wirksamste Methode war, den Krankheitswurm zu entfernen. Der Operation selbst sahen sie ruhig und mutig entgegen. Als Doktor Goldschmidt einmal bei einer Patientin mit der Narkose begonnen hatte und sie bis zum Wirkungseintritt nach europäischer Gewohnheit mit allen möglichen beruhigenden Gesprächen abzulenken trachtete, unterbrach ihn die Patientin trocken: „Aber nun genug, Doktor, jetzt ist keine Zeit für leeres Geschwätz – fang an zu schneiden!“

Bis zu dreißig Patienten warteten jetzt auf die Operation. Ein dankbarer weißer Patient hatte dem Krankenhaus eine große Petroleumlampe geschenkt, und nun konnte in ganz dringenden Fällen sogar nachts operiert werden. Einmal brachte man nach dem Mittagessen gleichzeitig drei Patienten mit eingeklemmten Brüchen, die sofort operiert werden mußten. Im Jahre 1934 wurden in Schweitzers Krankenhaus 622 große Operationen ausgeführt. Außerdem wütete das ganze Jahr über eine Grippeepidemie.

Im Herbst 1934 mußte Doktor Schweitzer an der Universität Oxford eine Reihe von Vorlesungen über Ethik und moderne Kultur halten. Für die Vorbereitung der Vorlesungen benötigte er Bücher, und so kehrte er im Februar 1934 nach Günsbach zurück, wo er im Gästehaus in Ruhe arbeiten konnte. Er beschäftigte sich jedoch gleichzeitig auch mit Angelegenheiten seines Krankenhauses.

Von Mitte Oktober an hielt Schweitzer seine Vorlesungen in Oxford, und er wiederholte sie danach an der Universität London. Eine kurze, von Schweitzer selbst verfaßte Zusammenfassung dieser Vorlesungen erschien einen Monat später in der amerikanischen Zeitschrift „Christian Century“. „Die erste Frage, die wir beantworten müssen“, so begann Schweitzer, „ist die Frage: ‚Ist die Religion eine Kraft im geistigen Leben unseres Jahrhunderts?‘

Ich beantworte sie in Ihrem und in meinem Namen mit ‚Nein!'"

Schweitzer stellte fest, daß es in der Welt noch fromme Menschen gibt, Menschen, die sich außerhalb der Kirche um Religiosität bemühen. Trotzdem aber beharrte er auf seiner Feststellung, „daß die Religion keine Kraft mehr darstellt. Der Beweis dafür? Der Krieg!" Schweitzer spricht von seinem geliebten 18. Jahrhundert, in dem die Menschenrechte formuliert wurden, in dem Kant die Forderung erhob, daß selbst die Politik den Prinzipien der Ethik unterworfen sein müsse, und in dem der religiös-ethische Geist bemüht war, das Reich Gottes auf Erden zu schaffen. Doch auch hier handelt es sich offenbar nicht darum, daß die christliche Religion des 18. Jahrhunderts Schweitzer so in sich geschlossen und mächtig erschien, sondern vielmehr darum, daß gerade sie es war, die Kant den Anstoß für seine Ethik gab, daß sie es war, die den Glauben an den Menschen, an seine Vernunft und seine Möglichkeiten weckte, den Glauben, der später, wie Schweitzer schrieb, einem zaghaften Aberglauben, einer Verneigung vor der Magie der Formeln und Massengefühle Platz machte.

Schweitzer sieht voraus, daß das Denken im Augenblick des Sturmes das Steuerrad aus den Händen geben wird, und dieser Augenblick wird schrecklich sein: „Der Mensch hat Macht über die Kräfte der Natur erlangt, und ist dadurch in die Lage eines Übermenschen geraten, wobei er jedoch zugleich als Mensch tief unglücklich geworden ist! Denn er nutzt die Macht über die Kräfte der Natur nicht zum Wohle des Menschen, sondern zu seiner Vernichtung."

Doch gerade in diesem Augenblick, als das Bedürfnis des Menschen nach Idealen so stark zugenommen hat, versagt das Denken. Es gibt der Menschheit nicht die Ideale, deren sie bedarf: „Vielleicht können wir unserem Schicksal schon nicht mehr entgehen? Doch ich hoffe, daß es nicht so ist ... Ich meine, daß in unserem Jahrhundert in jedem von uns eine neue Form des Denkens angelegt ist, die uns die ethischen Ideale gibt."

Schweitzer führt uns in seinen Vorlesungen folgerichtig zur Entwicklung seiner Idee von der „universellen Ethik".

„Je mehr wir die Natur betrachten", sagt er, „um so klarer wird uns bewußt, daß sie voller Leben ist ..., daß jedes Leben ein Geheimnis ist und daß wir mit jedem Leben verbunden sind, das es in der Natur gibt. Der Mensch kann nicht mehr nur für sich allein leben. Wir sind uns dessen bewußt, daß jedes Leben wertvoll ist und daß wir mit diesem Leben verbunden sind. Aus dieser Erkenntnis entspringt unsere Verwandtschaft mit dem Weltall."

Schweitzer erinnert an die Ethik von Plato und Aristoteles, die nicht einmal die Sklaven und die Ausländer interessierten, führt uns zur Erweiterung der Ethik bei den von ihm verehrten Stoikern und dann noch weiter:

„Allmählich greift in unserem europäischen Denken die Vorstellung Platz, daß die Ethik nicht nur etwas mit den Menschen, sondern auch mit den tierischen Geschöpfen zu tun hat. Dies beginnt mit dem heiligen Franz von Assisi. Erklärungen, die nur auf den Menschen anwendbar sind, müssen verworfen werden. Dann werden wir dazu kommen, daß die Ethik die Ehrfurcht vor jedwedem Leben ist."

Schweitzer gibt hier eine ganz einfache Definition seiner Ethik: „Gut ist – Leben zu erhalten und zu entwickeln; schlecht ist – Leben zu schädigen und zu vernichten." Er sagt, daß diese Ethik ihre vollständigste Verkörperung in bezug auf die anderen Menschen in der Liebe findet.

Schweitzer stellt fest, daß in der Welt der Wert des Lebens und die Ehrfurcht vor dem Leben bei den besten wie bei den schlechtesten Menschen sinken. Doch er ist Positivist und Rationalist, er glaubt an das allmächtige Denken und an den menschlichen Geist, er glaubt, daß „wir zum Lichte schreiten":

„In unseren Tagen ist ein Mangel an Denken zu beobachten, der sich in einer Geringschätzung des Lebens zeigt. Wir haben Kriege geführt wegen Streitfällen, die sich mit der Kraft der Vernunft hätten lösen lassen. Doch niemand hat gesiegt. Der Krieg hat Millionen von Menschen vernichtet und Millionen unschuldiger Tiere Leiden und Tod gebracht. Warum? Weil wir nicht den höchsten Rationalismus der Ehrfurcht vor dem Leben besitzen. Und nur deshalb, weil wir ihn noch nicht besitzen, kämpft ein Volk gegen das andere und weckt in ihm Furcht und Schrecken."

Schweitzer trug seine aus langem Nachdenken geborenen Gedanken einem aufgeschlossenen akademischen Auditorium vor, doch reichten in dem stürmischen Meer der Vorkriegsleidenschaften die Auswirkungen nicht weit. Ein neuer Krieg nahte und mit ihm eine Welle noch nicht dagewesener Verwilderung. Erst nach dem Krieg, nach einem Vierteljahrhundert, erklangen die Ideen Schweitzers in allen Sprachen der Erde, auch in seiner deutschen Muttersprache.

Wir sind deshalb so im einzelnen auf die in Oxford gehaltenen Vorlesungen eingegangen, weil in ihnen die grundlegenden Ideen des dritten Bandes der philosophischen Hauptarbeit Schweitzers enthalten sind. Bei der Arbeit an diesem Band trat bei Schweitzer ein qualvoller, wenn auch sehr fruchtbarer Moment ein. Er begann, die zu umfangreich gewordene Arbeit zu kürzen, zu „komprimieren", und dabei entschloß er sich, einige Teile getrennt herauszugeben, um das Buch nicht zu umfangreich werden zu lassen. Im gleichen Jahr 1934 bereitete er das Manuskript über „Die Weltanschauung der indischen Denker. Mystik und Ethik" für die Herausgabe bei dem Verlag C. H. Beck in München vor. Der persönliche Freund Gandhis Charles Freer Andrews sowie der angesehene Prager Indologe Prof. Winternitz unterstützten Schweitzer bei der Vorbereitung dieser Ausgabe. Schweitzer schrieb, wenn er mit ebensolchen Autoritäten auf dem Gebiet der Sinologie bekannt gewesen wäre, so hätte er unverzüglich auch noch ein Buch über das klassische chinesische Denken herausgegeben, von dem er aufs höchste begeistert war.

Im November 1934 hielt Schweitzer in Edinburgh Vorlesungen, die hauptsächlich der Ethik und der Naturphilosophie gewidmet waren. Er untersuchte in diesem Zusammenhang die Evolution des menschlichen Denkens, angefangen von den großen Denkern Indiens, Chinas, Griechenlands und Persiens.

In London traf Schweitzer eine Bekannte aus Lambarene: Er besuchte den Zoologischen Garten, den berühmten Regent's Park, wo jetzt sein Lieblingswildschwein Thekla lebte. Hören wir, was der Doktor darüber zu erzählen hat:

„Es pflegte auf dem Territorium des Krankenhauses wie ein Hund umherzustreifen und zeigte eine solche Vorliebe für junge Hühnchen, daß ich vor die Wahl gestellt war, es zu töten oder es einem Zoologischen Garten zu übergeben. Hier sah es so glänzend und wie abgeleckt aus, daß ich es kaum wiedererkannte. Doch als ich es streichelte, erkannte es mich und grunzte. ‚Na, Thekla!' sagte ich, ‚du bist eine richtige große Dame geworden, doch ich bin überzeugt, du würdest es vorziehen, Küken zu naschen.'"

In England bereitete man ihm eine herzliche Aufnahme, und er fühlte sich hier immer mehr zu Hause. Über Deutschland verdichteten sich die Gewitterwolken. Er erhielt mehrere Briefe von alten Freunden und Kollegen, die alle etwa das gleiche besagten:

„Wenn Du nach Deutschland kommst, dann suche mich bitte

nicht auf. Ich möchte mich nicht im einzelnen äußern ... Ich kann nicht meine neutrale Stellung aufs Spiel setzen oder meine Überzeugungen in Verdacht bringen."

Bis zum französischen Elsaß war übrigens die „neue Ordnung" noch nicht vorgedrungen, und zum sechzigsten Geburtstage Schweitzers ehrte ihn die Stadt Straßburg, indem sie einem ihrer prächtigen Parks seinen Namen verlieh.

Im November 1935 sollte Schweitzer nach Edinburgh zurückkehren und eine zweite Vorlesung halten. Er war bereits sechzig, ein Alter, in dem sich die ehrwürdigen Beamten der gabunischen Kolonialverwaltung in der Regel ins Nichtstun zurückzogen. Er arbeitete wie ein ganzes, mit Beamten gefülltes Ministerium und war der Meinung, es sei noch zu früh, sich zur Ruhe zu setzen. Als ein Reporter ihn einmal fragte, warum er nicht einfach reisen und sich die Sehenswürdigkeiten Englands ansehen würde, antwortete er, er gedenke, sich nach seinem fünfundsiebzigsten Lebensjahr dem Tourismus zu widmen. In diesem Frühjahr entschloß er sich, den Zwischenraum von einem halben Jahr bis zur nächsten Vorlesungsreihe zu nutzen und nicht nach Lausanne oder nach Günsbach, sondern nach Lambarene zu fahren.

In Lambarene erwarteten ihn die üblichen Sorgen. Doktor Goldschmidt war bis über beide Ohren mit Operationen eingedeckt. Von den Holzeinschlägen brachte man immer häufiger Verstümmelte: Die Arbeiter aus den tieferen Gebieten des Landes machten sich ohne die erforderliche Vorsicht an die ankommenden Loren und versuchten, sie mit ihren Händen anzuhalten; die Holzhändler aber dachten nur an ihren Verdienst. Doktor Schweitzer mußte mit Sorge feststellen, daß diese kolonisatorischen Unternehmungen ihm immer mehr und mehr Patienten zuführten – Malariakranke, Gebissene, Verstümmelte ...

Wie früher gab es viele Vergiftungen, und Schweitzer ruft in einem seiner Briefe aus: „Was ist das doch für ein unheimlicher Ort, dieses Äquatorialafrika mit seinen zahllosen Tragödien, unter denen die Vergiftungen eine so große Rolle spielen!" Der Gedanke an Gift verläßt den Gabuner nur selten. Einmal hörte der Doktor, wie ein Patient, dem er in Narkose eine Wunde ausgekratzt hatte, zu einem anderen sagte: „Ja, der Doktor wollte mich töten. Er gab mir Gift in die Nase, und ich starb. Doch er hat mir nicht genug Gift gegeben, und ich bin noch am Leben."

Doktor Goldschmidt erzielte zu dieser Zeit bei der Behandlung der Elephantiasis gute Ergebnisse, und Schweitzer schrieb darüber begeistert seinen Freunden.

Der Personalbestand in Schweitzers Krankenhaus änderte sich ständig; es änderten sich nicht nur die Ärzte, sondern auch das Pflegepersonal. In dem schwierigen Jahr des Neubaus hatte der rastlose Joseph erneut den Doktor verlassen. „Der Lohn, den er bei mir bekommt, genügt ihm nicht", schrieb der Doktor damals gereizt und traurig. „Er hat geheiratet und will nun seine Frau – eine tüchtige und kluge Frau – durch Kleider, die er ihr aus Europa kommen läßt, so verwöhnen, wie die zwei oder drei eingeborenen Holzhändler, die es zu etwas gebracht haben, ihre Frauen verwöhnen. Dies kann er mit dem Heilgehilfengehalt nicht durchführen. Also will er selber Holzhändler werden." Nachdem der Doktor seine Erregung über die Unvernunft dieses erwachsenen Kindes zum Ausdruck gebracht hatte, schreibt er mit trauriger Wehmut: „Der Abschied von dem Gehilfen der ersten Zeit tut mir weh. Wir bleiben gut Freund. Wo einer dem andern einen Dienst leisten kann, tut er's. Den Titel ‚Erster Heilgehilfe von Doktor Albert Schweitzer' behält er bei."

Übrigens war Joseph in diesen Jahren schon lange nicht mehr der einzige gabunische Heilgehilfe. Es gab andere, die dem alten Joseph in seiner fröhlichen Sorglosigkeit und seinen Sprachkenntnissen nachstanden, die ihn aber dafür in ihren medizinischen Kenntnissen, in ihrer Hingabe ans Krankenhaus, in ihrem Fleiß und in ihrer Selbstlosigkeit übertrafen. Dies waren der „junge Joseph", der Heilgehilfe Bolingi, der Heilgehilfe Dominique, der seine Töchter taufen ließ, Fräulein Mathilde und Fräulein Emma.

Als Schweitzer sich schließlich auch von Bolingi trennen mußte, schrieb er an seine Freunde:

„Anfang April ist Bolingi, einer meiner ersten afrikanischen Heilgehilfen, in sein Dorf zurückgekehrt, etwa 200 Kilometer südlich von hier. Er war zehn Jahre lang bei mir. Er betreute das Krankenzimmer, in dem die Patienten nach der Operation untergebracht wurden, und er hat mir geholfen, viele Menschenleben zu retten ... Er war in den letzten drei Jahren krank und führte nur noch leichte Arbeiten aus. Aber jetzt ist er nicht mehr in der Lage, die Sehnsucht nach seinem Heimatdorf noch länger zu ertragen. Betrübt verfolgten wir seinen Kahn, der den zuverlässigen alten Gehilfen von uns wegtrug."

Mit Herbstbeginn 1935 kehrte Schweitzer nach Europa zurück.

Den September und Oktober verbrachte er in Günsbach, wo er die englische Ausgabe seines Buches über die indischen Denker vorbereitete. Im Vorwort zu dieser Ausgabe würdigte er mit Dankbarkeit die hervorragenden Arbeiten seines Freundes Rolland über Ramakrishna und Vivekananda und die Arbeiten Schopenhauers, durch die er schon in seiner Kindheit zum ersten Male mit dem indischen Denken bekannt geworden war. Schweitzer machte jedoch gleichzeitig auf seine Meinungsverschiedenheiten mit Schopenhauer aufmerksam, der die indische Philosophie nur als reine Lebensverneinung aufgefaßt hatte. Schweitzer war der Meinung, daß eine Besonderheit der indischen Philosophie in der Verschmelzung von Lebensverneinung und Lebensbejahung besteht.

Schweitzer befriedigte die Analyse des indischen Denkens, wie sie von den Europäern gegeben wurde, nicht. Sie hatten seiner Meinung nach nicht versucht, die gemeinsamen Züge zwischen der Philosophie des Westens und der indischen Philosophie aufzudekken. Dagegen existieren nach Meinung Schweitzers grundlegende Merkmale, die allen Philosophien eigen sind: Für Schweitzer sind dies vor allem die Lebensverneinung und die Lebensbejahung, das Problem des Friedens, das Verhältnis der Philosophie zur Ethik und die Probleme der Ethik.

Schweitzer äußert sich sehr positiv über die Universalität der indischen Ethik, die in ihrer Entwicklung zur Anerkennung „der Tatsache führt, daß sich unser ethisches Verhalten nicht nur auf unseren Nächsten – den Menschen, sondern auch auf alle Lebewesen erstrecken müsse. Das Problem der Unbegrenztheit der Ethik und der Unbegrenztheit der Forderungen, die die Ethik an uns stellt, – dieses Problem, das selbst heute noch das europäische Denken zu umgehen versucht, – existierte für das indische Denken bereits vor mehr als zweitausend Jahren."

Einer speziellen Betrachtung unterzieht Schweitzer das Ahimsa-Gebot (Lebewesen in keiner Weise zu schädigen), das wichtigste religiöse und philosophische Prinzip des Jinismus, das später von Gandhi auch auf die Zufügung von seelischem Schaden ausgedehnt wurde.

Schweitzer zitiert ein altes jinistisches Gelübde, das schon aus dem dritten Jahrhundert unserer Zeitrechnung stammt:

„Alle Heiligen (Arhats) und Ehrwürdigen (Bhagavats) in der Vergangenheit, in der Gegenwart und in der Zukunft, sie alle sagen so, reden so, künden so und erklären so: ‚Keinerlei Lebewesen, keinerlei Geschöpfe, keinerlei beseelte Dinge, keinerlei Wesen darf man töten, noch mißhandeln, noch beschimpfen, noch quälen, noch verfolgen.‘ Das ist das reine, ewige, beständige Religionsverbot, das von den Weisen, die die Welt verstehen, verkündet worden ist.“

Das Prinzip des Nicht-Tötens darf nicht Selbstzweck werden, es muß dem Mitleid untergeordnet sein. Deshalb muß es nach Meinung Schweitzers in einer sachlichen Auseinandersetzung mit der Wirklichkeit realisiert werden. Die wahre Ehrfurcht vor der Ethik zeigt sich darin, daß man auf die Schwierigkeiten, die sie enthält, eingeht.

Wenn sich das indische Denken mit der ganzen Ethik und nicht nur mit der Ethik des Nicht-Tuns beschäftigt hätte, so hätte es der sachlichen Auseinandersetzung mit der Wirklichkeit nicht so aus dem Wege gehen können, wie es dies tut, und es hätte auch nicht ein solches Bestreben gezeigt, sie zu meiden. Dadurch aber, daß es das Nicht-Töten und Nicht-Schädigen einfach als Dogma hinstellt, gelingt es ihm, den großen ethischen Gedanken, der damit verbunden ist, durch die Jahrhunderte hindurch sicher zu bewahren.

Im Vorwort entschuldigte sich Schweitzer im voraus für den rein kritischen Charakter seiner Untersuchung, doch gleichzeitig bekräftigte er seine alte Überzeugung:

„Die höchste Ehre, die man einem Denksystem erweisen kann, ist, es unbarmherzig auf seinen Wahrheitsgehalt zu untersuchen, wie der Stahl auf seine Härte geprüft wird.“

Kenner sind sich darüber einig, daß Schweitzer eine sehr interessante Arbeit über die indische Philosophie geschrieben hat, doch viele Spezialisten, darunter auch die indischen, sagen, es sei insgesamt doch eine sehr westliche Auffassung über ein ganz und gar nicht westliches Denksystem.

Schweitzer traf Anfang November in Edinburgh ein und begann seine zweite Vorlesungsreihe. In diesem zweiten, in französischer Sprache vorgetragenen Edinburgher Zyklus entwickelt Schweitzer sein Prinzip der Ehrfurcht vor dem Leben weiter:

„Die physiologische Tatsache, daß unser Leben aus anderem Leben hervorgeht und daß anderes Leben aus unserem Leben entspringt, ist im geistigen Sinne von außerordentlicher Bedeutung. Die primitive Ethik entspringt aus der natürlichen Verbundenheit des Menschen mit seinen Vorfahren und seinen Nachkommen. Doch sobald der Mensch zu einem denkenden Wesen wird, weitet sich der Kreis seiner ‚Verwandten' aus." Die Ehrfurcht vor dem Leben erlaubt es uns nicht, unsere Unversöhnlichkeit gegenüber der Erscheinung des Bösen abzustumpfen. Nur wenn unser Bewußtsein unseren subjektiven ethischen Konflikt als sich immer mehr vertiefend empfindet, leben wir in der richtigen Weise. „Das gute Gewissen", sagt Schweitzer, „ist eine Erfindung des Teufels."

„Jeder, der sich daran gewöhnt hat, das Leben irgendeines Lebewesens als unwert zu betrachten", sagte Schweitzer in Edinburgh, „begibt sich in die Gefahr, auch menschliches Leben für unwert zu erklären, eine Gefahr, die im Denken unserer Tage eine so verhängnisvolle Rolle spielt."

Geistigen Einfluß können wir nur dann nehmen, wenn wir in jedem einzelnen Falle auf dem Prinzip der Menschlichkeit bestehen. Ja noch mehr, jeder muß für sich selbst entscheiden, welchen Teil seines Lebens, seiner Habe, seiner Zeit, seines Glücks und seines persönlichen Daseins er für die anderen opfern muß und wieviel er für sich selbst behält.

Dies war die letzte Vorkriegsreise Schweitzers nach England. Doch damals konnte er das natürlich noch nicht wissen. In der Literatur finden sich viele Zeugnisse dafür, welchen großen Eindruck Schweitzer in England hinterlassen hat. Der Dekan von Canterbury, Hewlett Johnson, der wegen seiner positiven Einstellung zu sozialistischen Ideen in England der „rote Dekan" genannt wurde, bezeichnete die letzte Reise Schweitzers nach England als ein „herausragendes Ereignis", und er hob die Lebenskraft, die Lebensfreude und den Optimismus dieses „schwerfälligen" sechzigjährigen Mannes hervor, vor allem aber seine „Menschlichkeit, die im Mittelpunkt seines ganzen Wesens stand".

Es gab in England auch traurige Begegnungen. Schweitzer traf hier Stefan Zweig, und sie sprachen über das, was sich in Deutschland abspielte. Der zarte, empfindsame Zweig war verzweifelt. Schweitzer stimmte ihm zu, daß es sich dabei um neue Symptome des Verfalls der bürgerlichen Zivilisation handelt, und schrieb auch selbst zu dieser Zeit, daß „der Humanismus in Verfall gerät", daß „die Härte und der Glaube an die Gewalt im Aufstieg begriffen sind". Ja, das, was sich in Deutschland abspielt, ist die folgerichtig nächste, in ihren Ausmaßen noch viel umfangreichere Katastrophe. Trotz allem aber glaubt er, Schweitzer, daran, daß schließlich doch die Menschlichkeit triumphieren wird.

„Lohnt es sich zu leben?“ fragte Zweig, und Schweitzer bemerkte, daß sein Freund ihm schon lange nicht mehr zuhörte. „Lohnt es, dann noch zu leben?“

Im gleichen Jahre versuchte Schweitzer, seine Antwort an den Freund in einem Artikel über die Ethik der Ehrfurcht vor dem Leben zu formulieren:

„Ich hänge am Leben infolge meiner Ehrfurcht vor dem Leben. Weil mein Wille zum Leben, seit ich zu denken begonnen habe, sich dessen bewußt ist, daß er frei ist ... Er kann frei wählen, zu leben oder nicht zu leben.

Eine Frage verfolgt die Menschen unserer Zeit: Lohnt es sich zu leben? Wahrscheinlich ist es jedem von uns einmal widerfahren, daß er mit einem anderen, einem frohen und anscheinend mit dem Leben zufriedenen Menschen gesprochen hat, und am nächsten Tage mußte er erfahren, daß er sich das Leben genommen hat! ... Doch wenn wir die Möglichkeit dieser Wahl ausnutzen, ignorieren wir das Motiv des Willens zum Leben, das uns das Geheimnis des Lebens, seinen Wert erkennen läßt, das uns das hohe Vertrauen ausschöpfen läßt, das uns vom Leben erwiesen wurde ... Dann aber, wenn wir diejenigen sehen, die sich vom Leben losgesagt haben, verurteilen wir sie nicht, sondern bedauern sie, daß sie die Macht über sich selbst verloren haben. Letzten Endes geht es nicht darum, ob wir das Leben fürchten oder nicht fürchten. Das tatsächliche Problem liegt in unserer Ehrfurcht vor dem Leben.“

Es vergingen nur wenige Jahre nach dem Erscheinen dieses Artikels, und Stefan Zweig und seine Frau, die ihre Heimat und den Glauben an die Menschlichkeit verloren hatten, schieden freiwillig aus dem Leben.

Nach einer Reise in die Schweiz und Arbeiten in Günsbach, wo er sein Buch über „Die Weltanschauung der indischen Denker“ ins Französische übersetzte, begab sich Schweitzer erneut nach Lambarene. Dort wartete sein Werk der Ehrfurcht vor dem Leben auf ihn. Er nahm den dritten Band seines Buches mit, in der Hoffnung, daran arbeiten zu können. Aber Lambarene empfing ihn sofort mit einer Unmenge von Sorgen, mit ärztlicher Arbeit, Verwaltungspflichten, Bautätigkeit und mit seiner heißen, nicht meßbaren Schwüle (denn aus psychologischen Gründen waren Thermometer in Lambarene verboten!).

In diesem Jahre baute Schweitzer neue Häuser. Einige von ihnen trugen ausgefallene Namen, die mit ihrer Entstehungsgeschichte zusammenhingen. Eine Engländerin, die von Schweitzers Spital gelesen hatte, verkaufte ihr Lieblingskollier und schickte den Erlös für Bauzwecke nach Lambarene. So entstand auf dem Hügel das „Haus des Kolliers“. Im gleichen Jahre wurde das „Haus der Emilie Hopf“ errichtet. Diese Frau war Organist wie Doktor Schweitzer selbst, und sie hatte die Einnahmen ihrer Konzerte, das mühsam erworbene Geld des Musikers, nach Lambarene geschickt. In dem für Europa schicksalsreichen Jahre 1937 wurde in Lambarene das Werk des Mitleids und der Liebe zu den Menschen eifrig fortgesetzt.

Es verging ein Jahr. Der Doktor kam nicht dazu, sein Buch über die Philosophie anzurühren. Erst im nächsten Jahre, 1938, konnte er die Zeit für einen kleinen Band „Afrikanische Geschichten“ erübrigen, der noch im gleichen Jahr erschien.

Schweitzer erzählt in diesem Büchlein „Geschichten vergangener Tage“, er berichtet über gabunische Bräuche, über Tabus und Magie, die wie eh und je im Urwald wirksam sind, über die angenehmen Züge des afrikanischen Charakters – über die ruhige Würde des Gabuners, über seine Neigung, sich über die wichtigsten Fragen des Lebens Gedanken zu machen.

Auch das ganze nächste Jahr verbrachte der dreiundsechzigjährige Doktor bei der schweren, aber gewohnten Arbeit in Lambarene.

Im Jahre 1938, in dem das Spital in Lambarene 25 Jahre lang bestand, schenkten die weißen Patienten aus dem Ogowegebiet dem Spital 90000 Franken für den Kauf eines Röntgenapparates. Mit Zustimmung der Geber kaufte Doktor Schweitzer für dieses Geld einen großen Vorrat an allen möglichen Arzneimitteln. Er mußte für schlechtere Zeiten vorsorgen, und für jeden, der nicht seinen Kopf in den Sand steckte, war im Jahre 1938 unschwer zu erkennen, was sich weiter abspielen würde.

Schweitzer traf seine Maßnahmen für den Fall eines Krieges. Seine gabunischen Patienten sollten nicht für den Verfall der Zivilisation in Europa büßen müssen. 1937 und 1938 reiste Helene Schweitzer zweimal mit ihrer Tochter nach Amerika, wo sie Vorträge hielt. Sie erzählte vom Urwaldspital, erneuerte alte Verbindungen und stellte neue her. Schweitzer fand in Amerika immer mehr Mitstreiter. In den nachfolgenden Jahren sollte sich dies für das Spital in Lambarene und die kranken Gabuner als Rettungsanker erweisen.

Erst im Januar 1939 konnte Schweitzer endlich wieder nach Europa fahren. Er wollte in Ruhe in Günsbach am dritten Band seines Buches arbeiten. Der Dampfer fuhr nach Europa, die Passagiere gaben sich friedlichen Vergnügungen hin, und der Doktor saß über seinem Buch über die Ehrfurcht vor dem Leben. Sie hatten schon den Golf von Biskaya passiert, als der Doktor aus dem Salon, in dem ein Radio eingeschaltet war, eine kreischende deutsche Stimme hörte. „Einer der Hauptverschwörer", – der Doktor erkannte ihn und lächelte bitter. Später erzählte er Norman Cousins:

„Ich erkannte, daß es Adolf Hitler war, der eine Rede hielt. Er versuchte der ganzen Welt einzureden, daß der Friede das einzige Ziel all seiner Aktionen sei. Diese Rede war eine komplette Finte, und ich verstand, daß der Krieg nahe war."

Viele Jahre später, als Schweitzer einmal einem Gesprächspartner sagte, das amerikanische Atom-U-Boot „Polaris" werde schnell veralten, verdächtigte ihn der verdutzte Journalist der internationalen Presse, daß er wohl seine Informationen von jenseits des „eisernen Vorhangs" beziehe. Doch alles war viel einfacher ... Er verzichtete niemals darauf, selbst zu denken. Deshalb verstand er alles.

Schweitzer ging in Bordeaux an Land und begab sich wie gewohnt nach Günsbach. Doch dort überdachte er noch einmal die ganze Situation und bestellte sofort eine Rückfahrkarte. Während der zehn Tage, die ihm noch verblieben, traf er in Straßburg noch einige Vorbereitungen und bestellte so viele Lebensmittel und Arzneimittel für Lambarene wie nur irgend möglich.

Zehn Tage später machte sich Schweitzer auf die Rückreise, und im März tauchte er zu aller Überraschung wieder in Lambarene auf. Hören wir, was er über diese Reise geschrieben hat:

„Am 3. März fahre ich auf einem kleinen Flußdampfer wieder in den Ogowe ein. Während wir zwischen den waldigen Ufern, die sich vor uns auftun, das Meer außer Sicht bekommen, frage ich mich mit Bangen, was alles sich ereignet haben wird, wenn ich wieder einmal aus dem Fluß ins Meer hinausfahren werde. In den nun folgenden Monaten benutze ich alle Mittel, über die das Spital verfügt, um Medikamente und andere für seinen Betrieb erforderliche Dinge an Ort und Stelle zu kaufen oder aus Europa kommen zu lassen."

Im September mußten Doktor Schweitzer und seine Helfer alle

aus dem Krankenhaus entlassen, die nicht ernsthaft krank waren. „Welch traurige Tage verbringen wir mit dieser Heimsendung! Immer wieder müssen wir denen, die dennoch hierbleiben wollten, die flehentlichen Bitten versagen, immer wieder es versuchen, ihnen das für sie Unbegreifliche zu erklären, daß sie aus dem Spitale fort müssen ... Endlich sind alle, die wir dafür bestimmt haben, fort. Die herzzerreißenden Szenen haben ein Ende."

Auch die Anzahl der Operationen mußte auf ein Minimum reduziert und mit den Arzneimitteln und dem Verbandmaterial sparsamer umgegangen werden. Ab September war jede Verbindung von Lambarene zur Außenwelt abgeschnitten.

Im März 1940 wurde der große Passagierdampfer „Brazza" torpediert und sank so schnell, daß sich fast niemand retten konnte. Mit diesem Schiff ging die letzte Sendung von Medikamenten verloren, die Schweitzer aus Europa erhalten sollte. Es vergingen viele Monate und Jahre ununterbrochener zermürbender Arbeit unter den Bedingungen äußerster Sparsamkeit und allgemeiner Bedrükkung. Im Herbst 1940 erreichte der Krieg, wie schon drei Jahrzehnte zuvor, Schweitzer in Gabun. Die Truppen von General de Gaulle kämpften mit den Truppen von Vichy um den Besitz von Lambarene. Glücklicherweise konnten sich die Kommandos beider Seiten darauf einigen, das Spital Schweitzers nicht zu bombardieren. Der Doktor und seine Gehilfen verstärkten die Holzwände der Häuser mit starken Wellblechplatten gegen verirrte Geschosse, und die Krankenzimmer wurden dadurch zu einem Zufluchtsort für Afrikaner und Weiße. Vom gleichen Herbst an unterstand Gabun einer in London residierenden französischen Exilregierung. Dadurch war zwar die Verbindung zum europäischen Kontinent abgeschnitten, aber dafür bestanden Verbindungen mit England und Amerika und manchmal auch mit Schweden.

Als die Deutschen in Frankreich einfielen, gelang es Madame Schweitzer unter großen Mühen, von Lausanne nach Paris zu reisen, wo sich zu dieser Zeit Rhena mit ihrem Mann, einem alten elsässischen Bekannten der Familie Schweitzer, dem Orgelbaumeister Monsieur Eckert, und ihrem ersten Kind aufhielt. Im Juni gehörten die Eckerts zu der Unmenge von Flüchtlingen, die Paris verlassen hatten. Rhena schrieb in einem Brief: „Etwa einen Monat haben wir auf der Straße gelebt, größtenteils in einem Auto geschlafen und gegessen, was wir gerade finden konnten."

In Lyon wurde den Eckerts ein zweites Kind geboren. Später gelang es Madame Schweitzer unter großen Mühen, Frankreich zu verlassen und über Portugal nach Angola zu gelangen. Von dort aus erreichte sie schließlich Lambarene, wo sie nach den Worten des Doktors im August 1941 „wie ein Wunder" auftauchte.

Schweitzer war vierundsechzig, als der Krieg begann. Erst mit dreiundsiebzig konnte er sich wieder zur Erholung nach Königsfeld zurückziehen.

Zu Beginn des Krieges hatte er seine erprobten Ärzte und Schwestern bei sich: die Lettin Anna Wildikann, die erst vor kurzem aus Riga zu einem zweiten Aufenthalt hierhergekommen war, und Ladislas Goldschmidt, der 1938 aus dem Urlaub zurückgekehrt war, zwei junge Schweizer Schwestern, die Holländerin Maria Lagendijk und die unverwüstliche Emma Haußknecht, die ohne Unterbrechung acht Kriegs- und Nachkriegsjahre durcharbeitete.

Die Sorgen, die Schweitzer in den ersten Kriegsjahren auffraßen, waren die Sorgen des Farmers und des Vaters einer großen Familie, die man ernähren mußte und die schon aus gut dreihundert Mündern bestand. Er kaufte bei den örtlichen Händlern alle Reserven an Reis auf. Er beschaffte sich Arbeitskräfte, die jetzt auf den Holzfällerplätzen frei wurden: Das abrutschende Ufer an der Plantage mußte befestigt und der Abhang des Hügels mit Steinen belegt werden, damit die Straßen des Spitaldorfes nicht unterspült wurden. Er mußte an die Möglichkeit einer Mißernte denken, damit das Spital nicht wegen Hungers geschlossen werden mußte, wie schon 1942 die Missionarschulen geschlossen wurden.

Wie im ersten Krieg streunten auch jetzt im Urwald wilde Elefanten umher, die zahlreiche Bananenplantagen vernichteten. Wie im ersten Krieg fielen auch jetzt wieder erbarmungslose Scharen weißer Ameisen in das verarmte Land ein.

Der Doktor beschäftigte sich mit der Wirtschaft, operierte und führte Konsultationen durch. Helene Schweitzer löste die Schwestern beim Dienst ab, half bei der Vorbereitung der Operationen und kam besser als sonst mit dem Klima zurecht. Schweitzer vermerkt, daß ihre Hilfe während des Krieges für sie außerordentlich wertvoll war. Sie wurde wie er von dem Gedanken aufrechterhalten, in diesen tragischen Jahren des vom Faschismus entfesselten Krieges heilen und Schmerzen lindern zu können.

Im Jahre 1942 trafen die ersten Sendungen aus Amerika ein. Sie wurden vom ganzen Spital ausgepackt. Endlich erhielt der Doktor

Operationshandschuhe der richtigen Größe! Doch der Krieg hielt an, und das Arbeiten wurde immer schwieriger.

Die europäischen Angestellten in Gabun arbeiteten ohne Urlaub, die Zahl der weißen Patienten im Spital nahm immer mehr zu. Die Pflegerinnen reichten nicht aus. Emma übernahm die Küche, die gesamte Hauswirtschaft und den Garten. Die Ärzte und Schwestern gestanden einander, daß sie sich frühmorgens nur noch mit großer Mühe aufraffen konnten, an die Arbeit zu gehen.

Aus Europa trafen unerfreuliche Nachrichten ein. Der Doktor erfuhr, daß sein Freund Oscar Kraus im Konzentrationslager war. Verwandte schrieben ihm, sein Neffe Pierre-Paul sei in Buchenwald, und sie hätten ihm dorthin Schweitzers Buch „Aus meiner Kindheit und Jugendzeit" geschickt. Irgend jemand teilte ihm mit, die Asche von Professor Breßlau sei aus seinem Grab entfernt worden, da es sich auf einem „arischen" Friedhof befand. Schrecklich war es, an das zu denken, was in Deutschland, in Frankreich und weiter im Osten geschah, in den Ländern, in die die Okkupanten eingefallen waren ...

Schweitzer schrieb in dieser Zeit in einem seiner Briefe:

„Die Nachrichten darüber, was in den Gefängnissen und Konzentrationslagern vor sich geht ... versetzen uns in Schrecken ..."
Trotzdem war es Schweitzer wahrscheinlich nicht möglich, sich aus der Ferne das wahre Ausmaß des Elends richtig vorzustellen. Millionen und nicht Tausende völlig unschuldiger Menschen erblickten die Welt durch die Stacheldrähte der Lager. Millionen und nicht Tausende von Soldaten kamen jetzt an den Fronten um. Das von Wahnsinnigen geführte Deutschland überfiel die Sowjetunion.

Die qualvollen Monate des Krieges wurden zu Jahren. Doch dann leuchtete ein Hoffnungsstrahl auf: Die sowjetischen Truppen gingen zum Angriff über und brachten schließlich Europa die Befreiung vom deutschen Faschismus. Alle westlichen Zeitungen waren jetzt voll von Nachrichten über den Kriegsschauplatz im Osten. Wahrscheinlich begann der Alte Doktor gerade in diesen Jahren das Leben in dem riesigen Lande im Osten Europas mit großer Aufmerksamkeit zu verfolgen.

Der Doktor ist fast siebzig, und in Lambarene herrscht wie immer eine unerträgliche Schwüle. Es gibt sehr viel Arbeit; denn von den acht Vorkriegspflegerinnen stehen ihm jetzt nur noch drei oder bestenfalls vier zur Verfügung. Der Tagesplan des Alten

Doktors ist der gleiche wie früher. Der Arbeitstag beginnt um 6.45 Uhr. Er gibt den Mitarbeitern Anweisungen, wobei er auf alle Einzelheiten eingeht, ihnen alles selbst zeigt. Von 7.30 Uhr bis 8.00 Uhr Frühstück. Dann nimmt Schweitzer die Bauleute zusammen, verteilt die Arbeitsgeräte und zeigt ihnen, was im Garten, auf der Straße und auf dem Bau zu machen ist. So geht es bis zehn Uhr früh. Danach führt der Doktor von 10.00 bis 12.45 Uhr Konsultationen durch. Anschließend bis 14.00 Uhr Ruhe. Von 14.00 Uhr an beaufsichtigt er erneut die Arbeiter und prüft, was sie getan haben. Dann arbeitet er in der Apotheke, schreibt Rezepte aus und verteilt Arzneimittel. Wenn Zeit bleibt, läuft er noch auf die Plantage, um zu überprüfen, wie dort die Arbeit vorangeht, kehrt gegen 17.00 Uhr zurück und führt erneut bis 18.30 Uhr Konsultationen durch. Dann klettert er, von Müdigkeit überwältigt, die Treppe zu seinem Bungalow empor, um dort, wenn er noch genug Kraft hat, auf der alten Hausorgel zu spielen. („Doch oft – besonders wenn ich noch in die Plantage gegangen war – war ich so müde, daß ich mich bis zum Abendessen ausruhen mußte und erst danach spielen konnte.") Nach dem Abendessen – vorausgesetzt, daß keine Störungen eintreten – „gehört er sich selbst." Er beantwortet Post, arbeitet an dem Buch über die Philosophie. („Glücklicherweise habe ich mir immer die Fähigkeit bewahrt, auch wenn ich mich mit irgendeiner anderen Arbeit beschäftige, an das Kapitel zu denken, an dem ich gerade arbeite.") Halb zwölf Uhr nachts macht er mit einer Petroleumlampe noch einmal einen Rundgang bei seinen Patienten, um ihnen Medikamente zu geben oder Injektionen vorzunehmen, wenn sie von Schmerzen gequält werden. Falls ihm die Kraft bleibt, arbeitet er noch die halbe Nacht an seinem Schreibtisch. So vergehen die langen Jahre des Krieges – 1939, 1940, 1941, 1942, 1943, 1944 ... Die Erschöpfung nimmt zu, und der Doktor schreibt in einem seiner Briefe:

„Meine Fähigkeit, fest zu schlafen, erlaubt es mir, all das fortzusetzen, ohne tagsüber auszuruhen. Doch wie träume ich von einem freien Tag, an dem ich einmal ausschlafen und die Müdigkeit vertreiben könnte, die mich immer mehr übermannt! Von einem Tag, an dem ich mich ganz und gar auf den Abschluß meines Buches konzentrieren, mich mit Musik beschäftigen und in Muße auf der Orgel spielen könnte! Von einem Tag, an dem ich spazierengehen, träumen und irgend etwas zur Erholung lesen könnte! Wann wird dieser Tag kommen?"

Am 14. Januar 1945 vollendete Schweitzer sein siebzigstes Lebensjahr. England, das ihm in Verehrung zugetan war, gedachte seiner an diesem Tag trotz aller eigenen Sorgen. Die Londoner Rundfunkstation teilte ihren Hörern mit, daß sich in den feuchten Urwäldern Gabuns noch ein alter Arzt und Philosoph abmüht.

In Lambarene fand ein festliches Mittagsmahl statt, bei dem der Jubilar nach einem Brauch des Collegium Wilhelmitanum selbst das Menü auswählen konnte: Bratkartoffeln.

Der alte, übermüdete Doktor hielt die Festtagsrede, und sie war keineswegs fröhlich:

„Als ich sechzig Jahre alt wurde, träumte ich davon, meinen Abschied zu nehmen, um den Rest meines Lebens angenehm und ruhig verbringen zu können. Ich wollte hierher fahren, ein gutes Jahr als einfacher Reisender, dann nach Frankreich, und zwischen zwei angenehmen Reisen wollte ich ein Jahr lang an meinem Buch arbeiten, und ich wollte mich meiner Frau widmen, meiner Tochter und meinen Enkeln."

„Nun ja, dies alles waren herrliche Pläne; doch zu meinem tiefsten Bedauern muß ich erkennen, daß ich nichts aufgeben kann, und ich sehe schon voraus, daß meine letzten Jahre noch viel schwerer sein werden und erfüllt von noch mehr Verpflichtungen als die früheren. All das macht mich sehr traurig."

Am Montag, dem 7. Mai 1945, um die Mittagszeit erreichte Schweitzer die Nachricht, daß in Europa der Krieg nunmehr beendet sei.

„Während ich nach dem Essen an meinem Tische sitze, um dringende Briefe fertigzustellen, die um zwei Uhr auf den zum Meer hinabfahrenden Flußdampfer gebracht werden sollen, taucht vor meinem Fenster ein weißer Kranker auf, der seinen Radioapparat mitgebracht hat. Er ruft mir zu, daß nach deutschen Meldungen, die von der Radiostation Leopoldville in Belgisch-Kongo weitergegeben werden, in Europa ein Waffenstillstand zu Wasser und zu Lande abgeschlossen werden soll. Ich aber muß am Tisch sitzen bleiben, um mit den Briefen, die alsbald fort müssen, fertig zu werden. Nachher muß ich ins Spital hinunter, wo die Herzkranken und andere Patienten auf zwei Uhr zur Behandlung bestellt sind. Im Laufe des Nachmittags wird die Glocke geläutet und den sich versammelnden Bewohnern des Spitals mitgeteilt, daß der Krieg zu Ende ist. Später muß ich mich, trotz der großen Müdigkeit, in die Pflanzungen schleppen, um zu sehen, was dort gearbeitet wird.

Erst am Abend komme ich zur Besinnung und kann versuchen, mir vorzustellen, was das Ende der Feindseligkeiten in Europa bedeutet ..."

Die Beendigung des Krieges brachte in Lambarene nicht die lange erwarteten Erleichterungen. Pflegerinnen und Ärzte konnten einstweilen infolge von Formalitäten, die die Reise erschwerten, noch nicht kommen. Erst im August gelang es Fräulein Mathilde Kottmann, nach Lambarene zu kommen, und sie konnte der erschöpften Emma Haußknecht einen Teil ihrer Verpflichtungen abnehmen. 1946 schrieb Emma Haußknecht ihren Freunden:

„Wir sind alle schrecklich ermüdet, doch der Doktor ist noch der kräftigste von uns.

Nach einem langen Arbeitstag spielt er in seinem Zimmer auf dem Piano mit den Orgelpedalen, und in der Stille der Nacht, inmitten des riesigen Waldes, lauschen wir diesen herrlichen Konzerten. Die Musikstunden sind uns ein großer Trost und eine moralische Unterstützung. Für mich haben sie in diesen Jahren der Trennung von zu Hause so viel bedeutet!"

Nach dem Ende des Krieges stiegen die Preise unaufhaltsam an. Für Importwaren und für die Bananen mußte man immer mehr bezahlen. Dementsprechend mußte auch das Gehalt des afrikanischen Personals erhöht werden. Stark erhöhte sich auch der Fahrpreis nach Lambarene, und der Doktor stellte betrübt fest, daß keine Ökonomie mehr möglich war.

Immer häufiger trafen nach dem Kriege Besucher ein. Amerikaner, bei denen in den letzten Jahren Lambarene immer populärer geworden war, besichtigten auf einmal dieses Spital, das keinem anderen Krankenhaus auf der Welt ähnlich war, diese nimmermüden Ärzte, diese leidenden Patienten aus diesem bettelarmen Lande, diesem überreichen und doch so kärglichen Urwald.

Es begannen neue illustrierte Bücher über Lambarene zu erscheinen.

Der Doktor führte die amerikanischen Freunde an die Ufer des Ogowe und zeigte ihnen seine Lieblingsplätze. „So ist es hier seit der Erschaffung der Welt – Fluß, Wälder, Wolken!" In der Apotheke, hinter dem mit einem Holzgitter versehenen Fenster, scherzte er : „Sehen Sie! Ich bin ein Gefangener." Doch dieser Scherz hatte durchaus einen tieferen Sinn: Schweitzer sagte des öfteren, er sei ein Gefangener Lambarenes, es halte ihn fest, und es bewege ihn.

Am Morgen saßen die Amerikaner bei der Konsultation im Ambulatorium und fotografierten, notierten, blätterten in den Krankenunterlagen.

Die Amerikaner lernten das Personal kennen. Die Pflegerinnen Emma und Mathilde (sie sind am längsten von allen hier; ihnen obliegt die ganze Hauswirtschaft). Doktor René Kühn – er ist Elsässer, Nachbar der Familie Schweitzer in Münster, Pastorensohn, und war von Kindheit an dem Doktor zugetan. Fräulein Gertrud Koch; sie hielt Vorträge in Europa, sammelte Geld für ein Gebärzimmer und arbeitete schon lange hier. Die Gabuner hatten für alle Ärzte eigene Namen: den Alten Doktor nennen sie Minong („Wellblech"), Missopo („Großer Bauch" oder „Großes Tier") und Elefantenohr. Auch die anderen Doktoren hatten sehr eindrucksvolle Namen, Tornado, Langer-Langer.

Am nächsten Tage entdeckte einer der Gäste bei sich im Zimmer einen alten Hut, den der Doktor dort vergessen hatte, und brachte ihn Schweitzer zurück.

„Oh, Sie sind ein ehrlicher Mensch", sagte der Doktor mit Erleichterung. „Wenn ich meinen Hut nicht an einen bestimmten Platz lege, fürchte ich immer, ihn zu verlieren. Der Hut ist mein alter Freund. Freunde in Europa wollten mir einen neuen Hut schenken; doch ich habe es abgelehnt. Ich werde mir in Europa ein neues Band kaufen, und dann ist der Hut wieder wie neu."

Diese Erzählung trägt schon Merkmale einer Legende. Diese Leute, die diesen Mann, seine Ideen und sein Werk unendlich verehren, beginnen alle Details des Lebens in Lambarene und das Bild des Doktors selbst zu verherrlichen: seine Schmetterlingskrawatte, die er bei besonders offiziellen Anlässen trug, seine Pelikane, seine Antilope, die Meerkatzen, die Feste und Predigten in Lambarene, seine Späße und seine liebenswürdigen Geschichten. Dann auf der Jagd nach „menschlichen Zügen", nach dem „human touch", griffen die Zeitungsreporter all diese Details der Umwelt, der Kleidung und des Verhaltens auf, priesen sie, zerlegten sie ... Später kam dann eine neue Generation von Reportern und schrieb eifersüchtig, all dies sei nur ein Werk der Selbstbeweihräucherung, ein Spiel mit dem eigenen Stil. Der Doktor, der die Reporter nicht verjagen wollte, war ebensowenig für die Sensationsmacherei verantwortlich wie zum Beispiel Albert Einstein für seine Popularität, unter der er so viel zu leiden hatte.

Schon lange war der Krieg zu Ende, doch der Doktor hatte noch nicht nach Europa zurückkehren können. Einmal bedrohte der Hunger mit harter Hand das Leben seiner ausgemergelten Patienten; zum anderen herrschte im Spital großer Personalmangel; und schließlich mußte ein Neubau vorgenommen werden.

Europa begann sich nach den Kriegsschrecken wieder zu erholen, und im Elsaß erinnerte man sich immer seltener an seinen berühmtesten und erstaunlichsten Sohn. Schweitzer machte sich auf den Weg nach Europa. Er war jetzt schon fast zehn Jahre lang ohne Urlaub gewesen. Doktor Schweitzer hatte inzwischen vier Enkel, doch noch keinen einzigen hatte er gesehen. Auch sein Haus in Günsbach, das die Kriegszeit heil überstanden hatte, lockte ihn mit seiner ruhigen Arbeitsatmosphäre. Am Tage seines dreiundsiebzigsten Geburtstages hörte Schweitzer plötzlich Günsbach. Der Sender Basel organisierte zum Geburtstag Schweitzers eine Übertragung aus Günsbach. Als erster sprach der Bürgermeister, in dessen Stimme der Glaube an den neuen Fortschritt mitklang:

„Sei gegrüßt, lieber Albert! Ich bin der Bürgermeister von Günsbach. Ich hätte wohl kaum jemals gedacht, daß ich Dir irgendwann einmal durch das Radio über viele Tausende von Kilometern hinweg zum Geburtstag gratulieren würde. Doch heute ist dies eingetroffen. In diesen Dingen haben wir rasche Fortschritte gemacht.

... Die Bürger von Günsbach und Hirschbach gedenken heute Deiner und wünschen Dir alles Gute ... Doch wir müssen Dir etwas gestehen. Wir sind Dir etwas böse, weil Du so lange nicht nach Hause gekommen bist. Das ist nicht gut. Bedeuten wir Dir etwa gar nichts mehr? Schließlich gehörst Du auch uns und nicht nur den Schwarzen, obwohl wir, Gott behüte, nichts gegen sie haben ..."

1948 vollzog sich ein Ereignis, das wahrscheinlich in Lambarene und möglicherweise in der ganzen Welt unbeachtet vorübergegangen ist und in dem sich doch die Verbreitung der Ideen des Doktors aus Lambarene unter den Medizinern deutlich widerspiegelte. In Genf wurde von den Ärzten der ganzen Welt eine neue Variante des Hippokratischen Eides angenommen, dessen Text außer den schrecklichen Erfahrungen der neuen vom Faschismus demonstrierten Möglichkeiten zum Mißbrauch des Arztes unter den Bedingungen des nazistischen Regimes und des Kriegswahnsinns auch die Rolle widerspiegelte, die heute die Idee der Ehrfurcht vor dem Leben spielt. In diesem Eid heißt es unter anderem:

„Ich werde die höchste Ehrfurcht vor dem menschlichen Leben

von seiner Empfängnis an haben. Selbst unter Drohung werde ich meine Kenntnisse nicht benutzen, um die Gesetze der Menschlichkeit zu brechen."

Plagen des Ruhmes

Im November 1948 kehrte Schweitzer nach fast zehnjähriger Abwesenheit nach Günsbach zurück, und seine treue Sekretärin und Schriftführerin, Frau Emmy Martin, stellte fest, daß er sehr müde aussah. Er fuhr in den Schwarzwald und sah dort nach langer Pause seine Rhena wieder, die jetzt in die dreißig ging und Mutter von vier Kindern war. Zum ersten Male sah er seine vier Enkel. Aus den Bergen des Schwarzwalds kehrte er erholt zurück und machte sich im Gästehaus in Günsbach an die Arbeit. Zu ihm kamen Freunde, Kollegen, unbekannte Streiter für die Menschlichkeit ...

Bisweilen kamen unangemeldet zudringliche Reporter nach Günsbach. Obwohl er die bürgerliche Presse verachtete, konnte und wollte Schweitzer sie nicht wegschicken. Die Einstellung gegenüber irgendeiner abstrakten Presse war das eine; doch etwas anderes war es, wenn dann ein Mensch vor ihm saß, dessen Wohlergehen und Ruhe möglicherweise auch von ihm, vielleicht gerade von diesem Interview abhing.

In Günsbach traf eine neue Einladung aus Amerika ein. Man lud Schweitzer zu Vorträgen an die Harvard University ein. Man lud ihn nach Princeton ein, damit er dort in Ruhe die Arbeit an seinem Philosophiebuch beenden könne, man lud ihn zu einer Vorlesungstournee und zu Konzerten ein. Im letzten Kriege hatten die Amerikaner das Spital so unterstützt wie ehemals die Schweden. In Amerika hatte er viele Freunde, Firmen, die ihn mit Arzneimitteln versorgt hatten. Trotzdem aber wollte er nicht reisen. Die Einladung war diesmal sehr sachlich und typisch amerikanisch: Man lud ihn ein, die Festansprache zur 200-Jahrfeier Goethes zu halten, und versprach ihm dafür, für sein Spital die riesige Summe von 6100 Dollar zur Verfügung zu stellen. Die Ausgaben für das Spital waren nach dem Kriege ständig angestiegen, und obwohl Schweitzer-„Vereinigungen“, -„Hilfsvereine“ und -„Gesellschaften“ jetzt in vielen Ländern entstanden, war der Doktor bisher noch nicht zum geplanten Neubau gekommen. So entschloß er sich, der Reise nach Amerika zuzustimmen. Was ist schon dabei – er war doch erst vierundsiebzig.

Kurz nach der Ankunft Schweitzers in Amerika wurde dort von einer der führenden amerikanischen Zeitschriften eine Umfrage nach dem größten zur Zeit lebenden Menschen veranstaltet. Als das Ergebnis der Umfrage veröffentlicht wurde, stellte sich heraus, daß an der Spitze der Nichtpolitiker Albert Schweitzer stand (neben seinem Freund Einstein).

Im Juni 1949 begab sich Schweitzer nach Liverpool und schiffte sich dort zusammen mit seiner Frau und englischen Freunden nach Amerika ein.

Als der Dampfer in den Hafen von New York einlief und die Freiheitsstatue von Bartholdi vor ihm aufleuchtete, hängten sich die Reporter wie ein Bienenschwarm an Schweitzer und begannen, um ihn herumzuscharwenzeln.

Kaum hatte er das Ufer erreicht, da stellten die Reporter ihm schon ihre universelle, internationale, äußerst weise und geschmackvolle Frage: „Doktor, was denken Sie über Amerika?“

Er antwortete mit Wohlbedacht: „Ich bin noch nie in diesem Lande gewesen. Sie aber leben hier, so daß es wohl besser wäre, ich würde Sie fragen, was Sie über Amerika denken.“

An der Anlegestelle hielt Albert Schweitzer eine nur sehr kurze Ansprache: „Ladies and Gentlemen! In meiner Jugend bin ich sehr dumm gewesen. Ich habe deutsch, französisch, lateinisch, altgriechisch und althebräisch gelernt, aber nicht englisch. Wenn ich noch einmal geboren werde, werde ich als erstes englisch lernen.“

Man schleppte ihn ins Hotel, wie zum Spott mit Blumen überschüttet. Konnte es der Doktor doch nicht leiden, wenn Blumen abgerissen oder abgeschnitten wurden.

Das Goethe-Jubiläum im Staate Colorado erwies sich als eine typisch amerikanische Veranstaltung. Irgendwann einmal hatte es in Aspen Silberbergwerke gegeben, die jetzt nicht mehr in Betrieb waren. Ein unternehmungslustiger Amerikaner deutscher Abstammung hatte hier einen Lift gebaut und einen Winterkurort eröffnet. Für die Sommersaison des Städtchens hatte er sich eine Goethe-Feier ausgedacht und hierzu angesehene Intellektuelle aus Europa und Amerika eingeladen: Außer Schweitzer nahmen noch teil der spanische Philosoph Ortega y Gasset, der Italiener Borghese, der amerikanische Schriftsteller Thornton Wilder. Hier traten auch ein berühmtes Sinfonieorchester und Arthur Rubinstein auf.

Nach den Berichten einiger Biographen hat Schweitzer in Amerika Einstein getroffen. Später sagte Schweitzer, Einstein sei in Verzweiflung über seine Mitwirkung bei der Entwicklung der Atombombe und in Verzweiflung über das, was sie über die Menschen gebracht hat, gestorben. Die Frage, wer mehr schuld ist an diesem schrecklichen Unheil unserer Zeit, ist übrigens durchaus nicht unumstritten. Einstein hat einmal mit vollem Recht geschrieben:

„Die intellektuellen Mittel, ohne welche die Entwicklung der modernen Technik unmöglich gewesen wäre, entstanden im wesentlichen aus der Beobachtung der Sterne. Für den Mißbrauch dieser Technik in unserer Zeit sind schöpferische Geister wie Newton ebensowenig verantwortlich wie die Sterne, die durch ihr Glitzern ihre Gedanken geweckt haben." Trotzdem schrieb Schweitzer, Einstein sei in Verzweiflung gestorben. In einem Brief sagte Schweitzer:

„Ich habe Einstein gekannt, und zwischen uns entstand eine tiefe Freundschaft, als er Professor in Berlin war. Als er starb, wußte Einstein, daß ich – genauso wie er – gegen die Atomwaffen kämpfen werde."

Den feierlichen Goethe-Vortrag „Goethe – der Mensch und das Werk" hielt Schweitzer in deutsch und französisch. Die deutsche Fassung wurde von Thornton Wilder ins Englische übersetzt.

Die Bereitschaft Schweitzers, mit jedem zu sprechen, der ihn um Rat bat, überraschte und bestürzte die Organisatoren der Goethe-Feier in Aspen, weil dadurch bisweilen das Festprogramm in Gefahr geriet. Er lehnte kein Interview und kein Autogramm ab und war stets zu einem freundlichen Wort bereit. Einmal erbot er sich, einen Gesprächspartner bis zum Hotel zu begleiten, der jünger war als er.

Von Aspen schleppte man Schweitzer nach Chicago, wo die Universität ihm die Ehrendoktorwürde und eine Ehrenprofessur verlieh.

In Chicago traf Schweitzer seinen ehemaligen jungen Mitarbeiter Noël Gillespie, der jetzt Spezialist für Anästhesiologie war und einen Tag mit Schweitzer verbrachte, der durch den Lärm, die Hast und die schreckliche Menge von Menschen ganz niedergeschlagen war.

Speziell nach Chicago kam der Medizinstudent William Mellon jr. aus seinem College geflogen. Ein Zeitschriftenartikel über Schweitzer hatte ihn dazu angeregt, Arzt zu werden. Jetzt hatte er sich entschlossen, sein College zu beenden und in Haiti ein Schweitzer-Krankenhaus zu eröffnen. Er war nur einer von vielen Anhängern Schweitzers, die nach dem Kriege (in Peru und anderen Ländern) auf eigene Verantwortung und eigenes Risiko Krankenhäuser errichteten.

Der warmherzige Empfang in Amerika änderte nichts an Schweitzers Anschauung über die moderne Bourgeoisie und insbesondere über die amerikanische Zivilisation. Er erblickte ein Land, das alle übrigen Länder der Welt in der Produktion von Getreide, Butter, Hosen, Kühlschränken und Fersehgeräten überflügelt hatte und das sich doch nicht seiner Sattheit freuen konnte. Er erblickte großartige Autostraßen und die Anzeichen einer mächtigen Industrie, die die Welt mit einer hohen Organisation der Produktion in Erstaunen versetzte. Doch er sah hier auch nichts prinzipiell Neues im Vergleich zu dem von ihm schon an der Schwelle des Jahrhunderts festgestellten Verfall der bürgerlichen Kultur.

Deshalb brachte er zum Erstaunen der ihn in Boston bestürmenden Journalisten keinerlei Entzücken über die amerikanische Lebensweise zum Ausdruck, sondern sagte ruhig und bestimmt, daß die Welt heute vor allem Geist benötigt, denn wenn die Welt nicht von einer hohen geistigen Einstellung regiert wird, dann wird sie zugrunde gehen.

Im Oktober des gleichen Jahres fuhr Schweitzer noch einmal (zum achten Male!) nach Afrika, wo er sich mit großer Energie an die Arbeit machte. Die amerikanischen Medikamente gaben ihm neue Möglichkeiten zur Leprabehandlung. Außerdem stand ihm jetzt das bei der Goethe-Feier erhaltene Geld zur Verfügung, um seine Pläne zu verwirklichen, so wie ihm vor vielen Jahren das Geld seiner Bach-Ausgaben geholfen hatte. Schweitzer beginnt den Bau eines Lepradorfes, das er dem Andenken an seine verstorbenen Eltern widmen will.

Auch neben diesem Neubau gibt es weitere große Sorgen: Im Spital arbeiten jetzt vierundzwanzig Menschen, und es gibt mehr als vierhundert Patienten, von denen zahlreiche Leprakranke sind.

Jeden, der nach Lambarene kommt, setzt noch eine Art von Patienten und Gefährten Schweitzers in Erstaunen, – die Tiere. Ziegen laufen im Territorium umher und lassen ihren vom Doktor als Dünger so hoch geschätzten Kot fallen. Antilopen schlagen abends mit ihren Hufen den Takt zu der Bachschen Musik. Affen, die im Spital heimisch geworden sind, können sich hier ganz nach ihrem Geschmack aufführen. Der Doktor hat mehrere Katzen, und Hunde gibt es in Lambarene in jeder Menge. Im Zimmer des Doktors lebt sogar eine kluge und unaufdringliche Ameisenfamilie, die der Doktor nach dem Abendessen bei sich auf dem Tisch füttert. Eine Vorzugsstellung nehmen beim Doktor die Pelikane ein, besonders Parsifal, der erste von drei, die nach Wagner-Opern genannt wurden. Über einen dieser Vögel hat Schweitzer sogar eine kleine Erzählung veröffentlicht. Die Erzählung heißt „Ein Pelikan erzählt aus seinem Leben". Sie handelt nicht nur vom Pelikan selbst, sondern der Leser findet in ihr auch viele andere Spitalbewohner – die Frau des Doktors, Fräulein Emma, den Papagei des Doktors Coudecou, den weißen Gänserich, den Koch und natürlich den besten Freund des Pelikans, den Doktor selbst. Die Art der Erzählweise ist sehr interessant. Es bereitet dem Doktor Vergnügen, sich in einen Vogel zu versetzen, so wie er sich früher einmal vorstellte, eine Kiefer oder eine Eiche in den Vogesen zu sein. Die Welt der Bäume beschäftigt den Doktor heute noch mehr als früher, weil er seinen Plantagen viel Zeit widmet. Hier gibt es bereits Apfelsinen-, Mandarinen- und Brotbäume. Letzten Endes ist die Heilung menschlicher Körper wohl die wichtigste, aber doch nur eine der Aufgaben zur Erhaltung des Lebens. Auch die übrigen Lebewesen sind sehr wichtig, und der Doktor widmet sich ihnen mit der Leidenschaft eines Landmannes, der in seinen Boden verliebt ist. Hören wir, mit welcher unübertrefflichen Genauigkeit er in einem seiner Briefe die agronomischen Besonderheiten Lambarenes beschreibt:

„Von den europäischen Gemüsearten können wir hier nur Bohnen, Salat, Tomaten, Kohl, Möhren, Kohlrabi, Rettich und Steckrüben anpflanzen (und auch das nur in der trockenen Jahreszeit) ... In der Regenzeit kann man im Gemüsegarten (wenn auch mit unwahrscheinlichen Schwierigkeiten) eine kleine Tomatensorte, Bohnen und widerstandsfähige Salatsorten züchten. Die Setzlinge halten die starken, sehr kurzdauernden Regengüsse – Tornados – nicht aus. Sie vertragen auch keine starke Hitze. Eine gute Ernte gibt hier der Mais. Es wachsen aber keine Kartoffeln, was das Ernährungsproblem beträchtlich erschwert. Bis zu einem gewissen

Grade lassen sie sich durch Bananen, Bataten, Brotbaumfrüchte, Yamwurzeln, Taro und Maniok ersetzen ..."

Dann schreibt er weiter in allen Einzelheiten über die Züchtung von Bataten, Kaffee, Kakao, Pfeffer, Zitronen, Apfelsinen, Mandarinen, Grapefruit, Melonenbäumen, Bohnen, Ölpalmen, Kokospalmen, Dattelpalmen, über die Haltung der Kühe usw. ... All dies ähnelt sehr dem Brief eines Bauern aus einem Dorfe.

Lang ziehen sich die friedlichen Abende in Lambarene hin, in denen der Doktor schreibt, der Papagei Coudecou an seiner Sitzstange herumkaut und die drei Antilopen an der alten Hausorgel eingeschlafen sind und leicht zucken.

Das Leben in Lambarene verlief in seinem alten Rhythmus; doch der Doktor näherte sich dem Ende des achten Jahrzehnts und klagte immer häufiger über Müdigkeit. Einmal sagte er an einem Abend in Lambarene zu einer jungen Amerikanerin, der Filmregisseurin Erica Anderson:

„Wissen Sie, was ich mir wirklich wünschen würde, wenn ich dafür Zeit hätte? Einfach einmal oder zweimal frühmorgens aufzustehen ohne das Gefühl der Müdigkeit und Ermattung, oder schlafen zu gehen, ohne daran denken zu müssen, wieviel ich noch nicht erledigen konnte. Was wäre das für ein Luxus! Wissen Sie, im Grunde meiner Seele bin ich ein Faulpelz. Gerade deshalb muß ich so hartnäckig arbeiten."

An diesem Abend beantwortete Doktor Schweitzer Briefe, und plötzlich schenkte er der jungen Filmregisseurin aus dem Gefühl tiefer Zuneigung heraus ein großes dickes Kuvert mit Briefmarken:

„Teilen Sie sie brüderlich mit Ihrer Freundin", sagte der Doktor. „Es sind Marken aus der ganzen Welt; sie sind sehr wertvoll. Wenn Sie sie in New York verkaufen würden, würde das Geld für einen Rock reichen."

Dann, über die Briefe gebeugt, sagte er bedauernd:

„Sie können sich nicht vorstellen, auf was für Bitten ich antworten muß. So schreibt mir zum Beispiel ein Gentleman aus Amerika, der einen Gorilla braucht, und er fragt mich, ob ich ihm nicht einen Gorilla schicken könnte. Weiter schreibt er mir, ich hätte nach allgemeiner Meinung den besten Zaundraht von der ganzen Welt. Wo er das nur her hat? Das seltsamste ist, er hat recht. Ich kenne einen hervorragenden alten Mann in Straßburg, der hervorragendes Drahtgeflecht herstellt."

Im Frühjahr 1951 beschäftigte sich Schweitzer mit einer Überholung des Spitals. Im Mai fuhr er nach Europa, wo er wieder mit Ehren überhäuft wurde. Schweden verlieh ihm eine Medaille, und Frankreich verlieh ihm den Orden der Ehrenlegion.

Immer häufiger schreibt jetzt die Presse der Deutschen Demokratischen Republik über den Alltag im Spital von Lambarene und über die Arbeiten des Alten Doktors.

In Günsbach mühte sich der Doktor mit den Choralvorspielen Bachs ab, die der amerikanische Verlag Schirmer nun doch endlich herausgeben wollte. Die amerikanische Rundfunkgesellschaft „Columbia Broadcasting" schickte eine Apparatur nach Günsbach, um seine Interpretation von Werken Bachs, Widors und César Francks auf der Günsbacher Orgel aufzeichnen zu lassen. Diese Orgel, die nach den Plänen des Doktors umgebaut worden war, hatte einen hervorragenden Klang. Die Aufführung auf einer echten Orgel muß nach Meinung Schweitzers so ähnlich sein wie gut zubereiteter Reis: „Jedes Körnchen muß fest und für sich sein; wie man das erreicht, ist unwichtig. Andernfalls klingt es wie dünnflüssiger Brei."

Am Ende des Jahres kehrt Schweitzer nach Afrika zurück und beginnt mit dem Bau eines Spitals für Leprakranke. Der alte gute Zimmermann Monenzali sagte Erica Anderson, daß der Doktor jetzt nur noch einmal am Tage auf den Bau kommt. Mit einem Seufzer fügte er hinzu: „Aber er bleibt dafür den ganzen Tag ..."

Im Sommer 1952 fährt Schweitzer erneut für kurze Zeit nach Europa. Er verträgt jetzt diese Reisen besser und bezeichnet sich selbst als „fliegendes Vögelchen".

Man wählt ihn zum Mitglied der Académie Française, und im Herbst hält er in der Akademie eine Ansprache über das Thema „Das Problem der Ethik in der Höherentwicklung des menschlichen Denkens". Er spricht in dieser Ansprache über sein Prinzip der Ehrfurcht vor dem Leben, das im wesentlichen das gleiche umfaßt wie das moralische Prinzip der Liebe, dabei aber die Beweisführung für das Vermächtnis der Liebe enthält und auch Mitgefühl mit allen Geschöpfen fordert:

„Die Moral der Ehrfurcht vor dem Leben erfordert ein barmherziges Verhältnis zu allen Lebewesen, was auch dem natürlichen Empfinden des gesund denkenden Menschen entspricht. Durch unser humanes Verhalten gegenüber allen Lebewesen stellen wir unser geistiges Verhältnis zum Weltall unter Beweis ..."

Nach Günsbach, wo der Doktor an seiner Bach-Ausgabe arbeitet, kommen nach wie vor Journalisten. Schweitzer vermag es nur selten, ein Interview entschieden abzulehnen. Er lehnt es nur ab, Stellung zu nehmen, wer in dem einen oder anderen internationalen oder inneren Konflikt im Recht ist, welcher Einfluß in dem einen oder anderen afrikanischen Land mehr „den Traditionen entspricht“ oder „berechtigter“ ist. Er beschäftigt sich lieber mit den viel wesentlicheren menschlichen Problemen von Sein und Geist als mit den flüchtigen, häufig künstlich inspirierten „Konflikten“. Er bittet, ihm nicht alle diese politischen Fragen zu stellen, obwohl er davon überzeugt ist, daß eine Verständigung zwischen den Menschen auch in diesen Fragen erreicht werden kann. Das Verstehen muß von innen kommen, und es wird eintreten, sobald wir zu den Idealen der Menschlichkeit zurückkehren. Wie kann man zu diesen Idealen zurückkehren?

Sehr einfach: Man muß einfach und gut sein, selbst arbeiten und selbst denken.

Immer mehr Menschen wenden sich jetzt an Schweitzer mit der Bitte um Beantwortung eines Briefes oder mit der Bitte, einen Aufsatz zu schreiben, der erklärt, wie man anders leben soll. Den Menschen genügte nicht mehr das von ihm dargelegte Prinzip der Ehrfurcht vor dem Leben, sein Aufruf, selbst zu denken und nur dem eigenen moralischen Urteil zu trauen. Die Menschen wollen, er solle ihnen direkt sagen, was sie tun sollen. Er sagt es so einfach, daß die Menschen häufig nicht mit dieser einfachen Antwort zufrieden sind. Einige meinen, sie hätten diese naiven Predigten schon einmal gehört. Er ist nicht gekränkt und wiederholt immer von neuem:

„Ich habe gehört, wie die Leute sagen: ‚Ja, wenn ich reich wäre, dann könnte ich den anderen helfen!‘ Doch wir alle können reich sein an Liebe und Freigebigkeit. Ja, noch mehr: Wenn wir mit Liebe geben, wenn wir gerade denen zu geben verstehen, die mehr als andere unserer Hilfe bedürfen, dann widmen wir diesen Menschen unsere eigene mitfühlende Aufmerksamkeit, unser Interesse und unsere Sorge, was höher steht als alles Geld in der Welt.“

Er lehnte die Argumente derer ab, die ihre Gedankenprodukte der Presse übergeben und die Realisierung des Guten der Regierung überlassen:

„Die organisierte Hilfsarbeit ist natürlich notwendig, aber die Löcher in ihr müssen durch persönliches Dienen gestopft werden,

Bilder 24 und 25.
Albert Schweitzer
in seiner Wirkungsstätte – bei seinem
täglichen Rundgang

Bild 26. Der Doktor mit einem in seinem Hospital geborenen Säugling

Bild 27. Bei einer Unterrichtsstunde im Urwaldhospital

Bild 28. Der Doktor im Kreis seiner Mitarbeiter

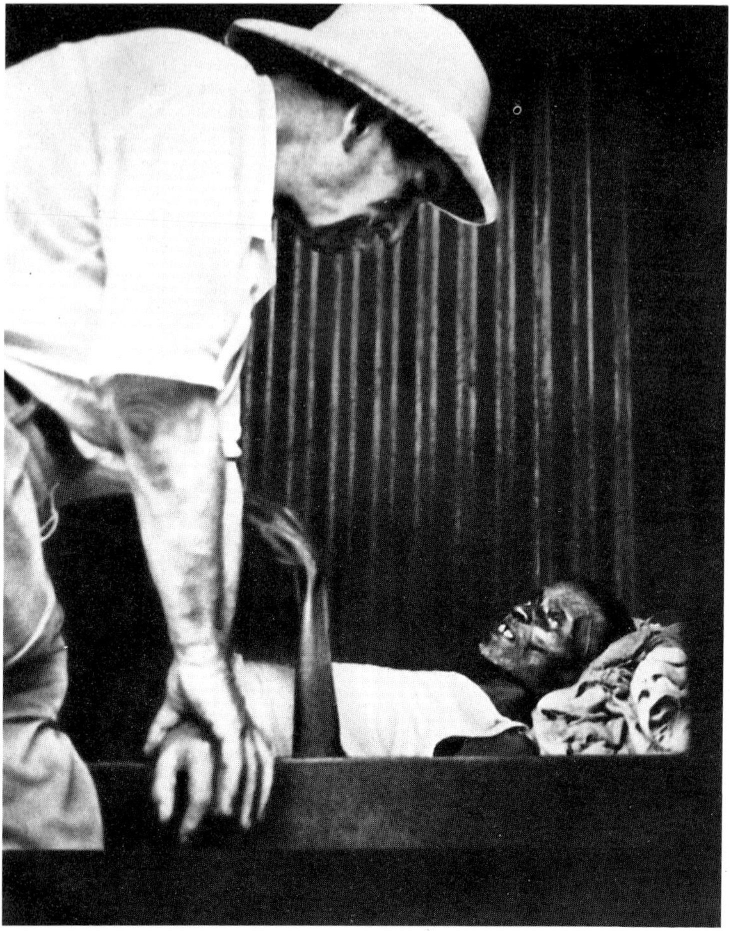

Bild 29. Nicht jedem war zu helfen

Bild 30. Das Gästehaus in Günsbach

Bild 31. In der Heimat

Bild 32. Am Grabe eines Freundes

Bild 33. Albert Schweitzer und seine Frau im Kreise ihrer Enkel

Bild 34. Das Ehepaar Schweitzer

Bild 35. Kurze Ruhepause

Bilder 36 bis 38. Bei seiner geliebten Musik

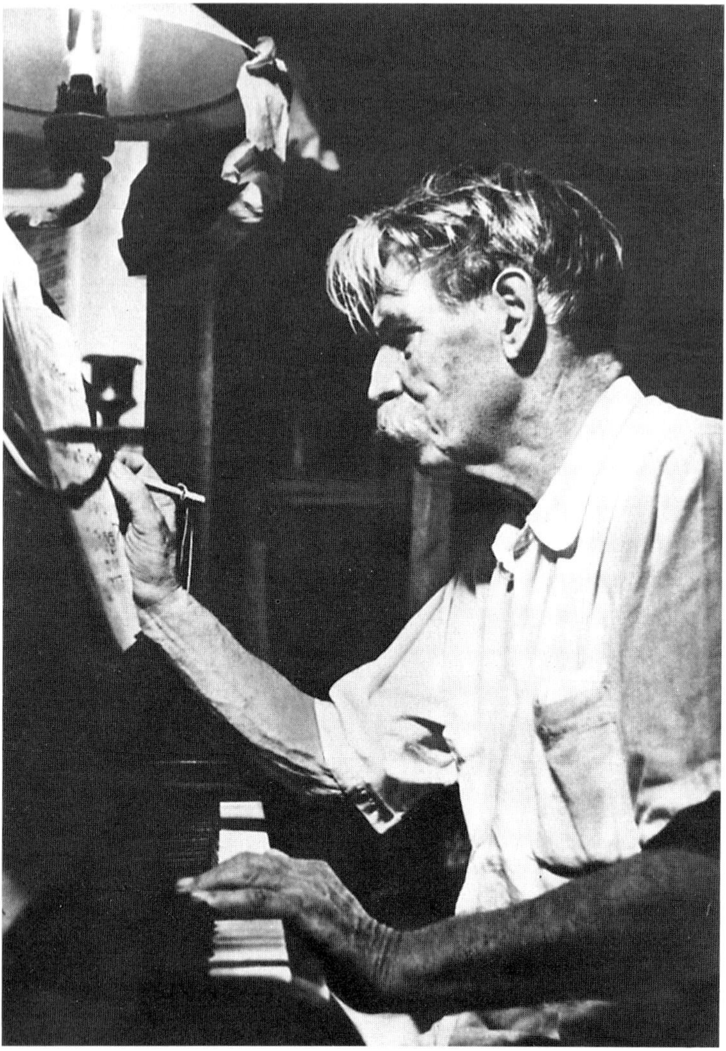

Bild 39. Besuch der Tochter Rhena mit Familie in Günsbach

Bilder 40 bis 42. Noch im neunten Lebensjahrzehnt beim Bau in Lambarene

Bild 43. Altersbildnis

Bild 44. Am Ende eines langen, arbeitsreichen Lebens in Lambarene

das mit Liebe und Güte ausgeführt wird. Wohltätige Einrichtungen sind eine komplizierte Angelegenheit; sie benötigen, um voranzukommen, wie das Auto eine breite Straße. Sie können nicht in alle Winkel vordringen. Diese Winkel sind für Menschen, die hingehen in sie mit zartfühlendem Herzen und offenen Augen.

Wir können unser Gewissen auf niemand anderen übertragen. ‚Soll ich etwa meines Bruders Hüter sein?' Ja, ich bin es! Ich kann mich der Verantwortung nicht entziehen und sagen, der Staat wird schon alles tun, was nötig ist. Die Tragödie liegt darin, daß in unseren Tagen viele gerade so denken und fühlen."

Im Herbst 1952 fuhr Schweitzer erneut (zum zehnten Male) nach Afrika. Im Lepradorf legte er den Grundstein zu großen Gebäuden für 250 Menschen. Er wollte eine Heimstätte für die Allerunglücklichsten, für die Parias der Gesellschaft bauen. Diese armen Menschen sollten hier nicht nur ihre körperliche Gesundheit erhalten, sondern sich auch wieder als Menschen fühlen.

Er vollendete sein siebenundsiebzigstes und dann sein achtundsiebzigstes Jahr. Er arbeitete mit seinem alten Arbeitseifer in Lambarene und vertrug das schwüle Klima von Gabun hervorragend. Er sagte, für einen Menschen, der die sechzig überschritten habe, gebe es nur ein Rezept: viel arbeiten und noch mehr arbeiten.

Helene Schweitzer kam nur kurze Zeit nach Lambarene. Ihre Krankheit machte ihr schwer zu schaffen. Vor Jahren hatte sie sich beim Schilaufen einen Wirbelschaden zugezogen, und jetzt litt sie schwer unter den Folgen dieses Unfalls.

Während einer Reise längs des Ogowe hatte Emma Haußknecht in einem Dorf den Alten Joseph getroffen. Er war ganz heruntergekommen und verarmt; die Frauen waren ihm weggelaufen, sein Handel war schiefgegangen. Er hatte sich an der Heilkunst versucht, doch die Rechtsstreitigkeiten machten ihn endgültig fertig. Durch die Begegnung mit Emma angeregt, war Joseph erneut zum Doktor gegangen.

Jetzt lebte Joseph im Spital. Er nannte sich wie früher „Erster Gehilfe von Doktor Schweitzer", bezeichnete wie früher die Körperteile in der Küchensprache, liebte philosophische Aussprüche und salbungsvolle, pastorale Redewendungen. „Der Schmerz kommt im Flugzeug und geht wieder zu Fuß", sagte er. „Sie, Doktor, heilen uns mit Gottes Hilfe."

Im Spital hatten sich feste Traditionen der Lebensführung herausgebildet, sowohl unter den Patienten als auch unter denen, die sie behandelten und betreuten. Die Ärzte wechselten; doch unverändert blieben der Alte Doktor, Mathilde, Emma, der Zimmermann Monenzali und der Junge Joseph. Ständige Sekretärin des Doktors war jetzt die nette Holländerin Alida Silver. Es blieben nicht nur diese Menschen, sondern auch die Traditionen des Spitals; dies half, bei dem recht häufigen Wechsel des Personals das hohe Niveau der Betreuung der Kranken unverändert beizubehalten. Für europäische Verhältnisse ungewohnt, hatte sich diese Ordnung doch unter den hiesigen speziellen Bedingungen durchaus bewährt. In den fünfziger Jahren bereits hatten sich die endgültigen Züge dieser „Urwaldklinik", dieses „Urwaldspitals", dieses „Urwaldkrankendorfes" oder dieser „afrikanischen Dorfklinik", wie sie von den Europäern und Amerikanern im Unterschied zu den üblichen Krankenhäusern, Spitälern, Hospitälern usw. genannt wurde, herausgebildet. Schon damals drückten viele Autoren ihre Enttäuschung in scharfen kritischen Einschätzungen und in erstaunt-abweisenden Ausrufen aus.

Das erste, was an dem Spital in Lambarene in Erstaunen versetzte, war, daß es in seiner ganzen Art und Weise und in seinen Lebens- und Arbeitsgewohnheiten wie ein afrikanisches Dorf aussah. „Wenn man schon baut, dann soll man ein modernes Krankenhaus mit allem, was es an modernen Fortschritten gibt, bauen", meinten Gäste, als sie sahen, daß es in Lambarene elektrischen Strom nur im Operationssaal gab und ein Röntgenapparat erst 1954 installiert wurde; daß die Toiletten hier nach alter Art gebaut waren und überhaupt nichts an ein modernes Krankenhaus aus Glas und Beton erinnerte, das heute jede afrikanische Republik aufweist und wie es in der nur zwei Meilen von Schweitzers Spital entfernten Ansiedlung Lambarene steht.

Der Leser wird sich noch erinnern, wie der Typ des Schweitzerschen Spitals entstanden ist. Die Patienten kamen mit ihrer ganzen Familie aus dem Urwald, wobei der Kranke auf einer Trage mitgebracht wurde. Der Doktor teilte ihnen einen Platz zum Wohnen und zur Betreuung des Patienten zu. Zu einer bestimmten Tageszeit gab er Lebensmittel aus, damit sie sich an einer Feuerstelle ihr Essen zubereiten konnten.

All das war für die Gesundheit und die Psyche des Patienten sehr wichtig. Schweitzer, der es an sich nicht liebte, sich mit solchen Kritikern auseinanderzusetzen, wies dann manchmal lächelnd darauf hin, daß es doch schon dem gesunden Menschen schwerfalle, seine Gewohnheiten zu ändern. In Schweitzers Spital blieb der Patient im Kreise seiner nächsten Angehörigen, und er konnte seine gewohnte Nahrung essen (was bei der weit verbreiteten Anwendung von Giften zur Vernichtung von Feinden für den mißtrauischen Patienten gar nicht so unwichtig war). Dem Kranken wurde eine Pflege zuteil, wie sie der Heilgehilfe allein niemals durchführen konnte. Außerdem lag er in einer freundschaftlichen Umgebung. Auch das ist für Gabun sehr wichtig. Denn wenn er neben einem Kranken aus einem fremden Stamm liegt, so ist dies fast immer ein Feind. Er ist nicht sein Bruder. Er wird ihm auch kein Wasser geben. Wenn er mit einem Bruder seines Stammes zusammen ist, fürchtet er auch den Tod nicht. Als er diese Feindschaft zwischen den zwei Dutzend Stämmen in Gabun kommentierte, schrieb später einer der Ärzte in Schweitzers Spital in Lambarene, Schweitzer habe es ganz richtig gemacht, als er die Stämme auf Baracken aufteilte. „Ich habe später in anderen Krankenhäusern und anderen Ländern unter ähnlichen Bedingungen gearbeitet; dort führte diese Situation unvermeidlich zu verschiedenen sinnlosen Zusammenstößen."

J. Marshall erzählt in einem Buch von einem neuen prächtigen Krankenhaus im damaligen Leopoldville, in das die Patienten ihre Strohmatten von Hause mitbrachten, auf dem Boden ausbreiteten und sich neben den Betten auf dem Boden niederlegten. Eine spezielle Kommission ging dann durch das Krankenhaus und versuchte die Paticnten wieder in die Betten zurückzubringen. Übrigens hat sich dort, wo es nicht ein solches demonstratives Verhalten der Kranken gab, niemand ernsthaft mit der Frage beschäftigt, wie all diese neuen Attribute des Krankenhauslebens auf die Bewohner der ärmlichen Hütten einwirken, wie sie sich an diese fremden, ungewohnten Gebräuche – noch dazu im kranken Zustand – anzupassen vermögen. Schweitzer, der immer seinen eigenen Weg gegangen ist, hatte den Mut, sich über die Vorurteile und Ideale des Jahrhunderts hinwegzusetzen, um sein Hauptziel und sein Hauptideal zu verwirklichen. Während man die Missionare kritisierte, weil sie den Afrikanern ihre Gebräuche aufzwangen, kritisierte man Schweitzer genau wegen des Gegenteils.

Er sparte nicht an Mitteln für Arzneimittel, auch nicht für neueste Arzneimittel. Er zeigte lebhaftes Interesse für neueste Untersuchungsmethoden und unterhielt einen Schriftverkehr mit Forschungszentren und pharmazeutischen Firmen in der ganzen Welt. Trotzdem war er bei der Anwendung neuer Behandlungsmethoden sehr vorsichtig. Seine frühen Briefe sind voller Begeisterung über neue Arzneimittel. Später wurde diese Begeisterung durch Intuition, Erfahrungen und Vorsicht gedämpft. Durch sorgfältige Beobachtungen unterschied er zwischen einer echten Entdeckung und der einfachen Anpreisung einer neuen medizinischen Mode.

Noch weniger glaubte Schweitzer an die Erfolge der neuen Technik, und dieses Mißtrauen unterzog die Presse harter Kritik. In der Tat erscheint die Situation seltsam: Die ganze Welt kennt dieses Spital; doch dort gibt es immer noch keinen elektrischen Strom, keinen Elektrokardiographen, keinen Elektroenzephalographen und Gott weiß was noch alles. Auch hier scheint es sich wieder nicht um einen altmodischen Konservativismus zu handeln. In den Augen Schweitzers hat der von seinem Freunde Zweig mit solchem Glanz beschriebene Fortschritt zur Entfremdung zwischen Arzt und Patient geführt. Der seelenlose Apparat hat zwischen ihnen eine Mauer der Entfremdung errichtet. Der Apparat erfordert genau wie der Patient die Aufmerksamkeit des Behandelnden und lenkt dadurch seine Aufmerksamkeit vom Menschen ab. Gibt es etwa solche Vorrichtungen (besonders unter den Bedingungen eines kleinen Dorfes mitten im Urwald), die selbst keine Betreuung erfordern und nicht wertvolle Zeit in Anspruch nehmen, die man besser unmittelbar dem Menschen – von Mensch zu Mensch – widmen sollte? Junge progressive Ärzte aus dem automatisierten Amerika kamen, um bei Schweitzer zu arbeiten, und begannen vielleicht zum ersten Male im Leben nachzudenken über den relativen Wert der Dinge, Apparate, Emotionen ... „Schweitzer leugnet den Glauben des modernen Menschen an die Erlösung der Welt durch die Dinge, und mit ungewöhnlicher Beobachtungsgabe hat er eines herausgefunden. Mit einem minimalen Aufwand an modernen Spitzfindigkeiten werden die dreihundertfünfzig Betten seines Spitals und des Lepraspitals in vollem Umfange wirksam ..." Der gleiche Arzt (Frederick Franck) schrieb: „Ich sah viele afrikanische Krankenhäuser, die besser eingerichtet und ausgestattet waren. Die Betreuung war schlechter, weil dort in der Regel ein überlasteter Arzt arbeitete, der durch Schreibarbeiten und Statistiken voll in Anspruch genommen war, während die eigentliche Behandlung von unqualifizierten Schwestern und Pflegern vorgenommen wurde. Manchmal gab es für diese komplizierten Apparate und Präparate überhaupt keinen Arzt, sondern nur eine Schwester, und die Maschinen verrosteten, die Apparate gingen zugrunde. Der Konservativismus Schweitzers scheint mir vom praktischen Gesichtspunkt aus durchaus berechtigt."

Allerdings braucht man nicht so weit zu fahren, um die realen Züge dieser soeben gegebenen Beschreibung tatsächlich zu finden. Auch Schweitzer brauchte dazu nicht weit zu fahren. Zweieinhalb Meilen stromabwärts stand in Lambarene ein modernes staatliches Krankenhaus, von wo die Schwerkranken in der Regel zu Schweitzer gebracht wurden.

Wir wissen, daß die chirurgischen Eingriffe in Schweitzers Spital mit wenigen Ausnahmen erfolgreich verliefen und daß dies auch auf die anderen Behandlungsformen zutrifft. Ist es der Einfluß der magischen Persönlichkeit Ogangas? Oder ist es das aufmerksame „Eingehen" des Arztes? Oder beides, oder noch etwas anderes? Auch die strengsten Kritiker haben anerkannt, daß in Schweitzers Spital die Regeln der Antisepsis streng eingehalten wurden und das Niveau der chirurgischen Technik sehr hoch war. Ein amerikanischer Chirurg, der bei Schweitzer gearbeitet hatte, schrieb:

„Viele Male haben ich selbst und andere Ärzte ihn konsultiert, und sein Urteil hat sich immer als richtig erwiesen. Dabei muß man bedenken, daß Doktor Schweitzer die Mehrzahl seiner Operationen während des zweiten Weltkrieges ausgeführt hat (damals war er achtundsechzig Jahre alt) und daß man seine peinlich genauen Berichte über Operationen in alten Zeitschriften finden kann ..."

Die Berechnungen von zwei Chirurgen, die in Lambarene arbeiten, ergaben, daß die Operationssterblichkeit dort nur 0,44 Prozent betrug (das heißt zwei Todesfälle auf 450 ganz verschiedenartige, darunter auch sehr schwere Erkrankungen).

Der wichtigste Fortschritt des Schweitzerschen Spitals – unter dem Aspekt der Weltmedizin – waren zweifellos nicht einmal die Erfolge seiner chirurgischen Praxis, nicht die Früherfolge bei der Behandlung der Schlafkrankheit und nicht die Erfolge seines Lepradorfes, sondern vielmehr das Bild des Arztes. Es war das Bild des Arztes, der sich im Zeitalter der Massenbehandlung, der automatisierten und überorganisierten Medizin sein menschliches, humanistisches Verhalten gegenüber dem Kranken bewahrt hat und nicht gegenüber fremdem Leiden durch Gewohnheit abgestumpft ist. Wie vor vierzig Jahren macht Doktor Schweitzer nach dem zermürbenden Tag in der schwülen Urwaldatmosphäre, nach all seinen ärztlichen, wirtschaftlichen, baulichen und schriftstellerischen Arbeiten seinen Rundgang bei den Schwerkranken, wie früher berät er sich halblaut nach dem Mittagessen mit einem der behandelnden Ärzte, und wie früher setzt er ständig die ganze Kraft seines Mitleidens ein, um die selbstgewählte Aufgabe zu erfüllen.

Albert Schweitzer ist für die Ärzte der ganzen Welt das Vorbild für echtes Mitleid, für das „Eingehen“ auf den Patienten, für die Liebe zum Menschen, ein Symbol für diese edelste Form des Dienstes am Menschen, für die Medizin, ihr Philosoph und ihr Ideologe geblieben (obwohl er niemals etwas über die Theorie und Ethik der Medizin geschrieben hat). Nicht ohne Grund finden wir den Widerhall seiner Philosophie in dem nach dem zweiten Weltkrieg formulierten internationalen Schwur des Arztes wieder.

Sorge um die Zukunft der Menschheit

Der Ruhm Schweitzers in Europa erreichte gegen Ende seines achten Lebensjahrzehnts seinen Höhepunkt. An einem Oktobertag des Jahres 1953, als der Doktor gerade den Stall seiner geliebten Antilopen reinigte, kam einer der Ärzte des Spitals zu ihm und sagte, Doktor Albert Schweitzer sei mit dem Friedensnobelpreis ausgezeichnet worden. Diese Information sei soeben über das Radio gekommen. Der Doktor schwieg und fuhr fort, den für die Bäume so nützlichen Mist zusammenzurechen.

Der Doktor brummte vor sich hin, man hätte mit dieser Ehrung lieber bis nach seinem Tode warten sollen. Er hätte sich gern auf diesen Kommentar beschränkt, doch nun mußte er sich darauf vorbereiten, die Nobel-Ansprache zu halten. Im Spital gab es zur Zeit keinen Chirurgen, und die Bauangelegenheiten nahmen ihn wie immer voll in Anspruch. So entschloß sich Doktor Schweitzer, die Fahrt nach Oslo um ein Jahr zu verschieben. Als die Nachricht bekannt geworden war, strömten Scharen von Journalisten nach Lambarene, und der Doktor schrieb mit Entsetzen:

„Wie dic Heuschrecken sind die Korrespondenten bei uns eingefallen (und allen muß man natürlich eine Unterkunft beschaffen), und sie begannen mich Armen mit Fragen, Interviews, langen Fragebogen usw. zu quälen ... Mit dem Telegrafen mußten sie Zeitungsartikel von 200 bis 300 Worten abschicken, und sie mußten sie nachts schreiben, wodurch mir nur noch drei bis vier Stunden Schlaf blieben."

Er war übermüdet, aber er bat einen Freund, niemandem etwas davon zu sagen, weil er dann vielleicht noch mit weiteren Briefen der Anteilnahme überschüttet würde. „In diesem Finale meiner Lebenssinfonie", so erklärte er, „muß ich mir alles sehr gut überlegen und davon ausgehen, ob es nicht das Schreiben neuer Briefe nach sich zieht."

Auf die Frage der Korrespondenten, was er wohl mit dem Geld machen werde (die Dotierung des Preises betrug etwa 36000 Dollar), antwortete Schweitzer fast gereizt: „Das Lepradorf bauen, was denn sonst?“

Er wollte sich wie früher nicht zu politischen Themen äußern, las aber jetzt viel über die Atomwaffengefahr und dachte darüber nach. Schließlich erklärte er sich auf Bitten von „Daily Herald“ einverstanden, an diese Zeitung einen Brief über die Atomwaffengefahr zu schreiben. Dies war seine erste Äußerung über das der Menschheit drohende Unheil. „Die Welt“, schrieb Schweitzer, „muß einfach auf die Warnungen der Gelehrten hören, die dieses schreckliche Problem verstehen.“

Schweitzer wandte sich auch an die Gelehrten, die sich noch nicht geäußert hatten, obwohl ihnen genau bekannt war, was der Menschheit droht:

„Die Wissenschaftler müssen sich äußern. Nur sie können mit der erforderlichen Glaubwürdigkeit erklären, daß wir die Verantwortung für diese Experimente nicht mehr auf uns nehmen können ... Das ist meine Meinung. Ich lege sie Ihnen dar mit einem Schmerz im Herzen, mit einem Schmerz, der mich niemals verläßt.“

Im Frühjahr 1954 begab sich Schweitzer schließlich nach Europa. Er fuhr in das Günsbacher Gästehaus, wo er an seiner Nobel-Ansprache arbeitete.

Anfang Oktober begab sich Schweitzer gemeinsam mit seiner Frau nach Oslo. Die Feier drohte pompös zu werden. Im Hotel wies man ihn in ein Luxusappartement ein: überall Wasserhähne, Bäder, Waschbecken. „Vielleicht denken Sie, daß ich wie eine Forelle fließendes Wasser brauche“, brummte Schweitzer. Er war durch den Weg ermüdet; doch auch hier erschienen Besucher. Man wollte sie gar nicht zu ihm lassen; doch wenn Schweitzer Stimmen hörte, ging er gewöhnlich selbst hinaus und fragte: „Wollen die Herren zu mir? Treten Sie ein.“

Man kam zu ihm, um ihm zu helfen. Eine alte Frau brachte ihm zweihundert Kronen, die sie für ihre Beerdigung zurückgelegt hatte. Sie wollte sie für Lambarene opfern, und der Doktor war bereit, sie anzunehmen, da dies den Prinzipien der menschlichen Bruderschaft des Schmerzes nicht widersprach. Man erzählt sich, in Amerika habe ihm einmal ein Millionär vorgeschlagen, die gesamten Unkosten für Lambarene zu übernehmen; doch Schweitzer habe abgelehnt: Dies hätte seinen Prinzipien der Selbstaufopferung und Hilfe widersprochen.

Am 4. November hielt Schweitzer seine Nobel-Ansprache.

Nach Meinung der Kommentatoren war dies in erster Linie der Aufruf eines vernünftigen Menschen, der gesunde Ratschläge gab. Er sagte, daß die Nachkriegspolitik, anstelle die Wunden des Krieges zu heilen, zu einer neuen gefährlichen Kriegssituation geführt habe.

Schweitzer erinnert in seiner Ansprache an die unaufhaltsame Entwicklung der Technik, vor allem der Kriegstechnik. Im Gegensatz zu der technischen Perfektionierung leide die Menschheit an geistiger Unvollkommenheit. „Sie besitzt keinen übermenschlichen Verstand, der die übermenschlichen technischen Kräfte beherrschen könnte. Der Mensch braucht aber einen solchen Verstand, wenn er die von ihm geschaffenen Kräfte für gute und sinnvolle Zwecke anwenden will und nicht für die Verbreitung von Tod und Vernichtung. Wissen und Macht haben bisher zu Ergebnissen geführt, die sich für den Menschen eher als verhängnisvoll denn als nützlich erwiesen haben."

Worin liegt nach Schweitzer die Hoffnung der Welt und des Menschen? Darin, daß wir mit Hilfe eines neuen Geistes „jene höhere Vernunft erreichen, die die unmoralische Ausnutzung der Kräfte, die uns zur Verfügung stehen, unmöglich macht".

Schweitzer wendet sich an alle, die das Schicksal der Völker in ihren Händen halten, er wendet sich an die Nationen und an die Individuen und ruft sie auf, „in dem Bestreben, den Frieden zu erhalten, gemeinsam bis zum Äußersten zu gehen, und den Geist der Menschlichkeit zu stärken und in Handlungen umzusetzen".

Nur das Gewissen des Individuums könnte nach Meinung Schweitzers die Politik in gewisser Weise beeinflussen. Diese Kraft des Geistes besteht im Mitleiden; in ihm liegen die Wurzeln und der bewegende Antrieb der Ethik. In der Seele jedes Menschen ist – nach Meinung Schweitzers – dieser Brennstoff enthalten; es bedarf nur des zündenden Funkens, um ihn anzufachen.

Schweitzer ist Optimist – „der menschliche Geist ist nicht tot", „er lebt im geheimen", er ist „in unserer Zeit imstande, eine neue, auf der Ethik beruhende Sinneshaltung zu schaffen".

„Ich bin zutiefst davon überzeugt", erklärt Schweitzer, „daß wir den Krieg aus ethischen Motiven ablehnen müssen, denn er macht uns mitschuldig an dem Verbrechen der Unmenschlichkeit." Als neuen Gesichtspunkt bringt Schweitzer in seiner Rede die grundlegende optimistische Überzeugung zum Ausdruck, daß der Geist in unserem Jahrhundert das ethische Denken zu schaffen vermag.

Schweitzer verlas nach dem üblichen Ritual seine Ansprache. Dann verneigte er sich nach dem gleichen Ritual vor dem norwegischen König; doch der König sagte: „Es ist an mir, mich vor Ihnen zu verneigen." Danach stürzten sich die Korrespondenten auf den Doktor und wollten von ihm neue Rezepte zur Errettung der Welt wissen. Er aber nannte ihnen „die Wiedergeburt des Geistes" statt der „Erfolge von Wissenschaft und Technik" oder doch zumindest zusätzlich zu ihnen.

Frau Schweitzer wurde gefragt, was sie über die Rechte der Frauen denkt. Sie dachte einen Augenblick nach und sagte dann: „Mir hat immer der Brauch der alten Germanen gefallen, nach dem die Frauen hinter der Kampflinie standen und ihren Männern die Waffen reichten. Wenn ich dies in die Sprache unserer Zeit übertrage, so gibt die Frau dem Manne das, was er braucht, – Brot, Wein, ihre Gedanken und ihre Liebe."

Schweitzer hatte noch niemals solche Feiern gesehen, wie sie ihm zu Ehren in der Hauptstadt Norwegens veranstaltet wurden. Auch Norwegen sah solche Feierlichkeiten wohl erst zum zweiten Male (zum ersten Male wurde Nansen in dieser Weise geehrt). Am Samstagabend bat man Schweitzer zu einem Treffen mit der Jugend Oslos in den Großen Saal des Rathauses. Während des Treffens entstand plötzlich im Saal eine große Unruhe, und alle eilten zu den Fenstern. Vom Fenster aus erblickten Doktor Schweitzer und seine Frau einen Fackelzug der Studenten. Man bat das Ehepaar Schweitzer, auf den Balkon hinauszutreten, und die vieltausendköpfige Menge begrüßte sie mit Hurrarufen. Die norwegischen Studenten des Jahres 1954 erklärten nicht einen Krieger, nicht einen Feldherrn, sondern den bescheidenen Philosophen und Arzt zum „Bannerträger unserer Zeit". Doktor Schweitzer war tief gerührt. Am nächsten Tage sagte er zu dem Schriftsteller und Verleger Max Tau, der seit seiner Flucht vor den Faschisten in Norwegen lebte, er habe immer davon geträumt, die Ehrfurcht vor dem Leben könne irgendwann einmal zum Thema einer wissenschaftlichen Dissertation werden, doch niemals habe er gedacht, diese Idee könne ein ganzes Volk in Erregung versetzen. Doch trotzdem wäre es ihm – wie er sagte – lieber gewesen, die Leute hätten vergessen, wer dieses Prinzip formuliert hat, und hätten einfach dafür gekämpft.

Doktor Schweitzer und seine Frau kehrten in der Hoffnung nach Günsbach zurück, sich von den Feiern ausruhen zu können. Doch es näherte sich der achtzigste Geburtstag des Doktors, und es wurde bekannt, daß die Stadt Straßburg diesen Tag würdig begehen wollte. Auch die Stadt Colmar wollte diesen Tag feiern. Günsbach und Hirschbach wollten jedoch diesen Tag gleichfalls würdig und feierlich begehen. Der Doktor war schon kaum noch am Leben vor lauter Feiern.

Er aber zog sich in sein arbeitsreiches Lambarene zurück, so daß Europa und Amerika ihm an diesem Tage nur über das Radio Glückwünsche übermitteln konnten. Sie überhäuften ihn mit Auszeichnungen. Paris verlieh ihm die Große Goldmedaille. Die englische Königin verlieh ihm den höchsten englischen Orden. Die Universität Cambridge ernannte ihn zum Ehrendoktor der Rechte. Die amerikanische „Schweitzer-Bruderschaft" überwies 20000 Dollar, die von einfachen Amerikanern gesammelt worden waren, zugunsten von Lambarene. Die Goethestadt Frankfurt benannte eine ihrer Straßen nach Schweitzer und sammelte für das Spital 700 Pfund. Paris schickte ihm 2000 Pfund. Das Fürstentum Monaco gab zu Schweitzers Geburtstag eine Sonderbriefmarke heraus u. a. m.

In Amerika erschien eine spezielle Jubiläumsausgabe mit Artikeln von Freunden und Anhängern Schweitzers – Gandhi, Einstein und anderen. „Ich werde wohl kaum noch einmal Gelegenheit haben, diesen Menschen zu treffen", schrieb Albert Einstein, „in dem Güte und das Bestreben nach Schönheit so ideal einander ergänzen." Einstein schrieb, daß Schweitzer auch nicht im Traum vorausgeahnt hat, daß sein Beispiel zum Vorbild und Trost für die Menschen werden wird. Er handelte einfach auf Grund einer inneren Notwendigkeit. „Ich meine", schloß Einstein, „daß es in vielen Menschen einen unverwüstlichen Kern des Guten gibt. Sonst würden sie niemals seine einfache Größe verstehen."

Übrigens vermochten die Ehrungen, mit denen Europa und Amerika Schweitzer überschütteten, das Lebensbild des Jubilars in keiner Weise zu verändern. In Schweitzers Spital blieb das Leben auch weiterhin schwer und mühsam.

In der schwarzen afrikanischen Nacht brennt an der Anlegestelle in Lambarene eine Laterne. In ihrem Licht kommen Boote vom Oberlauf und Unterlauf des Ogowe. Menschen kommen aus dem Wald mit Tragen, auf denen sich Kranke vor Schmerzen krümmen. Wenn der Fall einen sofortigen chirurgischen Eingriff erfordert, beginnt an der Anlegestelle ein elektrischer Motor zu arbeiten. Dies ist gleichsam das Alarmsignal für die Ärzte des Krankenhauses.

Doktor Greet van der Kreek, die junge hübsche Holländerin, klopft an die Tür des Doktors. Er schläft noch nicht. Er unterhält sich mit einem amerikanischen Redakteur über das Problem der Atomwaffengefahr. Der Doktor steht auf und entschuldigt sich:

„Wie Sie sehen, gibt es außer den allgemeinen Problemen auch noch individuelle ..."

Bei der Patientin bestand eine Bauchhöhlenschwangerschaft, und sie konnte nur mit großer Mühe vor dem Tode gerettet werden. Nicht umsonst hatten sich ihr Mann und ihr Bruder abgemüht, sie durch den Urwald über die Trampelpfade ins Spital zu schleppen.

Erst gegen Morgen kommen der Alte Doktor, die Doktorin, die Schwester und der Heilgehilfe Jean-Claude zum Schlafen. Wenig Zeit bleibt zum Schlafen. Halb acht ist Frühstück, dann Konsultation, Wirtschaftsprobleme, Operationen. Danach die Mittagsruhe. Dann wieder Konsultationen und erneut wirtschaftliche Fragen. Schließlich die Freizeit: Der Doktor arbeitet an seinem Schreibtisch. Dann Abendessen. Das Abendessen beginnt, wenn sich alle versammelt haben, mit Ausnahme derer, die durch dringende Verpflichtungen aufgehalten werden. Gerade zu dieser Stunde bekommt man den besten Überblick über das Lambarene von 1956 und 1957.

An der langen Speisetafel im Spital stehen zwei Dutzend schöne europäische Stühle im Bauernstil, die von alten afrikanischen Tischlern kopiert wurden. Auf der mit einem tadellosen weißen Tischtuch gedeckten Tafel befinden sich neben den Schüsseln graue und blaue Tonkrüge mit Wasser. Die Nahrung ist einfach, nahrhaft und schmackhaft. Man zündet die Petroleumlampen an. Dann sammeln sich die Ärzte. Doktor Schweitzer kommt unmittelbar von seinem Schreibtisch, wenn alle versammelt sind. Er begibt sich an seinen Platz, setzt sich nieder, faltet seine Hände und wartet, bis sich alle gesetzt haben. Schließlich haben alle ihren Platz eingenommen, der Doktor spricht ein kurzes Gebet, und alle beginnen zu essen und sich zu unterhalten. Das Tischgespräch verläuft ungezwungen, bisweilen kommt Gelächter auf. Der Doktor macht zu Beginn des Abendessens eine Mitteilung:

„Ich muß Ihnen mitteilen, daß die Zivilisation mit all ihrem Glanz in Lambarene Einzug gehalten hat. Heute hat sich nur einen Kilometer vom Spital entfernt der erste Autounfall ereignet. In weitem Umkreis gibt es nur zwei Autos; doch heute hat sich das Unvermeidliche ereignet. Sie sind zusammengestoßen, und wir mußten den Chauffeuren die erste Hilfe leisten. Falls es hier einen Menschen gibt, der Achtung vor Automobilen hat, so könnte er sich mit den Autos beschäftigen."

Der Doktor ißt mit Appetit und läßt sich häufig nachreichen. Doch bevor er sich noch einmal nimmt, blickt er unter seinen dichten Brauen hervor über den Tisch. Er möchte dem eine Freude machen, der ihm besonders hungrig erscheint. Er schneidet eine halbe Scheibe Ananas oder ein Stück Fisch ab, geht zu dem Glückspilz und sagt: „Das ist für Sie."

Solange sich der Doktor und seine Mitarbeiter an dem einfachen Abendessen ergötzen, wollen wir beim flimmernden Licht der Petroleumlampen alle betrachten, die dichtgedrängt um den Tisch sitzen. Links vom Doktor sitzt Fräulein Kottmann aus dem Elsaß. Sie arbeitet schon über drei Jahrzehnte im Spital, kennt hier alles; ihr ist die Hauswirtschaft anvertraut. Sie ist Lambarene und dem Doktor, oder besser gesagt, der Sache von Lambarene und der Sache des Doktors, grenzenlos ergeben. Rechts sitzt Ali Silver, eine Holländerin, die nach den Worten Francks „das Gesicht einer flämischen Heiligen vom Altar des van der Weyden oder das Gesicht einer Herzogin auf einer miniature de Lyon" hat; sie ist die tüchtige und sehr fähige Sekretärin des Doktors. Sie sitzt heute zwei Personen vom Doktor entfernt, weil neben dem Doktor ein Gast sitzt, ein junger äthiopischer Diplomat, der nach seiner Ausbildung an der Harvard University nach Afrika zurückkommt. An der gleichen Seite des Tisches erweckt noch eine zweite flämische Madonna mit einem wunderbar feinen und schönen Gesicht die Aufmerksamkeit. Das ist die „Doktorin", Doktor Greet van der Kreek. Sie ist in Holland geboren und aufgewachsen. Ihr Vater war Künstler, ihre Mutter Dichterin. Schon in ihrer Kindheit träumte sie von der Medizin. Es ist sehr wahrscheinlich, daß sie von dem gleichen Bestreben geleitet wurde, das vor einem halben Jahrhundert auch den jungen Albert Schweitzer geleitet hatte, – aus Dankbarkeit für das wolkenlose Glück ihrer Kindheit, für die Gesundheit und Schönheit und für die Freude ihres freudvollen Hauses sich für die zu opfern, denen Kummer und Leiden zuteil geworden waren. Jetzt arbeitet sie hier und genießt bei den Patienten große Autorität. Neben Greet sitzt ein großer Mann mit schwarzem Schnurrbart. Es ist Doktor Friedmann. Man sagt, er sei dem dreißigjährigen Schweitzer sehr ähnlich. Übrigens verlief sein Weg nach Lambarene viel tragischer. Auf seinem Arm ist die Nummer eines nazistischen Konzentrationslagers eingebrannt, wo er alle Angehörigen verlor. Wie durch ein Wunder ist er am Leben geblieben und dann nach Lambarene gekommen.

Neben Doktor Friedmann sitzt noch eine weitere Holländerin, die Schwester der psychiatrischen Abteilung Albertina, ebenfalls eine Schönheit, rothaarig, groß und mit grünlichen Augen. Sie ist schon vor langer Zeit nach Lambarene gekommen. Sie verfügt über einen sehr lebhaften und beweglichen Geist und ist eine gute Kennerin der Literatur, der Musik und des Theaters. Sie hat ihr Lieblingsinstrument in den Urwald mitgebracht, eine alte Lyra. Neben Albertina sitzt die blonde, grauäugige, sehr lebhafte, unermüdliche junge Schweizerin Trudi Bochsler. Man nennt sie das „Mädchen mit der Laterne", weil Trudi in der schwarzen gabunischen Nacht allein aus der Spitalsiedlung in das Lepradorf geht und dann die Laterne dieses unerschrockenen Mädchens einsam im Feld und hinter den Anpflanzungen leuchtet. Die Leprakinder singen bei ihr im Chor, und das ganze Lepradorf führt Stücke auf. Franck schreibt, daß die energische, zweiundzwanzigjährige Trudi „befiehlt, bemuttert, heilt, ermuntert, tröstet, verwöhnt". Neben Trudi sitzt noch ein hübsches großes Mädchen. Es ist Olga, die Lieblingstochter von Sir Henry Deterding, einem Multimillionär und Erdölmagnaten. Sie reiste mit Freunden in einem Jeep durch Afrika. Als der Jeep entzwei ging, trennte sie sich von ihren Freunden und tauchte plötzlich in Lambarene auf, wo man ihr irgendeine Arbeit in der Küche und dann in der Wäscherei zuteilte. Seither war sie häufiger Gast im Spital. Anfangs sagte sie nicht, wer sie war; aber in die Presse sickerten bald Informationen über sie durch, und Lambarene wurde mit Telegrammen überschüttet. Olga bat den Doktor, niemanden zu ihr zu lassen; aber nach Lambarene kamen aus allen Ecken der Welt – von Japan bis Frankreich – ohne Erlaubnis alle möglichen Presseleute. Olga wollte sie nicht sehen; doch der Doktor mußte sie durchs ganze Spital führen, wobei sie in jeden Winkel hineinschauten. Olga säuberte Fisch in der Küche, doch obwohl sie ihnen zulächelte, als sie hineinschauten, erkannten sie sie nicht.

Neben Olga sitzt am Tisch ein großer hagerer Engländer, Doktor Catchpool. Catchpool und Olga wollen heiraten und ein neues

Spital, ähnlich dem von Doktor Schweitzer, eröffnen. Zur Rechten von ihm sitzt ein kleiner Japaner, ein Arzt des Lepraspitals, Doktor Takahashi, von dem alle sagen, er sei nicht mehr und nicht weniger als ein Heiliger und ein großartiger Initiator. Wie man sich erzählt, kannte Doktor Takahashi, als er hierher kam, nur einige wenige deutsche Wörter, und er wiederholte immer wieder: „Ich möchte dienen. Nichts anderes brauche ich, nur hier dienen." Er blieb, und seine selbstlose Arbeit in der Leprastation kann man nicht anders denn als Dienen bezeichnen. Heute spricht er gar nicht so schlecht deutsch.

Das Gespräch bei Tisch verläuft lebhaft und geht von einem Gegenstand zum anderen über. Der Doktor ist in sich versenkt; der Übergang zu diesem Zustand tritt bei ihm plötzlich ein. Er trommelt mit den Fingern auf dem Tischtuch und spielt vielleicht irgend etwas. Plötzlich merkt er auf, als das Gespräch eine Unterbrechung erfährt, und er ergänzt ein Detail, das für seine umfangreichen Kenntnisse auf vielen Gebieten zeugt – in der Medizin, der Politik, der Pharmakologie, der Musik, der Metallurgie, der Theologie oder der Architektur. Wenn nach dem Kaffeebaum gefragt wird, so fragt er zurück, welche Kaffeesorte gemeint ist, und er nennt mindestens drei botanische Sorten, spricht über ihre Entstehung und ihre genauen Ausbreitungsgrenzen auf der Erde.

Norman Cousins schlug während seines Besuchs Schweitzer vor, eine Fotokopie seines Philosophiebandes über das Reich Gottes anzufertigen, um es zu erhalten. Doch als er dieses Manuskript erblickte, staunte er: Es bestand aus Blättern ganz verschiedener Art und Größe; meist waren es Geschäftsbogen, veraltete Vordrucke der Kolonialverwaltung, Rechnungsbogen einer Holzhandelsfirma, Blätter eines alten Kalenders und sogar alte Briefe, auf deren Rückseite rechts mit Tinte der Text des Buches geschrieben war und links mit Bleistift die Notizen, mit denen Schweitzer gewöhnlich seine Arbeit beginnt. Cousins hielt diese seltsame Sparsamkeit nicht für die Absonderlichkeit eines alten Mannes. Er schreibt vielmehr, daß diese Sparsamkeit folgerichtig war. Schweitzer rasierte sich ohne Seife und ohne Shampoon, weil Seife und Shampoon irgendwann einmal für Luxus gehalten wurden. Er fuhr auf der Eisenbahn dritter Klasse, „weil es keine vierte mehr gab". Das war für ihn keineswegs unbequem; er sah im Luxus keinen Nutzen. Er war Nonkonformist und hielt die Vorurteile der modernen Mode, den unbequemen Massenkomfort, aber auch die

„bequemen“, den Menschen unterjochenden Vervollkommnungen seines Daseins für sich nicht für verbindlich. Schweitzer hielt dieses Prinzip auch im eigenen Leben und im Spitalalltag ein.

Cousins hatte seine Pläne in bezug auf Schweitzer. Er wollte, daß sich der Doktor über die Fragen von Krieg und Frieden äußert. Schweitzer war bereit anzuerkennen, daß das Problem des Friedens heute viele andere Probleme in den Hintergrund drängt, aber immer und immer wieder wiederholte er, daß er sein ganzes Leben seinem Prinzip treu geblieben sei, sich von Politik fernzuhalten und so wenig wie möglich über politische Fragen zu sprechen. Cousins informierte Schweitzer über neue Beobachtungen der Wissenschaftler hinsichtlich der Strahlenwirkung auf den menschlichen Organismus. Schweitzer hatte vor kurzem an einem Treffen der Nobelpreisträger in Lindau am Bodensee teilgenommen, wo viel über die Atomkriegsgefahr gesprochen wurde. Er dachte auch selbst jetzt viel über das Atom nach; doch getreu seinem alten Prinzip hatte er sich bisher zurückgehalten. Er sagte Cousins:

„Mein ganzes Leben über war ich bemüht, mich aller Erklärungen über gesellschaftliche Fragen zu enthalten ... Nicht etwa deshalb, weil ich an den internationalen Angelegenheiten und der Politik nicht interessiert wäre. Mein Interesse an diesen Fragen und meine Sorge hinsichtlich dieser Probleme ist sehr groß. Ich habe einfach gespürt, daß meine Beziehungen zur Umwelt sich unmittelbar aus meiner Arbeit und meinen Gedanken auf dem Gebiet der Theologie, Philosophie oder Musik ergeben müssen. Ich habe eher versucht, mich mit den Problemen der ganzen Menschheit zu beschäftigen, als mich in die Gegensätze zwischen den verschiedenen Gruppierungen einzumischen. Ich möchte ein Mensch sein, der mit einem anderen Menschen spricht.“

Die Gespräche mit Cousins und die eigenen Überlegungen über die für alles Leben verhängnisvollen Folgen der Atombombenversuche beunruhigten Schweitzer. Er stellte sich sehr deutlich vor, wie dies geschehen kann und wie dies schon bald geschehen kann, wenn nicht der Geist der Menschlichkeit und das Geistige im Menschen die Oberhand behalten. Die Menschen sind leichtfertig, sie wollen nicht an den morgigen Tag denken. Sie hören die Rede des wohlwollenden Gelehrten, dem zu mißtrauen sie keinen Grund haben. Doch weil das, was er sagt, sie erregt, sie zum Nachdenken zwingt, sie aus ihrem alltäglichen Lebenstrott herausbringt, versuchen sie zu vergessen, was er sagt, tun sie die Notwendigkeit zu handeln mit einer Handbewegung ab. „Das ist alles Angstmacherei", sagen sie. „Das ist alles übertrieben." So haben sie gesprochen, als sie von der Verkümmerung und vom Verfall ihrer Zivilisation hörten; dann aber mußten sie erleben, wie aus dieser entseelten Zivilisation die blutige faschistische Diktatur mit ihrer Massenverdummung der Völker und dem Stacheldraht der Konzentrationslager hervorwächst. Schweitzer sah, daß den Menschen jetzt die schreckliche Erfahrung bevorsteht, daß mißgeborene Kinder und mißgeborene Enkel geboren werden, Mißgeburten ohne Arme, ohne Beine, Debile mit Schaum vor dem Mund und Oligophrene aller Art. Und er stellte bekümmert fest, daß die Menschen, solange sie nicht – jeder in seiner Familie – dieses Unheil sehen, die Versuche mit diesen herrlichen allerblutrünstigsten Bomben zulassen, ja sogar begrüßen werden.

Schließlich sagte Schweitzer zu Cousins, daß das Problem der Atomversuche den Rahmen der üblichen Politik überschreitet. Es berührt alle Menschen, und er kann nicht mehr schweigen. Er muß in die Öffentlichkeit treten.

„Dem menschlichen Verstand fällt es einfach schwer, das Ausmaß dieser Gefahr zu erfassen", sagte er Cousins. „Es vergeht ein Tag nach dem anderen, wie früher geht die Sonne im Osten auf und versinkt im Westen, der unveränderliche Kreislauf der Natur löscht gleichsam solche Gedanken aus. Doch wir vergessen, daß die Sonne wie früher aufgehen und der Mond wie früher am Himmel schweben wird, aber die Menschheit kann hier auf Erden eine Situation herbeiführen, in deren Ergebnis die Sonne und der Mond auf eine von allem Leben entblößte Erde scheinen werden."

Was muß heute getan werden? Vor allem darf man natürlich nicht ruhig bleiben, sich nicht belügen, die Menschen nicht belügen, nicht die schreckliche Wahrheit um eines augenblicklichen politischen Nutzens willen preisgeben. (Er wußte genau, daß es gerade so in der Welt zugeht, und die „beruhigenden" Versicherungen der käuflichen „Experten" aus dem Pentagon konnten ihn nicht täuschen.)

„Wir müssen einen Weg finden, das Bewußtsein der Gefahr in den Menschen zu steigern", sagte Schweitzer. „Es gibt keinen Grund dafür, daß das Volk nicht wissen soll, wie seine Lage ist. Von Zeit zu Zeit beruhigt die Regierung das Volk, aber auch das nur, sobald sich einmal Unruhe zu zeigen beginnt. Vor allem ist eine richtige, umfassende Information notwendig. Es gibt nichts, was die Regierung über die Natur dieser neuen Kraft weiß, was nicht auch das Volk wissen sollte."

Die Regierung der USA reagierte sofort auf diese Anklage ...

Schweitzer beginnt noch aufmerksamer die Unterlagen über die Atombombenversuche und über die Strahlungsfolgen zu studieren. Zu den zahlreichen Mühen und Sorgen des alten Doktors in Lambarene kam noch diese eine große Sorge hinzu.

Cousins spricht mit Frau Schweitzer. Das ist wahrscheinlich die letzte Aufzeichnung über sie. Sie kann sich nur noch mühsam mit Hilfe eines Stockes bewegen, oder sie sitzt auf der kleinen Veranda. Sie ist niedergeschlagen, weil die Krankheit sie niedergebeugt, ihre Bewegungen gefesselt hat.

„Ich möchte so gern mit dem Doktor zusammenarbeiten", sagt Helene traurig. „Er ist so ein bewundernswerter Mensch. Mir scheint, daß er heute noch mehr arbeitet als vor zwanzig Jahren. Und vor zwanzig Jahren hatte ich immer Angst, er könnte sich totarbeiten."

Helene Schweitzer spricht mit Cousins über die internationale Lage und seufzt:

„Schrecklich, kaum hat die Welt sich von dem Scheusal Hitler befreit, so wartet schon ein anderes Scheusal darauf, seinen Platz einzunehmen ... Die Menschen pflegen sich unter dem Einfluß derartiger Scheusale vollkommen zu verändern. Ich habe dies bei vielen meiner Bekannten in Deutschland gesehen. Ich sah, wie die Leute sich veränderten. Wie anständige Menschen zu Mördern und Sadisten wurden ..."

Nach dem Abendessen unterhält sich Cousins erneut mit Schweitzer. Sie sprechen über Theologie, über Philosophie, über Gott. Schweitzer erklärt Cousins, es sei sinnlos, darauf zu warten, daß Gott selbst Ungerechtigkeiten in bezug auf den Menschen verhüten werde. Wie kann man noch an einer Vorstellung von einem Gott festhalten, der sich um der Gerechtigkeit willen in die menschlichen Angelegenheiten einmischt, nach allem, was im letzten Kriege geschehen ist, – nach all seinen Opfern und Ungerechtigkeiten, nach den Konzentrationslagern, in denen Menschen in Gaskammern umgebracht wurden, nach der Verfolgung der religiösen Minderheiten? Die Existenz und der Triumph des Bösen bedeuten, daß der Mensch die Verantwortung für das Böse trägt, daß er gegen das Böse kämpfen muß und nicht mit gefalteten

Händen dasitzen und auf ein göttliches Eingreifen warten darf.

Nach Amerika zurückgekehrt, schrieb Cousins sein Buch „Doctor Schweitzer of Lambarene“. Cousins betont den außerordentlich starken Eindruck, den er von Schweitzers Persönlichkeit hatte, – das Gefühl, einen Menschen vor sich zu haben, der es gelernt hat, seine Gedanken voll in die Wirklichkeit umzusetzen.

Schweitzer aber gelangte zu der Überzeugung, daß er nicht länger schweigen dürfe. Er entschloß sich, sein Prinzip, sich politischer Äußerungen zu enthalten, zu ändern. Er entschloß sich, in der Öffentlichkeit aufzutreten.

Rufe an das Gewissen der Welt

Am 23. April 1957 übergab das Nobelpreiskomitee in Oslo der Presse und den Rundfunkanstalten eine Erklärung Albert Schweitzers, die den Titel trug „Appell an die Menschheit".

Schweitzer wußte genau, auf was er sich damit einließ. Er sah, wie sich sofort der Ton der bürgerlichen Journalisten änderte, die über ihn schrieben. Er war für sie nicht mehr der harmlose alte Mann, der unverständlicherweise die heutige Zivilisation verachtet. Er war jetzt zu einem Mann geworden, der aktiv in die Politik des Wettrüstens, in die Machinationen der westlichen „Verteidigungsmaßnahmen" eingriff. Dieser Mann forderte, die Völker unverzüglich über den katastrophalen Zustand der Atmosphäre zu informieren, über die Gefahr, die allen Menschen, ihren Nachkommen, ihren Enkeln und besonders ihren Urenkeln droht.

Die Ärzte im Spital von Lambarene erzählten, daß Schweitzer, der sich der amerikanischen Politik der Atomrüstung gegenüber immer kritischer verhielt, jetzt häufig an die Abrüstungsvorschläge der Sowjetunion erinnerte. Darüber schrieb auch leidenschaftlich ein englischer Auslandskorrespondent, wobei er hervorhob, daß Schweitzer „das menschlichere und überhaupt würdigere Auftreten Sowjetrußlands, verglichen mit dem Westen, betonte". Die Politik des Westens bezeichnete er demgegenüber als „kriegerisch" und „gefährlich".

Der neue Aufruf Schweitzers richtete sich sowohl an die USA als auch an die Sowjetunion. Er forderte die Regierungen dieser beiden Länder auf, unverzüglich die Kernwaffenversuche einzustellen.

„Wir können nicht die Verantwortung für die Folgen übernehmen, die diese Versuche für unsere Nachkommen haben können", erklärt Schweitzer. „Ihnen droht die größte und schrecklichste Gefahr. Wir müssen damit aufhören, bevor es zu spät ist. Wir müssen all unsere Weitsicht, all unseren Ernst und all unseren Mut aufbringen, um ... der Realität ins Auge zu blicken."

Als Antwort auf den Aufruf Schweitzers schrien und geiferten die wohlbestallten Baritone und Tenöre. Die Schreiberlinge begannen täglich ihr Papier mit kleinen Portionen von Lüge und Halbwahrheit zu füllen. Von staatlichen Einrichtungen des Westens bezahlte Wissenschaftler mittleren Kalibers wurden vor die Fernsehkameras gesetzt, um die Öffentlichkeit zu beruhigen und die Kriegsbudgets nicht einbrechen zu lassen.

Schweitzer hatte in der westlichen Welt ein hohes Ansehen, ihm glaubten die einfachen Menschen, auf seinen Rat konnte man vertrauen. Diejenigen aber, deren sorglose tägliche Arbeit, deren politische Karriere, deren Jahresprofite oder Quartalsprämien direkt oder indirekt von den künftigen Mißbildungen und dem Untergang von Generationen abhingen, waren aufgeschreckt, begannen sich zu regen und verbreiteten lauthals über alle Fernseh-, Rundfunk- und Pressekanäle ihre beschwichtigenden Erklärungen. Die Atomenergiekommission der USA reagierte auf die Beschuldigungen Schweitzers unverzüglich mit einem offenen Brief, der die Unterschrift von Doktor Wilfred F. Libby trug. Doktor Libby ermahnte den „beunruhigten" Schweitzer. Er überhäufte ihn mit wissenschaftlichen Daten und schwor im Namen der heiligen Wissenschaft, daß die Folgen der radioaktiven Niederschläge praktisch „bedeutungslos" sein werden. Doktor Schweitzer möge doch dieses „kleine" Risiko, das die radioaktiven Niederschläge darstellen, gebührend gegen das „große" Risiko abwägen, dem die Welt ausgesetzt ist, „wenn sie nicht ihre Verteidigungskraft gegen die totalitären Kräfte in der Welt verstärkt". Der schlaue Doktor Libby versuchte Schweitzer zu schmeicheln, indem er die Hoffnung zum Ausdruck brachte, daß „er über genügend Intelligenz und Redlichkeit verfügt, um die Wahrheit zu finden, wo sie doch so offen zutage liegt". Schweitzer verfügte über genügend intellektuelle Redlichkeit, um den „wissenschaftlichen Daten" des Doktor Libby nicht zu vertrauen, sondern sich vielmehr auf die Warnungen von Linus Pauling und anderen angesehenen Gelehrten der Welt zu stützen.

Noch weniger Beachtung schenkte der Alte Doktor der amerikanischen Presse, die ihn noch vor kurzem so ehrerbietig behandelt hatte. „United States News and World Report" erklärte, der „Appell" Schweitzers diene nur den Kommunisten, und Schweitzer, der selbst nichts davon verstehe, lasse sich ganz und gar „durch die unklaren propagandistischen Angaben der Freunde

Rußlands“ leiten. Schweitzer wußte, daß zu den „Freunden Moskaus“ jetzt solche Leute wie Pauling, Nehru und Bertrand Russell gehörten, das heißt all jene, die gegen die Aufrüstung und für eine allgemeine Aufklärung eintraten.

Auch im englischen Parlament erhoben einige kriegerische Geister ihre Stimmen. Ein alter Haudegen drängte darauf, eine eigene englische Atombombe zu erproben und damit nach Kräften einen Beitrag zur Vergiftung der Welt zu leisten. Im Parlament trat auch Mister Churchill auf. Er berief sich auf englische und amerikanische Spezialisten, die – wie er sagte – Zugang zu Geheimdaten hatten. Er wies darauf hin, daß die Obrigkeit wohl alles besser wisse als wir, und er gab seiner Verwunderung Ausdruck, daß „Menschen, die ein so hohes Ansehen genießen, aber weder über dic wissenschaftlichen Kenntnisse noch über ausreichende Informationen verfügen“, all diese Überlegungen der Obrigkeit in Zweifel ziehen und sich zu solchen höchst wissenschaftlichen Fragen zu äußern wagen wie das Schicksal der Nachkommen. Schweitzer nahm wie immer all diese Angriffe der Presse gelassen hin. Er beachtete diese Kritiker überhaupt nicht. Was soll man von dieser Welt des Molochs erwarten, der bereit ist, die Enkel und Urenkel zu verschlingen?

Im Juni 1957 erreichte ihn eine traurige Nachricht. In einer Züricher Privatklinik war Helene gestorben. Er ließ ihre Asche nach Afrika überführen und bestattete sie unter seinem Fenster. Jetzt standen hier schon zwei einfache Holzkreuze. Emma Haußknecht war vor einem Jahr im Elsaß verstorben, und auch ihre Asche war nach Lambarene überführt worden, wo sie den größten Teil ihres Lebens verbracht hatte ...

Der aufrichtige Freund und Helfer Schweitzers, seine liebe und tapfere Helene ruhte jetzt im Herzen des Urwalds unter einem Holzkreuz. Der Doktor stand schon im neunten Jahrzehnt, und er hatte sich entschlossen, sich in seinen Mußestunden ein gleiches rohes Holzkreuz mit einer ebenso kurzen Inschrift wie diese beiden zurechtzuzimmern: „Emma Haußknecht, 1956, Straßburg“ und „Helene, 1957, Zürich“. Auf dem dritten Kreuz wird einfach stehen: „Albert Schweitzer“. Auch sein Leben wird zu Ende gehen. Ein Glück ist es, ruhig und ohne Leiden zu sterben, wie sein geliebter Parsifal gestorben ist. Schweitzer sagte damals, als der Pelikan regungslos vor ihm lag: „Ein Tod ohne Leiden ist immer etwas Herrliches.“ Als er einmal in Günsbach die herabfallenden

Blätter seines alten Gartens sah, sagte der Doktor: „Genauso müßten die Menschen sterben – natürlich, ruhig und ohne Schmerzen."

Helene war gestorben. Doch was heißt gestorben? „Das wissen wir nicht", schrieb Schweitzer. „Solange der Mensch in unserem Herzen lebt, ist er lebendig."

Wenn der Doktor von seiner Arbeit aufblickte, sah er vor dem Fenster das Holzkreuz. Er ging auf die Terrasse. Der stumme Schuster lächelte ihm zu, über ein Stück Gummi gebeugt. Er schnitt aus Automobilreifen für Patienten und für das Personal Sandalen. Schweitzer hatte seinen Patienten schon seit langem empfohlen, nicht barfuß zu gehen, sondern Sandalen zu tragen, aber die Gabuner bevorzugten modische Schuhe oder gingen wie ihre Vorfahren barfuß. Erst als in europäischen Modezeitschriften luxuriöse Damen in Sandalen aufzutauchen begannen, war die Agitation Schweitzers unerwartet von Erfolg gekrönt. „Wohl zum ersten Male in meinem Leben bin ich den europäischen Modeschöpfern dankbar", sagte er. Seit dieser Zeit tauchte auf seiner Terrasse ein stummer unermüdlicher Schuster auf.

Der Doktor ging oft ins Lepradorf. Im Lepradorf waren nie genügend Ärzte, Schwestern, Pfleger. Aber diejenigen, die dort arbeiteten, verrichteten ihre Arbeit mit voller Hingabe. Die Journalisten und Romanschriftsteller schrieben gern über die Schweitzerschen „Leprophilen", über die verzückten Frauen, die wie Heldinnen des Evangeliums eher bereit waren, die Füße mit ihren Haaren abzureiben, als zu irgendeinem hygienischeren Verfahren zu greifen. Doch unabhängig davon, die leidenschaftliche Tätigkeit von Doktor Takahashi und Trudi Bochsler war von großer Liebe zum leidenden Menschen durchdrungen.

Die Straße vom Lepradorf führte durch Plantagen, in denen Genesende arbeiteten. Auf dem Rückweg betrachtete der Doktor immer mit Vergnügen seinen Garten Eden. Die Afrikaner und die weißen Patienten seines Spitals hatten jetzt immer genügend Früchte. Jeder gepflanzte Baum vermehrte das Leben und förderte das Leben. Die Natur ist freigebig, sie reagiert auf die Zärtlichkeit der arbeitsamen Hand. Wenn man nur den Afrikanern beibringen könnte, Obst und Früchte zu züchten und Kleidung zu Hause herzustellen, um sich auf diese Weise vor Hunger und Kälte zu schützen! Doch die europäischen Wohltäter haben es vorgezogen, sie den Umgang mit modernen Waffen zu lehren und ihnen nationalistische Losungen zu suggerieren, worauf die Stämme sich gründlich mit den neuesten oder auch den in anderen Armeen abgeschriebenen, aber doch noch in vollem Umfange tödlich wirkenden Waffen gegenseitig niedergemetzelt haben.

Schweitzer erlaubte sich insgesamt zwei- oder dreimal in einem halben Jahrhundert, seine Gedanken über die Zukunft Afrikas mitzuteilen. Er brandmarkte den Kolonialismus und jene Wohltäter ausländischer Parlamente, die mit einem Handstreich (meist durch die Bereitstellung von Waffen oder einen politischen Umsturz) alle afrikanischen Probleme lösen wollen.

Was hat Schweitzer eigentlich in diesen Aufsätzen geschrieben? Er sagte, die Unabhängigkeit der Afrikaner sei „in dem Augenblick verlorengegangen, als das erste Schiff weißer Einwanderer mit Pulver und Rum, Salz und Gewebe hierhergekommen ist. Von diesem Tage an beginnt der soziale, ökonomische und politische Verfall des Landes. Die Häuptlinge beginnen Untertanen für Waren zu verkaufen."

Schweitzer unterstreicht die Grundrechte der Afrikaner. Erstens „hat der Mensch das Recht, dort zu leben, wo er sein ganzes Leben verbracht hat, und niemand hat das Recht, ihn an eine andere Stelle zu verbringen". Für Afrika ist das ein ganz aktueller Punkt, denn „die Kolonisation stellt dieses Recht ständig in Frage". Man darf den Afrikaner nicht aus seinem Dorf herausholen: „Der Afrikaner verliert seine Lebensfähigkeit und Anpassungsfähigkeit, sobald wir ihn aus seinem Dorf herausnehmen. Er ist der am stärksten verwurzelte Mensch in der Welt." Die Afrikaner müssen volle Bewegungsfreiheit genießen; die Kolonialmächte möchten aber dieses Recht einschränken und die Untertanen innerhalb bestimmter Staatsgrenzen halten. Die Afrikaner müssen das unabdingbare Recht auf den Boden und seine natürlichen Reichtümer besitzen; die Unternehmungen nehmen aber allen neuen Boden in Besitz. Der Mensch hat das Recht, über seine Arbeitskraft nach Belieben zu verfügen; aber in den Kolonien werden immer häufiger verschiedenartige Arbeitsverpflichtungen eingeführt. Schweitzer glaubte nicht an die erzieherische Wirkung von Zwangsarbeit, und mit aller Deutlichkeit brachte er das schon in den zwanziger Jahren zum Ausdruck. Zum Entsetzen der europäischen Fortschrittler und Missionare schreibt Schweitzer über den „hervorragenden Wert" der afrikanischen Stammesjustiz. Die Rechtsprechung erfolgt hier auf der Stelle, rasch, und vor den Augen aller Dorfbewohner. Die Ungerechtigkeiten eines unelastischen und unerfahrenen weißen Gerichts und seine niedrigen moralischen Maßstäbe schaden der Sache wesentlich mehr als die Unvollkommenheiten des örtlichen Gerichts. Im Zusammenhang mit der Rechtsprechung äußert Schweitzer eine seiner ältesten Beobachtungen über Afrika: „Wir haben es hier nicht mit Nationen, sondern mit Stämmen zu tun."

Schweitzer spricht in seinen Büchern und Aufsätzen vom Recht der Afrikaner auf eine natürliche nationale Organisationsform und über ihr Recht auf Bildung. Afrika droht der Wegfall jenes Zwischenstadiums zwischen dem primitiven Zustand und der intellektuellen Tätigkeit. Man muß die Afrikaner lehren, selbst Nahrungsmittel zu erzeugen und Wohnungen zu bauen, sagt Schweitzer, Handwerk und Landwirtschaft müssen entwickelt werden, und man soll die Afrikaner nicht lehren, weiße Kragen zu tragen und aus Maschinengewehren zu schießen.

In einem späteren Artikel kommt Schweitzer auf diese Frage zurück. Erziehung und Bildung müssen im Afrikaner die gleichen Züge entwickeln wie im weißen Menschen: „Ernsthaftigkeit, Genauigkeit, Verantwortungsgefühl, Ehrlichkeit, Zuverlässigkeit, Arbeitsliebe, Liebe zum Beruf, Sachverstand bei allen materiellen Angelegenheiten und Unabhängigkeit", das sind die gleichen Züge, „die den Charakter im besten Sinne des Wortes ausmachen". Die Voraussetzungen für die Herausbildung dieser Charakterzüge sind hier noch viel ungünstiger als in Europa. Der Einfluß des Welthandels dringt bis in den Urwald vor und hat zum Verfall des Handwerks geführt. Die Arbeit, die dem Afrikaner übertragen wird, ist freudlos. Der Afrikaner betritt die Arena der Geschichte in einer Epoche der Machtkämpfe und stürmischer politischer Auseinandersetzungen. Das Individuum wird in sie hineingezogen und findet keine Voraussetzungen zur Entwicklung vor. Schweitzer ist der Meinung, das Hauptproblem der Emanzipation müsse die Aneignung der Idee der Nächstenliebe, die Idee der Brüderschaft sein. Das ist bei der hier bestehenden feindseligen Einstellung gegenüber den Vertretern anderer Stämme nicht leicht. Die politischen Leidenschaften werden angeheizt, und die alte Feindschaft flammt in neuer Stärke, auf einem neuen, mit der Zivilisation ausgestatteten Niveau wieder auf.

Schweitzer hat mit erstaunlicher Genauigkeit all das vorhergesagt, was dann später im benachbarten Zaire geschehen ist. Er prophezeite Brudermord und Gemetzel auch für andere Teile Afrikas. Er erfaßte die afrikanischen Probleme in all ihrer Kompliziertheit, als ein Mensch, der diesen Kontinent, dem er ein halbes Jahrhundert seines Lebens gewidmet hat, liebt, als ein Mensch, der zwar mit der raschlebigen politischen Terminologie nicht vertraut ist, aber dafür um so besser die tatsächlichen Probleme des afrikanischen Lebens kennt, als ein Philosoph, der die Ehrfurcht vor dem Menschen und vor dem menschlichen Leben predigt.

Schweitzer wies bereits scharfsinnig darauf hin, daß die von den Völkern Afrikas errungene Freiheit so lange nur eine begrenzte Freiheit sein wird, bis diese Länder auf einer gesunden ökonomischen Grundlage ihre ökonomische Unabhängigkeit errungen haben.

Schweitzer erkannte, daß sicher das Finsterste und Dunkelste von dem, was man den „dunklen Kontinent" nannte, die Unwissenheit des weißen Mannes über diesen Kontinent war. Schweitzer rief zu einer mühsamen, selbstaufopfernden Tätigkeit der ethischen Persönlichkeit auf dem leidenden Kontinent auf. Er fürchtete blutige Zusammenstöße, die seine Patienten jedesmal noch tiefer in das Dunkel des Urwalds zurücktrieben, dorthin, wo die Elefanten die letzten Aussaaten zertrampelten, wo im Dunkel der Nacht geheimnisvolle Gemeinschaften aus dem Dickicht hervorkamen und wo die Hütten verlassener Dörfer verfaulten.

Über all das dachte der alte Doktor oft nach, wenn er aus dem Lepradorf längs der von ihm liebevoll angelegten Plantage ins Spital zurückkehrte. Hinter der „oberen", zum Lepradorf führenden Straße öffneten sich weithin die unberührten Wälder und südwärts der Blick auf die blaue Weite des Ogowe.

Als der alte Doktor am Horizont eine Wolke bemerkte, rief er den Arbeitern zu, sie sollten unverzüglich nach Hause gehen; sie alle litten an Malaria. Auch er selbst eilte zum Spital, den alten Schirm unter den Arm geklemmt, und überlegte sorgenvoll: Woher kommt nur diese seltsame Wolke in der trockenen Jahreszeit? Tatsächlich, das Klima von Lambarene scheint sich zu ändern. Er kann sich an keinen solchen Regen in den zwanziger, dreißiger und vierziger Jahren erinnern.

In große Sorge stürzten ihn auch die Atombombenversuche. Sie bringen die Aussaat der Bauern in Gefahr. Doch was kümmern sich schon verantwortungslose Politiker um die Saaten, wenn sie sich nicht einmal Gedanken darüber machen, daß heute schon die

Kühe vergiftetes Gras fressen, die Kinder vergiftete Milch trinken, die Fischer vergiftete Fische fangen, die Menschheit vergiftetes Wasser trinkt und die Frauen immer häufiger Mißgeburten zur Welt bringen? Diese Politiker glauben den Gegner in Schrecken versetzen zu müssen, die Generale glauben, mit den Kernwaffen im Werte von Milliarden von Dollars drohen zu müssen. Schweitzers Gesicht überflog ein bitteres Lächeln – Pfennige für das Gesundheitswesen, Pfennige für die Einrichtung der Dörfer, aber Milliarden für die Atombombe. Die Zeitungen schreiben ein halbes Jahr lang über irgendein neues Krankenhaus oder eine neue Schule, und sie informieren nebenbei über eine Atombombenexplosion, die das Geld für zehntausend Krankenhäuser verschlingt und künftig diesem einen Krankenhaus zusätzlich hunderttausend neue Patienten zuführen wird. Die „Zivilisation" hat ihren Höhepunkt erreicht, und die armen Erdenbewohner erkennen mehr und mehr, daß dies die letzte Zivilisation ist, eine andere wird es nicht mehr geben, keine bessere und keine schlechtere, und es wird ein Grab für die weißen, die schwarzen und die roten Menschen sein ...

Auf Initiative von Linus Pauling appellierte eine Gruppe von Gelehrten an die UNO. Sie forderten, die Kernwaffenexperimente in der Atmosphäre unverzüglich einzustellen. Diesmal wäre es dem im Staatsdienst stehenden Doktor Libby schwergefallen, sich eine Entgegnung einfallen zu lassen. Auch Mister Churchill konnte sich nicht mehr auf die mangelnde Informiertheit von Panikmachern berufen. Unter der Petition standen die Unterschriften von mehr als neuntausend angesehenen Wissenschaftlern aus vierundvierzig Ländern der Erde. Unter den sechsunddreißig Nobelpreisträgern, die die Petition unterschrieben hatten, befand sich auch Doktor Schweitzer.

Im gleichen Jahr hatten die russischen Leser die Möglichkeit, den Doktor aus Lambarene kennenzulernen: Die Moskauer „Literaturnaja Gazeta" druckte einen ausgezeichneten Essai von Marietta Schaginjan über Schweitzer ab. Bis zu dieser Zeit war noch kein einziger Russe bei Schweitzer gewesen. Die Journalisten aller anderen Länder hatten dagegen regelmäßig die Ruhe des Spitals gestört. Journalistenbesuche war man in Lambarene gewohnt.

Außer Journalisten besuchten Lambarene auch viele Anhänger des Spitals (auch sie schrieben Berichte), reiche Sonderlinge und Touristen. Afrikanische Reiseführer führten jetzt Lambarene unter den Sehenswürdigkeiten des Kontinents auf – neben den Pyramiden und den Wasserfällen am Viktoriasee. Touristen, die hierher reisten, erwarteten eine riesige Prometheusfigur zu sehen, an der ein Adler herumpickt, oder wenigstens einen „gebratenen Hahn". Doch sie sahen einen alten Herakles, der ruhig und mit Würde die Augiasställe reinigt, womit er die einmalige Heldentat des jungen Herakles nun schon ein halbes Jahrhundert lang täglich wiederholt.

Was den Empfang der Gäste betrifft, so erinnert Franck daran, daß Schweitzer auch die Regeln der Höflichkeit niemals vergaß.

„Als zum Beispiel ein Flugzeug voller französischer Generale ankam, zog Doktor Schweitzer sich extra um. Das war eine recht unkomplizierte Prozedur ... Beim Ertönen des Glöckchens erhob sich Schweitzer von seinem Schreibtisch und setzte seinen Tropenhelm auf. Doch beim Verlassen des Zimmers dachte er nach und kehrte um. Er öffnete einen Kasten, der bis obenhin mit Schnüren, Bleistiften und Radiergummis angefüllt war, zwängte mit einer in Jahren erworbenen Geschicklichkeit seine Hand hinein und zog eine bei Gott winzige, auf einer Stecknadel befestigte, ehemals schwarze ‚Fliege' heraus. Die Stecknadel sah ganz anders aus als die, die man heute allgemein zu kaufen bekommt. Wahrscheinlich hatte sie vor vielen Jahren einmal ein Schmied aus Günsbach hergestellt. Schweitzer steckte sie eilig an und war jetzt endgültig auf den Empfang der hohen Gäste vorbereitet.

Er ging hinunter, um sie am Landesteg in Empfang zu nehmen. Da aber das Boot, das die hochgestellten Gäste brachte, noch nicht bis zur Landungsstelle gelangt war, zog er ein mitgebrachtes Säckchen Reis hervor und begann auf dem Wege ein Hühnchen zu füttern. Dann folgte das gewohnte Händeschütteln, und die Gäste wurden zum Frühstück eingeladen. Einer der Ankömmlinge, ein Mann im Pensionsalter, wahrscheinlich ein Armeegeistlicher, tat das, was man hier bei Tisch sehr selten tut: Er stand auf und hielt eine feierliche Ansprache, in der er Gott bat, dem Doktor Schweitzer noch viele Jahre Gesundheit und Kraft zu schenken. Schweitzer hörte gut zu und antwortete sehr kurz. Er sagte: ‚Wir wollen hoffen, daß der Herr uns hört.'"

In solchen Augenblicken taucht in den Augen Schweitzers ein Funke auf, den kein einziger Berufsbeschwörer billigen würde, und dieser Funke geht mit einem besonderen Blinzeln einher, das zusammen mit Schweitzer aus dieser Welt verschwinden wird.

Im Buche von Cousins wird ein ähnlicher Empfang eines alten Anhängers Schweitzers, Adlai Stevenson, geschildert. Auf dem Wege vom Landesteg schlug der ehemalige USA-Präsidentschaftskandidat auf dem Arme Schweitzers eine Mücke tot, und der Doktor sagte böse:

„Das war nicht nötig. Es war mein Moskito. Um mit ihm fertig zu werden, mußte man nicht die Sechste Flotte der USA ausschikken."

Übrigens wollte Schweitzer mit solchen Gästen nicht über Politik sprechen:

„Wenn sie mich über Politik befragen, dann stelle ich mich noch dümmer, als ich es so schon bin."

Die Verseuchung der Welt mit radioaktiven Niederschlägen ist aber nach Meinung Schweitzers keine „Politik" mehr. Es ist die Grundfrage des Lebens auf der Erde, ein Problem der Ehrfurcht vor dem Leben oder der Mißachtung des Lebens. Trotzdem war es ein aktives Eingreifen in die Angelegenheiten der Welt, zu dem Schweitzer durch seine aktive Ethik unweigerlich geführt wurde.

Am 28. April 1957, ein Jahr nach der Veröffentlichung des „Appells an die Menschheit", wurde über den norwegischen Rundfunk ein erster Aufruf Schweitzers gegen die radioaktive Gefahr verlesen, die das Leben der heutigen wie vor allem aber der kommenden Generationen des Menschen und der Tiere bedroht. Schweitzer erinnert daran, daß er bereits vor einem Jahr auf die große Gefahr aufmerksam gemacht hat, welche die radioaktive Verseuchung der Luft und der Erde durch Versuchsexplosionen von Atombomben und Wasserstoffbomben bedeutet. Er weist darauf hin, daß seit dieser Zeit ständig propagandistische Erklärungen abgegeben werden, in denen man sowohl die Gefährlichkeit der Atombombenversuche als auch die Notwendigkeit ihrer unverzüglichen Einstellung leugnet. Schweitzer führt einige Beispiele aus dem Strom der beschwichtigenden Propaganda an, mit der die Welt überschwemmt wird. Vor allem zitiert er eine Erklärung der amerikanischen staatlichen Atomenergiekommission:

„Die gegenwärtigen und potentiellen Auswirkungen der allmählichen Zunahme der Radioaktivität der Luft auf die Erbmasse halten sich innerhalb tolerierbarer Grenzen."

Jeden nicht ganz und gar abgestumpften, unvoreingenommenen Leser müßte diese Erklärung aufhorchen lassen. Was bedeutet überhaupt der Ausdruck „innerhalb tolerierbarer Grenzen"?

„Mit dem dunklen Satz“, sagt Schweitzer, „‚daß die Auswirkung der Zunahme der Radioaktivität der Luft auf die Erbmasse sich innerhalb tolerierbarer Grenzen hält‘, ist gemeint, daß die Mißgeburten, die auf Grund der radioaktiven Schädigung der Zellen der menschlichen Fortpflanzungsorgane zu erwarten sind, wohl nicht so zahlreich sein werden, daß sie ein Ablassen von den Versuchen erfordern könnten!“

In der Tat – selbst wenn glückliche junge Eheleute einige hundert Mißgeburten haben, soll man deswegen gleich die Versuche mit einer so vorteilhaften Waffe wie der Atom- oder Wasserstoffbombe einstellen?

„Auf die Resultate, zu denen sie in den von ihnen unternommenen Rechenkünsten gelangen, ist aber nicht so viel Verlaß, als sie wahrhaben möchten“, sagt Schweitzer. Er führt Tatsachen an, die für jeden denkenden Menschen als elementar angesehen werden müssen. Im Laufe der Jahre hat man sich nämlich genötigt gesehen, die sogenannte Toleranzgrenze für Bestrahlung immer mehr herabzusetzen. Das heißt, bei sorgfältigerer Untersuchung erwies sie sich als nicht tolerierbar. Während sie im Jahre 1934 noch 100 Bestrahlungseinheiten je Jahr betrug, werden gegenwärtig offiziell nur 5 als zulässig angesehen, in manchen Ländern gar noch weniger.

Dr. Lauriston Taylor (USA) und viele andere erachten es überhaupt als fraglich, ob es eine unschädliche Dosis der Bestrahlung gäbe (und Doktor Taylor ist eine der angesehensten Autoritäten in Fragen des Strahlenschutzes).

„Fort und fort redet man uns von einem ‚erlaubten Maximum der Bestrahlung‘“, ruft Schweitzer aus. „Wer denn hat es erlaubt? Wer denn ist befugt, es zu erlauben?“

Mit der Verfeinerung der wissenschaftlichen Untersuchungsmethoden stellt sich jedesmal heraus, daß die „zulässigen“ Dosen für Menschen wie Tiere verhängnisvoll waren.

Generation auf Generation wird im Laufe der Jahrhunderte Zeuge der Geburt einer immer größeren Anzahl von Menschen mit körperlichen Mängeln.

In der Deklaration der 9235 Gelehrten, die Doktor Linus Pauling am 13. Januar 1958 dem Generalsekretär der Vereinten Nationen überreicht hat, wurde direkt erklärt, daß als Folge der Atombombenversuche eine immer größere Anzahl von Kindern mit Mißbildungen geboren wird.

Ehrfurcht vor dem Leben

Im Jahre 1958 hatte Schweitzer einmal geschworen, er werde nicht mehr bauen. Dann zeigte sich, daß eine Garage und ein Benzinlager gebraucht wurden, verfügte das Spital doch jetzt über einen eigenen Lastwagen. Der Doktor leitete erneut den Bau, empfing Patienten, verschrieb Arzneimittel und kümmerte sich um die wirtschaftlichen Angelegenheiten.

Die Boote glitten über den Ogowe und brachten neue Kranke. Es gab einmal eine Zeit, in der die Frauen Furcht hatten, im Krankenhaus zu gebären; Schweitzer setzte damals für jede Geburt eine Prämie aus – die Frau erhielt ein Häubchen und einen Kittel. Jetzt war das Ansehen des Krankenhauses so hoch, daß Prämien nicht mehr erforderlich waren. Die jungen Mütter vertrauten sich dem Alten Doktor und seinen „Söhnen" gern an.

„Wenn ich sehe, wie die Mädchen, die hier geboren wurden, wieder ins Krankenhaus kommen, um selbst zu gebären, dann wird mir bewußt, daß ich alt werde", sagte Schweitzer.

Er ging durch das Spitaldorf und die Plantagen wie ein alter Farmer, der all das selbst gebaut und selbst gepflanzt hat; er kennt hier jedes Kämmerchen und jeden Strauch. Als er einmal in das Zimmer von Doktor Franck hineinschaut, blickt er liebevoll auf die Balken, so als ob er sich freut, wie fest sie sind. Dem jungen Dentisten wurde klar, daß dies für Schweitzer nicht einfach ein enges Kämmerchen ist, sondern vielmehr die Schöpfung seiner eigenen Hände.

Sein Leben verlief in der seit langem gewohnten Weise. Nach dem Abendessen, wenn im Speiseraum die Gespräche verstummten, erhob sich Schweitzer schwerfällig und ging zu seinem alten Klavier (obwohl in der Ecke schon lange ein neues stand). Gesangbücher wurden verteilt, Schweitzer nannte die Nummer eines Liedes und improvisierte die Einleitung; jeden Abend neu – ganz im Stile des 18. Jahrhunderts, im klassischen oder romantischen Stile. Das Instrument war verstimmt, aber er hing an ihm wie an allen alten Dingen des Spitals, und er wollte lieber stumme Tasten weglassen als sich an das neue Instrument setzen. Auf ihm klimperten die Pflegerinnen.

Nach der musikalischen Einleitung sangen alle gemeinsam die angegebenen Lieder. In diesen Liedern klangen alte Gedanken auf, die Sehnsucht nach der fernen Heimat oder nach den alten Zeiten des geistigen Ringens der Menschheit.

Schweitzer las ruhig und sachlich einen Abschnitt aus der Bibel. Dann kommentierte er ihn, wobei er Ausschnitte aus frühchristlichen Werken zitierte, die den Zusammenhang der soeben verlesenen Verse deutlicher machten.

Schweitzer las Ausschnitte aus alten Büchern, bis die Kuckucksuhr die erstaunliche Vorlesung des Philosophen unterbrach. Dann schloß der Doktor das Buch und ging mit seiner Petroleumlampe in der Hand hinaus.

Einige Minuten später hörte man dann im nächtlichen Urwald die Töne einer Bachschen Fuge: Er übte auf seinem Klavier mit Orgelpedal.

Zahlreiche Beschreibungen des gemeinsamen Abendessens, der Liedgesänge und der Predigten des Doktors sind erhalten geblieben. Charakteristischerweise heben alle Verfasser zwei Züge dieses Abendessen-Rituals in Lambarene hervor: den emotionalen Charakter der Liedgesänge und die undogmatische Art der Textbehandlung.

So unromantisch der Alltag auch war, umso geselliger verliefen die Abende. Die Unterhaltung konzentrierte sich auf gemeinsame Gesänge und Textlesungen.

Ein besonderer Höhepunkt waren Filmabende mit einem klapprigen Vorführungsapparat.

Die Tagesnachrichten aus aller Welt wurden mit großem Interesse verfolgt.

Ab etwa 22 Uhr zog allgemeine Ruhe ein.

Die Traditionen in Lambarene haben sich im Verlaufe eines halben Jahrhunderts ausgebildet. Natürlich spiegeln sie in ihrer Mehrzahl einfach den Rationalismus und gesunden Menschenverstand Schweitzers wider (wenn jemand zum Frühstück zu spät kam, durfte er sich nicht entschuldigen oder gar unterwürfig um Verzeihung bitten; Schweitzer mochte überhaupt die affektierte Nachahmung von Höflichkeiten und die lästigen sinnlosen Zeremonien nicht leiden) und sind ein Ausdruck der Güte und Sentimentalität des Alten Doktors von Lambarene (in allen Büchern über Lambarene werden die rührenden Gebräuche an den Geburtstagen beschrieben – das Singen von Liedern, das Überreichen von Geschenken, die Zusammenstellung des Essens nach dem Wunsch des Geburtstagskindes und die Geburtstagsansprache des Doktors – sowie die feierlichen Zeremonien bei der Ankunft und Abfahrt von Ärzten, wobei jeweils die Glocken geläutet werden). Einige dieser Traditionen machten auf den gesund denkenden Menschen, der sie zum erstenmal sah, einen anachronistischen Eindruck; sie schienen das Ergebnis eines gewissen Eigensinns und Konservatismus des Begründers von Lambarene zu sein. Schließlich stand Schweitzer schon im neunten Lebensjahrzehnt, und das mußte sich auf die ganze Art seines Denkens auswirken. Doch wenn man von den Gesprächen mit den Journalisten und von dem ausgeht, was er zu jener Zeit schrieb, hatte sich der Doktor eine erstaunliche Klarheit des Denkens bewahrt. Deshalb verhält es sich auch mit den Traditionen in Lambarene und mit den Wunderlichkeiten und „Ritualen" Schweitzers doch sicher wesentlich komplizierter.

Nicht alle Besucher reagierten auf Schweitzers „universelle Ethik", auf sein liebevolles Verhalten gegenüber Tieren und Pflanzen gleichermaßen verständnisvoll.

Bezeichnend für die Tierliebe Albert Schweitzers sind seine Ausführungen in „Kultur und Ethik": „Diejenigen, die an Tieren Operationen oder Medikamente versuchen oder ihnen Krankheiten einimpfen, um mit den gewonnenen Resultaten Menschen Hilfe bringen zu können, dürfen sich nie allgemein dabei beruhigen, daß ihr grausames Tun einen wertvollen Zweck verfolge. In jedem einzelnen Falle müssen sie erwogen haben, ob wirklich Notwendigkeit vorliegt, einem Tiere dieses Opfer für die Menschheit aufzuerlegen. Und ängstlich müssen sie darum besorgt sein, das Weh, so viel sie nur können, zu mildern."

Das heißt, Schweitzer erkennt die Notwendigkeit an, Leben zu vernichten oder zu schädigen, aber er warnt vor einer Beruhigung des Gewissens. Weiter sagt er: „Wieviel wird in wissenschaftlichen Instituten durch versäumte Narkose, die man der Zeit- und Müheersparnis halber unterläßt, gefrevelt! Wieviel auch dadurch, daß Tiere der Qual unterworfen werden, nur um Studenten allgemein bekannte Phänomene zu demonstrieren!"

Wahrscheinlich nahmen sowohl die praktischen Handlungen

Schweitzers als auch seine Emotionen und seine theoretischen Vorstellungen gegenüber den Tieren im Laufe der Jahre eine immer abgeschlossenere und reifere Form an. Eine derartige Entwicklung sah Schweitzer selbst für die ethische Persönlichkeit als etwas ganz Natürliches an:

„Dem wahrhaft ethischen Menschen ist alles Leben heilig, auch das, was uns vom Menschenstandpunkt aus als tiefstehend vorkommt ... Er ist unter das rätselhafte und grausige Gesetz getan, auf Kosten anderen Lebens leben zu müssen und durch Vernichtung und Schädigung von Leben fort und fort schuldig zu werden. Als ethisches Wesen ringt er aber darum, dieser Notwendigkeit, wo er nur immer kann, zu entrinnen, und als einer, der wissend und barmherzig geworden ist, die Selbstentzweiung des Willens zum Leben aufzuheben, soweit der Einfluß seines Daseins reicht. Er dürstet danach, Humanität bewahren zu dürfen und Erlösung von Leiden bringen zu können."

Bei Schweitzer steht diese Besonderheit seiner Ethik in engem Zusammenhang mit ihrem universellen Charakter. Was die ethischen Beziehungen des Menschen zur Tierwelt insgesamt betrifft, so haben sie sowohl in der östlichen als auch in der europäischen Philosophie eine feste Tradition.

Man kann einwenden, daß natürlich in der Natur selbst alles auf Kampf und Härte beruht. Natürlich stimmt Schweitzer dem zu, doch er erklärt:

„Unsere Bestimmung besteht nicht darin, uns schweigend mit der Härte der Natur abzufinden und sie noch zu unterstützen, sondern vielmehr darin, sie einzuschränken, soweit unser Einfluß reicht. Mit tiefem Mitgefühl müssen wir Barmherzigkeit und Hilfe dem gewähren, der ihrer bedarf. Da wir so oft gezwungen waren, Lebewesen Schmerz und Tod zuzufügen, wird es um so mehr unsere Pflicht sein, diesen Lebewesen beizustehen und sie nicht zu schädigen, wo wir als freie Wesen aufzutreten vermögen."

Zahlreiche Biographen und Forscher heben immer wieder mit Verwunderung hervor, daß diese Ideen Schweitzer auch im afrikanischen Urwald weiter beherrschten, ja daß er sie gerade dort zur vollen Entwicklung brachte, wo es doch von jederlei, häufig recht aggressivem Leben wimmelte. Vermutlich liegt hierin eine Gesetzmäßigkeit: Das Paradoxe der Situation stärkt nur die Positionen des Prinzips.

Schweitzer hielt, wie wir gesehen haben, in seiner praktischen

Tätigkeit ganz einfach daran fest, sich bewußt aller überflüssigen Härte zu enthalten, das zu vermeiden, was vermeidbar ist. Er war kein Vegetarier. Er kämpfte gegen den Einfall der Ameisen, gegen tollwütige Hunde, gegen die Mikroben. Doch er war der Auffassung, daß der Mensch jedesmal, wenn er einen Akt notwendiger Verteidigung vollzieht, sich dessen bewußt ist, Leben zu vernichten, daß er dabei, wenn schon nicht Schuld, so doch Verantwortung empfinden muß. Dies ist für die Zukunft des Menschen selbst, für seine moralischen Kriterien nicht gleichgültig, denn wenn der Mensch sich einmal im vollen Bewußtsein seines Rechts zur Einschränkung und Vernichtung fremden Lebens entschieden hat, dann wird er früher oder später auch zur Vernichtung ihm ähnlichen Lebens und zur Selbstvernichtung übergehen. Heute, wo „Humanismus“ und „Antihumanismus“, Fortschritt und Reaktion im gleichen Maße über Waffen verfügen, mit denen das gesamte Leben auf der Erde vernichtet werden kann, sind Überlegungen ethischer Art keineswegs mehr überflüssig für die Menschheit.

Im Herbst 1959 begab sich Albert Schweitzer nach Europa. Die Schüler der Hamburger Albert-Schweitzer-Schule baten ihn, bei ihnen zu sprechen, und er erinnerte sie an die Herrschaft des Geistes der Unmenschlichkeit in Deutschland, die niemals vergessen werden darf.

Später, als ein Hamburger Verleger Schweitzer ein Exemplar des antifaschistischen Stückes „Der Stellvertreter“ von Hochhuth schickte, antwortete er:

„Ich war aktiver Zeuge des sich damals abspielenden Unglücks und ich bin überzeugt, daß wir tief besorgt sein müssen über dieses größte Problem der Geschichte. Wir sind vor uns selbst schuldig, weil unser Mißerfolg uns alle zu Mitschuldigen jener Tage gemacht hat. Letzten Endes hat nicht nur die katholische, sondern auch die protestantische Kirche einen Mißerfolg erlitten. Aber die katholische Kirche trifft größere Schuld, weil sie eine organisierte nationale Kraft war, die etwas hätte unternehmen können, während die protestantische Kirche nicht organisiert und im nationalen Maßstabe machtlos war. Doch auch sie trifft die Schuld zumindest der Duldung der schrecklichen, unmenschlichen Tatsache der Judenverfolgung.“

Schweitzer wohnte im Günsbacher Gästehaus, behandelte Nachbarn und schrieb. Journalisten besuchten ihn und wollten wie früher, daß er über Politik spricht, oder sie forderten ihn auf, ihnen den Sinn des Lebens zu erklären. Ein Pariser Korrespondent fragte ihn, wodurch der Mensch die Ehrfurcht vor dem Leben fördern kann, und Schweitzer antwortete:

„Tuen Sie das, was in Ihren Kräften steht! Es genügt nicht, einfach zu existieren. Es genügt nicht zu sagen: ‚Ich arbeite, um meine Familie zu erhalten. Ich erfülle meine Aufgaben gut. Ich bin ein guter Ehemann. Ich bin ein gutes Gemeindemitglied.‘ All das ist gut, doch Sie müssen noch etwas anderes tun. Suchen Sie immer die Möglichkeit, etwas Gutes zu tun. Jeder Mensch muß auf seine eigene Weise nach der Möglichkeit suchen, noch besser zu werden und seinen eigentlichen menschlichen Wert zu verwirklichen. Wir müssen eine gewisse Zeit auch unseren Nächsten widmen. Wenn es auch nur wenig ist, so tun Sie doch etwas für diejenigen, die der menschlichen Hilfe bedürfen, so etwas, für das Sie keinen anderen Lohn erhalten als das Vorrecht, diese Arbeit zu vollbringen. Denken Sie immer daran, daß sie nicht allein auf dieser Welt leben, daß neben Ihnen Ihre Mitmenschen leben."

Im Dezember war Schweitzer in Basel, und er bereitete sich gerade auf die Abreise nach Afrika vor, als er mitten im Trubel seiner Vorbereitung einen Brief aus Moskau, von einem Redakteur der „Literaturnaja Gazeta“ erhielt. Die Zeitung bat ihn um einen Artikel über das Abrüstungsproblem, und Schweitzer mußte in seinem Antwortschreiben im einzelnen erklären, warum er diesen Artikel zur Zeit nicht schreiben kann. Am Ende dieses Briefes heißt es:

„Grüßen Sie bitte Frau Marietta Schaginjan von mir, die 1957 so warmherzig über mich geschrieben hat.

Ich werde auch künftig alle meine Kräfte für den Kampf um den Frieden einsetzen. Wir müssen alle von der Entschlossenheit durchdrungen sein, gemeinsam die Erhaltung des Friedens zu erreichen, von dem das Schicksal der Menschheit abhängt."

In dem Günsbach benachbarten Münster fand die Premiere des Films von Erica Anderson über Schweitzer statt.

Um in diesem Film überflüssige Lobeshymnen zu vermeiden, schrieb Schweitzer den Text für den Film von Anderson selbst. Der Film begann mit Bildern vom alten Pfarrhaus und von den Eltern Schweitzers. Dazu ertönte die Stimme des Alten Doktors:

„Sie haben uns zur Freiheit erzogen. Mein Vater war mein teuerster Freund ..."

Seinen fünfundachtzigsten Geburtstag beging Schweitzer in Afrika.

Die Moskauer „Literaturnaja Gazeta“ druckte an diesem Tage das Schreiben Schweitzers und Auszüge aus seinen norwegischen Rundfunkansprachen ab, die zur gleichen Zeit in einem Band „Friede oder Atomkrieg“ erschienen.

Zur Geburtstagsgratulation erschien in Lambarene auch eine Vertretung der Deutschen Demokratischen Republik.

In seinem engen Arbeits- und Schlafraum verlas die Delegation aus der DDR ein feierliches Glückwunschschreiben und händigte Doktor Schweitzer die Ehrenmedaille des Deutschen Friedensrates aus.

Wie vor ihnen schon andere beschreiben die Besucher das bescheidene enge Arbeitszimmer mit seiner Ameisenfamilie, seinem Papagei, seinen Antilopen und seinen Hunden.

Doktor Schweitzer und seine Gäste unterhielten sich über Probleme der Erhaltung des Friedens, über das Leben in der Deutschen Demokratischen Republik, und dabei führte Albert Schweitzer aus:

„Ich bin glücklich, Sie in meinem Alter getroffen zu haben, weil ich von Ihnen über das wachsende Echo auf meine Forderung nach Ehrfurcht vor dem Leben in der sozialistischen Welt höre und mehr noch, weil Sie mir Hoffnung vermitteln, daß eine Zeit kommen wird, in der diese menschlichsten aller Anstrengungen, die in dem Frieden auf Erden gipfeln, in einer erneuerten Gesellschaft Wirklichkeit werden können.“

Nach diesem Gespräch zu urteilen, war Schweitzer über die letzten europäischen Ereignissen auf dem laufenden. So sagte er u.a. auch:

„Wenn Sie Herrn Rapacki, den Außenminister Polens, sehen, überbringen Sie ihm meinen herzlichen Gruß. Sein Plan, im Herzen Europas für Deutschland und für ganz Europa eine atomfreie Zone zu schaffen, ist die beste Lösung der Frage.“

Die Lehre Schweitzers von der Ehrfurcht vor dem Leben setzte in jenen Tagen ihren Siegeszug durch Europa und den amerikanischen Kontinent fort. Seine Ideen breiteten sich in der Welt aus, unter den Menschen der Wissenschaft genauso wie unter den einfachen Menschen, und waren den einen Leitschnur und den anderen Hoffnung.

Vor langer Zeit, vor seiner zweiten Ausreise nach Afrika,

schrieb Doktor Schweitzer im Epilog zu seinem Buch der Jugenderinnerungen, daß „keiner von uns weiß, was er wirkt und was er Menschen gibt. Es ist für uns verborgen und soll es bleiben. Manchmal dürfen wir ein klein wenig davon sehen, um nicht mutlos zu werden."

In seinem Spital war der Doktor erneut viel am Bauen, und Gäste, die untätig beim Bauen zuschauten, forderte er unverzüglich auf, mit anzupacken. In seinem Exemplar der „Odyssee" hatte Schweitzer die Worte unterstrichen, daß man die Gäste auffordern solle, mitzuarbeiten, dann werden sie sich heimisch fühlen. Als Philosophiestudenten zu ihm auf den Bauplatz kamen, ließ er sie für den Anfang Steine für das Fundament behauen. „Der Weg der Philosophie ist steinig", sagte er, „Sie brauchen einen kräftigen Rücken, und ich gebe Ihnen das beste Mittel, ihn zu kräftigen. Das ist für den Anfang." Aber am Abend unterhielt er sich mit ihnen lange über Philosophie. Auch Gerald Götting mußte beim Legen des Fundamentes für ein neues Gebäude mit anfassen.

Als 1961 zum zweiten Male eine Delegation aus der DDR nach Lambarene kam, begann man mit den Vorarbeiten zum Bau einer Eisenbetonbrücke über den Strom, weil man anders nicht mit dem Lastwagen von der Chaussee zum Spital gelangen konnte und mit dem Auto jede Woche bis zu fünf Tonnen Bananen aus dem Dorf ins Spital gebracht werden mußten. Die Brücke sollte bis zum Beginn der Regenzeit fertiggestellt werden, und die Bauleute konnten diese Arbeit kaum vor dem 30. September schaffen. Schweitzer schrieb: „Ich bin ganz von diesem Fieber erfaßt. Ich bin schon ganz nervös, daß wir mit dem Bau nicht rechtzeitig fertig werden ..." Leider konnten die Bauarbeiten nicht zügig fortgesetzt werden, und Schweitzer erlebte die Einweihung der Ogowe-Brücke nicht mehr.

Er ist in diesem letzten Jahrfünft seines Lebens sehr stark ermüdet, und obwohl er mit Gewißheit weiß, daß seine Zeit nicht mehr lange bemessen ist, fährt er fort, am Spital weiterzubauen. Er verfügt über reiche Bauerfahrungen. Er weiß, wie schwer es ist, im Urwald zu bauen, und er denkt an jene Tage, an denen er nicht mehr sein wird; doch die Boote werden wie früher über den Ogowe kommen und Märtyrer der großen Bruderschaft der Schmerzen nach Lambarene bringen.

„Ich baue, damit dann zehn Jahre lang nicht mehr gebaut werden muß", sagte Schweitzer zu einem seiner Besucher.

Vor Weihnachten 1961 kam eine Gruppe sowjetischer Touristen nach Lambarene. Sie waren auf einer Rundreise durch Afrika, und durch einen glücklichen Zufall hatten sie bei Beamten in Paris ein Visum für Gabun erhalten. Zu dieser Reisegruppe gehörten Irina Jastrebowa, eine Spezialistin für afrikanische Ökonomie, Abdukocharow, ein usbekischer Schriftsteller, Ljudmilla Pawlitschenko, Heldin des Großen Vaterländischen Krieges, Alexandr Rou, Kinderfilmregisseur, zwei Journalisten – Nikolai Portugalow und Wladimir Nikolajew –, Raissa Kolzowa, Mitarbeiterin des Verbandes der sowjetischen Gesellschaften für Freundschaft und kulturelle Verbindungen mit dem Ausland, und Konstantin Konitschew, ein Leningrader Schriftsteller.

Albert Schweitzer empfing die Delegation am Landesteg. Am frühen Morgen hatte er ein Telegramm mit der Bitte erhalten, die sowjetischen Reisenden zu empfangen, und er hatte gern zugestimmt. Jetzt half er den Damen beim Aussteigen und begrüßte die Gäste auf deutsch, wobei er sagte, Russen seien noch nicht bei ihm in Lambarene gewesen.

Nikolai Portugalow hatte eine kleine Begrüßungsansprache auf deutsch vorbereitet, aber Schweitzer, der diese Absicht ahnte, klopfte ihm auf die Schulter und sagte freundschaftlich:

„Lassen wir das, junger Mann, ich kann die herrlichen Begrüßungsansprachen nicht ausstehen."

Er stellte seinen Gästen die zuverlässige Mathilde Kottmann vor, die sie ins Spital brachte. Am meisten waren die Gäste durch die große Anzahl von Tieren im Spitalstädtchen überrascht.

Nikolai Portugalow erzählt, daß er mehrmals versuchte, sich mit Schweitzer über Probleme Afrikas zu unterhalten, aber Schweitzer erwiderte, daß er diese Probleme nicht kenne. Er kenne nur Gabun und „sitzt hier wie die Maus im Loch".

„Aber auf Ihre Stimme hört man in der ganzen Welt", rief der junge Journalist aus.

„Deshalb hüte ich mich auch, etwas Überflüssiges zu sagen", erwiderte lächelnd Schweitzer.

Albert Schweitzer hatte keine Einwände, daß die Russen seine Meinung über die Kernwaffen niederschrieben. Er sagte, die Atombewaffnung sei im Prinzip der schrecklichste moderne Ausdruck des Antihumanismus. Er sagte, daß es den Diplomaten allein kaum gelingen werde, zu einem Abkommen zu gelangen und das gegenseitige Mißtrauen der Völker zu überwinden. Er wiederholte seinen Gedanken, daß die Atomwaffen mit der Moral der Völker, mit ihrem Gewissen unvereinbar sind.

Als er diese erste und letzte russische Gruppe bei sich in Lambarene empfing, konnte Schweitzer nicht umhin, ihnen von seiner ersten Bekanntschaft mit ihrem großen Landsmann zu erzählen, der ihm in seinen Jugendtagen so nahegestanden hatte. N. Portugalow berichtet darüber folgendes:

„Russen sind bei mir in Lambarene zum ersten Male", sagte der Doktor mit nachdenklichem Lächeln. „Sie sind junge Leute, und Sie können sich wahrscheinlich nicht vorstellen, was für uns im vergangenen Jahrhundert die Bücher Leo Tolstois bedeutet haben. Wir sahen und erkannten damals plötzlich, daß der Mensch wahrhaft Mensch sein kann und sein muß."

Sie machten noch einen Spaziergang durch den Garten, und Nikolai Portugalow schreibt, daß Schweitzer in diesem Augenblick einem fleißigen Bauern sehr ähnlich war. K. Konitschew bemerkt, daß sich Doktor Schweitzer auch für die Volksmedizin interessierte.

Doktor Schweitzer bat – unter Hinweis auf seine Bäume – in Moskau zu berichten, daß er beileibe kein Idealist, sondern ein echter Materialist sei, denn bei ihm gäbe es nicht einen Baum, der keine Früchte trage. Dann fügte er mit einem Seufzer hinzu, daß die jungen Burschen alles abreißen, obwohl es bei ihnen im Spital genug Früchte gäbe.

Der Autor dieses Buches bat die Mitglieder der sowjetischen Delegation, ihren Gesamteindruck über den Besuch bei Doktor Schweitzer und ihren Eindruck von dem Alten Doktor selbst wiederzugeben. Der Schriftsteller Konstantin Konitschew rief aus:

„In meinem ganzen Leben hatte ich noch nicht einen so tiefen Eindruck. Ein heiliger Mensch! Ein heiliger Alter!"

I. Jastrebowa: „Ja, man wird unwillkürlich an das erinnert, was Gorki über Tolstoi schrieb, als er das Mittagessen in Jasnaja Poljana schilderte: wahrhaftige Einfachheit, echte Aristokratie des Einfachen. Und Schweitzer ist ein sehr herzlicher Mensch. Doch nicht ohne eine gewisse Ironie, nicht ohne Humor. Er merkte sofort, daß wir Russen zu langen Reden neigen. Wenn er mit den Journalisten sprach, kam diese Ironie bei ihm sofort zum Vorschein."

R. Kolzowa: „Er liebt keine Zeremonien, spricht ruhig und schnell. Mir scheint, er kann überhaupt nicht laut werden. Sein

Gang ist sicher, und obwohl man sein Alter spürt, hält er sich sehr gerade ..."

N. Portugalow: „In meiner Erinnerung sind die strengen, asketisch gespannten Lippen unter seinem dichten Schnurrbart haftengeblieben, der gütige Ausdruck seiner hellblauen Augen ..."

A. Rou: „Er ist sehr gütig, sehr liebenswürdig und einfach. Seine Augen sind fröhlich, lebendig und blitzen häufig auf. Es sind junge Augen. Er hinterläßt einen so elastischen Eindruck. Überhaupt bin ich der Meinung, daß er ein echter Neuerer, ein Mensch mit ungewöhnlichen geistigen Qualitäten ist. Man bedenke nur: sich so abzusperren, wie er es tut! Er hätte es überhaupt nicht nötig; wenn er sich hätte bereichern wollen, dann hätte er in einer Stadt ein Krankenhaus eröffnen können. Mit vollem Recht vergöttern ihn die Afrikaner. Und alle Weißen auch."

Vor der Abreise wurden Erinnerungsgeschenke ausgetauscht. Die Gäste schenkten Schweitzer ein Sputnikmodell und russische Matrjoschkas.

„So ist also ein Sputnik in Lambarene gelandet", sagte der Doktor liebenswürdig. „Und noch dazu russische Schöne, die den gabunischen Schönen so wenig ähneln ..."

Der leidenschaftliche Numismatiker K. Konitschew schenkte Doktor Schweitzer Anhänger mit Puschkin, Lenin und einem Denkmal von Peter I., das Schweitzer sofort erkannte:

„Falconet?"

Der Doktor schenkte seinen Gästen einen Sack Bananen, doch in der Hast und dem Durcheinander vergaßen sie diesen Sack auf dem Flugplatz, und sie waren dann ernstlich besorgt, der Doktor könne ihnen dies übelnehmen.

Doch der Doktor war schon wieder ins Spital zurückgekehrt. Er war nicht nachtragend und sehr beschäftigt. Ihm oblagen viele Pflichten. Die Kranken standen an der Apotheke Schlange, und die Pflegerin paßte auf, daß sie ihre Arzneien auch einnahmen. Die Afrikaner warfen wie früher die besonders bitteren Medikamente weg, und häufig trugen sie eine Tablette am Hals als Amulett. Die Arbeiter erwarteten von dem Doktor Aufträge und träumten solange im Schatten. Die Ärzte besprachen einen schwierigen Fall.

Wie früher tummelten sich im Spitalgelände geheilte, zahme Tiere. Wie früher sprang über das Lagerfeuer die von den russischen Gästen mit Erstaunen bewunderte, bei allen Einwohnern

Lambarenes beliebte, völlig nackte Pygmäin Madame Sans-Nom (die Namenlose). Niemand verstand ihre Sprache, sie war einmal von irgendwoher halbtot mit einem Speer in der Hand und einem Messer im Gürtel gekommen. Im Spital gab es über sie verschiedene Vermutungen. Die einen sagten, sie habe einen schweren Kummer gehabt und sei verrückt geworden, andere meinten, sie gehöre zu einem ganz wilden Stamm von Erdeessern. Der Doktor behandelte sie und stellte fest, daß ihr Verstand allmählich wiederkehrte.

Auf dem Ogowe schwammen Boote mit Kranken. Träger eilten über die Dschungelpfade, und der Kranke krümmte sich auf ihrer Trage und schrie nach Hilfe. Hilfe gab es in Lambarene, wo der Doktor mit dem Schnurrbart wohnte, der die Gabuner schon vor zwanzig, dreißig, vierzig, ja, vor fünfzig Jahren gerettet hat und es vielleicht immer tun wird ...

Der Doktor ging ins siebenundachtzigste Jahr. Sein Gang war munter wie früher, seine Augen blickten klar, und wie früher blitzte in ihnen ein spöttisches Funkeln auf.

Trotzdem fühlte er sich in diesen Jahren immer häufiger erschöpft. Manchmal sprach er unerwartet vom Tod. Als man ihn zu Vorträgen nach Amerika einlud, antwortete er:

„Ich bin ein alter Mann von siebenundachtzig Jahren, und ich weiß nicht, was mir der morgige Tag bringen wird. Andere können reisen und Vorträge halten. Ich kann es nicht mehr. Mein Platz ist hier. Ich habe einen großen Teil meines Lebens in Afrika verbracht, und meine Afrikaner werden mich nicht verstehen, wenn ich kurz vor meinem Ende von ihnen weggehe und nicht zurückkehre. Ich muß zeigen, daß Afrika, das mir gut genug ist, hier zu leben, mir auch gut genug ist, hier zu sterben. Nein, ich bin entschlossen, das Land nicht mehr zu verlassen."

Zu seinem 90. Geburtstag empfing der „grand docteur" Besucher aus aller Welt. Noch immer denkt er nicht daran, sich zur Ruhe zu setzen. Neue Bauvorhaben nehmen seine Kraft in Anspruch.

Doch die Anzeichen zunehmender Ermattung häufen sich. Er schreibt über seine anwachsende Müdigkeit:

„Ich kann mir nicht vorstellen, wie sich ein Mensch fühlt, der ausgeschlafen ist. Ich kann mir nicht die Stunden bewilligen, die ich zum Ausruhen benötige."

In der Nacht, nach dem schweren Arbeitstag, beantwortet er

selbst seine Briefe, wobei er oft genug einen Krampf in der Hand überwinden muß. Briefe über Briefe. Aus Holland, aus Amerika, aus der DDR, aus der Schweiz, aus England und immer häufiger jetzt auch aus der Sowjetunion. Die „Literaturnaja Gazeta" schickt ihm einen Fragebogen zu; und er muß antworten, weil es um die Abrüstung geht und weil es wichtig ist, die öffentliche Meinung in der Sowjetunion vorzubereiten.

Im Juni 1962 druckt die „Literaturnaja Gazeta" die Antwort von Doktor Schweitzer auf ihre Fragen bezüglich der Möglichkeit einer allgemeinen Abrüstung ab. Schweitzer schreibt, daß der „Vorteil" des Besitzes von Atomwaffen äußerst zweifelhaft ist ... Es sind Angriffswaffen. Mit ihrer Hilfe kann man keinen Angriff eines Gegners verhindern, man kann nur einen Überfall mit einem Überfall „quittieren" ...

Schweitzer schreibt auch über die Folgen der endlosen, nicht aufhörenden Kernwaffenexplosionen. „Die Menschen trinken radioaktives Wasser, sie trinken radioaktive Milch von Kühen, die radioaktives Gras und radioaktives Heu gefressen haben, sie essen radioaktives Gemüse und radioaktive Früchte." Schweitzer schreibt über die Gefahr, die eine Fortsetzung der Kernwaffenversuche für die kommenden Generationen darstellt, über die besondere Strahlenempfindlichkeit der menschlichen Fortpflanzungsorgane, über die furchtbare Gefahr, die ganz gewiß eintreten wird (so sehr auch politische Optimisten sie zu leugnen versuchen) und wahrscheinlich schon mit der vierten Generation einsetzt. „In dieser und in den nachfolgenden Generationen sind Geburten mit einer großen Anzahl ganz schrecklicher Mißbildungen zu erwarten."

Schweitzer wiederholt immer und immer wieder den Gedanken, den die sorglose, leichtgläubige Menschheit nur allzu leicht vergißt:

„Der Atomkrieg ist sinnlos. Er kann keine Frage lösen. Er kann kein anderes Ergebnis haben als die grenzenlos grausame Vernichtung menschlichen Lebens. Weder der Westen noch der Osten können von ihm irgend etwas anderes erwarten."

Schweitzer erinnert an die Lasten des Rüstungswettlaufs, die den Schultern der arbeitenden Menschen der ganzen Welt aufgebürdet werden.

„Bei der heutigen Lage", schreibt Schweitzer, „bleibt uns nichts anderes übrig, als darauf zu hoffen, daß die Erfordernisse unserer

Zeit den vernünftigen Politikern des Westens wie des Ostens genügend Mut verleihen, um einander ein wenig Vertrauen entgegenzubringen und gemeinsam eine Abrüstungsvereinbarung zu unterzeichnen, obwohl in ihr verschiedene Garantien fehlen, weil es für sie keine theoretische Basis gibt."

„Dieser Entschluß, sich einander Vertrauen entgegenzubringen, wird in den Beziehungen zwischen Ost und West eine neue Atmosphäre schaffen."

„Was vermag einer solchen Übereinkunft ständige Kraft zu verleihen?" fragt Schweitzer, und er antwortet auf diese Frage:

„Nur die Festigung der geistigen Verbindungen zwischen Ost und West.

Diese geistigen Verbindungen entstehen dann, wenn im Osten wie im Westen eine öffentliche Meinung entsteht, die die Anwendung von Atomwaffen verurteilt ... Durch eine solche einheitliche öffentliche Meinung wird das gegenseitige Vertrauen zwischen Ost und West eine überzeugende Grundlage erhalten."

In seiner Antwort auf die Fragen der „Literaturnaja Gazeta" entwickelt Schweitzer seine Argumentation über die Ablehnung der Atomwaffen aus ethischen Überlegungen heraus:

„Unsere Absicht, diese schreckliche, unmenschliche Waffe anzuwenden, würde uns, auch wenn wir es uns nicht eingestehen, unmenschlich machen. Unter der Macht dieser Waffe würden wir aufhören, zivilisierte Menschen zu sein. Es ist an der Zeit, dieses schreckliche Kapitel in der Geschichte der Menschheit abzuschließen!"

Als im Sommer 1963 die Gespräche über den Abschluß eines Vertrages, der Atomwaffenversuche in der Luft, im Weltraum und unter Wasser verbietet, vorangingen und ein Hoffnungsschimmer am Horizont auftauchte, schrieb der achtundachtzigjährige Schweitzer einen Brief an Kennedy. Schweitzer würdigte darin die Entschlossenheit der Sowjetregierung, er betonte die Bedeutung der Moskauer internationalen Vereinbarung über das Verbot von Kernwaffenexplosionen in den drei Medien und er würdigte auch die Entschlossenheit Kennedys, der zu jener Zeit den Widerstand der rechten Kreise überwunden hatte. Der Brief Schweitzers an Kennedy wurde der Presse auf dem Höhepunkt der Senatsdebatten in den USA bekannt, und er hat nach der Meinung zahlreicher Biographen bei der Ratifizierung des Vertrages eine wesentliche Rolle gespielt.

„Endlich leuchtet ein Lichtstrahl in dem Dunkel, in dem die Menschheit wandelt“, schrieb Schweitzer. „Endlich ist die Hoffnung aufgetaucht, daß das Licht die Dunkelheit vertreiben wird. Der Moskauer Vertrag zwischen Ost und West über die Beendigung der Atomwaffenversuche in der Luft und unter Wasser ist eines der größten, ja wahrscheinlich das großartigste Ereignis der Weltgeschichte. Jetzt können wir hoffen, daß kein Kernwaffenkrieg zwischen Ost und West stattfinden wird.“

Dies waren die Jahre, in denen sich die Verbindungen Schweitzers zur DDR festigten. Aus der DDR kam jetzt ein ununterbrochener Strom von Briefen nach Lambarene. Immer neue Schulen und Arbeitsbrigaden der DDR baten Schweitzer um die Erlaubnis, seinen Namen annehmen zu dürfen. Nach dem Beispiel anderer Länder wurde in der DDR ein spezielles Albert-Schweitzer-Komitee geschaffen. Sein Vorsitzender war Professor Ludwig, der ehemalige Präsident des DRK der DDR. Das Komitee begann mit einer Sammlung von Geld und Geschenken für Lambarene und mit einer Verbreitung der philosophischen Anschauungen Schweitzers. 1963 schrieb Schweitzer an Professor Ludwig, daß er leider nicht in der Lage sei, die DDR zu besuchen:

„1959 war ich zum letztenmal in Europa. Seither hat mir die hier zu leistende Arbeit nicht mehr erlaubt, wiederum zu reisen, und ich weiß nicht, wann es wieder der Fall sein wird. Niemand kann mich zur Zeit in der Leitung des Spitals und den im Gang befindlichen Bauarbeiten ersetzen ... Ich muß froh sein, daß ich noch imstande bin, diese Arbeit zu leisten.“

Schweitzer erwartete gelassen seinen Tod.

Er wußte nicht, wann seine Zeit kommen wird. Er sagte noch zu einer Freundin, 1968 müßten auf jeden Fall die Bäume umgesetzt werden. Er arbeitete wie früher, war ruhig und voller Kraft.

In diesen letzten Jahren mußte er vielen seiner aufrichtigsten Freunde und Helfer das letzte Geleit geben – Emma, Helene, dem Zimmermann Monenzali ...

Einige seiner Helfer waren schon von ihm gegangen. Andere waren noch am Leben und gedachten der alten Zeiten. Der Alte Joseph, ausgemergelt und alt geworden, lebte im Spital. Er ging zu den Besuchern und schlug ihnen vor, Gruppenaufnahmen zu machen. „Ich bin der älteste Gehilfe des Doktors“, sagte er. „Ich bin genauso alt wie der Doktor.“

Im Spital arbeitete noch der Junge Joseph. Er arbeitete hier schon über ein Vierteljahrhundert, und jung war er nur im Vergleich zum Alten Joseph. Er führte die mikroskopischen Untersuchungen durch, und nach den Angaben von Frederick Franck „kannte er die Eier der tropischen Parasiten besser als viele studierte Doktoren". Der Junge Joseph führte im Spital auch die Wasserdestillation durch, er beherrschte die Sterilisationstechnik, und er war als Geburtshelfer tätig. Als der Dentist in Lambarene erschien, betätigte sich der Junge Joseph so fleißig als dessen Gehilfe, daß er nach einigen Monaten schon unaufschiebbare zahnärztliche Eingriffe allein durchführen konnte. Der dankbare Dentist brachte Joseph die Vorderzähne in Ordnung, und er erwarb damit – nach den Worten Francks – hier „sofort die Stellung eines Menschen, der unerwartet in den Besitz einer Vorstadtvilla oder eines neuen Cadillac-Modells gekommen ist".

„Während der Alte Joseph das Spital aus der Zeit des ersten Weltkrieges verkörpert", schreibt Franck, „verkörpert der Junge Joseph das Spital in der Zeit zwischen den beiden Weltkriegen. Jean-Claude dagegen ist die Verkörperung des neuen Afrika."

Franck beschreibt diesen jungen Gabuner, einen der vielen dunkelhäutigen Gehilfen des Doktors, mit großer Zuneigung. Jean-Claude war etwa dreiundzwanzig, gut gebaut, von recht heller Hautfarbe, mit einem klugen, empfindsamen, fast weiblichen Gesicht. Vielleicht prädestinierte ihn gerade dieses Element des Weiblichen dazu, in so hervorragender Weise fremdes Leid zu stillen. Jean-Claude lebt mit einer jungen Frau in einer Hütte neben dem Spital. Diese Hütte ist äußerst primitiv, mit einem Erdfußboden. Aber das junge Paar zeigt voller Stolz seine saubere Wohnstätte. Die jungen Gabuner zeigen ein außerordentlich höfliches und würdiges Verhalten. Jean-Claude war aus einem fernen Dorf gekommen, wo er von der Existenz von Lambarene gehört hatte. Franck schreibt, daß „Jean-Claude zu klug ist, um sich unter den Ärzten und Patienten zu großes Ansehen zu verschaffen. In Afrika gibt es immer noch viele Weiße, die es gern sehen, daß der Neger etwas einfältig, ruhig und gehorsam ist. Jean-Claude zeigt nichts von alledem, und in unseren Tagen ist dies keine Ausnahme mehr ... Er empfindet Verehrung nicht nur gegenüber medizinischen Kenntnissen, sondern auch und sogar in höherem Maße gegenüber der menschlichen Würde. Doch solchen, wie er einer ist, muß man den Vorzug vor jenen anderen geben, die als Schreihälse auftreten."

Unter den Mitarbeitern Schweitzers gab es auch die letzteren, die ihm manchmal recht schwer zu schaffen machten. Es sei nur an die Schwierigkeiten erinnert, die er zu überwinden hatte, um zum Beispiel Visa für Gäste aus den sozialistischen Ländern zu erhalten. Albert Schweitzer mußte in diesem Zusammenhang einem afrikanischen Mitarbeiter nicht ohne Grund kündigen, denn dieser hatte in der allgemeinen antikommunistischen Atmosphäre versucht, die Dinge so darzustellen, als ob die Reisen zum Doktor als Wahlkampfaktion gegen den Präsidenten M'Ba mißbraucht würden.

Diese Anekdote ist für die Atmosphäre der politischen Leidenschaften, die Gabun ergriffen hatten, recht charakteristisch. Zwar gab es hier noch nicht genügend Ärzte, Maurer und Bauleute, doch es gab schon mehr als genug junge leidenschaftliche Politiker. Zwei von ihnen, Gegner der Koalitionspartei von M'Ba, erschienen einmal im Spital und riefen alle zu einem Meeting zusammen. Sie sagten, der Doktor habe seine Konzession von den Kolonialisten erhalten, die Kolonialisten seien verjagt, und nun müsse auch er sich wieder nach Hause, nach Europa, begeben. Die Menge antwortete: „Nein!" Die Politiker verließen das Spital, und alles beruhigte sich wieder, wohl vor allem deshalb, weil niemand die Weißen in den Schulen oder in den Krankenhäusern ersetzen konnte. Bisher hatte noch kein einziger afrikanischer Arzt den Wunsch gehabt, im Spital Schweitzers zu arbeiten. Während der Wahlen des Jahres 1963 wurde Schweitzer für die sich bekämpfenden Parteien erneut zum Symbol und zum Schreckgespenst. „Doktor aus dem Urwald, scher dich nach Hause!" schrien die radikalsten der Politiker. Die Partei von Präsident M'Ba dagegen gab eine sehr schöne Marke mit einem Bildnis Schweitzers heraus und verlieh ihm die höchste Auszeichnung, den Stern Gabuns. Natürlich waren die Afrikaner, welche die Vertreibung Schweitzers forderten, eine winzige Minderheit; doch im Taumel der politischen Machtkämpfe hätten die Forderungen der Radikalen durchaus den Sieg davontragen können. Glücklicherweise ist in dem an Paradoxien reichen, langen Leben Schweitzers nicht auch noch dieses Paradoxon Wirklichkeit geworden. Schweitzer sagte zu einem seiner Besucher:

„Ich bin ein alter Mann und habe den Großteil meines Lebens in Afrika verbracht. Hier werde ich auch bleiben."

Vor einem halben Jahrhundert, vor seiner Abreise nach Afrika, mußte Schweitzer in der Pariser Mission ein Gelübde des Schweigens ablegen. Jetzt wiederholte sich die Geschichte, und er hüllte sich klug in Schweigen, wenn die Sprache auf afrikanische Angelegenheiten kam. Doch als das Gemetzel im damaligen Kongo begann, das er schon mehrmals vorhergesagt hatte, da konnte sich der Doktor nicht zurückhalten, und er schrieb an die belgische Zeitung „La Dernière Heure“:

„Dies ist mein Rat, der Rat eines Arbeiters aus dem alten Afrika, der ein halbes Jahrhundert auf einem an den Kongo angrenzenden Territorium gelebt hat ... Die Ära des Kolonialismus existiert nicht mehr, und auch das Kolonialreich im Kongo existiert nicht mehr ... Kein einziger fremder Staat hat das Recht, einen dieser unabhängigen Staaten zu zwingen, sich einem anderen zu unterwerfen ... Die Mission der Vereinten Nationen besteht nicht darin, Krieg zu führen ...“

Der Rat Schweitzers bestand darin, daß sich Europa nicht mehr in die afrikanischen Angelegenheiten einmischen soll, die auch ohnedies nicht einfach sind. Wie immer blieb er Nonkonformist und wurde für seinen unvorsichtigen Rat von rechts, von links und vom Zentrum angegriffen. Fast bis zu seinem Tode hat er sich dann in politischen Fragen nicht mehr geäußert. Erst in seinen letzten Lebenstagen trat er mit einer Verurteilung des Krieges in Vietnam an die Öffentlichkeit, und er unterzeichnete sogar einen Aufruf, der diesen Krieg brandmarkte. Dagegen betrachtete er das Problem der Kernwaffenaufrüstung nicht als „Politik“. Er betrachtete es als eine Lebensfrage jedes ehrlichen Menschen, der der Menschheit nicht den Untergang wünscht. Schweitzer sprach immer wieder über die Kernwaffenbedrohung, über die Initiative der Sowjetunion und über die positiven Auswirkungen des Moskauer Vertrages. Vielleicht sind auch darauf einige Versuche der westlichen bürgerlichen Presse zurückzuführen, Lambarene und dem Menschen, der „seine eigene Legende überlebt hat“, seinen Nimbus zu nehmen.

Am 14. Januar 1965 vollendete Albert Schweitzer sein neunzigstes Lebensjahr. Er war jetzt – nach dem Ausspruch eines Ministers von Gabun – der älteste und berühmteste Gabuner. Dieses Jubiläum brachte Schweitzer zahlreiche Glückwünsche und Ehrungen ein. Doch wie alle Biographen übereinstimmend vermerken, waren die Glückwünsche aus dem bürgerlichen Westen keineswegs so einmütig. Der Leitartikel der „Washington Post“, der

Schweitzer gewidmet war, trug den Titel „Suche nach dem historischen Schweitzer". Doktor Montagu erklärte die Unterschiede in den Einschätzungen folgendermaßen:

„Er hat, soviel ich weiß, nur einen Fehler gemacht – er ist neunzig Jahre alt geworden; er hat das normale Alter der Legende überlebt."

Doch während der Westen dieses Jubiläum mit weniger Enthusiasmus und Einmütigkeit beging, beglückwünschten diesmal die Länder des Ostblocks Schweitzer dafür um so herzlicher.

Im einundneunzigsten Lebensjahr war der Doktor beweglich, munter und aktiv wie früher. Darauf wies der amerikanische Arzt Doktor Joseph Montagu hin, der ihn in dieser Zeit in Lambarene besuchte: „Er zeigte keine Spur von Schwäche und Vergeßlichkeit, wie sie für einen Menschen, der die sechzig überschritten hat, so charakteristisch sind. Er ging energisch, und wenn sein Gang auch nicht mehr jugendlich gespannt war, so war er doch immer noch sehr kraftvoll.

Er hielt sich noch für jung, und das ist fast das gleiche wie jung sein. Ich erinnere mich, wie ich ihm einmal beim Aussteigen aus dem Auto behilflich sein wollte, doch er blinzelte mir zu, lächelte und sagte: ‚Lassen Sie mir bitte diese Illusion von Jugend.' Er trug keine Brille und sagte: ‚Sie macht mich nur alt.'"

„Man sagt, der Mensch wird alt, wenn er seine Ideale aufgibt", schreibt Montagu. Gerade vor diesem Altersschwund der Ideale hat Schweitzer sein ganzes Leben lang gewarnt. Bei ihm ist er auch mit neunzig noch nicht eingetreten.

Trotzdem fühlte Schweitzer, daß seine Tage zu Ende gingen. Er dachte jetzt immer häufiger an einen Nachfolger.

Rhena war bei ihrem Vater. Sie hatte sich immer mehr für die Sache des Doktors und seine Ideen begeistert. Sie war im Laboratorium tätig und arbeitete sich in alle Angelegenheiten in Lambarene ein. Freudig erzählte sie dem Doktor, seine Enkelin Christiane sei auch „von Lambarene angesteckt" und studiere jetzt in der Schweiz Medizin.

In diesem Sommer leitete Schweitzer erneut Bauarbeiten. Während des ganzen Sommers war Lambarene wie in den Jahren vorher von Gästen überflutet – aus West, aus Ost und aus Afrika selbst.

Einer vor ihnen, Paul Herbert Freyer aus der DDR, verfaßte einen Pressebericht über seine Gespräche mit Schweitzer:

„18. Juni: Gespräch über Vietnam, Schweitzer verurteilt das Blutvergießen in Vietnam und den kriegerischen Eifer des Pentagon. 21. Juni: Gespräch über die ständigen Presseangriffe gegen Schweitzer; Schweitzer sagt wie immer, man solle das nicht beachten. 2. Juli: Gespräch über den Kampf für den Frieden; die Position des Alten Doktors ist die alte – die Völker müssen sich verständigen, weil es in einem solchen Krieg keinen Sieg geben wird, sondern nur Tod für alle Lebewesen."

Im August beantwortete Schweitzer Briefe; er beeilte sich, allen zu schreiben, denen er es versprochen hatte. Schon im April war Doktor Munz als leitender Arzt des Spitals in Lambarene eingesetzt worden. Am 13. August übermittelte Schweitzer in einem Schreiben der „Internationalen Schweitzer-Assoziation" seinen Wunsch, seine Tochter Rhena Eckert-Schweitzer mit der administrativen Leitung des Spitals zu betrauen. Er fühlte, daß Rhena im Spital große Autorität genießt.

In diesen letzten Tagen seines Lebens sprach er erneut über die Atomgefahr. Er unterzeichnete einen Aufruf gegen den Krieg in Vietnam.

Am 27. August schrieb Schweitzer einen Brief an den amerikanischen Arzt Doktor Montagu, der zu dieser Zeit an einem Buch über Lambarene und seinen Gründer arbeitete:

„Bitte bringen Sie in Ihrem künftigen Buch, das Sie über meine Arbeit und das Spital schreiben, meine tiefe brüderliche Hochachtung gegenüber dem ärztlichen Beruf zum Ausdruck.

Mir scheint, die Ärzte haben immer größeres Interesse an der Menschheit gehabt als viele andere Menschen.

Es gibt jedoch auch im Bereich der Bildung und anderer Angelegenheiten Möglichkeiten für ein noch größeres Dienen im Geiste der Humanität. Wenn wir dem die erforderliche Bedeutung beimessen, dann werden wir sicher dem Ziel näherkommen, Frieden für die ganze Welt zu erreichen."

Auch einen Brief in die DDR schrieb der Doktor am 27. August. Am 28. August sagte er seiner Tochter, er fühle sich sehr erschöpft, und sie möge auf das Unvermeidliche gefaßt sein.

„Wenn ich sterbe", sagte der Alte Doktor, „dann teile dies vor allem der Familie und den Unseren in Straßburg mit. Du weißt, wo die Papiere aufbewahrt sind, und du wirst mein Testament erfüllen. Vor allem denk an die Patienten und meine hiesigen guten Freunde. Über die Beerdigung habe ich dir alles gesagt. Sie wird genauso erfolgen wie alle anderen Beerdigungen in Lambarene – einfach und unverzüglich. Ich bin froh, daß du bei mir bist."

Nach dem Gespräch mit Rhena schlief der Doktor völlig erschöpft auf seinem einfachen Feldbett ein. Plötzlich war ganz offensichtlich, daß dieser Mann nicht sechzig, sondern neunzig war. Er nahm nichts mehr zu sich, und sein Puls wurde immer schwächer.

Am Donnerstag erwachte er plötzlich und wollte aufstehen, um einen Brief zu schreiben. Er stand auf, und alle erwarteten ein Wunder. Doch er brach zusammen und erreichte seinen Schreibtisch nicht.

Der Doktor verschied ruhig – wie die Afrikaner sterben, wie die Blätter fallen in den Günsbacher Wäldern. Er hatte zuvor mit seinen Freunden besprochen, daß sie nicht umherrennen und Wiederbelebungsversuche unternehmen; sie sollten ihn ruhig scheiden lassen aus dieser Welt, wenn seine Stunde gekommen ist.

Rhena telegrafierte an den dreiundachtzigjährigen Bruder Paul ihres Vaters, an die Kusinen im Elsaß und in Paris und an die alten Freunde in Günsbach:

„Er stirbt, er entschläft langsam, in Frieden und Würde."

Sie hätte hinzufügen können: fast majestätisch ...

Er hatte ein kräftiges Herz, und er war nicht sofort tot. Doktor Miller, ein amerikanischer Kardiologe, berichtet, wie er – immer noch bei Bewußtsein – von Minute zu Minute an Kräften verlor, wie er die Umstehenden noch wahrnahm und mit einer Bewegung seiner Hand von ihnen Abschied nahm. Dabei waren seine tiefliegenden grauen Augen geschlossen, und eine graue Haarsträhne lag auf seiner Stirn. Er lauschte seiner Lieblingsmusik, Aufzeichnungen von Werken Johann Sebastian Bachs.

Bis zum letzten Augenblick waren Rhena, Fräulein Mathilde Kottmann und Ali Silver bei ihm. Doch die Boote waren schon auf dem Ogowe unterwegs, und in den fernen Dörfern verkündeten die Urwaldtrommeln die traurige Botschaft, daß der Alte Doktor in seiner Hütte stirbt.

Das von Doktor Miller unterschriebene Bulletin über seinen Tod enthält fast die gleichen Worte wie das Telegramm Rhenas:

„Während dieser Zeit hatte er nicht zu leiden, und als um 11 Uhr abends das Ende eintrat, starb er ruhig, friedlich und würdig in seinem Bett, mitten im Urwald von Lambarene, in dem Spital, das er gebaut und geliebt hat."

Rhena schickte das Postboot nach Lambarene, um die Nachricht nach Europa zu übermitteln. Hier im Urwald brauchten die Menschen keinen Telegrafen. Die Lagerfeuer flackerten, und rhythmisch wie ein Herz pochten die Urwaldtrommeln. Menschen füllten den freien Platz vor seinem Zimmer. Schwarze und Weiße saßen auf dem Geländer, auf den Stufen, auf der Erde. Dann, ganz plötzlich, begann wie von selbst ein rhythmischer afrikanischer Gesang. Wie von selbst erhoben sich die Jungen und die Alten, die Ärzte und die Priester, die Kranken und die Heilenden. Sie sprachen verschiedene Sprachen, doch am meisten waren die französischen Worte zu hören „Papa pour nous" („Er ist unser Vater"). Und von neuem klopften die Urwaldtrommeln die traurige Botschaft: „Der Große Weiße Doktor ist tot." Der Mensch wird geboren, um zu sterben. Das ist ebenso einfach, wie daß er atmet und spricht, wie daß der Regen kommt in der Regenzeit und wieder verschwindet in der Trockenzeit.

Die Leprakranken hoben ein Grab aus und zimmerten ihm einen einfachen rohen Sarg ohne Deckel. Das rohe, unbehauene Kreuz, das gleiche, wie es auf dem Grab von Helene Schweitzer stand, hatte der Doktor selbst gefertigt wie ein Mönch einer alten Bruderschaft. Der Mensch muß scheiden, und er muß daran denken, daß er scheiden wird; und wenn im Bewußtsein dessen Hoffnungslosigkeit liegt, so liegt doch darin zugleich die Hoffnung, daß du die dir überlassene Zeit in Menschlichkeit durchlebst. Man hob sein Grab dort aus, wo er es angegeben hatte, – neben Helene, neben Emma Haußknecht, neben dem Gehege seiner geliebten Antilopen.

Man hob den Körper des Alten Doktors von seinem Feldbett und legte ihn in den von den Leprakranken gefertigten Sarg. Nach gabunischer Sitte bedeckte man ihn mit Palmenblättern. Niemand lief in diesem Augenblick vor dem Tode davon, denn er war ihr Vater. Denn wenn du einen Verwandten im Sarge küßt, dann fürchtest du nicht die Berührung des Todes. Alles war, wie es immer war in Lambarene, im Spital, diesem Zufluchtsort des Kummers.

Feierlich sangen die afrikanischen Klageweiber im Galoa-Dialekt: „Leani inina kende kende" („Ruhe in Frieden!").

Ihm zu Häupten standen Rhena, Ali, Mathilde und Doktor Munz. Doktor Munz verlas einige Sätze aus dem alten, allen so wohlbekannten Gebetbuch. Dann hüstelte er und sagte auf französisch noch einige Worte – fast das gleiche, was man vor ihm auf dem sonnenüberglühten Platze schon auf französisch, auf deutsch, auf Galoa, auf Pahouin ... gesagt hatte: „Der Große Doktor war uns wie ein Vater. Ich möchte seinem Geiste getreu hier sein Werk fortsetzen." Die Schwestern sangen ein Lied, das gleiche alte Lied, das ihn an seine Kindheit erinnerte und das er vermutlich deshalb hierher, in den Urwald mitgebracht hatte, weil es ihn an seine Kindheit und seine Heimat erinnerte, weil es ihm half, für diese neue Heimat zu arbeiten und für die Menschen, deren Heimat die Erde und vielleicht nicht nur die Erde ist, für die Menschen und für alles Lebendige, für das Leben, das leben will, inmitten von anderem Leben, das leben will, weil es half, sich aufzuopfern für die heilige Ehrfurcht vor fremdem Leben.

„Ach bleib mit deiner Gnade", sangen die Schwestern. Die Afrikaner, die den deutschen Text nicht verstanden, summten die Melodie mit. Schwarze und weiße Hände warfen Palmblätter auf den Sarg; sie vereinten sich über dem Sarg – schwarze Hände und weiße Hände, Hände von Elsässern, Deutschen, Ungarn, Holländern, Franzosen, Juden, Schweizern, Tschechen ... Sie vereinten sich über diesem Grab, wie um zum letzten Male den Sieg über alle Zwistigkeiten und die Achtung voreinander zu feiern, den Sieg jener Idee, dem das lange, herrliche Leben Albert Schweitzers gewidmet war ...

„Er war der älteste und berühmteste Gabuner", sagte der Vertreter der Regierung von Gabun in seiner Ansprache.

Nach diesem Tribut an das Nationalgefühl und nachdem er die Liebe des Alten Doktors zu diesem kleinen, unglücklichen Land gebührend gewürdigt hatte, fügte er, wie es die Gerechtigkeit erforderte, hinzu:

„Es starb der verehrungswürdigste und am meisten verehrte Bürger der Welt ..."

Dann sprach er erneut von Gabun, da er ja schließlich vom Präsidenten selbst bevollmächtigt war und Gabun offiziell vertrat:

„Unser Land nimmt dich auf als wertvolle Gabe. Nun, Großer Doktor, wirst du für ewig hier bleiben."

Es sangen die Kinder aus dem Lepradorf, und die Erwachsenen ließen den mit Palmblättern bedeckten Sarg hinab in die rote Erde Gabuns. Dann wurden nach alter Sitte als Zeichen des letzten Abschieds Palmzweige in das Grab geworfen.

Über dem Grab erhob sich ein einfaches Holzkreuz mit einer Inschrift, die jedem Menschen, der die Menschlichkeit zu erhalten wünscht, so viel sagt: „Albert Schweitzer."

Wir könnten hier die Geschichte dieses herrlichen Lebens abschließen. Doch von den vielen Dingen, die der Doktor auf Erden vollbracht hat, blieb noch das Schweitzersche Spital in Lambarene (wenn es vielleicht auch von all seinen Werken und Hinterlassenschaften nicht am längsten nachwirken wird). Über dieses Spital müssen kurz noch einige Worte gesagt werden.

Im September 1965 besuchten Rhena Schweitzer, Doktor Munz und ein Vertreter der „Schweitzer-Assoziation" den Präsidenten von Gabun, Leon M'Ba. Der von Marshall veröffentlichte Bericht über diesen Besuch ist nicht nur ein Dokument über die Geschichte des Spitals, sondern auch ein weiterer Ausdruck der Beziehungen Schweitzers zum neuen Afrika.

Der Präsident drückte sein Beileid aus und erklärte, er bedaure es sehr, daß er nicht selbst bei den Trauerfeierlichkeiten habe anwesend sein können. Doch infolge des vor kurzem erfolgten Todes seines eigenen Vaters mußte er sich nach afrikanischer Sitte drei Monate lang allein in seinem Hause aufhalten.

Frau Eckert-Schweitzer dankte dem Präsidenten und teilte ihm mit, daß der Wille ihres Vaters darin bestünde, die Arbeit im Spital fortzusetzen. Doktor Munz fügte hinzu, das Spital werde erweitert, und dabei würden die neuesten Errungenschaften des medizinischen Fortschritts Anwendung finden.

In seiner Antwort sprach der Präsident mit großem Mitgefühl über seinen verstorbenen Freund. Er sprach von dem Verlust, den sein Land durch diesen Tod erlitten habe, und er würdigte die selbstlose Arbeit, die Doktor Schweitzer seinen Landsleuten gewidmet habe. Er versprach jede persönliche Unterstützung und Zusammenarbeit.

Besonders bat er darum, die alten Gebäude nicht zu zerstören und die Dorfatmosphäre im Spital zu erhalten, in der sich jeder wie zu Hause fühlt. Dies, so sagte er, zeigt, daß Doktor Schweitzer das Volk von Gabun verstanden und mit ihm gefühlt hat; denn gerade für dieses Volk habe der Doktor all seine Kräfte eingesetzt. Die Verbesserungen und Erweiterungen müßten im Geiste des Großen Doktors und in Übereinstimmung mit seinen Gedanken durchgeführt werden.

Gabun, so fuhr der Präsident fort, ist stolz auf seinen großen angenommenen Sohn. Der persönliche Wunsch des Präsidenten bestehe darin, daß das Spital Albert Schweitzers ein lebendiges Denkmal jener wahrhaftigen, aktiven christlichen Liebe bleiben möge, die sein geliebter und verehrter Freund, der verstorbene Doktor Schweitzer, hierhergebracht hat.

Das Spital besteht auch heute noch. Natürlich ist es ohne den Doktor nicht leicht. Die Freunde von Lambarene in aller Welt sammeln auch weiterhin Geld, kaufen Medikamente ...

Kürzlich konnte der Autor dieses Buches einen Brief von Rhena Schweitzer an A. N. Kotschetow in Moskau lesen, der eine sowjetische Schallplatte mit einem von Schweitzer gespielten Orgelkonzert nach Lambarene geschickt hatte. Rhena Schweitzer schrieb, das Personal des Spitals habe die Schallplatte im Speiseraum gehört, und sie habe allen sehr gefallen. Sie schrieb, daß der Strom im Dunkel des Urwalds unter ihrem Fenster rauscht, daß sich im Spital ein arbeitsames Leben abspielt, daß die Ärzte am Morgen wieder mit ihrer Konsultation beginnen und auf dem Ogowe Boote gefahren kommen ...

Doch selbst wenn das Spital in Lambarene, wie einer der Biographen Schweitzers meint, die Schwierigkeiten nicht überstehen wird, so wird es doch auf der geistigen Karte der Welt ewig bestehenbleiben.

Anmerkung des Herausgebers:

Seit dem Tode Albert Schweitzers ist die Entwicklung nicht spurlos an dem Krankenspital von Lambarene vorbeigegangen.

Die vom Autor angedeuteten Schwierigkeiten konnten überwunden werden, und aus den bescheidenen, von Albert Schweitzer geschaffenen Anfängen entwickelte sich dank internationaler Hilfe eine klinische Einrichtung, die den modernen medizinischen Erfordernissen der Gegenwart entspricht.

Auf dem alten Spitalgelände und dem angrenzenden Gebiet entstanden schrittweise neue Kliniken für Kinderkrankheiten und Innere Medizin, eine chirurgische und eine Frauenklinik, eine Zahnklinik sowie modernen Anforderungen genügende Labor- und Röntgeneinrichtungen. In den alten Hospitalbaracken werden psychisch Kranke und ehemalige Mitarbeiter des Hospitals, die hier ihren Lebensabend verbringen, liebevoll betreut.

Neben dem klinischen Bereich, in dem jährlich etwa 3000 Patienten stationäre Aufnahmen finden, entstand eine Poliklinik, in der jährlich 37000 Konsultationen stattfinden.

Im Dienste der tropenmedizinischen Forschung steht eine Abteilung für Tropenkrankheiten, und eine Reihe von Sozial- und Wirtschaftseinrichtungen sorgen für den ordentlichen Ablauf des Klinikbetriebes. In dem Schweitzer-Spital arbeiten ein gabunischer Arzt, sechs europäische Mediziner sowie fünfzehn europäische und etwa 120 afrikanische Mitarbeiter im medizinischen, administrativen und technischen Bereich.

Seit 1988 liegt die Leitung des Spitals in den Händen der polnischen Ärztin Halina Petrykowska.

Große Beachtung wird auch der prophylaktischen Arbeit zuteil, in deren Rahmen regelmäßig die umliegenden Ortschaften aufgesucht werden.

Eine wichtige Voraussetzung für ein erfolgreiches Wirken ist die gute Zusammenarbeit des Spitals mit den staatlichen Behörden Gabuns.

Gewandelt haben sich im Dienste des gesellschaftlichen und medizinischen Fortschritts die behelfsmäßigen Baracken zu einem ansehnlichen Urwaldspital – geblieben aber ist der von Menschenliebe und Hilfsbereitschaft geprägte Geist Albert Schweitzers. In seinem Sinne trug auch das Albert-Schweitzer-Komitee der DDR als Mitglied der Internationalen Albert-Schweitzer-Vereinigung

(AISL) durch materielle und ideelle Hilfe zur Bewahrung des Vermächtnisses des großen Humanisten und Friedenskämpfers aktiv bei. (Zum Fortgang des Werkes in Lambarene siehe: Fischer, Gerhard: Albert Schweitzer heute. 2. Aufl. Berlin 1989.)

Literaturauswahl

Werke von Albert Schweitzer

Albert Schweitzer. Lesebuch. Hrsg. von H. Steffahn. Berlin 1984.

Ausgewählte Werke in 5 Bänden. 2. Aufl. Berlin 1975.

Aus meinem Leben. Selbstdarstellungen und Erinnerungen. Hrsg. von G. Fischer, Berlin 1988.

Aus meinem Leben und Denken. 3. Aufl. Berlin 1964.

Aus meiner Kindheit und Jugendzeit. Berlin 1953.

Briefe aus dem Lambarene-Spital. Berichte aus den Jahren 1930–1954. Mit Briefen seiner Mitarbeiter und einem Anhang. Berlin 1981.

Du aber folge mir nach: Aussprüche und Bekenntnisse Albert Schweitzers. Ausgewählt von R. Grabs. 3. Aufl. Berlin 1982.

Johann Sebastian Bach. 13. Aufl. Leipzig 1977.

Die Lehre der Ehrfurcht vor dem Leben. 7. Aufl. Berlin 1974.

Mitteilungen aus Lambarene. 1913–1914. Hrsg. von G. Fischer. Berlin 1983.

Nachgelassene Manuskripte über die Verzierungen bei Johann Sebastian Bach. Hrsg. von E. R. Jacobi und B. Billeter. Leipzig 1984 (Bach-Studien 8).

Ojembo, der Urwaldschulmeister. Erzählende Schriften. Gesammelt und herausgegeben von G. Fischer. Berlin 1986.

Werke über Albert Schweitzer

Albert Schweitzer. Beiträge zu Leben und Werk. Hrsg. von G. Götting. Berlin 1966.

Albert Schweitzer. Gelebter Glaube. Ein Lesebuch. Ausgewählt und dargestellt von R. Grabs. 5. Aufl. Berlin 1964.

Albert Schweitzer. Leben, Werk und Wirkung. Eine Bilddokumentation. Hrsg. von G. Fischer. Geleitwort von G. Götting. Berlin 1977.

Albert Schweitzer. Theologe und Künstler, Arzt und Menschenfreund. Berlin 1955.

Fischer, G.: Albert Schweitzer heute. Die Aktualität seiner Ethik und der Fortgang seines Werkes in Lambaréné. Berlin 1987.

Fleischhack, M.: Helene Schweitzer. Stationen ihres Lebens. 10. Aufl. Berlin 1973.

Freyer, P. H.: Albert Schweitzer. Ein Lebensbild. 3. Aufl. Berlin 1982.

Götting, G.: Albert Schweitzer – Pionier der Menschlichkeit. 2. Aufl. Berlin 1979.
–: Begegnung mit Albert Schweitzer. Berlin 1961.
–: Dienst an einer friedlichen Zukunft des ganzen Menschengeschlechts. Berlin 1968.
–: Zu Gast in Lambarene. Berlin 1964.

Grabs, R.: Albert Schweitzer. Ein Leben im Dienste der sittlichen Tat. 3. Aufl. Berlin 1968.
–: Albert Schweitzer. Dienst am Menschen. Ein Lebensbild. 6. Aufl. Halle 1970.
–: Albert Schweitzer – Wegbereiter der ethischen Erneuerung. (Christ in der Welt) 7. Aufl. Berlin 1983.
–: Albert Schweitzer. Wirklichkeit und Auftrag. 3. Aufl. Berlin 1979.
–: Lebensführung im Geiste Albert Schweitzers. 3. Aufl. Berlin 1968.
–: Tat und Gedanke. Eine Hinführung zu Weg und Lebenslehre Albert Schweitzers. 2. Aufl. Berlin 1967.

Kruczek, D.: Doktor in Lambarene. Biographische Erzählung. 2. Aufl. Weimar 1983.

Rundbriefe Nr. 1–54 (1963 ff.) Hrsg. vom Albert-Schweitzer-Komitee beim Präsidium des Deutschen Roten Kreuzes der DDR.

Schmied, L. M.: An den Ufern des Ogowe. 6. Aufl. Berlin 1974.

Steffahn, H.: Albert Schweitzer. Reinbeck 1990. (Mit umfangreicher Bibliographie)

Taap, E.: Lambarener Tagebuch. 10. Aufl. Berlin 1974.

Vermächtnis und Wirklichkeit. Beiträge zu Leben, Werk und Wirkung Albert Schweitzers. Berlin 1974.

Wiesner, K.: Albert Schweitzer zum 85. Geburtstag. (Hefte aus Burgscheidungen) Berlin 1960.

Wirth, G.: Schweitzers tätige Humanität. Eine Analyse seiner Goethe-Studien. Berlin 1987.

Personenregister